· 数据处理与分析高手丛书 ·

R语言

统计分析实战

米霖 徐海峰 ◎ 编著

北京理工大学出版社
BEIJING INSTITUTE OF TECHNOLOGY PRESS

版权专有 侵权必究

图书在版编目(CIP)数据

R语言统计分析实战 / 米霖,徐海峰编著. -- 北京:北京理工大学出版社,2023.9
(数据处理与分析高手丛书)
ISBN 978-7-5763-2821-9

Ⅰ. ①R… Ⅱ. ①米… ②徐… Ⅲ. ①统计分析—统计程序 Ⅳ. ①C819

中国国家版本馆 CIP 数据核字(2023)第 169028 号

责任编辑:王晓莉	文案编辑:王晓莉
责任校对:周瑞红	责任印制:施胜娟

出版发行 / 北京理工大学出版社有限责任公司
社　　址 / 北京市丰台区四合庄路 6 号
邮　　编 / 100070
电　　话 /（010）68944451（大众售后服务热线）
　　　　　（010）68912824（大众售后服务热线）
网　　址 / http://www.bitpress.com.cn

版 印 次 / 2023 年 9 月第 1 版第 1 次印刷
印　　刷 / 文畅阁印刷有限公司
开　　本 / 787mm × 1020mm 1/16
印　　张 / 28.5
字　　数 / 624 千字
定　　价 / 129.00 元

图书出现印装质量问题,请拨打售后服务热线,负责调换

前言

随着技术的进步，数据公司和研究机构收集数据的方法变得越来越复杂，许多人都采用 R 语言作为分析数据的首选语言。R 语言广泛应用于机器学习、数据可视化、数据分析及科学计算等领域。R 语言拥有一流的可视化、报告和交互性工具，这些工具对于企业和科学都很重要。因此，R 语言非常适合科学家、工程师和商业等专业人士使用。

随着数据分析在帮助企业了解客户、提升运营效率等方面变得越来越重要，R 语言也变得越来越重要。招聘数据科学家的几家知名公司中都在普遍使用 R 语言，如谷歌和 Facebook 等。

R 语言不仅是工业工具，它也深受学术科学家和研究人员的欢迎。R 语言在学术界创造了一个为行业提供支持的人才库。进行商业活动的学者、博士和研究人员也带领更多的人使用 R 语言进行数据科学研究。也就是说，R 语言是工业界和学术界相关人员必须掌握的技能。

笔者以 R 语言为工具进行统计分析、统计建模、机器学习等数据科学的研究已经很多年了，对 R 语言的原理和应用有比较全面的认识。R 语言有非常突出的优点：

第一，R 语言是开源的和免费的。R 语言几乎可以完成 SAS 所能完成的所有工作。SAS 非常昂贵，但是 R 语言完全免费。使用 R 语言的用户和公司可以自由地安装、使用、更新、修改和转售 R 语言程序，这是一个巨大的优势。

第二，R 语言是跨平台的。R 语言可以在 Windows、macOS 和 Linux 上运行，可以从各种数据源导入数据。另外，R 语言有着非常强大的社区，它提供了非常丰富的数据科学与统计相关的资源，可以让每一个用户受益。正是这些资源，可以让一些非常复杂的问题得到快速解决。

第三，R 语言提供了强大的数据可视化功能，可以生成高质量的图形，如条形图、直方图、散点图、动态图形和数学符号，甚至可以设计全新图形，而且只需很少的代码。

第四，R 语言的文档资源相当丰富，并且质量非常高，这对学习 R 语言和在工作中使用它有非常大的帮助。R 语言应用于很多领域，从生物和金融，到贝叶斯统计和网络分析都可以用 R 语言进行相关事务的处理。

第五，R 语言可以用来处理 PB 级别的业务数据。R 语言在处理大量数据时，系统可能会耗尽内存，但有几种商业版本的 R 语言可以轻松地处理大量的业务数据，而不会有任何麻烦。它的 Revolution 分析模块提供了一个称为 ScaleR 的商业分析算法库，可以帮助用户通过扩展它在并行处理器上的有效工作来处理数 PB 级别的业务数据。

本书特色

- 本书深入浅出地介绍 R 语言的基础知识，并重点介绍 R 语言中大量实用包的使用，读者不需要太多预备知识便可上手学习。
- 本书侧重于应用，主要介绍大量的统计模型与统计方法的实现。读者可以非常轻松地了解某一个统计方法是如何通过 R 语言实现的，并进一步将实现的统计方法应用到自己的学习和工作当中。
- 本书介绍多个领域统计方法的应用，可以帮助读者将学到的知识轻松地应用到相关的工作当中，提升职场竞争力。
- 本书对 R Markdown 和 Shiny 的相关知识进行重点介绍，读者学习后可以使用 R 语言完成统计分析到成果分享的无缝衔接。
- 本书内容丰富，理论与大量的实践示例相结合，不但可以夯实读者的理论知识，而且可以提升读者的实际动手能力。

本书内容

第1篇　R语言基础

第 1 章主要介绍 R 语言基础，包括 R 语言的安装、帮助与资源，以及 R 语言的基本语法等。

第 2 章主要介绍一些常用的 R 语言包，如数据读取包 readr、数据处理包 dplyr、字符串处理包 stringr 和数据可视化相关包等。

第2篇　R语言统计分析

第 3 章主要介绍统计方法，包括数据描述、统计函数、列表分析、概率分布、蒙特卡洛、鲁棒统计方法和极值分析等。

第 4 章主要介绍一些统计机器学习模型，包括聚类、时间序列、决策树、随机森林等模型，还介绍特征选择、boosting 算法、支持向量机、元包和自动机器学习。

第 5 章主要介绍假设检验，包括相关性检验、统计量检验、随机性检验、方差检验和其他类型的检验等。

第 6 章主要介绍贝叶斯统计，包括贝叶斯分析的基础，以及贝叶斯模型，如 Beta 二项式、伽马泊松、双正态等模型等。

第3篇　R语言统计分析应用

第 7 章主要介绍商业领域的统计方法，包括 A/B 测试和实验设计等。

第 8 章主要介绍营销领域的统计分析，包括行为序列模型和选择模型等。

第 9 章主要介绍信用评分模型，包括信用评分模型开发的每一个步骤。

第4篇　可重复性探索和实践

第 10 章主要介绍可重复性研究，包括 R Markdown 和 bookdown 等相关内容。

第 11 章主要介绍 Shiny 数据可视化，包括 Shiny 开发的基础与进阶提升知识。

读者对象

- 数据挖掘、数据分析和数据科学等相关领域的从业人员；
- 统计学、数学、经济学、计算机和财经等学科的本科生和研究生；
- 科研人员；
- 互联网从业人员；
- 对 R 语言和统计分析感兴趣的人员；
- 转行进入数据行业的人员；
- 其他对 R 语言感兴趣的人员。

配套资源获取

本书涉及的所有源代码需要读者自行下载。请关注微信公众号"方大卓越"，并回复数字 11，即可获取下载链接。

售后支持

由于笔者水平所限，加之写作时间较为仓促，书中可能还存在一些疏漏和不足之处，敬请各位读者批评指正。联系邮箱：bookservice2008@163.com 或 15527504293@163.com。最后祝读书快乐！

米霖

目录

第1篇 R语言基础

第1章 R语言快速入门 2
- 1.1 R语言简介 2
- 1.2 R语言的安装 4
- 1.3 R语言的包 10
- 1.4 R语言的帮助与资源 13
- 1.5 R语言的基本语法 17
  - 1.5.1 R语言的数据结构 17
  - 1.5.2 数据索引和对象命名 23
  - 1.5.3 控制流 25
  - 1.5.4 函数 28

第2章 常用R语言包 29
- 2.1 readr 读取数据 29
- 2.2 dplyr 与 tidy 包 32
  - 2.2.1 filter()函数 33
  - 2.2.2 select()函数 36
  - 2.2.3 summarise()函数 38
  - 2.2.4 mutate()函数 39
  - 2.2.5 arrange()函数 40
  - 2.2.6 数据合并 41
- 2.3 lubridate 包 41
  - 2.3.1 构造时间数据 42
  - 2.3.2 获取部分时间 42
  - 2.3.3 对时间进行计算 43
- 2.4 stringr 包 44
  - 2.4.1 检测字符串 44
  - 2.4.2 截取字符串 45
  - 2.4.3 字符串拼接 46
  - 2.4.4 字符串的其他处理 47
- 2.5 purrr 包 48

2.5.1	遍历结果	49
2.5.2	操作列表	54
2.5.3	重塑列表	56
2.5.4	对列表进行处理	59
2.5.5	修改函数的行为	62
2.5.6	purrr 包的工作流程	64

2.6 数据可视化 ... 64

2.6.1	基础图形	66
2.6.2	汇总类图形	67
2.6.3	二维密度图	68
2.6.4	geom 和 stat 的关系	69
2.6.5	图形尺度	70
2.6.6	颜色	72
2.6.7	坐标系	74
2.6.8	注释	75
2.6.9	绘制出版级别图形的 11 个步骤	79
2.6.10	缺失值的数据可视化	93

2.7 data.table 包 ... 95

2.7.1	创建 data.table	95
2.7.2	data.table 计算	96

2.8 R 语言小技巧 ... 97

2.8.1	快速构建数据探索报告	97
2.8.2	整理代码	98
2.8.3	变量名与变量的转换	98
2.8.4	将 R 语言模型结果转化为公式	99
2.8.5	自动创建报告	99

2.9 R 语言小结 ... 100

第 2 篇　R 语言统计分析

第 3 章　统计方法 ... 102

3.1 数据描述 ... 104

3.1.1	汇总统计量	105
3.1.2	抽样	107

3.2 统计函数 ... 111

3.3 列联表分析 ... 116

3.4 概率分布 ... 118

3.5 蒙特卡洛 ... 119
3.6 鲁棒统计方法 ... 120
3.7 极值分析 ... 124
 3.7.1 extRemes 包 ... 124
 3.7.2 evd 包 ... 127

第 4 章 统计机器学习 ... 129

4.1 聚类模型 ... 129
 4.1.1 treeClust 包 ... 129
 4.1.2 FCPS 包 ... 130
 4.1.3 e1071 包 ... 133
 4.1.4 模糊聚类 ... 134
 4.1.5 DBSCAN 包 ... 136
 4.1.6 离子群聚类 ... 137
 4.1.7 快速层次聚类 ... 137
4.2 时间序列模型 ... 139
4.3 决策树模型 ... 143
 4.3.1 rpart 包 ... 144
 4.3.2 Rweka 包 ... 144
 4.3.3 C50 包 ... 145
 4.3.4 递归分区决策树 ... 147
4.4 随机森林模型 ... 149
 4.4.1 randomForest 包 ... 150
 4.4.2 ipred 包 ... 151
 4.4.3 分位数回归 ... 152
 4.4.4 ranger 包 ... 152
 4.4.5 Rborist 包 ... 153
4.5 特征选择 ... 154
 4.5.1 MXM 包 ... 154
 4.5.2 Fselector 包 ... 156
 4.5.3 Boruta 包 ... 157
 4.5.4 模拟退火与蚁群算法 ... 159
4.6 boosting 算法 ... 162
 4.6.1 gbm 包 ... 162
 4.6.2 xgboost 包 ... 163
 4.6.3 LightGBM 包 ... 166
4.7 支持向量机 ... 167
 4.7.1 e1071 包 ... 167

4.7.2 Kernlab 包 ··· 168
4.8 元包 ··· 169
    4.8.1 Caret 包 ··· 170
    4.8.2 tidymodels 包 ··· 181
4.9 自动机器学习 ··· 188
    4.9.1 AutoML 包 ··· 190
    4.9.2 DriveML 包 ··· 191

第 5 章 假设检验 ··· 196
5.1 假设检验简介 ··· 196
5.2 相关性检验 ··· 198
5.3 统计量检验 ··· 205
5.4 随机性检验 ··· 213
5.5 方差检验 ··· 218
5.6 其他类型检验 ··· 224

第 6 章 贝叶斯统计 ··· 246
6.1 贝叶斯统计基础 ··· 247
6.2 Beta 二项式贝叶斯模型 ··· 252
6.3 伽马泊松模型 ··· 255
6.4 双正态贝叶斯模型 ··· 256
6.5 后验逼近 ··· 259
6.6 rstanarm 包 ··· 270

第 3 篇 R 语言统计分析应用

第 7 章 商业统计分析 ··· 276
7.1 基本概念 ··· 276
    7.1.1 观测数据与实验数据 ··· 276
    7.1.2 隐藏变量 ··· 279
    7.1.3 商业实验 ··· 282
7.2 基础 A/B 测试 ··· 283
    7.2.1 功效分析 ··· 288
    7.2.2 广告点击率 ··· 300
    7.2.3 如何展示实验结果 ··· 304
7.3 用大样本设计 A/B 测试 ··· 305
    7.3.1 平均处理效应 ··· 305
    7.3.2 内部效度和外部效度 ··· 306

7.4 A/B 测试高级工具 ... 309
7.4.1 单边假设检验 ... 309
7.4.2 配对检验 ... 310
7.4.3 A/B/N 试验 ... 313
7.5 小样本的 A/B 测试 ... 314

第 8 章 营销统计分析 ... 316
8.1 营销统计分析简介 ... 316
8.1.1 识别潜在客户 ... 316
8.1.2 改进市场营销活动 ... 317
8.1.3 优化客户关系管理 ... 318
8.1.4 流失分析 ... 319
8.2 行为序列 ... 320
8.2.1 马尔可夫链 ... 332
8.2.2 高阶链和预测 ... 339
8.3 选择模型 ... 341

第 9 章 信用评分模型开发 ... 351
9.1 评分卡开发流程 ... 351
9.1.1 正常与违约 ... 351
9.1.2 标准评分卡的格式 ... 351
9.1.3 评分卡开发流程 ... 353
9.2 数据获取与整合 ... 354
9.3 探索性分析 ... 355
9.3.1 单变量统计量 ... 356
9.3.2 变量的分布情况 ... 357
9.3.3 列联表分析 ... 359
9.3.4 极端值的识别 ... 359
9.4 特征选择 ... 360
9.4.1 使用 IV 值进行特征选择 ... 362
9.4.2 随机森林特征选择 ... 363
9.4.3 用 Boruta 进行特征选择 ... 365
9.5 粗分类与 WOE 变换 ... 366
9.6 模型评估 ... 367
9.6.1 PSI 稳定性检验 ... 369
9.6.2 模型评估实现 ... 370
9.7 评分卡开发 ... 372
9.7.1 计算常数 A 和 B ... 373
9.7.2 分值分配 ... 373

9.8 模型监控··374
9.9 scorecard··374
 9.9.1 split_df 划分数据集··375
 9.9.2 IV 计算信息值··375
 9.9.3 使用 var_filter()筛选变量··376
 9.9.4 使用 woebin()进行 WOE 分箱··377
 9.9.5 数据转换··377
 9.9.6 使用 scorecard()构建评分卡···378
 9.9.7 使用 scorecard_ply()获取用户的分数··379

第 4 篇　可重复性探索和实践

第 10 章　可重复性研究···382
10.1 R Markdown 文档创建··382
 10.1.1 创建 R Markdown··382
 10.1.2 Markdown 基本语法··384
 10.1.3 代码块··386
 10.1.4 分享···388
 10.1.5 YAML 元数据··390
 10.1.6 输出表格··391
10.2 bookdown 文档编写···393

第 11 章　Shiny 数据可视化···397
11.1 Shiny 基础··397
 11.1.1 Shiny 简介···397
 11.1.2 Shinyapp 的基本部分··399
 11.1.3 Shiny 简单示例··402
 11.1.4 Shiny 小结···404
 11.1.5 构建 Shiny 程序··405
 11.1.6 Shiny 部署···407
11.2 reactive()与 isolate()函数··409
 11.2.1 reactive()函数··409
 11.2.2 isolate()函数··412
11.3 Shiny 布局··413
 11.3.1 侧边栏布局··414
 11.3.2 网格布局···414
 11.3.3 界面细分···417
11.4 Shiny 拓展··424

	11.4.1 outplot()函数	424
	11.4.2 上传与下载	427
	11.4.3 动态 UI	432
	11.4.4 用户反馈	435
	11.4.5 确认	439
11.5	如何制作一款成功的 Shiny 应用	441
	11.5.1 成功的 Shiny 应用	441
	11.5.2 准备工作	441
	11.5.3 工作流程	442
11.6	小结	443

第 1 篇
R 语言基础

▶▶ 第 1 章　R 语言快速入门

▶▶ 第 2 章　常用 R 语言包

第 1 章 R 语言快速入门

本章主要对 R 语言的使用进行简单的介绍，内容包括 R 语言的背景、R 语言的安装、R 语言的帮助查询模块、R 语言的基本语法。通过本章的学习，读者能熟悉 R 语言的使用。

1.1 R 语言简介

R 语言广泛地应用于统计学领域和数据科学领域，它常用于开发统计软件和数据分析。R 语言是世界上最强大的统计计算、机器学习和图形编程语言，拥有广大的用户群体和贡献者社区。

R 语言是罗斯·伊哈卡（Ross Ihaka）和罗伯特·杰特曼（Robert Gentleman）在新西兰的奥克兰大学所创建，R 语言取的是两个作者名字的第一个字母。R 语言项目于 1992 年构思，于 1995 年发布了初始版本，2000 年发布了稳定版本。R 语言可从 CRAN 网站上进行下载，下载链接为 http://cran.r-project.org/。

R 语言及其拓展包实现了各种统计分析和可视化方法，包括线性和非线性建模、经典统计测试、时间序列分析、分类和聚类等。一般而言，最新的统计方法都有对应的 R 语言包。R 语言用户可以非常方便地学习、应用那些最新的统计方法。

R 语言可以通过函数和扩展包轻松地扩展其功能。R 语言社区因其在软件包方面的积极贡献而闻名。任何人都可以在 R 语言社区贡献出自己的包。到目前为止，R 语言有超过 10000 个包供下载。需要注意的是，这个数据并不包括所有的 R 语言包。在 BioConductor 存储库中还有 1294 个用于基因组分析的包、数百个仅在 GitHub 上发布的 R 语言包、来自 Microsoft 和 Oracle 等供应商的商业包，以及数量不可知的私有和未发布的包。

R 语言开发人员社区非常活跃，它在统计计算、数据科学及数据可视化方面有着无与伦比的优势，你面临的所有问题几乎都有对应的 R 语言包来解决，你可以站在前人的肩膀上面去实现自己的想法。

R 语言是数据科学领域最流行的语言，它是完全面向数据的，更加注重从数据的角度去思考问题，这一点与其他编程语言有很大的区别。另外，R 语言是用于统计研究的主要工具，因此当新的方法被开发出来的时候，其不仅被写成论文发表，而且往往还会被开发成一个 R 语言包，这让 R 语言一直都处在新算法的前沿，从而让 R 语言用户可以非常方便地使用这些新算法。

CRAN 系统是一个非常有效的共享 R 语言扩展包平台，是包的创作、构建、测试和分发的成熟系统。R 语言核心团队和 CRAN 维护者为 R 语言用户创建了一个这样充满活力的生态系统。如图 1-1 所示，R 语言包的数量在 1998—2018 年一直处于增长中。

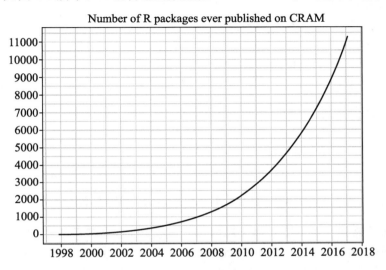

图 1-1　R 语言包数量历年的变化

从图 1-1 可以看到，R 语言包的开发速度越来越快。但是过多的包让人们很难找到自己所需要的，这需要搜索来实现。目前有很多关于包的搜索与汇总的工具，部分如下：

（1）CRAN（https://cran.r-project.org/web/views/）提供的包任务视图，它按主题区域（如财务或临床试验）提供包的目录，人们可以根据自己感兴趣的主题去寻找自己需要的包。

（2）MRAN（https://mran.microsoft.com/taskview）为 MicrosoftR 应用程序网络，它为 CRAN 上的 R 语言软件包提供了搜索工具。

（3）为了找到最受欢迎的软件包，RDocumentation.org（https://www.rdocumentation.org/taskviews#Bayesian）按下载次数提供了软件包的排行榜，它还提供了新发布和最近更新的包的列表。RDocumentation.org 还提供了基于 CRAN 任务视图的可搜索版本。

（4）RStudio 公司也提供了一个包管理工具（https://packagemanager.Rstudio.com/client/#/repos/1/packages/A3）。

通过这些工具，大家可以非常轻松地找到自己需要的包。抛开这些拓展包，R 语言有许多标准函数。使用这些函数可以解决非常多的统计机器学习任务。

对于计算密集型任务，可以在运行时连接和调用 C、C++ 和 Fortran 代码。高级用户可以编写 C、C++、Java、.NET 或 Python 代码直接操作 R 语言对象。还可以通过使用用户提交的包来执行特定功能或特定研究领域的任务。软件包使得 R 语言具有高度的可扩展性。

这些年来，R 语言变得越来越受欢迎。TIOBE 编程社区指数是衡量编程语言流行度的常用指标。该指数每月更新一次，是基于谷歌与必应等 25 种搜索引擎上与编程相关的搜索查询得到的结果。TIOBE 指数旨在反映编程语言受欢迎程度的变化。而根据 TIOBE 指数来看，R 语言的受欢迎程度排名从 2019 年的第 22 名变成了 2020 年的第 9 名，如图 1-2 所示。

Jun 2020	Jun 2019	Change	Programming Language	Ratings	Change
1	2	∧	C	17.19%	+3.89%
2	1	∨	Java	16.10%	+1.10%
3	3		Python	8.36%	-0.16%
4	4		C++	5.95%	-1.43%
5	6	∧	C#	4.73%	+0.24%
6	5	∨	Visual Basic	4.69%	+0.07%
7	7		JavaScript	2.27%	-0.44%
8	8		PHP	2.26%	-0.30%
9	22	∧∧	R	2.19%	+1.27%
10	9	∨	SQL	1.73%	-0.50%

图 1-2　TIOBE 上编程语言受欢迎程度排名

这说明使用 R 语言的人变得越来越多，R 语言变得越来越重要。事实上，在国内外高校的统计学科中，R 语言几乎是一门必修语言，它具有统治地位。R 语言由统计学家设计，专门用于统计计算。随着技术的进步，数据公司和研究机构的数据变得越来越复杂，许多人已经采用 R 语言来分析数据。

R 语言非常适合机器学习、数据可视化、数据分析及科学计算等领域。R 语言有涵盖广泛主题的软件包，如计量经济学、金融学和时间序列等。R 语言拥有一流的可视化、报告和交互性工具，这些工具对于企业和科学都很重要。

因此，R 语言非常适合科学家、工程师和商业人士。随着数据分析在帮助企业了解客户、提高运营效率等方面变得越来越重要，R 语言也变得越来越重要。R 语言在招聘数据专家的几家大公司中被大量使用，如谷歌和 Facebook。除了谷歌、Facebook 等大公司之外，R 语言还广泛应用于包括美国银行、福特、TechCrunch、Uber 和 Trulia 在内的其他公司。

1.2　R 语言的安装

在联网环境下，R 语言的安装非常简单。

首先，打开浏览器，在搜索引擎中搜索 R 语言或者直接打开网址 https://www.r-project.org/，如图 1-3 所示。

然后，单击 Download R 链接进入新的页面，如图 1-4 所示。

最后，选择一个镜像，国内通常选择 China 下面的镜像，单击这个镜像进入下载页面，如图 1-5 所示。

第 1 章　R 语言快速入门

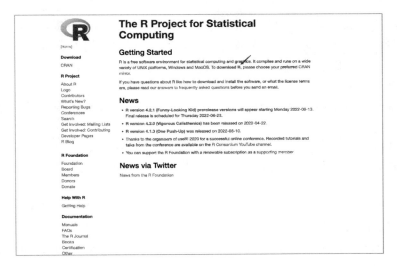

图 1-3　下载页面（1）

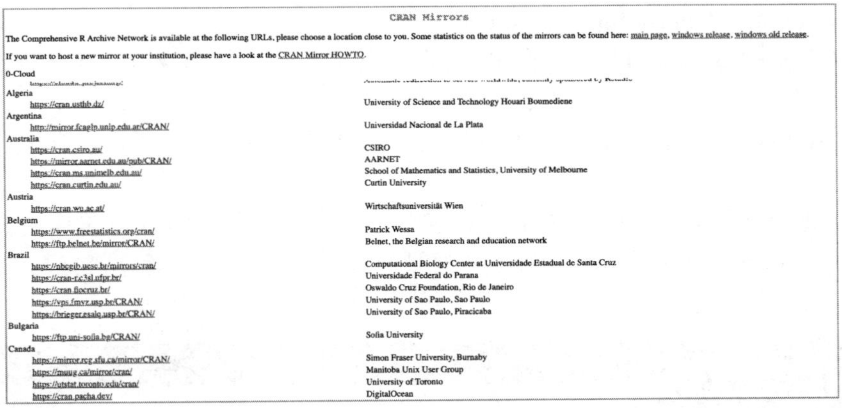

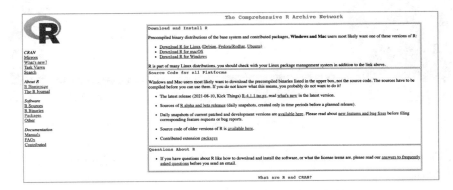

图 1-4　下载页面（2）

图 1-5　下载页面（3）

根据自己的电脑配置下载对应的安装文件，下载完成之后根据提示进行安装即可。安装好 R 语言之后，最好再安装一个集成开发工具，目前最常用的集成开发工具是 RStudio。使用 RStudio 可以更加方便地使用 R 语言进行编程。当然，R 语言的集成开发环境（IDE）很多，包括以下几个：

（1）Emacs+ESS:ESS：一个 emacs 文本编辑器的统计分析插件，官网为 http://ess.r-project.org/。

（2）SublimeText+R-Box：一个在 Sublime 中使用 R 语言编程的插件。

（3）StatET：一个基于 Eclipse 的 R 语言集成开发环境，官网为 http://www.walware.de/goto/statet。

（4）RCommander：一个包括基本图形用户界面的 R 语言包，官网为 http://socserv.mcmaster.ca/jfox/Misc/Rcmdr/。

（5）IRkernel：Jupyter 的 R 语言内核，官网为 https://github.com/IRkernel/IRkernel7. Radiant。

（6）Radiant：一个使用 R 语言，独立的基于浏览器接口的业务分析平台，它基于 Shiny，官网为 http://vnijs.github.io/radiant/。

（7）RTVS：Visual Studio 中的 R 语言开发工具，官网为 http://microsoft.github.io/RTVS-docs/。

（8）RStudio：最流行的 R 语言开发环境，为 R 语言用户提供了许多强大、易用的开发工具。

这些集成开发环境可以用于 R 语言的使用与开发。目前，RStudio 是应用最广泛的集成开发环境。要安装 RStudio，首先在浏览器中搜索 RStudio 或者直接打开网站 https://www.rstudio.com/，如图 1-6 所示。

图 1-6　下载页面

单击 Products 下的 RStudio 进入页面，然后单击 downloadRstudiodesktop 进入下载页面，如图 1-7 所示。

下载免费版本即可。下载完成之后打开下载的文件，然后按照提示进行安装即可。安装好之后打开 RStudio，即可出现 R 语言程序的开发环境。

关于 RStudio 的使用，可以参考它提供的 Cheatsheets。Cheatsheets 可以理解为对相关内容的提炼与总结，其链接地址是 https://www.rstudio.com/resources/cheatsheets/，打开链接后的页面如图 1-8 所示。

图 1-7　RStudio 下载页面

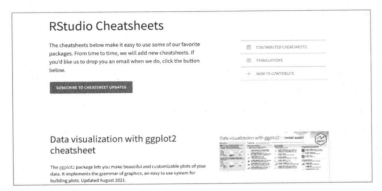

图 1-8　Cheatsheets 页面

Cheatsheets 页面有很多主题，例如 shiny 的 Cheatsheets，以及 ggplot2 的 Cheatsheets 等。找到 RStudio 的 Cheatsheets，然后单击进行下载，打开下载好的文件，将会出现如图 1-9 所示的界面。

图 1-9　RStudio 的 Cheatsheets 页面

下载的文件描述了关于 RStudio 的各方面内容,是上手学习 R 语言的非常有价值的资料。另外,如果是 R 语言新手的话,RBase 的 Cheatsheets 同样非常值得一看。

还有一种使用 RStudio 的方式是在服务器上安装 R 语言和 RStudio Server,然后在浏览器中通过 IP+端号(IP:端号)打开 RStudio Server,这种方式很常用。在常用架构的 Linux 服务器上安装 R 语言和 RStudio Server 其实也并不复杂,其安装过程大致分为两步:第一步是安装 R 语言,第二步是安装 RStudio Server。

下面用 CentOS 8 服务器作为示例进行讲解。假设有一台云服务器能够连接外网,那么安装 R 语言其实非常简单,在服务器的终端运行以下代码:

```
sudo yum -y install epel-release
sudo yum -y install R
```

稍等片刻就会完成安装。安装 RStudio Server 其实非常简单。首先进入 RStudio 官网,该网站提供了安装命令,链接地址如下:

https://www.Rstudio.com/products/rstudio/download-server/redhat-centos/。

根据官网提示的代码进行下载即可。

```
wget https://download2.Rstudio.org/server/centos8/x86_64/rstudio-server-rhel-1.4.1717-x86_64.rpm
sudo yum install Rstudio-server-rhel-1.4.1717-x86_64.rpm
```

安装完成之后即可通过本地浏览器(IP:8787)来访问服务器中的 RStudio Server。需要注意的是,如果无法打开浏览器,可能是防火墙阻止、端口占用或云服务器安全组没打开等原因造成的,进行相应的设置即可。

下面介绍两款在线编写 R 语言代码的工具。第一款是 Rstudio Cloud。首先需要打开 RStudio 官网,在 Products 下选择 RStudio Cloud,如图 1-10 所示。

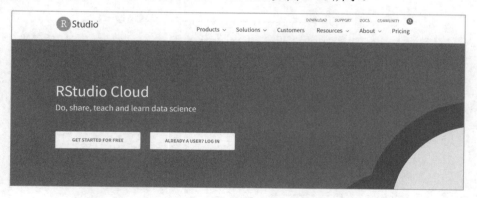

图 1-10　RStudio Cloud 页面

选择免费的即可,能够满足基本使用。单击"注册",注册完成之后进行登录,就可以进入 R 语言开发环境,如图 1-11 所示。

注册好之后,只要有浏览器和网络就可以访问开发环境。虽然内存不大,但是能满足

R 语言学习与工作的基本需求。

图 1-11　RStudio Cloud 界面

第二个工具是 rnotebook，链接地址为 https://rnotebook.io/anon/d0086a3bfcb2cf4a/notebooks/Welcome.ipynb。

rnotebook 的界面如图 1-12 所示。

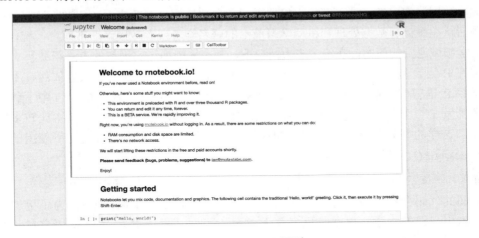

图 1-12　rnotebook 界面

通过 rnotebook 工具，可以很轻松地进行代码编写。我们只需要安装浏览器，就可以编写 R 语言程序。

通常而言，编写 R 语言代码有 3 种方式：写在命令窗口中；写在 R 语言脚本中；写在 R Markdown 文档中。在命令窗口中适合写一些简单的代码，例如查看帮助，检查某一个值或查看某个函数的功能等，因为在命令窗口中是一行一行地运行代码的，代码运行之后也不方便修改。在 R 语言脚本中可以写多行代码，并且 R 语言脚本中的代码可以反复运行，这是比较常用的方式，写完之后，只需要框选出需要运行的代码，然后单击界面中的 run，或者使用快捷键 Ctrl+Enter 即可运行代码。

通过 R Markdown 可以直接写数据分析报告。在 R Markdown 中，可以直接将代码、文字和代码运行结果结合起来。R Markdown 是一款非常强大的工具，它将数据的运算过程和输出结果紧密地结合起来。关于 R Markdown 的相关内容，后文会有详细的介绍。

我们通常先创建一个 RStudio 项目，用于管理与项目相关的一系列文件与设置，包括 R 语言脚本文件、变量、历史运行代码和工作路径等。RStudio 项目通常以.Rproj 后缀结尾。双击以.Rproj 为后缀的文件可以打开 RStudio 项目，打开之后，项目的 R 语言脚本、环境中的变量和工作路径等都和上次保存的一样。创建 RStudio 项目：首先单击 file，然后创建一个项目，就可以通过 R 语言脚本和 R Markdown 等方式编写代码。

1.3 R 语言的包

R 语言的包是 R 语言的核心，虽然说基础 R（Rbase）已经非常的强大，能够解决大部分与数据科学和统计相关的工作，但是 R 语言包极大地丰富了 R 语言的功能，扩展了 R 语言的使用场景。截至目前，CRAN 官网上面已经有超过 10000 个可以使用的包，这些包用于解决数据访问、统计、可视化、机器学习和自然语言处理等方面的问题。这些包的开发者都是活跃在统计、数据处理和机器学习前沿的著名学者或者教授。通常而言，统计学或者数据科学领域遇到的问题，在绝大多数情况下，都有人能通过实现包的方法帮助解决。

现在 R 语言包的开发依然处于一个非常活跃的时期，R 语言包的数量依然在不断地增加。下载 R 语言包一般有两个途径：CRAN 和 GitHub。最初只能从 CRAN 中下载，如果开发者开发了一个 R 语言包，想要上传到 CRAN 是比较烦琐的。CRAN 有比较多的要求与审核，这样的好处是能保证上传包的质量。想要从 CRAN 中下载包，所使用的函数是 install.packages()。要下载 ggplot2 包，代码如下：

```
install.packages("ggplot2")                              #从 CRAN 安装包
```

上面的代码会将对应的包下载下来。后来，随着 R 语言的不断发展，为了更加方便开发者贡献出自己的力量，出现了更多关于 R 语言包的下载方式。有些 R 语言包开发者一开始会将自己的包上传到 GitHub，然后再慢慢地调整，最后上传到 CRAN。也就是说，有些包仅在 GitHub 上有，如果想要下载 GitHub 上面的包，则需要使用 install_github()函数，这个函数来自 devtools 包，这个包提供了很多与开发相关的工具。ggplot2 同样上传到了 GitHub 中，因此从 GitHub 中下载 ggplot2 的代码如下：

```
devtools::install_github("tidyverse/ggplot2")            #从 GitHub 上安装包
```

有的时候，需要在离线环境中安装 R 语言。在离线环境中无法通过联网的方式安装 R 语言包，需要先将包下载下来，然后上传到离线环境当中，再进行安装，但是会有一个问题，一个包存在很多的关联包，想要正确安装一个包需要将这些关联包同时安装。那么问题来了，有时候一个包的相关包有几十上百个，整理相关联的包，然后一个一个地下载，再上传离线环境，这是一个巨大的工程。有一个方法可以自动地将包以及关联包下载下来。首先需要在联网的电脑上面下载 miniCRAN 包，然后在联网的 R 环境中加载 miniCRAN 包，这个包可以查看与下载的包相关联的其他包。

```
##install.packages("miniCRAN")
library(miniCRAN)
tags<-"tidyverse"
pkgDep(tags)                                    #查看与tidyverse相关联的包
##[1]"tidyverse""broom""cli""crayon"
##[5]"dbplyr""dplyr""dtplyr""forcats"
##[9]"googledrive""googlesheets4""ggplot2""haven"
##[13]"hms""httr""jsonlite""lubridate"
##[17]"magrittr""modelr""pillar""purrr"
##[21]"readr""readxl""reprex""rlang"
##[25]"Rstudioapi""rvest""stringr""tibble"
##[29]"tidyr""xml2""backports""ellipsis"
##[33]"generics""glue""assertthat""blob"
##[37]"DBI""lifecycle""R6""tidyselect"
##[41]"vctrs""withr""data.table""digest"
##[45]"gtable""isoband""MASS""mgcv"
##[49]"scales""gargle""uuid""cellranger"
##[53]"curl""ids""rematch2""cpp11"
##[57]"pkgconfig""mime""openssl""Rcpp"
##[61]"fansi""utf8""clipr""vroom"
##[65]"tzdb""progress""callr""fs"
##[69]"knitr""rmarkdown""selectr""stringi"
##[73]"processx""rematch""rappdirs""evaluate"
##[77]"highr""yaml""xfun""nlme"
##[81]"Matrix""askpass""prettyunits""htmltools"
##[85]"tinytex""jquerylib""farver""labeling"
##[89]"munsell""RColorBrewer""viridisLite""bit64"
##[93]"sys""bit""base64enc""fastmap"
##[97]"lattice""colorspace""ps""rex"
##[101]"lazyeval""brio""desc""pkgload"
##[105]"praise""waldo""rprojroot""diffobj"
##[109]"covr""feather""testthat"
```

在上面的代码中，通过 pkgDep()函数查看与 tidyverse 包相关的依赖包。从输出结果中可以看到，tidyverse 的全部依赖包约有 109 个。另外，还可以画出 tidyverse 包之间的依赖关系图，如图 1-13 所示。代码如下：

```
tags<-"DT"
dg<-makeDepGraph(tags,enhances=TRUE)             #查看DT相关包的依赖图
plot(dg,legendPosition=c(-1,1),vertex.size=20)
```

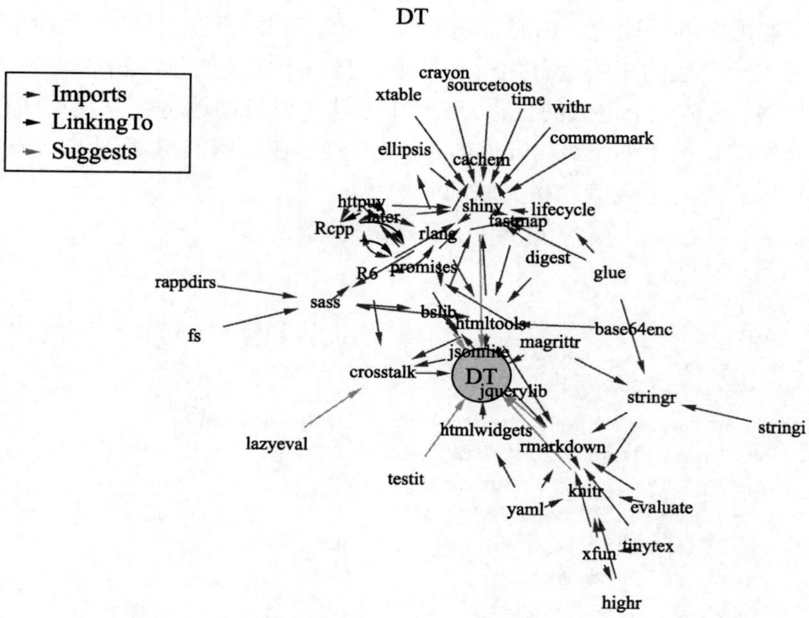

图 1-13　tidyverse 包的依赖包

在上面的代码中，首先查看 tidyverse 包的相关依赖包，然后通过 makeDepGraph()函数生成图结构，最后对图结构进行可视化。

然后看一下如何批量下载 R 语言包，并且将相关联的包全部下载下来。首先要获取镜像源，代码如下：

```
repos<-getOption("repos")                                          #获取镜像源
repos
CRAN
"http://mirrors.tuna.tsinghua.edu.cn/CRAN/"
attr(,"Rstudio")
[1]TRUE
```

在上面的代码中，通过 getOption()函数获取镜像源，在浏览器中打开代码中的链接可以进入 R 语言的下载页面。

```
curl<-contrib.url(repos)
aps<-available.packages(curl)                                      #查看可用的包
dim(aps)
[1]1818517
```

在上面的代码中，首先获取镜像源的链接，最后获取这个链接中所有可用的 R 语言包，从结果可以看出，目前在 CRAN 上面一共有 1818517 个 R 语言包，由于新的包在不断地增加，这个数字也在不断地变化。假设要下载 forecast 包以及它的关联包，可以使用如下代码：

```
libs<-c("forecast")
pkgList<-pkgDep(pkg=libs,availPkgs=aps,repos=repos)                #查看相关的包
pkgList
```

```
[1]"forecast""colorspace""fracdiff""ggplot2""lmtest""magrittr"
[7]"nnet""Rcpp""timeDate""tseries""urca""zoo"
[13]"RcppArmadillo""digest""glue""gtable""isoband""MASS"
[19]"mgcv""rlang""scales""tibble""withr""quadprog"
[25]"quantmod""nlme""lattice""Matrix""xts""TTR"
[31]"curl""farver""labeling""lifecycle""munsell""R6"
[37]"RColorBrewer""viridisLite""ellipsis""fansi""pillar""pkgconfig"
[43]"vctrs""cli""crayon""utf8""evaluate""highr"
[49]"stringr""yaml""xfun""stringi""knitr""htmltools"
[55]"jsonlite""tinytex""jquerylib""base64enc""fastmap""rmarkdown"
[61]"x13binary""brio""callr""desc""pkgload""praise"
[67]"processx""ps""waldo""rprojroot""Rstudioapi""diffobj"
[73]"rematch2""forecTheta""rticles""seasonal""testthat""uroot"
```

上面的代码使用 pkgDep()函数输出了与 forecast 包相关联的所有的包。从输出的结果可以看出，forecast 相关联的包一共有 78 个。

使用 download.packages()函数下载所有的依赖包，代码如下：

```
dp<-download.packages(pkgList,"/Users/R语言统计分析/packages/R/forecast",
type=getOption("pkgType"))                            #下载相关的包
```

在上面的代码中，download.packages()函数的第一个参数是需要下载的包，就是 forecast 及其依赖包的名称，第二个参数是下载包的路径，第三个参数 type 指定下载什么类型的包，默认情况下下载以.tar.gz 为后缀的 R 语言包。所有的包都下载好之后，下一步是进行安装，如果一个包一个包地使用 install.packages()函数进行安装，不仅效率低，而且也费时费力，再者，使用 install.packages("forecast")函数并不能安装 forecast 包及其相关的包。

可以使用一个方法来批量安装 R 语言包，参考代码如下：

```
library(tools)
path<-"/root/rpackage"
write_PACKAGES(path,type="source")
myPackages<-c("fUnitRoots","forecast")
install.packages(myPackages,contriburl=paste("file:",path,sep=''),type=
"source")
```

在上面的代码中，首先加载 tools 包，再创建一个 path，这个 path 就是下载包的所在目录。然后使用 write_PACKAGES()函数创建一个包的存储库，指定需要安装的包。如果需要安装多个包，那么将多个包通过一个向量进行表示，最后使用 install.packages()函数安装，第一个参数就是需要安装的包名的向量，后面两个参数用示例的写法即可。通过这个方法可以在离线环境下正确地安装一个包及其依赖包。

1.4 R 语言的帮助与资源

在 R 语言的使用过程中，查询帮助的方式非常简单。通常而言，一个问号"?"加上所需要查询的内容即可，如?ggplot，就会看到 ggplot()函数的详细内容，如下：

```
?ggplot                                          #通过问号查看帮助
```

查询到的内容通常会介绍函数的参数、参数的含义、输出信息和示例等内容。

通过问号查询其实等价于使用 help()函数，例如?ggplot 等价于以下代码：

```
help("ggplot")                                   #使用 help()函数查看帮助
```

要了解一个函数或者一个方法，最快的办法是查看示例。查看示例可以使用 example() 函数，如查看 ggplot()的示例代码如下：

```
example(ggplot)                                  #通过 example()函数查看函数的例子
##Warninginexample(ggplot):nohelpfoundfor'ggplot'
```

上面的代码输出了 ggplot()函数相关的一些示例的代码和代码的输出结果。

另外，还可以使用 help.search()函数进行查询。

```
help.search("ggplot")                            #通过 help.search()函数查询帮助
```

如果使用过某个函数，但是不能完整地记住函数名，这个时候可以使用 apropos()函数，它可以通过模糊的方式查询所有类似的函数。例如，查询类似 plot 的函数，示例代码如下：

```
apropos("plot")                                  #查询类似函数
[1]".rs.api.savePlotAsImage"".rs.replayNotebookPlots""assocplot"
[4]"av.plot""av.plots""avPlot"
[7]"avPlots""barplot""Barplot"
[10]"barplot.default""biplot""boxplot"
[13]"Boxplot""boxplot.default""boxplot.matrix"
[16]"boxplot.stats""cdplot""ceres.plot"
[19]"ceres.plots""ceresPlot""ceresPlots"
[22]"coplot""cr.plot""cr.plots"
….
```

从输出的结果可以看到，所有与 plot 相关的函数全部都输出了，通过这个函数，只需要记住函数的某一部分，就可以查询出所需函数。另外需要注意的是，这个函数只能查询出已经加载包的模糊函数，而无法查询没有加载的包中存在某个函数。

如果想要实现某种统计分析功能，但是不知道具体的实现函数，如想要实现 t-test，但是不知道使用什么函数，可以使用 RSiteSearch()函数进行查询。

```
RSiteSearch("t-test")                            #查看实现某种功能的函数
```

运行以上函数之后，会弹出浏览器的一个网页，网页中会显示对应方法的函数以及对应函数所在的包，如图 1-14 所示。

图 1-14 中显示出了与 t-test 有关的包以及函数。

最后介绍一些 R 语言的相关资源。R 语言的资源很多，这里梳理几个主要的资源集：bookdown、RStudio、awosome R 和 CRAN Task Views。

bookdown 是一个通过 R 语言写书的包，目前已经有很多 R 语言相关的书都是通过 bookdown 进行书写的。bookdown 的官网提供了很多高质量的书籍，如图 1-15 所示，bookdown 官网的链接是 https://bookdown.org/。

第 1 章 R 语言快速入门

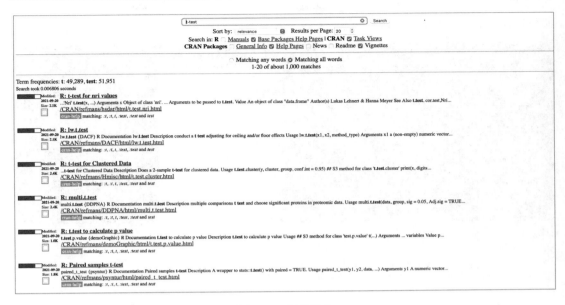

图 1-14 相关函数

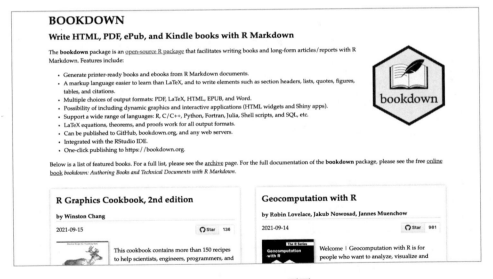

图 1-15 bookdown 页面

RStudio 的官网同样提供了很多关于 R 语言的学习资源。打开 RStudio 的官网，在 Reource 一栏中可以看到很多资料，如图 1-16 所示。

里面有很多书籍、课程和博客，笔者比较常用的是其中的 Cheatsheets，它是一个关于主题内容的精简总结。

awosome R 是 GitHub 上的一个项目，这个项目分门别类地总结了 R 语言的很多资料，如数据操作、图形展示、空间分析和 R 语言开发等，如图 1-17 所示。

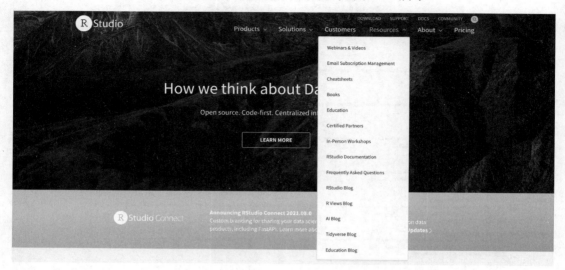

图 1-16　RStudio 界面

图 1-17　R 语言资料

CRAN Task Views 与 awesome R 类似，它根据不同的主题归纳了常用的 R 语言包。在 CRAN Task Views 中，将常用的 R 语言包分为几大类，如图 1-18 所示。

图 1-18　CRAN Task Views 页面

学习一门编程语言，了解它的语法是最基础的，更重要的是了解这一门语言背后的资源。通过以上 4 个资源集，能够对 R 语言背后的资源有一个整体把握。这样做的好处是，当遇到一个问题的时候，能够很快通过掌握的资源找到对应的解决方法。

最后再介绍几个网络集资源，通过这些资源能够帮助 R 语言用户快速地解决工作和学习中的统计或者数据科学的问题。

（1）rseek-https://rseek.org/，这是一个基于 Google 的 R 语言搜索引擎。

（2）stackoverflow-https://stackoverflow.com/，这是一个与编程相关的问答网站，用户会提出自己的编程问题，知道的人会给予解答。

（3）stackexchange-https://stats.stackexchange.com/，这个网站类似于 StackOverFlow 网站，但更偏向于统计、机器学习和数据挖掘等主题。

1.5　R 语言的基本语法

在安装好 R 语言并对 R 语言有基本的了解之后，来简单熟悉一下 R 语言的语法。在使用 R 语言进行统计分析和数据科学等相关工作中，数据是一切工作的基础。第一步需要了解 R 语言的数据是怎样表示的。

1.5.1　R 语言的数据结构

R 语言有 5 个基本或"原子"类类型的对象，分别如下：
（1）字符（character）；
（2）数字（numeric）；

(3) 整数 (integer);
(4) 复数 (complex);
(5) 逻辑 (TRUE/FALSE)。

R 语言的对象的最基本类型是向量,可以使用 vector()函数或者 c()创建空向量。在 R 语言中,实际上只有一个关于向量的规则:一个向量中只能包含同一类的对象。简单地说,一个向量中,元素的类型只能是数字或者其他类型,而不能是不同类型的组合。

但是就像任何规则一样都有例外,那就是 list, list 可以是不同类型数据的组合,后文会详细讲解。列表表示向量,但列表可以包含不同类别的对象。事实上,正因为列表的这个特性,导致列表这个对象应用十分广泛。

R 语言中的数字通常被视为数字对象(即双精度实数),即在 R 语言中看到像"1"或"2"这样的数字,可能会认为它们是整数,但是它们很可能表示数字对象(如"1.00"或"2.00")而不是整数,当然,这在大多数情况下是无关紧要的。

如果明确想要一个整数,则需要指定 L 后缀。例如,1L 是明确表示为整数 1。R 语言中还有一个特殊的数字 Inf,它代表无穷大。这使 R 语言能够表示像 1/0 这样的结果,因此 Inf 可以用于普通计算,例如 1/Inf 是 0。NaN 表示未定义的值(不是数字),例如 0/0,NaN 也可以被认为是一个缺失值。

在 R 语言中,缺失值由 NA 或 NaN 表示,用于未定义的数学运算结果。通过 is.na()函数测试对象是否为 NA,另外,使用 is.nan()函数测试对象是不是 NaN。

```
##创建一个包含 NA 的向量
x<-c(1,2,NA,10,3)
##判断向量中的每一个元素是不是 NA
is.na(x)
##[1]FALSEFALSETRUEFALSEFALSE
##判断每一个元素是不是 NAN
is.nan(x)
##[1]FALSEFALSEFALSEFALSEFALSE
##创建一个包含 NAN 和 NA 的向量
x<-c(1,2,NaN,NA,4)
is.na(x)
##[1]FALSEFALSETRUETRUEFALSE
is.nan(x)
##[1]FALSEFALSETRUEFALSEFALSE
```

R 语言常用的数据类型有 5 种:向量、矩阵、列表、因子和数据框,下面分别进行介绍。

1. 向量

使用 c()函数可以创建向量,示例代码如下:

```
x<-c(0.5,0.6)              ##numeric 数值
x<-c(TRUE,FALSE)           ##logical 逻辑值
x<-c(T,F)                  ##logical 逻辑值
```

```
x<-c("a","b","c")                    ##character 字符值
x<-9:29                              ##integer 整数值
x<-c(1+0i,2+4i)                      ##complex 负数值
```

上面的代码创建了不同类型的向量。另外需要注意的是，T 和 F 分别是 TRUE 和 FALSE 的简写。

还可以使用 vector() 函数来初始化向量，示例代码如下：

```
x<-vector("numeric",length=10)       #使用 vector 创建向量
x
##[1]0000000000
```

上面的代码使用 vector() 函数创建了一个长度为 10 的向量。我们知道，向量只能存储同一类型的数据，假设将不同类型的数据组合，则会发生强制转换或者报错。下面来看一个代码示例：

```
y<-c(1.7,"a")                        ##数字和字符构建向量
y
##[1]"1.7""a"
y<-c(TRUE,2)                         ##逻辑值和字符构建向量
y
##[1]12
y<-c("a",TRUE)                       ##字符和逻辑值构建向量
y
##[1]"a""TRUE"
```

上述代码都在一个向量中混合了两个不同类的对象。从输出结果可以看出，当不同的对象混合在一个向量中时会发生强制转换，以便让向量中的每个元素都属于同一类。

在上面的例子中，可以看到隐式强制转换的效果。R 语言试图找到一种方法以合理的方式表示向量中的所有对象。有时这完全符合要求，有时则不然。例如，将数字对象与字符对象组合创建一个字符向量，因为数字通常可以很容易地表示字符串。

一个向量混合了两个不同类的对象，这个时候会发生隐性的强制转换。然而，有的时候希望手动将某一种类型的数据转变为其他类型的数据，这一类转换叫作显式转换。强制转换通过 as 类函数实现，这类函数可以将对象从一个类显式地强制转换为另一个类。

```
x<-0:6
class(x)                             #查看数据类型
##[1]"integer"
as.numeric(x)                        #将数据转换为数值类型
##[1]0123456
as.logical(x)                        #将数据转换为逻辑类型
##[1]FALSETRUETRUETRUETRUETRUETRUE
as.character(x)                      #将数据转换为字符类型
##[1]"0""1""2""3""4""5""6"
```

需要注意的是，在有些情况下，R 语言无法弄清楚如何强制转换一个对象，这可能会

导致 NA（缺失值）生成。下面来看一个代码示例：

```
x<-c("a","b","c")                          #创建一个字符向量
as.numeric(x)                              #将字符向量转变为数值类型
##Warning:NAsintroducedbycoercion
##[1]NANANA
as.logical(x)                              #将字符向量转变为逻辑值类型
##[1]NANANA
as.complex(x)                              #将字符向量转变为复数类型
##Warning:NAsintroducedbycoercion
##[1]NANANA
```

上面的代码尝试将一个字符类型的向量转换为数值类型、逻辑值类型和复数类型。从结果可以看出，转换之后的值是 NA。当发生无意义的强制转换时，通常会收到 R 语言的警告，尽量需要避免这种无意义的转换。

2．矩阵

矩阵是具有维度属性的向量，其中维度属性本身是一个长度为 2（行数，列数）的整数向量。创建一个矩阵通常使用 matrix() 函数。来看一个创建矩阵的示例，代码如下：

```
m<-matrix(nrow=2,ncol=3)                   #通过matrix()函数创建一个矩阵
m
##[,1][,2][,3]
##[1,]NANANA
##[2,]NANANA
dim(m)                                     #查看矩阵的维度
##[1]23
#attributes(m)                             #查看矩阵的属性
```

在默认情况下，矩阵是按列构建的。

```
m<-matrix(1:6,nrow=2,ncol=3)               #按照列生成矩阵
m
##[,1][,2][,3]
##[1,]135
##[2,]246
```

从结果可以看出，第一列第二行的值是 2，而不是第二列第一行的值是 2。通过设置参数可以让矩阵根据行进行构建。代码如下：

```
m<-matrix(1:6,nrow=2,ncol=3,byrow=T)       #按照行构建矩阵
m
##[,1][,2][,3]
##[1,]123
##[2,]456
```

除了使用 matrix() 函数创建矩阵外，也可以通过添加维度属性直接将向量转换为矩阵。

```
m<-1:10
m
##[1]12345678910
dim(m)<-c(2,5)                             #通过dim()函数将向量转换成矩阵
m
```

```
##[,1][,2][,3][,4][,5]
##[1,]13579
##[2,]246810
```

在上面的代码中，首先创建一个向量，然后通过 dim()函数设置向量的维度，从而创建矩阵。需要注意的是，矩阵中同样只能存储相同类型的数据。

对于矩阵和数据框，可以使用 cbind()和 rbind()函数来进行合并。代码示例如下：

```
x<-1:3
y<-10:12
cbind(x,y)                    #按列合并数据集
##xy
##[1,]110
##[2,]211
##[3,]312
rbind(x,y)                    #按行合并数据集
##[,1][,2][,3]
##x123
##y101112
```

从结果可以看到，cbind()函数用于列合并，rbind()函数用于行合并。

3．列表

列表是一种特殊类型的向量，可以包含不同类别的元素。列表是 R 语言中非常重要的数据类型，非常有用。

可以使用 list()函数显示创建列表，该函数接受任意数量的参数。代码示例如下：

```
x<-list(1,"a",TRUE,1+4i)      #创建一个列表
x
##[[1]]
##[1]1
##
##[[2]]
##[1]"a"
##
##[[3]]
##[1]TRUE
##
##[[4]]
##[1]1+4i
```

在这个例子中，使用 list()函数创建列表，列表中包含 4 个不同类型的元素。另外，还可以使用 vector()函数创建一个预先指定长度的空列表。示例代码如下：

```
x<-vector("list",length=5)    #通过 vector()函数创建一个列表
x
##[[1]]
##NULL
##
##[[2]]
##NULL
##
```

```
##[[3]]
##NULL
##
##[[4]]
##NULL
##
##[[5]]
##NULL
```

列表类型的数据常用的一个场景是,在 R 语言中写函数的时候返回值只有一个,如果需要返回的对象比较多,就可以将这些对象创建成一个列表。

4．因子

因子用于表示分类数据。另外,字符类型的变量也可以表示分类变量。二者的区别在于,因子类型的变量还可以描述有先后顺序的分类变量。例如,有一个变量——季节,它的值有春、夏、秋、冬。很明显,季节这个变量的值是有顺序的,但是字符类型的数据无法描述这种顺序。事实上,在很多需要使用因子类型的场景中,如使用逻辑回归模型的时候,字符变量会自动地转换成为因子变量。

可以使用 factor()函数创建因子对象,代码如下:

```
x<-factor(c("yes","yes","no","yes","no"))          #创建因子
x
##[1]yesyesnoyesno
##Levels:noyes
table(x)
##x
##noyes
##23
x
##[1]yesyesnoyesno
##Levels:noyes
##取消因子类型
unclass(x)
##[1]22121
##attr(,"levels")
##[1]"no""yes"
```

可以使用 levels 参数来设置因子水平的顺序,代码如下:

```
x<-factor(c("yes","yes","no","yes","no"))
x##模型的顺序
##[1]yesyesnoyesno
##Levels:noyes
x<-factor(c("yes","yes","no","yes","no"),
levels=c("yes","no"))                              #设置顺序
x
##[1]yesyesnoyesno
##Levels:yesno
```

从结果可以看出,因子的顺序从原来的 noyes 变成了 yesno。

5. 数据框

在 R 语言中，数据框是最常用的一种数据格式。在统计分析中，经常用数据框存储表格数据。数据框可以表示为一种特殊类型的列表，列表中每一个元素都必须具有相同的长度。需要注意的是，数据框与矩阵不同，数据框中的每一列都可以存储不同类型的数据，而矩阵中的每一个元素都必须是相同类型的。数据框中有列名，表示变量或预测变量的名称，数据框还有一个特殊的属性叫作 row.names，表示数据框每一行的信息。

下面使用 data.frame() 函数创建一个数据框，然后使用 nrow() 和 ncol() 函数计算数据框的行和列。代码如下：

```
x<-data.frame(foo=1:4,bar=c(T,T,F,F))         #通过dataframe创建数据框
x
##foobar
##11TRUE
##22TRUE
##33FALSE
##44FALSE
nrow(x)
##[1]4
ncol(x)
##[1]2
```

1.5.2 数据索引和对象命名

上文介绍了 R 语言的 5 种数据类型。下面来了解一下数据的索引。例如有一个向量，想获取向量中的第 2 个元素，如何处理？其实非常简单，也非常符合人的思维逻辑。示例代码如下：

```
x<-c(1:10)
x[2]
[1]2
```

可以通过[]根据数据的位置来索引数据。除了向量，其他数据类型的索引方式也是同样的逻辑。例如想要索引一个数据框第二行第二列的数据，代码如下：

```
iris[2,2]
[1]3
```

R 语言的数据索引很简单，也很符合人的思考方式。需要注意的一点是，对于列表的索引需要使用[[]]，也就是两个中括号。那么有一个问题：[[]]和[]有什么区别？简单来说，[]表示取子集，通过[]获取的结果与原始对象是相同的类型，而使用[[]]获取的结果与原始对象的类型则可能不一样。示例代码如下：

```
lst<-list('one','two','three')

a<-lst[1]
class(a)
```

```
"list"

a<-lst[[1]]
class(a)
'character'
```

从输出结果可以看出,通过[[]]选取的结果不再是列表。图 1-19 可以更好地帮助读者理解二者的区别。

图 1-19　[[]]与[]的区别

关于二者的区别,在此不做过多的讨论,有兴趣的读者可以阅读 Advance R 一书(链接:https://adv-r.hadley.nz/),书中有更加详细的介绍。

R 语言对象可以有名称,这对于提高程序的可读性非常有帮助。来看一个给向量进行命名的例子,代码如下:

```
x<-1:5
names(x)
##NULL
names(x)<-c("周1","周2","周3","周4","周5")
x
##周1 周2 周3 周4 周5
##1 2 3 4 5
names(x)
##[1]"周1""周2""周3""周4""周5"
```

同样,可以对列表进行命名,代码如下所示。

```
x<-list("周1"=1,"周2"=2,"周3"=3)
x
##$周1
##[1]1
##
##$周2
##[1]2
##
##$周3
##[1]3
```

矩阵可以有列名和行名。创建一个矩阵，代码如下：

```
m<-matrix(1:4,nrow=2,ncol=2)
dimnames(m)<-list(c("a","b"),c("c","d"))
m
##  c d
##a 1 3
##b 2 4
```

可以使用 colnames()和 rownames()函数分别设置列名和行名，代码如下：

```
colnames(m)<-c("h","f")
rownames(m)<-c("x","z")
m
##  h f
##x 1 3
##z 2 4
```

需要注意的是，对于数据框，有一个单独的函数 row.names()用于设置行名称。此外，要设置数据框的列名，只需使用 names()函数。

R 语言是面向对象语言，其对象是有属性的。可以通过 attributes()函数访问对象的属性，如果对象没有属性，则会返回空值。示例如下：

```
attributes(iris)
##$names
##[1]"Sepal.Length""Sepal.Width""Petal.Length""Petal.Width""Species"
##
##$class
##[1]"data.frame"
##
##$row.names
##  [1] 1 2 3 4 5 6 7 8 9 10 11 12 13 14 15 16 17 18
## [19] 19 20 21 22 23 24 25 26 27 28 29 30 31 32 33 34 35 36
## [37] 37 38 39 40 41 42 43 44 45 46 47 48 49 50 51 52 53 54
## [55] 55 56 57 58 59 60 61 62 63 64 65 66 67 68 69 70 71 72
## [73] 73 74 75 76 77 78 79 80 81 82 83 84 85 86 87 88 89 90
## [91] 91 92 93 94 95 96 97 98 99 100 101 102 103 104 105 106 107 108
##[109] 109 110 111 112 113 114 115 116 117 118 119 120 121 122 123 124 125 126
##[127] 127 128 129 130 131 132 133 134 135 136 137 138 139 140 141 142 143 144
##[145] 145 146 147 148 149 150
```

上述代码使用 attributes()函数查看 iris 数据集的属性。可以看到，这个数据集有 3 个属性，分别是 names、class 和 row.names。

1.5.3 控制流

在任何编程语言中，控制流是基础中的基础。在 R 语言中，常用的控制结构如下：
（1）if 和 else：条件判断。
（2）for：循环。
（3）break：中断循环的执行。

（4）next：跳过循环的迭代。

if-else 条件判断是常用的控制结构。这种结构允许测试一个条件并根据返回的结果是真还是假来采取不同的行动。可以只使用 if 语句，

```
if(<condition>){              ##条件为真的时候运行代码
}
```

如果条件为假，上面的代码什么也不做，如果条件是真，则运行括号里面的内容。如果想在条件为假时执行某个操作，则需要一个 else 子句。

```
if(<condition>){              ##条件为真的时候运行
}else{                        ##条件为假的时候运行
}
```

还可以通过 elseif 语句添加多个条件判断。

```
if(<condition1>){             ##如果满足条件1执行
}elseif(<condition2>){        ##如果满足条件2，则执行
}else{                        ##条件1和条件2都不满足时执行
}
```

下面来看一个条件判断的例子。代码如下：

```
##创建
x<-runif(1,0,10)
if(x>3){
y<-10
}else{
y<-0
}
```

y 的取值取决于 x>3 是否成立。

for 循环是 R 语言中常用的循环结构（通过 while 也可以实现循环），它常用于迭代对象的元素（列表、向量等）。代码示例如下：

```
numbers<-rnorm(10)
for(i in1:10){
print(numbers[i])
}
##[1]-0.06393881
##[1]-0.6706558
##[1]0.275709
##[1]0.7738109
##[1]-0.7750128
##[1]0.4804435
##[1]0.9438883
##[1]1.043499
##[1]-0.8636164
##[1]0.6714639
```

在上面的代码中，rnorm()函数用于创建正态分布的随机数。这个例子很好地展现了循环结构：循环需要使用 for 关键字；括号内不需要指定一个变量与遍历对象；i in1:10 表示使用 i 变量遍历 1~10；循环内部的代码通过中括号表示。

关于循环，需要注意的是，尽可能少使用 for 循环，因为 for 循环的效率比较低。可以使用 apply 族函数替代，基本上大部分 for 循环都能够使用 apply 族函数进行替代，而且 apply 族函数的效率更高。

在循环过程中，有时候需要跳过当前的循环，在其他编程语言中，可以使用关键字 continue 来完成，在 R 语言中则使用 next 关键字。示例代码如下：

```
for(i in1:100){
if(i<=90){

next

}
print(i)
}
##[1]91
##[1]92
##[1]93
##[1]94
##[1]95
##[1]96
##[1]97
##[1]98
##[1]99
##[1]100
```

从上面的输出结果可以看出，通过调用 next 关键字，跳过了循环的前 90 次。另外，break 关键字用于立即退出当前循环。示例代码如下：

```
for(i in1:100){
print(i)
if(i>=10){
##迭代次数大于10次的时候跳出循环
break
}
}
##[1]1
##[1]2
##[1]3
##[1]4
##[1]5
##[1]6
##[1]7
##[1]8
##[1]9
##[1]10
```

从输出结果可以看出，10 次循环之后，代码就跳出了循环。

1.5.4 函数

R 语言构建函数的方法是使用 function()函数,其函数格式如下:

```
function_name<-function(arg_1,arg_2,...){
Functionbody
}
```

函数主要由以下 4 个部分组成:

(1)函数名——与变量名类似,用于表示函数。

(2)参数——当调用一个函数时,可以将一个值传递给参数。参数是可选的,换句话说,函数可能没有参数。参数也可以有默认值。

(3)函数体——函数所执行的语句包含在函数体内。

(4)返回值——函数运行完成时所返回的结果。

R 语言有许多内置函数,可以在程序中直接调用它们,而无须先定义,如 mean()和 sum()等函数。还可以创建和使用自己的函数,称为用户定义函数。下面的代码可以构建一个简单的函数。

```
frist<-function(){

return(1+1)
}

frist()
##[1]2
```

上面的代码构建了一个简单的函数,每次调用函数时都会计算 1+1 的结果。在这个函数中,并没有使用任何参数。下面的代码构建一个稍微复杂的函数。

```
Fibonacci<-function(n)
{
if(n==1|n==2)
{
return(1)
}
else
{
return(Fibonacci(n-1)+Fibonacci(n-2))
}
}
Fibonacci(11)
##[1]89
```

上面的代码使用递归的方式编写了计算斐波那契序列的函数,这个函数有一个参数 n,并且使用了递归的函数思想。

关于 R 语言基础知识就介绍到这里,下一章介绍 R 语言中的常用包。

第 2 章　常用 R 语言包

R 语言的包是 R 语言的强大之处，基本上遇到的绝大多数问题前人都已经实现了相关的包，大可站在前人的肩膀之上。抛开专业领域不谈，使用 R 语言解决数据问题最常用的一套包是 tidyverse，这一套包能够解决数据科学整个流程的大部分问题。tidyverse 中囊括很多包，如图 2-1 所示。

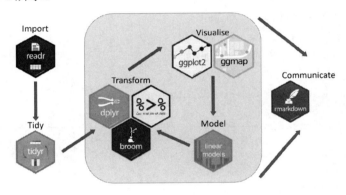

图 2-1　tidyverse 包

数据科学的流程包括数据的导入、数据的处理、数据的转换、数据的可视化、建模、分析结果与交流等。对这些常用的包有一定了解，能够事半功倍地解决数据、统计相关的问题。本章会对 R 语言中的一些常用的包进行介绍。

2.1　readr 读取数据

readr 是用于读取矩形数据集的一个包，这个包支持读取 6 种格式的文件，分别对应以下 6 种 read_函数：

（1）read_csv()：读取逗号分割的文件。
（2）read_tsv()：读取制表符分割的文件。
（3）read_delim()：读取一般分隔符的文件。
（4）read_fwf()：读取固定宽度的文件。
（5）read_table()：读取空格分隔符文件。

(6) read_log()：读取网络日志文件。

以上函数的使用方式都是类似的，它们有一些通用的参数，这些参数包括 delim、col_names、col_type、skip 和 n_max 等。更加详细的参数信息可以直接查看函数的帮助文档。下面介绍这些常用的参数。

(1) delim：指定函数要读取的分隔符类型。例如，read_csv()函数默认读取逗号分隔符文件，但可以通过 delim 参数指定读取其他分隔符文件。

(2) col_names：列名，可以是 TRUE、FALSE 或者一个字符串向量。如果是 TRUE，那么文件的第一列将被视为列名，如果是 FALSE，那么列名将被自动生成为 X1 和 X2，以此类推。如果指定了一个字符串向量，那么�指定的向量就是列名。

(3) col_type：用于设置数据中的每一列是什么类型。这个参数也可以不指定。如果不指定，那么函数就会自动根据数据推断数据的每一列是什么类型。

(4) skip：需要跳过的行数。

(5) n_max：要读取的行数。

下面来看一个读取数据的例子，代码如下：

```
library(readr)
mtcars<-read_csv(readr_example("mtcars.csv"))#
##
##——Columnspecification————————————————————————
##cols(
##mpg=col_double(),
##cyl=col_double(),
##disp=col_double(),
##hp=col_double(),
##drat=col_double(),
##wt=col_double(),
##qsec=col_double(),
##vs=col_double(),
##am=col_double(),
##gear=col_double(),
##carb=col_double()
##)
head(mtcars)
###Atibble:6x11
##mpgcyldisphpdratwtqsecvsamgearcarb
##<dbl><dbl><dbl><dbl><dbl><dbl><dbl><dbl><dbl><dbl><dbl>
##12161601103.92.6216.50144
##22161601103.92.8817.00144
##322.84108933.852.3218.61141
##421.462581103.083.2219.41031
##518.783601753.153.4417.00032
##618.162251052.763.4620.21031
```

这里读取一个叫作 mtcars.csv 的数据集。需要注意的是，readr_example()函数提供了一些可供测试的数据集。例如，运行 readr_example()会出现如下结果：

```
readr_example()
##[1]"challenge.csv""epa78.txt""example.log"
##[4]"fwf-sample.txt""massey-rating.txt""mtcars.csv"
##[7]"mtcars.csv.bz2""mtcars.csv.zip"
```

从输出结果可以看出，共有 8 个数据集可以用于测试的数据集，readr_example()函数加上对应的数据集名称，就会出现对应数据集的文件路径。

```
readr_example("epa78.txt")                 #返回数据集的路径
##[1]"/Library/Frameworks/R.framework/Versions/4.0/Resources/library/
readr/extdata/epa78.txt"
```

回到上面的例子，在使用 read_csv()函数的时候没有指定除了文件名之外的所有其他参数，因此函数会自动地用数据集的第一行作为列名，会自动地判断不同列的变量类型，这个时候需要检查函数猜测的数据类型是否符合预期。当然，也可以指定类型，代码如下：

```
mtcars<-read_csv(readr_example("mtcars.csv"),col_types=
cols(
mpg=col_double(),
cyl=col_integer(),
disp=col_double(),
hp=col_integer(),
drat=col_double(),
vs=col_integer(),
wt=col_double(),
qsec=col_double(),
am=col_integer(),
gear=col_integer(),
carb=col_integer()
)                                          #设置列的数据类型
)
```

当我们明确地指定了数据类型之后，函数就会将数据设定成为对应的类型。除了使用 readr 包读取数据，R 语言基础函数 read.csv()和 read.table()等也可以做相同的事情。之所以使用 readr 包，是因为 readr 包比基础函数的速度要快 10 倍左右，并且 readr 包的使用体验更好。另外，如果需要读取的数据比较大，如 50GB，那么使用 data.table 包的 fread()函数更合适，因为 data.table 包中的 fread()函数比 readr 包中的函数速度快 2 倍左右，而且 fread()函数更适合读取 1~100GB 大小的数据。

当然，数据来源肯定不只有矩形数据，当遇到其他类型数据集的时候可以参考如下的一些包：

（1）haven：SPSS、stata 和 SAS 数据。
（2）readxl：Excel 数据，例如后缀是.xls 或者.xlsx 的文件。
（3）DBI：数据库数据。
（4）jsonlite：json 数据。

（5）xml2：XML 数据。

（6）httr：网络 API 数据。

（7）rvest：网络爬虫工具。

在大部分情况下，数据的获取都可以通过以上包进行实现。关于写出数据，其实是比较简单的，就 write_csv()函数而言，只需要设定需要保存的文件，以及需要保存文件的路径与名称即可，例如：

```
write_csv(iris,"file/iris.csv")                    #写出 csv 数据
```

另外一个常用的保存数据的方式是将数据保存为 Excel 文件。每一个 Excel 文件可以通过不同的 sheet 存储不同的数据表。有 3 种方法可以将数据写出到 Excel 文件中。

第一种方式是使用 xlsx 包，代码如下：

```
library(xlsx)

write.xlsx2(iris,"data.xlsx",sheetName="sheet1")
#输出 Excel 文件，多个 sheet
write.xlsx2(iris,"data.xlsx",sheetName="sheet2",append=T)
```

第二种方式是使用 openxlsx 包，代码如下：

```
library(openxlsx)
sheet<-list("a"=iris,"b"=iris)
openxlsx::write.xlsx(sheet,"data1.xlsx")           #输出 Excel 文件
```

第三种方式是使用 writexl 包，代码如下：

```
library(writexl)
sheet<-list("a"=iris,"b"=iris)
write_xlsx(sheet,"data.xlsx")                      #输出 Excel 文件
```

2.2 dplyr 与 tidy 包

当有了数据之后，需要对数据进行处理。常用的处理数据的包是 dplyr。通常而言，有 5 种常用的数据操作，分别如下：

（1）筛选行；

（2）筛选列；

（3）生成新的变量；

（4）对数据进行汇总；

（5）修改数据的顺序。

对应到 dplyr 包中的函数如下：

（1）filter()；

（2）select()；

（3）mutate()；

（4）summarise()；

（5）arrange()。

另外，这些操作都能够与 group_by 进行结合，从而实现分组操作。

2.2.1 filter()函数

首先来看一个筛选行的例子，代码如下：

```
library(tidyverse)
iris%>%filter(Sepal.Length<5)              #筛选 Sepal.Length 小于 5 的数据
##Sepal.LengthSepal.WidthPetal.LengthPetal.WidthSpecies
##14.93.01.40.2setosa
##24.73.21.30.2setosa
##34.63.11.50.2setosa
##44.63.41.40.3setosa
...
```

上面的代码筛选出 iris 数据集中变量 Sepal.Length 小于 5 的数据，代码同样也是非常直观，好理解。其他可以用于条件判断的函数和操作符如下所示：

（1）<,>,<=,>=,==；

（2）&,|,!；

（3）is.na；

（4）near(),between()。

例如，想要计算某一个范围，则可以使用 between()函数，代码如下：

```
#筛选数据，筛选条件是 Sepal.Length 大于 3.5 且小于 4.5
iris%>%filter(between(Sepal.Length,3.5,4.5))
##Sepal.LengthSepal.WidthPetal.LengthPetal.WidthSpecies
##14.42.91.40.2setosa
##24.33.01.10.1setosa
##34.43.01.30.2setosa
##44.52.31.30.3setosa
##54.43.21.30.2setosa
```

上面的代码筛选出了变量 Sepal.Length 大于 3.5 并且小于 4.5 的数据集。另外，需要注意的是，filter()函数有一些拓展函数，分别是 filter_all()、filter_at()和 filter_if()。需要注意的是，很多其他操作，如 summarise，也有对应的 summarise_all()、summarise_at()和 summarise_if()等，这些拓展函数都有类似的使用方式。下面来逐个介绍这些拓展函数。首先介绍 filter_all()函数，这个函数是对所有的数据进行判断，通常会结合 all_vars()或者 any_vars()使用。代码如下：

```
    filter_all(cars,all_vars(.<20))             #对所有的变量进行筛选
    ##speeddist
    ##142
    ##2410
    ##374
    ##4816
```

```
##5 9 10
##6 10 18
##7 11 17
##8 12 14
```

使用 filter()函数实现同样的功能，代码如下：

```
filter(cars,if_all(everything(),~.x<20))          #对所有变量进行筛选
## speed dist
##1 4 2
##2 4 10
##3 7 4
##4 8 16
##5 9 10
##6 10 18
##7 11 17
##8 12 14
```

filter_at()函数常用于通过条件对某些变量进行筛选。代码如下：

```
filter_at(mtcars,vars(starts_with("d")),any_vars((.%%2)))%>%head(5)#
###A tibble:5x11
## mpg cyl disp hp drat wt qsec vs am gear carb
## <dbl><int><dbl><int><dbl><dbl><dbl><int><int><int><int>
##1 21 6 160 110 3.9 2.62 16.5 0 1 4 4
##2 21 6 160 110 3.9 2.88 17.0 0 1 4 4
##3 22.8 4 108 93 3.85 2.32 18.6 1 1 4 1
##4 21.4 6 258 110 3.08 3.22 19.4 1 0 3 1
##5 18.7 8 360 175 3.15 3.44 17.0 0 0 3 2
```

上面的代码实现的功能是，对数据集中列名中包含字母"d"的变量进行操作，选取该变量中值是 2 的倍数的行。上面的代码等价于如下代码：

```
filter(mtcars,if_any(starts_with("d"),~(.x%%2)==0))%>%head(5)
###A tibble:5x11
## mpg cyl disp hp drat wt qsec vs am gear carb
## <dbl><int><dbl><int><dbl><dbl><dbl><int><int><int><int>
##1 21 6 160 110 3.9 2.62 16.5 0 1 4 4
##2 21 6 160 110 3.9 2.88 17.0 0 1 4 4
##3 22.8 4 108 93 3.85 2.32 18.6 1 1 4 1
##4 21.4 6 258 110 3.08 3.22 19.4 1 0 3 1
##5 18.7 8 360 175 3.15 3.44 17.0 0 0 3 2
```

filter_if()函数常用于先通过条件筛选变量，然后再筛选需要的行。示例代码如下：

```
filter_if(mtcars,~all(floor(.)==.),all_vars(.!=0))
###A tibble:5x11
## mpg cyl disp hp drat wt qsec vs am gear carb
## <dbl><int><dbl><int><dbl><dbl><dbl><int><int><int><int>
##1 22.8 4 108 93 3.85 2.32 18.6 1 1 4 1
##2 32.4 4 78.7 66 4.08 2.2 19.5 1 1 4 1
##3 30.4 4 75.7 52 4.93 1.62 18.5 1 1 4 2
##4 33.9 4 71.1 65 4.22 1.84 19.9 1 1 4 1
##5 27.3 4 79 66 4.08 1.94 18.9 1 1 4 1
```

在上面的代码中，首先选择变量，这里的筛选条件是整数列，然后筛选行，筛选条件是所有变量的值不为 0。

需要注意的是，其他操作都有对应的_all、_at 和_if 函数，在此不一一介绍。另外，除了 filter()函数之外，还有一些常用的筛选行的函数：

（1） distinct()；
（2） sample_frac()；
（3） sample_n()；
（4） slice()；
（5） top_n()；
（6） pull()。

distinct()函数可以对数据集进行去重，代码如下：

```
mydata<-data.frame(a=c(1,1,2,2,3,3),b=c(1,1,2,3,3,2))

distinct(mydata)
##ab
##111
##222
##323
##433
##532
```

如果对某一个数据集直接调用 distinct()函数，那么就是对整个数据集进行去重。也就是说，只有两行的结果完全一样，才会去重。如果想要对某一列进行去重，则可以指定想要去重的列，代码如下：

```
distinct(mydata,a)
##a
##11
##22
##33
```

从输出结果可以看出，对 a 列进行了去重，并保留了去重之后的结果。如果想要获取去重之后的所有的列，则可以设置.keep_all 参数，代码如下：

```
distinct(mydata,a,.keep_all=TRUE)
##ab
##111
##222
##333
```

sample_frac()和 sample_n()函数用于对数据集进行抽样。其中，sample_frac()函数是按比例进行抽样，sample_n()函数是按照样本量进行抽样。示例代码如下：

```
sample_frac(mydata,size=0.1)
##ab
##132
```

上面的代码抽取了数据集中 10%的结果，这种写法等价于如下代码：

```
sample_n(mydata,size=1)
##ab
##122
```

如果想要筛选特定行的数据，则可以使用 slice() 函数。代码如下：

```
mydata%>%slice(1:3)
##a b
##1 1 1
##2 1 1
##3 2 2
```

上面的代码使用 slice() 函数获取了数据集中前 3 行的结果。top_n() 函数可以获取数据排序之后的前几行。代码如下：

```
top_n(mydata,3,desc(a))
##a b
##1 1 1
##2 1 1
##3 2 2
##4 2 3
```

上面的代码使用 top_n() 函数筛选 a 最小的那几行。

2.2.2　select() 函数

如果想要筛选列，则需要使用 select() 函数，最简单的方式就是通过变量名或者变量所在的列数进行筛选。代码如下：

```
mydata%>%select(a)
##a
##1 1
##2 1
##3 2
##4 2
##5 3
##6 3
```

以上代码等价于：

```
mydata%>%select(1)
##a
##1 1
##2 1
##3 2
##4 2
##5 3
##6 3
```

select() 函数常常与如下工具一起使用：

（1）：（冒号），例如想要选取 3～5 列，那么可以使用 3:5 来表示。

（2）!或者-：如果不想要哪一列，则可以使用!或者-号来表示，例如不想要第一列，则可以表示为 select(mydata,-1) 或者 select(mydata,!1)。

（3）&或者|：用于表示两组变量的交集或者并集。

（4）c()：如果有一组想筛选的列，那么这一组列可以使用一个向量来进行表示。

(5) everything()：这个函数可以表示所有的列。

(6) last_col()：选取最后一个变量，可以通过一个参数来表示偏移。

(7) starts_with()：选取以某某字符开头的变量。

(8) ends_with()：选取以某某字符结尾的变量。

(9) contains()：选取包含某个字符的变量。

(10) matches()：匹配正则表达式。

(11) num_range()：生成一个包含字符串的范围，如 1 月到 12 月。

有 3 个函数经常被用于处理数据集中的列：across()、if_any()和 if_all()。这 3 个函数的第一个参数都是数据集中的列，第二个参数是调用的函数。across()函数可以对数据集的多个列使用相同的函数。例如要计算某一个数据集所有列的平均值，通过 across()可以很轻松地实现，特别是当列特别多的时候。代码如下：

```
iris[,-5]%>%summarise(
across(everything(),mean)
)
##Sepal.LengthSepal.WidthPetal.LengthPetal.Width
##15.8433333.0573333.7581.199333
```

假设要筛选 iris 数据集中 Sepal.Width 和 Petal.Width 变量大于 2.4 的数据集，代码如下：

```
iris%>%filter((Sepal.Width>2.4)&(Petal.Width>2.4))
##Sepal.LengthSepal.WidthPetal.LengthPetal.WidthSpecies
##16.33.36.02.5virginica
##27.23.66.12.5virginica
##36.73.35.72.5virginica
```

通过 if_all()函数可以用更加简单的方式实现同样的功能，代码如下：

```
iris%>%filter(if_all(ends_with("Width"),~.>2.4))
##Sepal.LengthSepal.WidthPetal.LengthPetal.WidthSpecies
##16.33.36.02.5virginica
##27.23.66.12.5virginica
##36.73.35.72.5virginica
```

假设要实现的是或逻辑，那么需要使用 if_any()函数，例如，想要获取 Sepal.Width 或者 Petal.Width 变量大于 4 的数据集，代码如下：

```
iris%>%filter(if_any(ends_with("Width"),~.>4))
##Sepal.LengthSepal.WidthPetal.LengthPetal.WidthSpecies
##15.74.41.50.4setosa
##25.24.11.50.1setosa
##35.54.21.40.2setosa
```

pull()函数可以实现筛选某一个变量，它等价于$运算符。代码如下：

```
iris$Sepal.Length
##[1]5.14.94.74.65.05.44.65.04.44.95.44.84.34.35.85.75.45.1
##[19]5.75.15.45.14.65.14.85.05.25.24.74.85.45.25.54.95.0
…
```

上面的代码表示选取 iris 变量中的 Sepal.Length 列，等价于如下代码：

```
iris%>%pull(Sepal.Length)
##[1]5.14.94.74.65.05.44.65.04.44.95.44.84.84.35.85.75.45.1
##[19]5.75.15.45.14.65.14.85.05.05.25.24.74.85.45.25.54.95.0
##[37]5.54.94.45.15.04.54.45.05.14.85.14.65.35.07.06.46.95.5
…
```

需要注意的是，这里的结果和使用 select()函数选择某一列没有太大的区别，唯一的区别在于，select()函数的返回值是 dataframe，而 pull 的返回值是一个向量。

2.2.3 summarise()函数

summaries()函数用于计算统计量，可以单独使用，也可以结合 group_by()函数使用。例如，想要计算某一列的平均值，代码如下：

```
mydata%>%summarise(mean(a))
##mean(a)
##12
```

另外，有很多函数可以与 summaries 结合使用。

（1）first()：计算向量的第一个元素。

（2）last()：计算向量的最后一个元素。

（3）nth()：计算向量的第 n 个元素。

（4）n()：计算样本量。

（5）n_distinct()：计算去重之后的样本量。

（6）IQR()：计算四分位数的距离。

（7）min()：计算最小值。

（8）max()：计算最大值。

（9）mean()：计算平均值。

（10）median()：计算中位数。

（11）var()：计算方差。

（12）sa()：计算标准差。

summaries()函数也常常与 group_by()函数一起使用，用于分组计算某一个变量的统计量。代码如下：

```
iris%>%group_by(Species)%>%summarise(mean(Petal.Width))
###Atibble:3x2
##Species`mean(Petal.Width)`
##<fct><dbl>
##1setosa0.246
##2versicolor1.33
##3virginica2.03
```

有的时候，需要将数据集拆分成几份，然后再针对每一份进行建模，这时依然可以使用 group_by() 实现。代码如下：

```
library(dplyr)
d<-data.frame(a=rep(c("A","B"),c(10,10)),
year=rep(1:10,2),
response=c(rnorm(10),rnorm(10)))

lm_model<-d%>%group_by(a)%>%do(model=lm(response~year,data=.))

lm_model
###Atibble:2x2
###Rowwise:
##amodel
##<chr><list>
##1A<lm>
##2B<lm>
```

除此之外，如果想要分组做一些事情，还可以使用 purrr 包。例如，调用 summary() 函数，代码如下：

```
library(purrr)

d%>%split(.$a)%>%map(summary)
##$A
##ayearresponse
##Length:10Min.:1.00Min.:-1.7045
##Class:character1stQu.:3.251stQu.:-0.6341
##Mode:characterMedian:5.50Median:-0.2024
##Mean:5.50Mean:-0.3456
##3rdQu.:7.753rdQu.:0.1776
##Max.:10.00Max.:0.8209
##
##$B
##ayearresponse
##Length:10Min.:1.00Min.:-1.6116
##Class:character1stQu.:3.251stQu.:-0.6311
##Mode:characterMedian:5.50Median:0.2091
##Mean:5.50Mean:0.2003
##3rdQu.:7.753rdQu.:0.9017
##Max.:10.00Max.:2.6144
```

关于更多的 purrr 包的使用，会在下文介绍。

2.2.4 mutate() 函数

如果想要创建一个新的变量，则需要使用 mutate() 函数。代码如下：

```
mutate(iris,sepal=Sepal.Length+Sepal.Width)%>%head(5)
##Sepal.LengthSepal.WidthPetal.LengthPetal.WidthSpeciessepal
##15.13.51.40.2setosa8.6
##24.93.01.40.2setosa7.9
##34.73.21.30.2setosa7.9
##44.63.11.50.2setosa7.7
##55.03.61.40.2setosa8.6
```

上面的代码首先对 Sepal.Length 和 Sepal.Width 进行求和，然后将求和的结果保存为一个新的变量。mutate()函数常常与一些窗口函数（windowfunction）一起使用，这些窗口函数如下：

（1）lead()：将向量往前移动 n 个位置。
（2）lag()：将向量往后移动 n 个位置。
（3）dense_rank()：生成数据的排序结果，5,1,3,2,2 对应的排序结果是 41322。
（4）min_rank()：生成数据的排序结果，5,1,3,2,2 对应的排序结果是 51422。
（5）percent_rank()：生成数据集的排序结果（比例），5,1,3,2,2 对应的排序结果是 1.000.000.750.250.25。
（6）row_number：生成数据集的排序结果，5,1,3,2,2 对应的排序结果是 51423。
（7）ntile：将数据分成 n 份。
（8）between：判断数据是否在某一范围内，函数会返回一个布尔向量。
（9）cume_dist：计算数据的累计分布。
（10）cumall：判断第一个 false 什么时候出现。
（11）cumany：判断第一个 true 什么时候出现。
（12）cummean：计算累计平均值。
（13）cumsum：计算累计和。
（14）cummax：计算累计最大值。
（15）cummin：计算累计最小值。
（16）cumprod：计算累计积。
（17）pmax：计算最大值（可以计算两个向量对应的最小值）。
（18）pmin：计算最小值。

2.2.5 arrange()函数

如果要对数据进行排序，则可以使用 arrange()函数，它的使用方式非常的简单，可以参考如下代码：

```
library(dplyr)
arrange(iris,desc(Sepal.Length),Sepal.Width)%>%head()
##Sepal.LengthSepal.WidthPetal.LengthPetal.WidthSpecies
##1 7.9 3.8 6.4 2.0 virginica
##2 7.7 2.6 6.9 2.3 virginica
##3 7.7 2.8 6.7 2.0 virginica
##4 7.7 3.0 6.1 2.3 virginica
##5 7.7 3.8 6.7 2.2 virginica
##6 7.6 3.0 6.6 2.1 virginica
```

在上面的代码中，使用 arrange()函数根据 Sepal.Length 变量和 Sepal.Width 变量值的大小对数据集进行排序。其中，desc 表示对数据进行降序排序。这里的代码运行逻辑是，先根据第一个变量 Sepal.Length 的值进行排序，再根据第二个变量 Sepal.Width 的值进行排序，从结果中可以看到，当 Sepal.Length 等于 7.7 的时候，Sepal.Width 的结果是升序排序的。

2.2.6 数据合并

关于数据集合并的相关操作，下面进行一个总结。

（1）左连接：left_join(x,y,by="a")，表示根据 a 变量将 x 通过左连接和 y 合并。
（2）右连接：right_join(x,y,by="a")，表示根据 a 变量将 x 通过右连接与 y 合并。
（3）内连接：inner_join(x,y,by="a")，表示根据 a 变量将 x 通过内连接与 y 合并。
（4）全连接：full_joint(x,y,by="a")，表示根据 a 变量将 x 通过全连接与 y 合并。
（5）semi_join:semi_join(x,y,by="a")，表示选取 x 中与 y 匹配的数据（注意，不会选择 y 中的其他变量）。
（6）anti_join：anti_join(x,y,by="a")，表示选取 x 中不与 y 匹配的数据。
（7）行合并：bind_rows(x,y)，表示将 x 和 y 通过行叠加到一起。
（8）列合并：bind_col(x,y)，表示将 x 和 y 通过列合并到一起。
（9）对数据集取交集：intersect(x,y)，表示选取 x 和 y 中完全一样的列。
（10）对数据集取并集：union(x,y)，表示选取出现在 x 或者 y 中的列。
（11）差集：setdiff(x,y)，表示选取出现在 x 中但不出现在 y 中的列。

dplyr 是数据处理最常用的一个包，关于这个包的使用必须熟悉。

2.3　lubridate 包

在数据分析的过程中，经常需要对时间数据进行处理。lubridate 是一个专门用于解决时间序列问题的包。

在使用 lubridate 包之前，需要知道一个关键点：在 lubridate 包中，时间的起始点是 1970-01-01 00:00:00 UTC，lubridate 包的很多计算都是基于这个时间节点。例如，as_datetime 可以将数值和字符串等数据转换为时间类数据，as_datetime(1)表示在 1970-01-01 00:00:00 UTC 这个时间节点的基础上增加 1 秒。下面来看一个代码示例：

```
library(lubridate)
##
##Attachingpackage:'lubridate'
##Thefollowingobjectsaremaskedfrom'package:base':
##
##date,intersect,setdiff,union
as_datetime(1)
##[1]"1970-01-01 00:00:00 UTC"
```

从代码中可以看出，as_datetime(1)表示在 1970-01-01 00:00:00 UTC 这个时间节点的基

础上增加了 1 秒。

2.3.1 构造时间数据

在 lubridate 中有非常多的产生时间的函数，如表 2-1 所示。

表 2-1 时间相关函数

函 数 名	示 例 代 码	代 码 结 果
ymd_hms()	ymd_hms("2021-01-01T01:01:01")	2021-01-01 01:01:01 UTC
ymd_hm()	ymd_hm("2021-01-01T01:01")	2021-01-01 01:01:00 UTC
ymd_h()	ymd_h("2021-01-01T01")	2021-01-01 01:00:00 UTC
ydm_hms()	ydm_hms("2021-01-02T01:01:01")	2021-02-01 01:01:01 UTC
ydm_hm()	ydm_hm("2021-01-02T01:02")	2021-02-01 01:02:00 UTC
ydm_h()	ydm_h("2021-01-01T01")	2021-01-01 01:00:00 UTC
yq()	yq("2021Q2")	2021-04-01
date_decimal	date_decimal(2021.9999999)	2021-12-31 23:59:56 UTC
now()	now()	2021-09-23 10:51:12 CST
today()	today()	2021-09-23

在这些函数中，ymd 表示的是年、月、日，hms 表示的是时、分、秒。

2.3.2 获取部分时间

当有一个时间值，如 2021-07-18 15:18:46 CST，这是一个完整的时间，有时候需要时间值中的某一部分，如年份、月份、季度等。解决方案是将时间值当成一个字符串处理，那么问题就转变成如何选取字符串的某一个部分，这是一个可行的方案，但不是最好的方案。lubridate 包中提供了很多选取部分时间的函数，在这里做一个总结，如表 2-2 所示。

表 2-2 获取时间函数

函 数 名	代 码 示 例	结 果	备 注
date()	date(now())	2021-07-18	选取年、月、日
year()	year(now())	2021	选取年份
month()	month(now())	7	选取月份
day()	day(now())	18	计算处于一个月中的某一天
wday()	wday(now())1	1	计算处于一周中的某一天
qday()	qday(now())	18	计算处于一个季度中的某一天

续表

函 数 名	代 码 示 例	结 果	备 注
hour()	hour(now())	18	获取小时数
minute()	minute(now())	38	获取分钟数
second()	second(now())	30.88879	获取秒数
week()	week(now())	29	获取周数
isoweek()	isoweek(now())	28	ISO8601系统中出现的周数
epiweek()	epiweek(now())	29	美国CDC版本的流行病学周数
quarter()	quarter(now())	3	季度数
semester()	semester(now())	2	学期
am()	am(now())	FALSE	判断是不是上午
pm()	pm(now())	TRUE	判断是不是下午
dst()	dst(now())	FALSE	判断是不是夏时制
leap_year()	leap_year(now())	FALSE	判断是否闰年
floor_date()	floor_date(now(),unit="month")	2021-07-01 CST	对时间数据根据不同的周期向下取整
ceiling_date()	ceiling_date(now(),unit="month")	2021-08-01 CST	对时间数据根据不同的周期向上取整
round_date()	round_date(now(),unit="month")	2021-08-01 CST	对时间数据根据不同的周期取整（类似于四舍五入，月初向下取整，反之向上取整）
rollbackward()	rollbackward(now())	2021-06-30 18:56:22 CST	Rollbackward()将日期更改为前一个月的最后一天或每月的第一天
rollforward()	rollforward(now())	2021-07-31 18:56:36 CST	Rollforward()滚动到当前月的最后一天或下一个月的第一天

通过这些函数，可以非常容易地对时间数据进行处理。

2.3.3 对时间进行计算

很多时候需要对时间进行计算，例如加上几天之后是几月几号，或者减去几天之后是几月几号。在 lubridate 包中，对时间进行计算非常简单。示例代码如下：

```
MyTime<-now()
MyTime
##[1]"2021-09-20 23:12:04 CST"
```

```
#加上 90 天
MyTime+days(90)
##[1]"2021-12-19 23:12:04 CST"

#减去 2 个月
MyTime-months(2)
##[1]"2021-07-20 23:12:04 CST"
```

从输出结果可以看出,在 lubridate 包中,时间的加减和一般的数据计算没有太大的差别。例如,如果要创建一个连续 30 天的时间向量,就可以通过时间的简单计算构造。代码如下:

```
now()+ddays(1:30)
##[1]"2021-09-21 23:12:04 CST""2021-09-22 23:12:04 CST"
##[3]"2021-09-23 23:12:04 CST""2021-09-24 23:12:04 CST"
##[5]"2021-09-25 23:12:04 CST""2021-09-26 23:12:04 CST"
##[7]"2021-09-27 23:12:04 CST""2021-09-28 23:12:04 CST"
…
```

这样就可以创建一个月的时间序列。需要注意的是,这里使用了 ddays()函数,它与 days()函数的区别在于时间的格式不一样。

```
ddays(1)
##[1]"86400s(~1days)"
days(1)
##[1]"1d 0H 0M 0S"
```

可以看到,ddays()函数给出的是秒数,而 days()函数给出的是另外一种时间格式。以上就是关于 lubridate 包的常用操作。

2.4 stringr 包

在现实世界中,文字类数据,即字符串数据远远多于其他类型的数据,对字符串进行操作也会常常遇到。在 R 语言中,stringr 包是专门用于解决字符串问题的一个包,它提供了非常友好的处理字符串类型数据的方法。

2.4.1 检测字符串

与字符串检测相关函数有如下 4 个:
(1) str_detect:返回布尔值,检测是否有某一个字符串。
(2) str_which:返回检测到的字符串的位置。
(3) str_count:对字符串出现的次数计数。
(4) str_locate:字符串出现的起始位置和结束位置。

下面通过一个简单的示例来了解这几个函数。代码如下:

```
fruit<-c("apple","banana","pear","pinapple")

str_detect(fruit,"a")
[1]TRUETRUETRUETRUE

str_which(fruit,"a")
[1]1234

str_count(fruit,"a")
[1]1311

str_locate(fruit,"a")
    startend
[1,]11
[2,]22
[3,]33
[4,]44
```

在这个示例中,首先创建了一个字符串向量,然后分别调用了不同的函数来检测"a"这个字符。从输出的结果中可以非常直观地看到函数是如何运行的。

2.4.2 截取字符串

当只需要字符串中的某一部分时,就需要对字符串进行截取。常用的字符串截取函数有如下几个:

(1) str_sub():根据位置截取字符串。

(2) str_subset():截取包含某一个字符串的字符串。

(3) str_extract()/str_match():根据正则表达式或者某一模式截取字符串。

下面来看一个简单的示例。代码如下:

```
strings<-c("2197338965","329-293-8753","banana","5957947569",
"3872876718","apple","233.398.9187","4829523315",
"2399238115and8425664692","Work:579-499-7527","$1000",
"Home:543.355.3679")
phone<-"([2-9][0-9]{2})[-.]([0-9]{3})[-.]([0-9]{4})"

str_sub(strings,1,2)
[1]"2""32""ba""59""38""ap""23""48""23""Wo""$1""Ho"

str_subset(strings,"23")
[1]"233.398.9187""2399238115and8425664692"

str_extract(strings,phone)
[1]"2197338965""329-293-8753"NA"5957947569""3872876718"NA
[7]"233.398.9187""4829523315""2399238115""579-499-7527"NA"543.355.3679"

str_match(strings,phone)
    [,1][,2][,3][,4]
[1,]"2197338965""219""733""8965"
```

```
[2,]"329-293-8753""329""293""8753"
[3,]NANANANA
[4,]"5957947569""595""794""7569"
[5,]"3872876718""387""287""6718"
[6,]NANANANA
[7,]"233.398.9187""233""398""9187"
[8,]"4829523315""482""952""3315"
[9,]"2399238115""239""923""8115"
[10,]"579-499-7527""579""499""7527"
[11,]NANANANA
[12,]"543.355.3679""543""355""3679"
```

需要注意的是，str_match()函数的运行结果是一个矩阵，第一列是匹配的完整结果，后面几列是对第一列的拆解。

2.4.3 字符串拼接

字符串的拆分和拼接在字符串处理过程中都是很常见的操作，本小节介绍字符串的拆分和拼接。首先要介绍的是str_c()函数，这个函数可以拼接字符串，有点类似于 R 语言中的 paste()函数。下面看一个示例，代码如下：

```
str_c("str_c","和","paste","函数功能类似",sep="-")
[1]"str_c-和-paste-函数功能类似"
```

使用 R 语言中的 paste()函数可以实现同样的效果。代码如下：

```
paste("str_c","和","paste","函数功能类似",sep="-")
[1]"str_c-和-paste-函数功能类似"
```

从结果中可以看出，str_c()函数可以将多个字符串拼接起来。需要注意的是，sep 参数指定了不同字符串之间的分隔符。

str_dup()函数可以重复某一个字符串 n 次。下面来看一个简单的示例：

```
str_dup("重复",times=2)
[1]"重复重复"
```

str_dup()函数的第一个参数是需要重复的字符串，第二个参数是需要重复的次数。关于字符串的拼接，还有一个专门的包——glue，这个包可以将字符串的拼接与 R 语言中的表达式结合起来。下面来看一个代码示例：

```
library(glue)
library(tidyverse)
head(iris)%>%
mutate(description=glue("This{Species}hasapetallengthof{Petal.Length}"))
  Sepal.LengthSepal.WidthPetal.LengthPetal.WidthSpeciesdescription
1 5.13.51.40.2setosaThissetosahasapetallengthof1.4
2 4.93.01.40.2setosaThissetosahasapetallengthof1.4
3 4.73.21.30.2setosaThissetosahasapetallengthof1.3
4 4.63.11.50.2setosaThissetosahasapetallengthof1.5
5 5.03.61.40.2setosaThissetosahasapetallengthof1.4
6 5.43.91.70.4setosaThissetosahasapetallengthof1.7
```

通过 glue() 函数可以用 {} 来框住 R 语言中的表达式，这样在字符串中，{} 里面的表达式会计算其结果，并在表达式中显示。

除了对字符串进行拼接，另外一个常见操作是对字符串进行拆分。在 stringr 包中，可以使用 str_split() 或 str_split_fixed() 函数对字符串进行拆分。下面来看一个代码示例：

```
strWord<-"今天天气不错"
str_split(strWord,pattern="天气")
[[1]]
[1]"今天""不错"
str_split_fixed(strWord,pattern="天气",3)
[,1][,2][,3]
[1,]"今天""不错"""
```

需要注意的是，str_split() 函数返回的是一个向量结果，而 str_split_fixed() 函数返回的是一个矩阵。

2.4.4 字符串的其他处理

本小节介绍其他一些常用的字符串处理方法。stringr 包提供了两个字符串排序函数，分别是 str_order() 和 str_sort()。下面来看一个代码示例：

```
str_order(letters)
[1]1 2 3 4 5 6 7 8 9 10 11 12 13 14 15 16 17 18 19 20 21 22 23 24 25 26
str_sort(letters)
[1]"a""b""c""d""e""f""g""h""i""j""k""l""m""n""o""p""q""r""s""t""u""v""w""x"
[25]"y""z"
```

从这个例子中可以看出，str_order() 函数返回的结果是排序的序号，而 str_sort() 函数返回的是排序之后的结果。

使用 str_length() 函数可以计算字符串的长度。

```
str_length("今天天气不错")
[1]6
```

使用 str_pad() 函数可以调整字符串的位置，例如靠左、靠右或是居中。下面来看一个代码示例：

```
rbind(
str_pad("Liam",30,"left",pad="-"),
str_pad("Liam",30,"right",pad="-"),
str_pad("Liam",30,"both")
)
[,1]
[1,]"--------------------------Liam"
[2,]"Liam--------------------------"
[3,]"Liam"
```

使用 str_pad() 函数可以指定字符串的位置，并且指定使用什么符号填补空缺。

使用 str_trunc()函数可以拆分字符串，例如只要前 10 个字符，就可以通过这个函数实现。下面来看一个代码示例：

```
x<-"今天的天气真不错，不过还是待在家玩游戏吧"
rbind(
str_trunc(x,10,"right"),
str_trunc(x,10,"left"),
str_trunc(x,10,"center")
)
    [,1]
[1,]"今天的天气真不…"
[2,]"…待在家玩游戏吧"
[3,]"今天的天…游戏吧"
```

可以看出，被拆分的字符通过"…"表示。如果希望去除字符串中的空格，则可以使用 str_trunc()函数。下面来看一个代码示例：

```
x<-"今天天气真的不错"
str_trim(x)
[1]"今天天气真的不错"
```

需要注意的是，这个函数只会去除字符串首尾的空格。对于其他位置的空格，可以使用 str_replace()函数进行处理，这个函数可以对字符串进行替换。下面来看一个代码示例：

```
x<-"今天天气真的不错"
str_replace(x,"","")
[1]"今天天气真的不错"
```

可以看出，字符串的第一个空格被去除了。如果希望去除所有的空格，可以使用 str_replace_all()函数。代码示例如下：

```
str_replace_all(x,"","")
[1]"今天天气真的不错"
```

除了上面的这种方式，还可以使用 str_remove()函数实现同样的效果。代码示例如下：

```
str_remove_all(x,"")
[1]"今天天气真的不错"
```

str_remove()函数可以去除字符串中的字符。

2.5　purrr 包

函数式编程非常适合数据科学的范式。在函数式编程中，代码被组织成执行需要操作的函数，而脚本只是对这些函数的一系列调用，这使得代码更易于理解。纯函数式编程语言不使用循环，而是使用实现相同结果的函数。在 R 语言中，可以使用 apply 族函数实现循环，包括 lapply()、sapply()、vapply()、tapply()、mapply()、rapply()和 eapply()。除此之外，还可以利用 purrr 包。

purrr 是专门用于函数式编程（Functional Programming）的一个包，对这个包熟练使用能够极大地提高编程效率。本小结主要介绍 purrr 包的使用。

2.5.1 遍历结果

在 purrr 包中，遍历结果的函数包括 map()、map2()、pmap()、invoke_map()和 lmap()，首先来看 map()。

1. map()函数

map()函数可以对列表或原子向量的每一个元素应用函数，并且返回一个与原列表或者原子向量相同长度的对象。map()函数总是会返回一个列表，map_lgl()、map_int()、map_dbl()和 map_chr()会返回一个原子向量，map_dfr()和 map_dfc()将返回数据框。使用的格式如下：

（1）map(.x,.f,...);
（2）map_lgl(.x,.f,...);
（3）map_chr(.x,.f,...);
（4）map_int(.x,.f,...);
（5）map_dbl(.x,.f,...);
（6）map_raw(.x,.f,...);
（7）map_dfr(.x,.f,...,.id=NULL);
（8）map_dfc(.x,.f,...);
（9）walk(.x,.f,...)。

关于函数中的参数，x 表示一个列表或者一个向量，f 表示一个函数、公式或者向量。下面来看一个代码示例。

```
library(purrr)

1:5%>%map(rnorm,n=10)
##[[1]]
##[1]1.674780112.097132700.57629211-0.431558190.364168322.44988706
##[7]0.223142611.09710019-0.06910577-1.88712716
##
##[[2]]
##[1]1.99740700.25104482.72189181.74199722.24073412.85336362.4073876
##[8]3.42264563.05193413.0403868
…
```

上面的代码分别将 1～5 作为 rnorm()函数的参数，上面的代码等价于：

```
1:5%>%
map(function(x)rnorm(10,x))
```

同样等价于：

```
1:5%>%
map(~rnorm(10,.x))
```

下面对 map() 函数的输出结果进行汇总。

```
1:5%>%
map(~rnorm(10,.x))%>%map_dbl(mean)
##[1]0.37439731.91964462.44577984.12017425.3955263
```

通过 map() 函数分组构建回归模型。

```
mtcars%>%
split(.$cyl)%>%
map(~lm(mpg~wt,data=.x))%>%
map(summary)
##$`4`
##
##Call:
##lm(formula=mpg~wt,data=.x)
##
##Residuals:
##Min1QMedian3QMax
##-4.1513-1.9795-0.62721.92995.2523
##
##Coefficients:
##EstimateStd.ErrortvaluePr(>|t|)
## (Intercept)39.5714.3479.1047.77e-06***
##wt-5.6471.850-3.0520.0137*
##---
##Signif.codes:0'***'0.001'**'0.01'*'0.05'.'0.1''1
##
##Residualstandarderror:3.332on9degreesoffreedom
##MultipleR-squared:0.5086,AdjustedR-squared:0.454
##F-statistic:9.316on1and9DF,p-value:0.01374
...
```

需要注意的是这里调用公式的方式。首先使用 split() 函数拆分数据集，拆分之后的结果是一个列表，然后调用 map() 函数构建模型并通过列表进行存储。

2．map2()函数

map2() 和 map() 函数类似，但是 map2() 函数可以同时处理两个列表。下面来看一个代码示例。

```
x<-list(1,1,1)
y<-list(10,20,30)

map2(x,y,~.x+.y)                                          #等价于map2(x,y,`+`)
##[[1]]
##[1]11
##
##[[2]]
##[1]21
```

```
##
##[[3]]
##[1]31
```

还可以分组构建模型,并进一步分组预测:

```
by_cyl<-mtcars%>%split(.$cyl)
mods<-by_cyl%>%map(~lm(mpg~wt,data=.))
map2(mods,by_cyl,predict)
##$`4`
##12345678
##26.4701021.5571921.7830727.1477430.4512529.2089025.6512828.64420
##91011
##27.4865631.0272523.87247
##
##$`6`
##1234567
##21.1249720.4160419.4708018.7896818.8452818.8452820.70795
##
##$`8`
##12345678
##16.3260416.0410314.9448115.6902415.5806112.3577311.9762512.14945
##91011121314
##16.1506516.3370015.4490715.4381116.9180016.04103
```

上面的代码首先通过 split()函数将数据集拆分成几个部分,然后通过 map()函数分组构建回归模型,最后用 map2()函数对每一个回归模型进行预测。

如果有多个列表需要同时处理,则需要使用 pmap()函数,代码如下所示。

```
x<-rnorm(10)
y<-rnorm(10)
z<-rnorm(10)
a<-rnorm(10)

pmap(list(x,y,z,a),sum)
##[[1]]
##[1]0.6983017
##
##[[2]]
##[1]-1.24471
##
##[[3]]
##[1]-1.126715
##
…
```

在这个例子中,首先创建了 4 个列表,需要分别计算这四个列表中对应元素的和,这个时候就需要使用 pmap()函数。另外一种写法是:

```
pmap(list(x,y,z,a),function(a,b,c,d)a+b+c+d)
##[[1]]
##[1]0.6983017
##
##[[2]]
##[1]-1.24471
```

```
##
##[[3]]
##[1]-1.126715
```
……

3. invoke_map()函数

map()函数可以用来遍历数据,如果想要遍历函数,则需要使用 invoke_map()函数。首先可以通过 invoke_map()调用一个带有参数列表的函数。

```
list(c("A","B","C"),c("a","b","c"))%>%
invoke(paste,.,sep="-")
##[1]"A-a""B-b""C-c"
```

如果有两个函数,可以将函数名用列表存储。

```
invoke_map(list(runif,rnorm),list(list(n=10)))
##[[1]]
##[1]0.032727540.082092900.010376030.682778760.560984440.06934912
##[7]0.703046750.149379750.474797720.18147670
##
##[[2]]
##[1]0.10842210.5558377-1.53068150.1786000-0.91788020.7549272
##[7]-2.56211831.0635629-2.20840941.0835639
```

4. map()函数的拓展

map()函数有 3 个拓展函数:map_if()、map_at()和 map_depth()。map_if()函数首先对数据进行判断,然后再调用相应的函数。下面看一个例子,代码如下所示。

```
iris%>%map_if(is.factor,as.character,.else=as.integer)
##$Sepal.Length
##[1]54445545445444555555454555544555455
##[38]44554455454557766565646555665655655666
##[75]66666555565666555655555655657667747676
##[112]66556677665766766677766676666666566666
##[149]65
```
……

上面的代码含义是,如果这一列是因子类型的,那么将这一列转变为字符类型,如果不是因子类型的转变为整数类型。

map_at()函数可以处理具体位置的数据,下面看几个例子。

```
iris%>%map_at(c(4,5),is.numeric)
##$Sepal.Length
##[1]5.14.94.74.65.05.44.65.04.44.95.44.84.84.35.85.75.45.1
##[19]5.75.15.45.14.65.14.85.05.05.25.24.74.85.45.25.54.95.0
##[37]5.54.94.45.15.04.54.45.05.14.85.14.65.35.07.06.46.95.5
##[55]6.55.76.34.96.65.25.05.96.06.11.56.65.76.56.25.66.5.1
##[73]6.36.16.46.66.86.76.05.75.55.86.05.46.06.76.35.65.5
##[91]5.56.15.85.05.65.75.76.25.15.76.35.87.16.36.57.64.97.3
##[109]6.77.26.56.46.85.75.86.46.57.77.76.06.95.67.66.36.77.2
##[127]6.26.16.47.27.47.96.46.36.17.76.36.46.06.96.76.95.86.8
##[145]6.76.76.36.56.25.9
```

```
##
##$Sepal.Width
##[1]3.53.03.23.13.63.93.43.42.93.13.73.43.03.04.04.43.93.5
##[19]3.83.83.43.73.63.33.43.03.43.53.43.23.13.44.14.23.13.2
##[37]3.53.63.03.43.52.33.23.53.83.03.83.23.73.33.23.23.12.3
##[55]2.82.83.32.42.92.72.03.02.22.92.93.13.02.72.22.53.22.8
##[73]2.52.82.93.02.83.02.92.62.42.42.72.73.03.43.12.33.02.5
##[91]2.63.02.62.32.73.02.92.92.52.83.32.73.02.93.03.02.52.9
##[109]2.53.63.22.73.02.52.83.23.03.82.62.23.22.82.82.73.33.2
##[127]2.83.02.83.02.83.82.82.82.63.03.43.13.03.13.13.12.73.2
##[145]3.33.02.53.03.43.0
##
##$Petal.Length
##[1]1.41.41.31.51.41.71.41.51.41.51.51.61.41.11.21.51.31.4
##[19]1.71.51.71.51.01.71.91.61.61.51.41.61.61.51.51.41.51.2
##[37]1.31.41.31.51.31.31.31.61.91.41.61.41.51.44.74.54.94.0
##[55]4.64.54.73.34.63.93.54.24.04.73.64.44.54.14.53.94.84.0
##[73]4.94.74.34.44.85.04.53.53.83.73.95.14.54.54.74.44.14.0
##[91]4.44.64.03.34.24.24.24.33.04.16.05.15.95.65.86.64.56.3
##[109]5.86.15.15.35.55.05.15.35.56.76.95.05.74.96.74.95.76.0
##[127]4.84.95.65.86.16.45.65.15.66.15.65.44.85.45.65.15.15.9
##[145]5.75.25.05.25.45.1
##
##$Petal.Width
##[1]TRUE
##
##$Species
##[1]FALSE
```

map_at()函数用于判断第四列和第五列是不是数值类型。除了使用列数，还可以使用列名。

```
iris%>%map_at("Species",tolower)        #这里只输出了部分结果
##$Species
##[1]"setosa""setosa""setosa""setosa""setosa"
##[6]"setosa""setosa""setosa""setosa""setosa"
##[11]"setosa""setosa""setosa""setosa""setosa"
##[16]"setosa""setosa""setosa""setosa""setosa"
##[21]"setosa""setosa""setosa""setosa""setosa"
##[26]"setosa""setosa""setosa""setosa""setosa"
...
```

上面的代码表示将 Species 列的值全部变成小写的。下面再看一个 map_depth()函数的例子，代码如下所示。

```
x<-list(a=list(foo=1:2,bar=3:4),b=list(baz=5:6))
str(x)
##Listof2
##$a:Listof2
##..$foo:int[1:2]12
##..$bar:int[1:2]34
##$b:Listof1
##..$baz:int[1:2]56
map_depth(x,2,paste,collapse="/")
##$a
```

```
##$a$foo
##[1]"1/2"
##
##$a$bar
##[1]"3/4"
##
##
##$b
##$b$baz
##[1]"5/6"
```

因为列表是可以嵌套的，通过 map_depth()函数可以处理嵌套的列表，在上面的代码中，"2"表示第二层的列表。

2.5.2 操作列表

选取或者删除列表中的元素是数据处理中常用的操作。通过 pluck()函数可以轻松地对数据进行选取，选取的方式有两种：通过元素位置或者名字。下面来看一个代码示例。

```
obj1<-list("A",list(1,nam="a"))
obj2<-list("B",list(2,nam="b"))
x<-list(obj1,obj2)

pluck(x,1)                                          #等价于 x[[1]]
##[[1]]
##[1]"A"
##
##[[2]]
##[[2]][[1]]
##[1]1
##
##[[2]]$nam
##[1]"a"
```

上面的代码首先创建了一个数据集，然后使用 pluck()函数选取了第一层的第一个元素。同样，还可以选取更深层级的元素。

```
pluck(x,1,2)                                        #等价于 x[[1]][[2]]
##[[1]]
##[1]1
##
##$nam
##[1]"a"
```

从输出结果中可以看出，这里还嵌套了一个列表，并且有一个元素是有名字的，对于有名字的元素可以使用名字来获取。

```
pluck(x,1,2,"nam")
##[1]"a"
```

需要注意的是，chuck()函数可以实现与 pluck()函数一样的事情，但是这两个函数的不同点在于当一个元素不存在时，pluck()总是返回 NULL，在这种情况下 chuck()总是抛出一个错误。另外，通过pluck()函数还可以实现对原始数据的修改。

```
pluck(x,1,2,"nam")<-"c"

x
##[[1]]
##[[1]][[1]]
##[1]"A"
##
##[[1]][[2]]
##[[1]][[2]][[1]]
##[1]1
##
##[[1]][[2]]$nam
##[1]"c"
##
##
##
##[[2]]
##[[2]][[1]]
##[1]"B"
##
##[[2]][[2]]
##[[2]][[2]][[1]]
##[1]2
##
##[[2]][[2]]$nam
##[1]"b"
```

从以上代码中可以看出，原始数据中，a变成了c。pluck()函数能够通过位置或者名称索引数据，如果想要通过一个条件来筛选数据，那么就需要使用keep()函数。

```
list(1:2,2:3,3:4,4:5,5:6,6:7)%>%
keep(function(x)mean(x)>6)          #等价于 keep(~mean(.x)>6)
##[[1]]
##[1]67
```

在这个例子中，首先创建了一个列表，然后对列表进行判断，如果列表中的元素的平均值大于6，那么保留对应的元素。如果想要删除满足条件的函数，则需要使用discard()函数。

```
list(1:2,2:3,3:4,4:5,5:6,6:7)%>%
discard(function(x)mean(x)>6)
##[[1]]
##[1]12
##
##[[2]]
##[1]23
##
##[[3]]
##[1]34
##
##[[4]]
```

```
##[1]45
##
##[[5]]
##[1]56
```

如果想要删除列表中空的元素,可以使用 compact()函数,代码如下所示。

```
list(a=1,b=NULL,c=list(),d=NA)%>%compact()
##$a
##[1]1
##
##$d
##[1]NA
```

compact()函数只会删除 NULL 和空 list,不会处理 NA。head_while 是另外一个非常好用的函数,这个函数会返回列表的遍历结果,直到元素不满足条件,下面来看一个代码示例。

```
pos<-function(x)x>=0
head_while(5:-5,pos)
##[1]543210
tail_while(5:-5,negate(pos))
##[1]-1-2-3-4-5
```

head_while()或者 tail_while()相当于一个 for 循环,如果满足条件,那么返回对应的结果,如果不满足条件,则停止。

2.5.3 重塑列表

使用 flatten()函数可以将嵌套的列表展开,下面看一个例子,代码如下所示。

```
x<-rerun(2,sample(4))
x
##[[1]]
##[1]3412
##
##[[2]]
##[1]3142
```

上面的代码创建了一个列表,这个列表嵌套了两个列表,然后调用 flatten()函数,将嵌套结果取消。

```
x%>%flatten()
##[[1]]
##[1]3
##
##[[2]]
##[1]4
##
…
```

从输出结果中可以看出,数据似乎被"拉长了"。另外,使用 transpose()函数可以转换数据格式。下面看一个例子,代码如下所示。

```
x<-rerun(5,x=runif(1),y=runif(5))
x
##[[1]]
##[[1]]$x
##[1]0.9914111
##
##[[1]]$y
##[1]0.0018902580.6081713630.1144704010.7741313380.791553008
##
##
...
```

上面的代码首先使用 rerun 生成一个列表，rerun()函数的作用类似于 rep()函数，会重复生成数据。然后使用 transpose()函数转换数据的格式。

```
x%>%transpose()
##$x
##$x[[1]]
##[1]0.9914111
##
##$x[[2]]
##[1]0.2183262
##
##$x[[3]]
##[1]0.7139323
##
##$x[[4]]
##[1]0.6375998
##
##$x[[5]]
##[1]0.8112937
##
##
##$y
##$y[[1]]
##[1]0.0018902580.6081713630.1144704010.7741313380.791553008
##
##$y[[2]]
##[1]0.42418960.92085820.68214600.71286440.2318515
##
##$y[[3]]
##[1]0.54054280.78865440.19968200.17702620.1867739
##
##$y[[4]]
##[1]0.32156210.82579280.59421620.21961080.4120540
##
##$y[[5]]
##[1]0.95598880.74510710.19312250.87948790.7994106
```

从上面的代码中可以看出，x 和 y 对应的数据分别被放到一个子列表下面。purrr 包中存在很多对列表进行分析的函数，下面通过一个例子来进行介绍，代码如下所示。

```
y<-list(0:10,5.5)
y%>%every(is.numeric)          #判断列表中的所有元素是不是数据类型
##[1]TRUE
```

```
y%>%every(is.integer)
##[1]FALSE
y%>%some(is.integer)              #判断列表中是否存在整数类型的数据
##[1]TRUE
y%>%none(is.character)            #判断列表中是否存在字符类型的数据
##[1]TRUE
x<-list(1:10,5,9.9)
x%>%has_element(1:10)             #判断列表中是否存在某一个元素
##[1]TRUE
x%>%has_element(3)
##[1]FALSE
is_even<-function(x)x%%2==0

3:10%>%detect(is_even)            #检测列表中哪个元素满足条件
##[1]4
3:10%>%detect_index(is_even)
##[1]2
x<-list(
list(),
list(list()),
list(list(list(1)))
)
vec_depth(x)                      #判断列表的深度
##[1]5
x%>%map_int(vec_depth)
##[1]124
```

如果需要合并两个列表，基础 R 语言并没有比较合适的方法，可以使用 purrr 包中的 append()函数。下面来看一个代码示例。

```
append(1:5,0:1,after=3)
##[1]1230145
x<-as.list(1:3)

x%>%append("a")                   #在列表末尾添加一个元素
##[[1]]
##[1]1
##
##[[2]]
##[1]2
##
##[[3]]
##[1]3
##
##[[4]]
##[1]"a"
x%>%prepend("a")                  #在列表开头添加一个元素
##[[1]]
##[1]"a"
##
##[[2]]
##[1]1
##
##[[3]]
```

```
##[1]2
##
##[[4]]
##[1]3
inputs<-list(arg1="a",arg2="b")

splice(inputs,arg3=c("c1","c2"),inputs)         #拼接多个
##$arg1
##[1]"a"
##
##$arg2
##[1]"b"
##
##$arg3
##[1]"c1""c2"
##
##$arg1
##[1]"a"
##
##$arg2
##[1]"b"
```

从输出结果中可以看出,两个列表进行了合并。

2.5.4 对列表进行处理

array_branch()和 array_tree()通过将数组转换为列表,使数组能够与 purrr 包中的函数一起使用。下面通过一个例子来了解这两个函数的使用。

```
x<-array(1:12,c(2,2,3))
array_branch(x)
##[[1]]
##[1]1
##
##[[2]]
##[1]2
##
##[[3]]
##[1]3
##
##[[4]]
##[1]4
##
##[[5]]
##[1]5
##
##[[6]]
##[1]6
##
array_branch(x,1)
##[[1]]
##[,1][,2][,3]
```

```
##[1,]159
##[2,]3711
##
##[[2]]
##[,1][,2][,3]
##[1,]2610
##[2,]4812
array_tree(x)
##[[1]]
##[[1]][[1]]
##[[1]][[1]][[1]]
##[1]1
##
##[[1]][[1]][[2]]
##[1]5
##
##[[1]][[1]][[3]]
##[1]9
##
```

array_branch()函数如果不设置任何其他参数,则会直接将数组的每一个元素转换为列表中的元素,如果设置第二个参数,则会根据第二个参数生成列表。具体逻辑可以参考上文代码中的例子,这个例子中的数组的维度是2×2×3,第二个参数是1,则表示列表元素有两个,每一个元素都是2×3的数组。array_tree()函数则会根据数组的层级将数组的元素转换为树结构。

如果希望生成列表元素之间的笛卡儿积,则需要使用cross()函数。cross2()函数用于返回.x和.y元素的乘积集。cross3()接受一个额外的.z参数。cross()接受列表并返回列表中所有元素的笛卡儿积,cross_df()类似于cross(),但其返回一个按行组合的数据框。下面来看一个代码示例。

```
data<-list(
id=c("John","Jane"),
greeting=c("Hello.","Bonjour."),
sep=c("!","...")
)                                              #创建一个列表

data%>%
cross()                                        #调用cross()函数
##[[1]]
##[[1]]$id
##[1]"John"
##
##[[1]]$greeting
##[1]"Hello."
##
##[[1]]$sep
##[1]"!"
##
```

```
##
args<-data%>%cross_df()

args
###Atibble:8x3
##idgreetingsep
##<chr><chr><chr>
##1JohnHello."!"
##2JaneHello."!"
##3JohnBonjour."!"
##4JaneBonjour."!"
##5JohnHello."..."
##6JaneHello."..."
##7JohnBonjour."..."
##8JaneBonjour."..."
filter<-function(x,y)x>=y
cross2(1:5,1:5,.filter=filter)%>%str()
##Listof10
##$:Listof2
##..$:int1
##..$:int2
##$:Listof2
##..$:int1

seq_len(3)%>%
cross2(.,.,.filter=`==`)%>%
map(setNames,c("x","y"))
##[[1]]
##[[1]]$x
##[1]2
##
##[[1]]$y
##[1]1
##
##
##[[2]]
##[[2]]$x
##[1]3
##
##[[2]]$y
##[1]1
seq_len(3)%>%
list(x=.,y=.)%>%
cross(.filter=`==`)
##[[1]]
##[[1]]$x
```

```
##[1]2
##
##[[1]]$y
##[1]1
##
```

这些函数的使用场景并不多,但还是有必要了解一下。

2.5.5 修改函数的行为

purrr 包提供了一系列工具,可以构建更加灵活、健壮的函数。

1. 组合多个函数

```
add1<-function(x)x+1
compose(add1,add1)(8)
##[1]10
fn<-compose(~paste(.x,"foo"),~paste(.x,"bar"))
fn("input")
##[1]"inputbarfoo"
```

上面的代码创建了多个函数,可以使用 compose() 函数将多个函数组合起来。

2. 更改函数所接受的输入类型。

```
x<-list(x=c(1:100,NA,1000),na.rm=TRUE,trim=0.9)
lift_dl(mean)(x)
##[1]51
lift(mean)(x)
##[1]51
```

原始的 mean() 函数如果不设置参数,对于包含 NA 的数据,计算结果也是 NA,通过 lift() 函数,原函数可以接受的数据类型增加了。

3. 将一个函数改为它的否定

```
is.na(NA)
##[1]TRUE
negate(is.na)(NA)
##[1]FALSE
```

通过 negate() 函数可以很轻松地创建一个函数的否定形式。

4. 创建一个预先设置参数的函数

创建一个预先设置参数的函数,代码如下,函数的散点图和折线图如图 2-2 和图 2-3 所示。

```
my_long_variable<-1:10
plot2<-partial(plot,my_long_variable)
plot2()
```

```
plot2(runif(10),type="l")
```

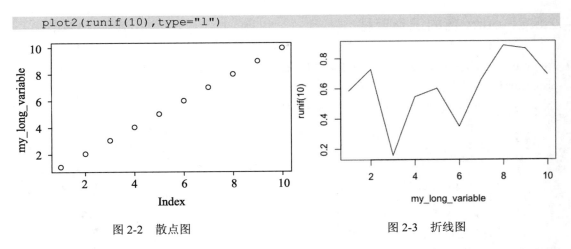

图 2-2　散点图　　　　　　　　　　图 2-3　折线图

这里创建了一个 plot()函数的另外一版本——plot2()，二者唯一的区别是 plot2()函数有一个新的默认参数。也就是说，partial()可以根据现有函数创建新的函数。

5．创建安全函数

safely()、quietly()、possibly()和 auto_browse()函数可以对现有的函数进行封装，从而让函数更健壮。一般的函数如果出现错误，则会直接中断程序，而通过这些安全函数，可以在遇到错误的时候不中断程序，有点类似其他编程语言中的错误处理机制。

```
safe_log<-safely(log)                    #不会报错，而是输出错误信息
safe_log(10)
##$result
##[1]2.302585
##
##$error
##NULL
safe_log("a")
##$result
##NULL
##
##$error
##<simpleErrorin.Primitive("log")(x,base):non-numericargumenttomathematicalfunction>
list("a",10,100)%>%
map_dbl(possibly(log,0))                 #如果遇到错误，将结果改为另外的值
##[1]0.0000002.3025854.605170
```

从上面的代码中可以看出，将报错的结果修改为 0。这个功能类似于 R 语言中用于错误处理的 tryCatch()函数，下面来看一个代码示例。

```
tryCatch(library(a),error=function(e)print("出现错误"),warning=function(w)print("出现警告"),finally={print("最终的行为")})
```

上面的代码通过 tryCatch()函数来捕获错误、警告。

2.5.6 purrr 包的工作流程

purrr 包的主要数据对象是列表,因此在使用 purrr 包进行函数式编程(functional-programming)的时候,第一步就是将数据编成列表。

```
n_iris<-iris%>%group_by(Species)%>%nest()
n_iris
#Atibble:3x2
#Groups:Species[3]
Speciesdata
<fct><list>
1setosa<tibble[,4][50×4]>
2versicolor<tibble[,4][50×4]>
3virginica<tibble[,4][50×4]>
```

上面的代码将一个数据框转变为一个列表,列表中的每一个元素是一个数据框。第二步就是对创建的列表进行操作。

```
mod_fun<-function(df)lm(Sepal.Length~.,data=df)
m_iris<-n_iris%>%
mutate(model=map(data,mod_fun))
m_iris
#Atibble:3x3
#Groups:Species[3]
Speciesdatamodel
<fct><list><list>
1setosa<tibble[,4][50×4]><lm>
2versicolor<tibble[,4][50×4]><lm>
3virginica<tibble[,4][50×4]><lm>
```

通过 map() 函数对列表中的每个数据框构建模型,返回的结果依然是列表。第三步就是简化列表的结果。

```
b_fun<-function(mod)coefficients(mod)[[1]]
m_iris%>%transmute(Species,beta=map_dbl(model,b_fun))
###Atibble:3x2
###Groups:Species[3]
##Speciesbeta
##<fct><dbl>
##1setosa2.35
##2versicolor1.90
##3virginica0.700
```

使用 purrr 包进行函数式编程大致就是以上三个步骤。

2.6 数据可视化

目前而言,在 R 语言中使用最广泛的绘图系统 ggplot2,这一套系统能够快速地绘制出高质量的统计图形。数据可视化是展示数据结果非常必要的手段,在这一章节,将对 ggplot2 进行介绍。

ggplot2 中有两个主要绘图函数,即 qplot()函数和 ggplot()函数。qplot()函数的使用方式和基础绘图系统中的 plot()函数非常类似,qplot()函数适合绘制一些简单的图形,下面使用 qplot()绘制一幅散点图,如图 2-4 所示。

```
library(ggplot2)
qplot(x=iris$Sepal.Length,y=iris$Sepal.Width,color=iris$Species,geom=
"point")
#使用 qplot 绘制统计图形
```

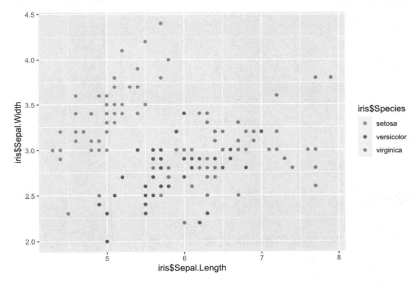

图 2-4　分组散点图

上面的例子使用 qplot()函数绘制了一幅散点图,如果想要绘制其他图形,调整好数据,修改 geom 即可。qplot()函数适合绘制简单的图形,更多时候,会使用 ggplot()函数绘图。使用 ggplot()函数绘图需要理解 ggplot2 绘图系统的一个核心概念:

plot(图形)=data(数据)+Aesthetics(美学)+Geometry(几何)

(1)数据:使用 ggplot2 进行绘图,数据集的格式一般是数据框的格式。

(2)图形美学:指定 x 和 y 变量,同时用来指定图形的颜色、大小、形状等。

(3)几何变换:几何变换用于指定绘制什么统计图形,条形图、点图或者任何图形。

下面使用 ggplot()函数绘制图 2-4 所示的统计图,结果如图 2-5 所示。

```
ggplot(data=iris,aes(x=Sepal.Length,y=Sepal.Width,color=Species))+
geom_point()                              #使用 ggplot()函数绘制统计图
```

ggplot2 提出了关于统计图形的图形语法,而数据、图形美学、几何变换则是绘制统计图形的几个关键要素。在 ggplot2 中,不同的几何对应的函数都是以 geom_开头,例如绘制散点图的几何函数为 geom_point()。

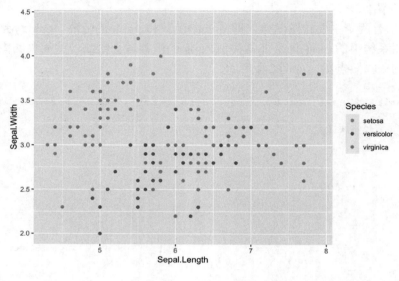

图 2-5　散点图

2.6.1　基础图形

首先对一些较为常用和基础的图形函数做一个总结：
（1）geom_point()：绘制点图。
（2）geom_jitter()：绘制扰动点图。
（3）geom_line()：绘制线图。
（4）geom_path()：绘制路径图。
（5）geom_bar()：绘制条状图。
（6）geom_col()：绘制条形图。
（7）geom_area()：绘制区域。
（8）geom_ribbon()：绘制区域图。
（9）geom_rect()：绘制块状图。
（10）geom_tile()：绘制块状图。
（11）geom_polygon()：绘制块状图。
下面来看一个例子，通过这个例子可以了解不同函数对应的图形，结果如图 2-6 所示。

```
library(patchwork)                                    #合并图形的一个包

df<-data.frame(x=c(3,1,5),
y=c(2,4,6))
base<-ggplot(df,aes(x,y))+
```

```
labs(x=NULL,y=NULL)
p1<-base+geom_point()+ggtitle("point")          #创建各类图形
p2<-base+geom_jitter()+ggtitle("jitter")
p3<-base+geom_line()+ggtitle("line")
p4<-base+geom_path()+ggtitle("path")
p5<-base+geom_bar(stat="identity")+ggtitle("bar")
p6<-base+geom_tile()+ggtitle("tile")
p7<-base+geom_raster()+ggtitle("raster")
p8<-base+geom_polygon()+ggtitle("polygon")
p9<-base+geom_area()+ggtitle("area")
p1+p2+p3+p4+p5+p6+p7+p8+p9                      #合并图形
```

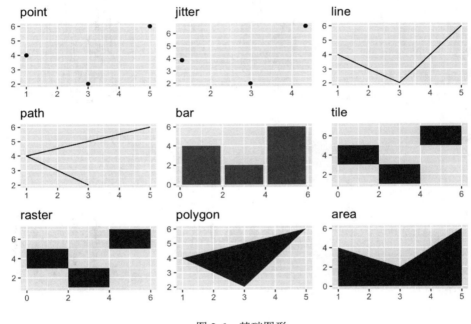

图 2-6　基础图形

另外，需要注意的是上面的代码使用了 patchwork 包，这个包可以通过使用加号"+"来轻松地将图形拼接起来。

2.6.2　汇总类图形

这些图形主要用于数据的统计汇总结果展示，下面通过一个例子来介绍不同图形，如图 2-7 所示。

```
base<-ggplot(mpg,aes(fill=class))+
labs(x=NULL,y=NULL)+
theme(legend.position="none")
```

```
#绘制各种汇总类的统计图形
p1<-base+geom_histogram(aes(x=displ))+ggtitle("histogram")
p2<-base+geom_density(aes(x=displ))+ggtitle("density")
p3<-base+geom_freqpoly(aes(x=displ))+ggtitle("freqpoly")
p4<-base+geom_boxplot(aes(x=class,y=displ))+ggtitle("boxplot")
p5<-base+geom_violin(aes(x=class,y=displ))+ggtitle("violin")
p6<-base+geom_dotplot(aes(x=class),stackratio=0.35)+ggtitle("dotplot")

p1+p2+p3+p4+p5+p6
```

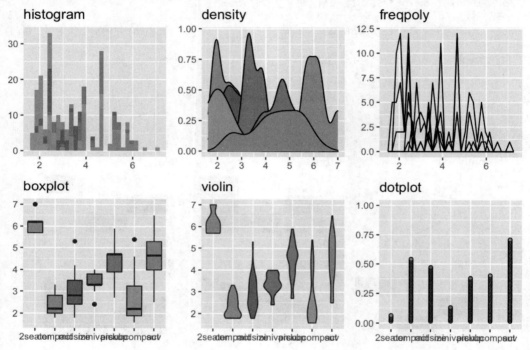

图 2-7 汇总图形

需要注意的是，一些几何可以用其他的几何生成，例如，geom_histogram()可以使用 geom_bar()生成，不过需要额外调整统计汇总（stat_bin）。

2.6.3 二维密度图

二维密度图在分析两个变量分布的时候非常有用，下面通过一个例子来了解二维密度图的绘制，如图 2-8 所示。

```
df<-data.frame(x=rnorm(4000),y=rnorm(4000))
norm<-ggplot(df,aes(x,y))+
    labs(x=NULL,y=NULL)

p1<-norm+geom_bin2d()+ggtitle("bin2d")            #绘制二维密度图
```

```
p2<-norm+geom_hex()+ggtitle("hex")
p3<-norm+geom_hex(bins=10)+ggtitle("hex(bins=10)")
p4<-norm+geom_density2d()+ggtitle("density2d")

p1+p2+p3+p4                                          #将其他图形合并起来
```

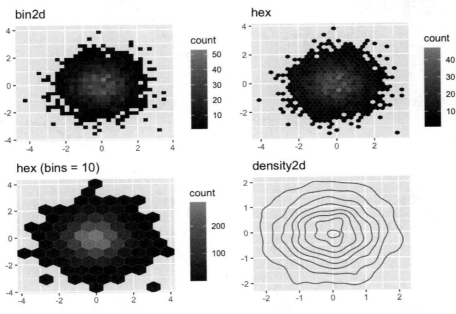

图 2-8　密度图

读者在绘制图形的时候可以直接参照上面的代码。

2.6.4　geom 和 stat 的关系

在上文提到，一些几何可以用其他的几何生成。那么 geom（几何）和 stat（统计）有什么关系？每一个 geom 都有一个默认的 stat，同样，每一个 stat 都有一个默认的 geom。

在 ggplot2 绘图系统中，有很多绘制点图的 geom，如 geom_point、geom_jitter 等，它们之间有什么区别？下面来看一个例子，在这个例子中，调整图形中的 stat，或者调整 stat 中的 geom，结果如图 2-9 所示。

```
base<-ggplot(mpg,aes(displ,hwy))               #绘制不同类型的点图
p1<-base+geom_point()+ggtitle("geom_point")
p2<-base+geom_point(stat="ecdf")+
ggtitle('geom_point(stat="ecdf")')
p3<-ggplot(mpg,aes(displ,hwy))+stat_ecdf()+ggtitle("stat_ecdf")
p4<-ggplot(mpg,aes(displ,hwy))+stat_ecdf(geom="point")+
ggtitle('stat_ecdf(geom="point")')

p1+p2+p3+p4
```

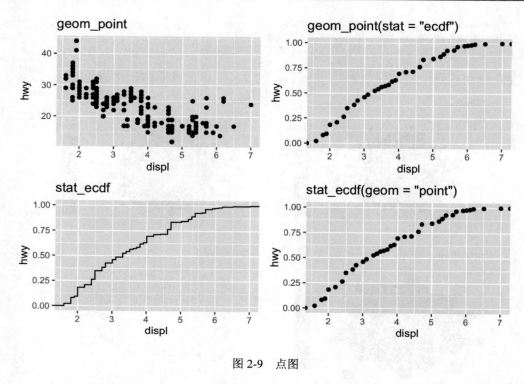

图 2-9　点图

从图 2-9 中可以看出，虽然这几幅图都是点图，但是调整了 stat，会让图形有不同的展现形式，stat 本质上是调整数据的统计方式或者说计算方式。

2.6.5　图形尺度

图形尺度（Scales），简单来说是坐标轴的刻度。离散或者连续变量有一些共同的尺度参数，可以通过调整图形的尺度，让图形变得更加美观，这些共同的参数包括：

（1）name：坐标轴名字。

（2）breaks：刻度。

（3）labels：标签。

（4）limits：范围。

下面看一个调整尺度的例子，结果如图 2-10 和图 2-11 所示。

```
library(showtext)
##Loading required package:sysfonts
##Loading required package:showtextdb
showtext.auto()
##'showtext.auto()' is now renamed to 'showtext_auto()'
##The old version still works, but consider using the new function in future code
base<-ggplot(cars,aes(speed,dist))+geom_point()
base
```

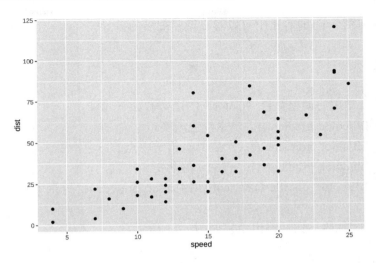

图 2-10　原图

```
p1<-base+scale_x_continuous(name="Newname")            #调整名称
p2<-base+scale_x_continuous(breaks=c(7,12,13,18,24))   #调整刻度
#调整标签
p3<-base+scale_x_continuous(labels=c("我","可以","任意","设置","标","题"))
p4<-base+scale_x_continuous(limits=c(10,20))           #调整范围
p1+p2+p3+p4                                            #合并图形
##Warning:Removed13rowscontainingmissingvalues(geom_point).
```

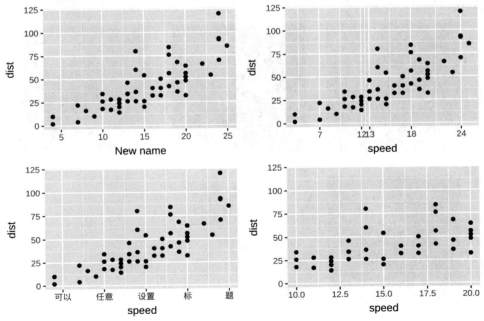

图 2-11　调整尺度

从图 2-10 和图 2-11 的对比中可以看出调整前后的差异。

2.6.6 颜色

ggplot2 中，常用的调整颜色（Color）的函数有如下几种：

（1）scale_fill/color_gradient()：产生双色渐变。

（2）scale_fill/color_gradient2()：产生具有指定中点的三色渐变。

（3）scale_fill/color_gradientn()：产生 n 色渐变。

（4）scale_fill/color_distiller()和 scale_fill/color_brewer()：提供 ColorBrewer 的配色方案。

下面来看一个代码示例，输出结果如图 2-12 所示。

```
base<-ggplot(faithfuld,aes(waiting,eruptions,fill=density))+
geom_raster()+
scale_x_continuous(NULL,expand=c(0,0))+
scale_y_continuous(NULL,expand=c(0,0))+
theme(legend.position="none")

p1<-base+scale_fill_viridis_c()                         #展示不同的配色
p2<-base+scale_fill_viridis_c(option="magma")
p3<-base+scale_fill_distiller(palette="RdPu")
p4<-base+scale_fill_distiller(palette="YlOrBr")
p5<-base+scale_fill_gradient2()
p1+p2+p3+p4+p5
```

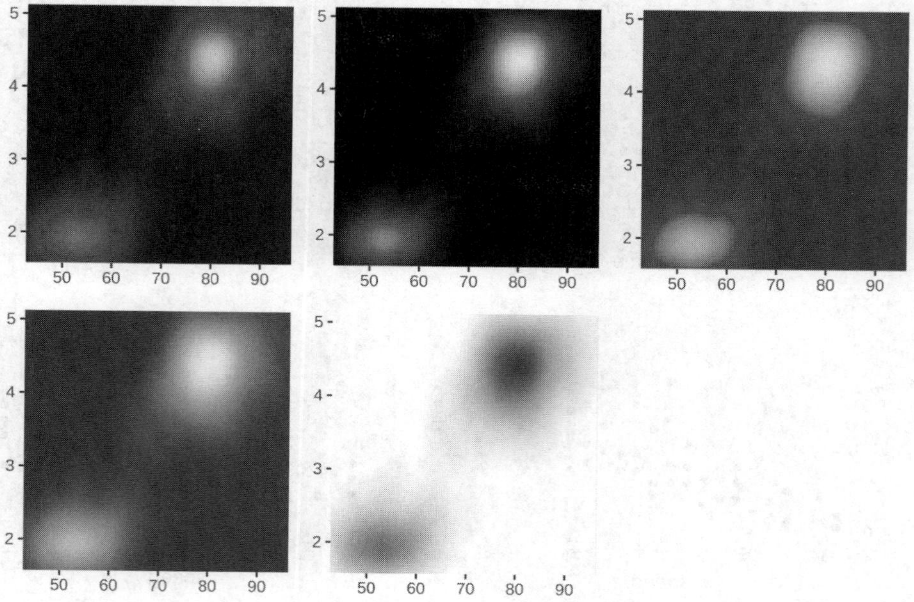

图 2-12　颜色

上面的代码展示了不同的配色。那么，问题来了，如何知道用什么颜色？在技术层面上，有几个有用的工具可以帮助选择颜色：

（1）Mac用户在他们的应用程序文件夹中有"数字色度计"（Digital Color Meter）工具，通过这个工具可以帮助用户选择想要的颜色。

（2）R语言提供了hcl()等函数，这些函数返回色相（Hue）、色度（Chroma）和亮度（Luminance）的组合结果。

（3）scales::show_col()可以将RGB（红-绿-蓝）十六进制代码转变为颜色，使用show_col()函数显示颜色与十六进制颜色代码之间的关系，如图2-13所示。

```
library(scales)
##
##Attachingpackage:'scales'
##Thefollowingobjectismaskedfrom'package:purrr':
##
##discard
##Thefollowingobjectismaskedfrom'package:readr':
##
##col_factor
show_col(hue_pal()(12))
```

在数据可视化中，颜色通常有三种基本用法：第一种，可以使用颜色来区分数据组；第二种，可以使用颜色来表示数据值；第三种，可以使用颜色来突出显示。具体而言，应该选择哪些颜色，这需要学习有关配色的相关理论，了解不同颜色的应用。幸运的是，这里有一个简单的入门方法，就是色星（Color Star）理论。色星如图2-14所示。

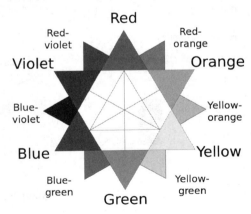

图2-13 十六进制颜色　　　　图2-14 色星

选择什么样的颜色，可以通过色星理论来选择，色星上相对的颜色是互补的，例如红、蓝、黄，因此可以将这些颜色组合起来使用。另外，关于颜色的使用理论（Color Theory），感兴趣的读者可以根据以下链接进一步学习：https://worqx.com/color/color_basics.htm。

2.6.7 坐标系

大多数情况下,使用默认的笛卡儿坐标系,笛卡儿坐标系在 ggplot2 中的对应函数是 coord_cartesian()。另外两个常见且有用的系统是:

(1) coord_flip():翻转 x 和 y 轴。请注意,这与根据 x 绘制 y 不同。

(2) coord_fixed():是具有固定纵横比的笛卡儿系统,还有专门的非线性坐标系,其中两点之间的最近距离可能不再是直线。

以下系统可能会改变几何形状:

(1) coord_map()和 coord_sf():地图投影。

(2) coord_polar():极坐标。

(3) coord_trans():允许对 x 和 y 应用任意变换。

下面来看一个关于不同坐标系的代码示例,输出结果如图 2-15 所示。

```
rect<-data.frame(x=50,y=50)
line<-data.frame(x=c(1,200),y=c(100,1))
base<-ggplot(mapping=aes(x,y))+
geom_tile(data=rect,aes(width=50,height=50))+
geom_line(data=line)+
xlab(NULL)+ylab(NULL)                      #绘制不同坐标轴的图形
p1<-base+ggtitle("Cartesian")
p2<-base+coord_flip()+ggtitle("coord_flip")
p3<-base+coord_polar("x")+ggtitle("Polarx")
p4<-base+coord_trans(y="log10")+ggtitle('coord_trans(y="log10")')

p1+p2+p3+p4
```

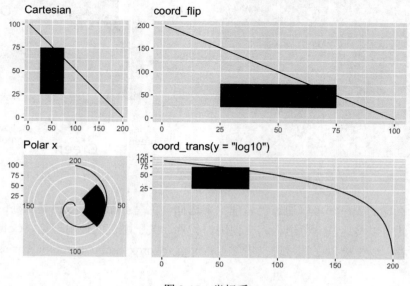

图 2-15 坐标系

2.6.8 注释

添加注释（Annotations）可以帮助读者更好地理解图形所表示的信息。在 ggplot2 中，通常使用 annotate()函数进行注释，例如，需要注释单个点，代码如下所示，输出结果如图 2-16 所示。

```
ggplot(mpg,aes(displ,hwy))+
geom_point(data=subset(mpg,manufacturer=="subaru"),     #筛选数据的子集
colour="orange",
size=3)+
geom_point()+
annotate(geom="curve",
x=4,y=35,xend=2.65,yend=27,
curvature=0.3,arrow=arrow(length=unit(2,"mm")))+        #添加箭头
annotate(geom="text",x=4.1,y=35,label="subaru",hjust="left")  #添加注释
```

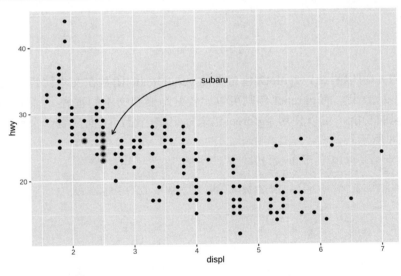

图 2-16　注释

在 R 语言中，有一些拓展包可以更好地实现注释，例如 ggrepel 包提供了 geom_text()函数一个变体，它可以更好地分隔文本标签，如图 2-17 所示。

```
base<-ggplot(mtcars,
aes(wt,mpg,label=rownames(mtcars),colour=factor(cyl)))+
geom_point()+
theme(legend.position="none")

p1<-base+geom_text()                                    #使用 geom_text()函数添加文本
#使用 ggrepel 包的 teom_text_repel 包添加文本
p2<-base+ggrepel::geom_text_repel()
```

```
p1+p2
##Warning:ggrepel:1 unlabeled data points (too many overlaps).Consider
##increasing max.overlaps
```

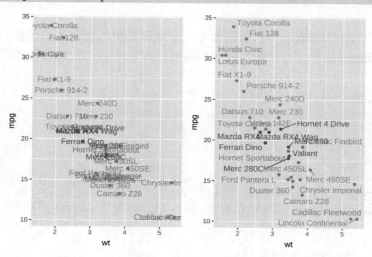

图 2-17 添加标注

从图 2-17 中可以看出，ggolot2 包自带的 geom_text()函数在文本比较密集的地方会有非常不好的显示效果，而 ggrepel 包则可以比较好地避免文本的重叠。另外，ggforce 包也可以实现类似的功能，可以使用 ggforce 包来标记整个组，下面来看一个代码示例，输出结果如图 2-18 所示。

```
ggplot(mpg,aes(displ,hwy))+
geom_point(aes(color=class))+
ggforce::geom_mark_ellipse(aes(label=cyl,group=cyl))
```

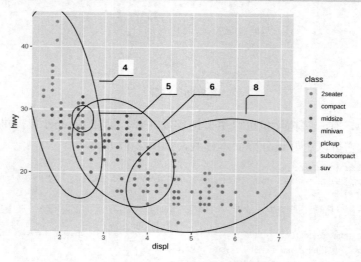

图 2-18 标记整个组

在这个例子中使用了 ggforce 包中的 geom_mark_ellipse()函数将不同组的数据使用一个圆圈包裹了起来。ggplot2 有非常多的拓展包可以构建图形，例如 gpmisc 提供了 geom_table()（类似包还有 cowplot 包和 patchwork 包）用于制作插入表和绘图的工具，如图 2-19 所示。

```
library(ggpmisc)
##Loading required package:ggpp
##
##Attaching package:'ggpp'
##The following object is masked from 'package:ggplot2':
##
##annotate
tb<-aggregate(list(hwy=mpg$hwy,cty=mpg$cty),by=list(cyl=mpg$cyl),median)
data.tb<-tibble::tibble(x=6,y=44,tb=list(tb))

ggplot(mpg,aes(displ,hwy,colour=factor(cyl)))+
geom_table(data=data.tb,aes(x,y,label=tb))+        #添加一个数据表
geom_point()
```

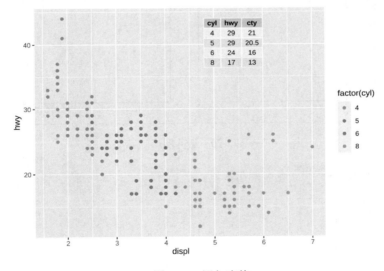

图 2-19　添加表格

使用 cowplot 包和 patchwork 包可以将多幅图形合并起来，其实上文中已经使用过 patchwork 包合并图形，下面来看一个代码示例，输出结果如图 2-20 和图 2-21 所示。

```
library(cowplot)
##
##Attaching package:'cowplot'
##The following object is masked from 'package:patchwork':
##
##align_plots
##The following object is masked from 'package:lubridate':
##
##stamp
```

```r
library(patchwork)

df<-data.frame(
x=1:10,y1=1:10,y2=(1:10)^2,y3=(1:10)^3,y4=(1:10)^4
)

p1<-ggplot(df,aes(x,y1))+geom_point()+ggthemes::theme_clean()
p2<-ggplot(df,aes(x,y2))+geom_point()+ggthemes::theme_clean()

#使用cowplot包合并图形
plot_grid(p1,p1)
```

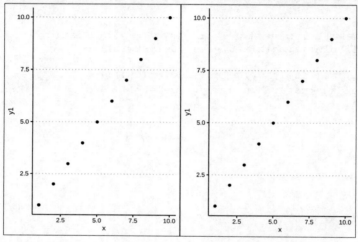

图 2-20 合并图形

```r
#使用patchwork包合并图形
p1+p2
```

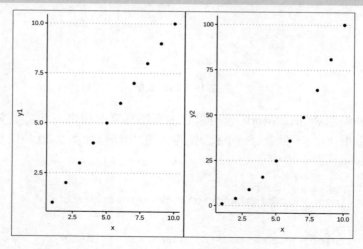

图 2-21 合并图形

这两种方式都可以将多幅图形合并起来，但是 patchwork 包更加方便，通过加号"+"可以直接将多幅图形合并，非常简单，便于理解。

绘图过程中可能需要在图形中加入公式，可以在 ggplot2 包的几乎任何文本中找到任意数学表达式：坐标轴和图例标题、图形标题、图例。可以通过"?plotmath"查看有关于某个公式的文档信息，介绍非常详细。下面看一个在图形中添加公式的例子，代码如下所示，输出结果如图 2-22 所示。

```
ggplot(mpg,aes(displ,hwy,color=class))+geom_point()+
#x 轴线添加公式
xlab(expression(paste(Displacement~hat(x),"(in",phantom()^3,")")))+
#其他添加公式的方法
labs(y=quote(Highway~(mu)))+                    #y 轴线添加公式
scale_color_discrete(labels=c(expression(alpha), #修改图例的文字
    expression(beta),
    expression(gamma)))
```

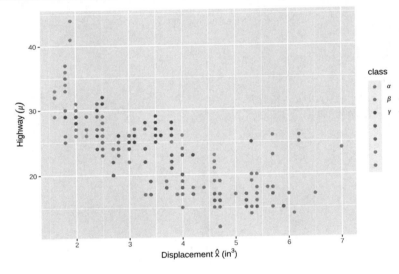

图 2-22　添加公式

通过上文，可以对 ggplot2 绘图系统有一个整体的了解。其实绘制出一幅基础的统计图形并不难，但是想要绘制出一幅美观，达到出版级别的统计图形则不是一件简单的事情，这往往涉及关于数据的处理、图形细节的设置，以及大量细节的调整。一幅优秀的图形不仅能够吸引人的眼球，并且能够准确地传递信息。下文给出了绘制出版级别的统计图形的 11 个步骤，以供大家参考。

2.6.9　绘制出版级别图形的 11 个步骤

第 1 步，绘制基础图形。

就是最简单地绘制图形，不对数据做过多的处理，绘图的时候不设置什么参数。假设要绘制一幅如图 2-23 所示条形图，代码如下所示。

```
library(tidyverse)
library(readr)
#tickets<-readr::read_csv("https://raw.githubusercontent.com/rfordatasc
ience/tidytuesday/master/data/2019/2019-12-03/tickets.csv")    #获取数据

#write.csv(tickets,"tickets.csv")
tickets<-read_csv("tickets.csv")
##Warning:Missingcolumnnamesfilledin:'X1'[1]
##
##——Columnspecification————————————————————————————
##cols(
##X1=col_double(),
##violation_desc=col_character(),
##issue_datetime=col_datetime(format=""),
##fine=col_double(),
##issuing_agency=col_character(),
##lat=col_double(),
##lon=col_double(),
##zip_code=col_double()
##)
tickets%>%
ggplot(aes(x=violation_desc))+
geom_bar()#绘制基础的图形
```

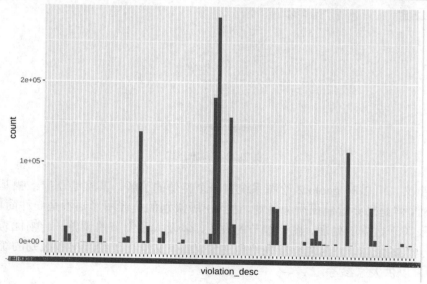

图 2-23　基础图形

直接绘制的话，可以看到图形有很多问题，例如，x 轴的刻度模糊不清，条形图很多部分的柱形非常矮甚至是 0 等。造成这样的原因是原始数据太杂，violation_desc 变量存在很多类别非常少的值。因此优化的第一个步骤就是对数据进行处理。

第 2 步，对数据进行处理。

在这一个层次，会对数据进行基本的处理，例如将类别太多的变量进行汇总，代码如下所示，输出结果如图 2-24 所示。

```
ticiets.1<-tickets%>%
mutate(violation_desc_condensed=str_remove(violation_desc,
"CC$"),
violation_desc_condensed=str_trim(violation_desc_condensed),
violation_desc_condensed=str_replace(violation_desc_condensed,"STOPPING",
"STOP"),
violation_desc_condensed=str_replace(violation_desc_condensed,"HIWY",
"HIGHWAY"),
violation_desc_condensed=str_replace(violation_desc_condensed,"PROH\\w+",
"PROHIBITED"),
violation_desc_condensed=str_replace(violation_desc_condensed,"(PARK)
PROHIBITED","PARKING"),
violation_desc_condensed=str_replace(violation_desc_condensed,"PASSENGR",
"PASSENGER"),
violation_desc_condensed=str_replace(violation_desc_condensed,"LOADNG",
"LOADING"),
violation_desc_other=fct_lump(f=violation_desc_condensed,n=9),
violation_desc_other=str_to_title(violation_desc_other))%>%
count(violation_desc_other)           #先对数据进行处理，然后重新绘图

ticiets.1%>%ggplot(aes(x=violation_desc_other,
y=n))+
geom_col()
```

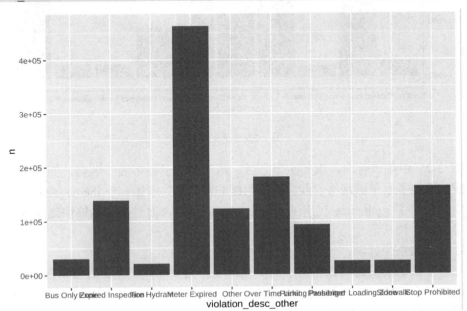

图 2-24　调整数据

相比于图 2-23，图 2-24 已经感觉好很多了。但还是有很多问题，例如 x 轴刻度重叠、没有标题、柱状图没有排序等。

第 3 步，添加主题。

ggplot2 包及其拓展包提供了大量的主题，主体是关于图形的一系列细节调整，有时候直接添加一个关于图形的主题，会让图形变得更加美观，代码如下所示，输出结果如图 2-25 所示。

```
ticiets.1%>%
ggplot(aes(x=violation_desc_other,
y=n))+
geom_col()+
ggthemes::theme_clean()                              #添加主题
```

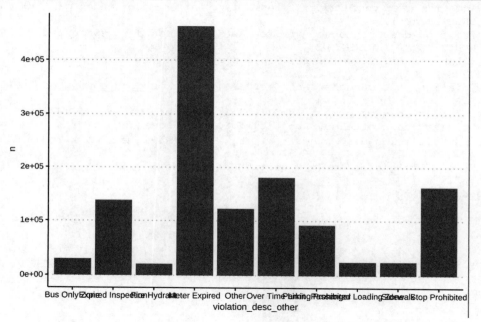

图 2-25　设置主题

从图 2-25 中可以看出，添加主题之后，图形进行了很多细节调整，例如去除了原有的网格线，添加了水平的网格虚线。添加主题非常简单，添加一个 theme_函数即可，在这个例子中，使用了 ggthemes 包中的 theme_clean()函数，通过函数能够快速地让图形的美观程度上升一个档次。

第 4 步，调整坐标轴。

添加一个合适的主题可以将图形的美观程度提高 80%，但是还有很多需要优化的点。比如，调整图形的坐标轴，首先要调整的是 y 轴的刻度，取消科学计数，其次是解决 x 轴刻度重叠的问题，出这个问题的原因是柱状图的条形太多了，解决方案之一是对图形进行反转，代码如下所示，输出结果如图 2-26 所示。

```
ticiets.1%>%
ggplot(aes(x=violation_desc_other,
y=n))+
geom_col()+
coord_flip()+                              #翻转坐标轴
scale_y_continuous(labels=scales::comma)+  #取消y坐标轴的科学计数
theme_classic()
```

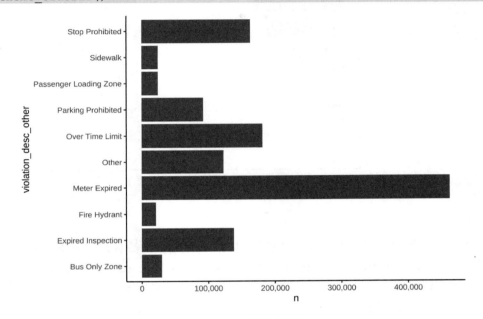

图 2-26　反转坐标轴

上面的代码使用 coord_flip() 函数将图形进行了反转，也就是将 x 轴和 y 轴的位置进行对调，对调之后的 x 轴上就不会出现刻度重叠的问题了。对调之后的 y 轴的刻度也取消了科学计数。这样调整之后是不是感觉图形清楚很多？

第 5 步，对图形进行排序。

条形图的信息主要通过条形的高度体现，通常容易知道谁是最高的条形，但是，谁是第二高的，谁是第三高的，则很难一眼就看出来。这个时候如果对条形图进行排序，则可以避免这种麻烦，让数据信息更加直观地展现出来，代码如下所示，输出结果如图 2-27 所示。

```
ticiets.1%>%
#调整数据的顺序
mutate(violation_desc_other=fct_reorder(violation_desc_other,n))%>%
ggplot(aes(x=violation_desc_other,
y=n))+
geom_col()+
coord_flip()+
scale_y_continuous(labels=scales::comma)+
theme_classic()
```

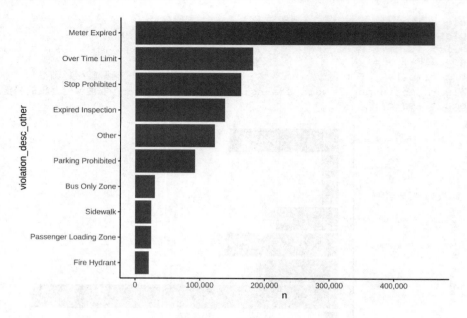

图 2-27　进行排序

这里实现图形的排序并不是对图形进行调整，而是需要对数据进行一下处理。上面的代码使用了 forcasts 包中的 fct_reorder() 函数，将 violation_desc_other 变量设置为有序的因子类型，顺序则根据 n 的大小决定。到这里，图形就已经变得比较美观了，但是不要着急，需要调整的地方还有很多。

第 6 步，调整颜色。

可以在图形中添加一些图形信息，调整颜色，代码如下所示，输出结果如图 2-28 所示。

```
library(showtext)
showtext.auto()
ticiets.1%>%
mutate(violation_desc_other=fct_reorder(violation_desc_other,n))%>%
ggplot(aes(x=violation_desc_other,
y=n))+
geom_col(fill="red")+                    #设置图形的填充颜色
scale_y_continuous(labels=scales::comma)+
coord_flip()+
labs(x="违规描述",                        #添加标题
y="违规数量",
title="违规数据可视化")+
theme_classic()
```

在上面的代码中，对图形的颜色进行了设置（具体呈现的颜色以实际代码显示为准）。将图形的颜色设置成了醒目的红色，然后，对坐标轴标题、图形标题也进行设置。需要注意的是，library(showtext)showtext.auto()，这两句代码是为了保证中文字符能够正确地显示。

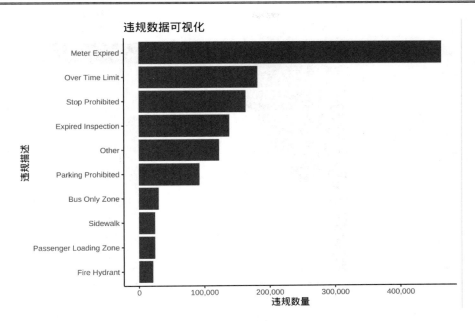

图 2-28　调整颜色

第 7 步，自定义主题。

上文已提到，所谓主题就是一系列的细节调整，因此，可以进行更多调整，如调整字体、网格线等细节，并将这些调整总结成自己的主题，代码如下所示，输出结果如图 2-29 所示。

```
library(showtext)
showtext.auto()

ticiets.1%>%
mutate(violation_desc_other=fct_reorder(violation_desc_other,n))%>%
ggplot(aes(x=violation_desc_other,
y=n))+
geom_col(fill="#E83536")+                          #调整颜色
scale_y_continuous(labels=scales::comma)+
coord_flip()+
labs(x="违规描述",
y="违规数量",
title="违规数据可视化")+
theme_classic()+
theme(text=element_text(#family="sans",            #宋体,这里主要对文字进行操作
size=10),
axis.title=element_text(face="bold"),#
axis.text=element_text(face="italic"),
plot.title=element_text(face="bold",
size=12))
```

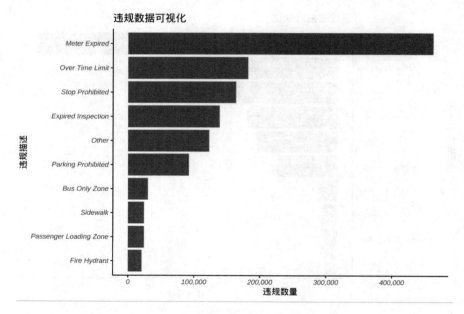

图 2-29　设置自己的主题

上面的代码中使用了 theme()函数，theme()函数中的参数非常多，通过这些参数能够对图形的各个部分进行自定义，这里调整了文字的字体等内容。还可以将这些调整封装成函数，并进一步设置成为自己的主体。需要注意的是，有时候设置了字体会导致中文乱码的问题。下面的代码创建了一个主题，然后调用了这个主题，如图 2-30 所示。

```r
library(showtext)
showtext.auto()

theme_compassred<-function(){
theme_minimal(base_size=10)%+replace%
theme(axis.title=element_text(face="bold"),
axis.text=element_text(face="italic"),
plot.title=element_text(face="bold",
size=12)

)
}#自己定义的主题
theme_set(theme_compassred())                    #设置主题
ticiets.1%>%
mutate(violation_desc_other=fct_reorder(violation_desc_other,n))%>%
ggplot(aes(x=violation_desc_other,
y=n))+
geom_col(fill="#E83536")+
scale_y_continuous(labels=scales::comma)+
coord_flip()+
labs(x="违规描述",
y="违规数量",
title="违规数据可视化")+
```

```
theme_classic()+
theme_compassred()                              #添加自己设置的主题
```

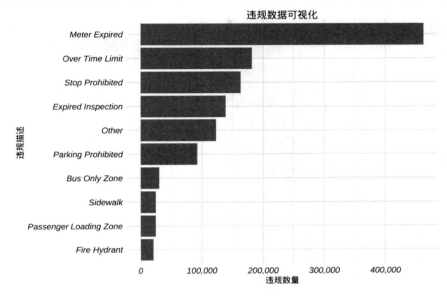

图 2-30　设置自己的主题

创建自己主题的方式是将 theme()函数相关内容设置成为一个函数，然后将自己创建的函数作为参数，调用 theme_set()函数。

第 8 步，添加更多的图层。

ggplot2 包的最大的优点是可以通过不断添加图层来完善一幅图形。例如，平常很难直接从条形图中获取数量的绝对信息，如果问最多那一组条形图的具体数量是多少，可能会回答 400000 以上，但是很难说出具体的数字，这个时候可以添加一个标签，标注出具体数字，代码如下所示，输出结果如图 2-31 所示。

```
library(showtext)
showtext.auto()

#library(extrafont)
#extrafont::font_import()
ticiets.1%>%
mutate(violation_desc_other=fct_reorder(violation_desc_other,n))%>%
ggplot(aes(x=violation_desc_other,y=n))+
geom_col(fill="#E83536")+
geom_label(aes(label=scales::comma(n)),
size=2.5,
nudge_y=30000)+                                 #添加文本标签
scale_y_continuous(labels=scales::comma)+
coord_flip()+
labs(x="违规描述",
y="违规数量",
```

```
title="违规数据可视化")+
theme_classic()+
theme_compassred()
```

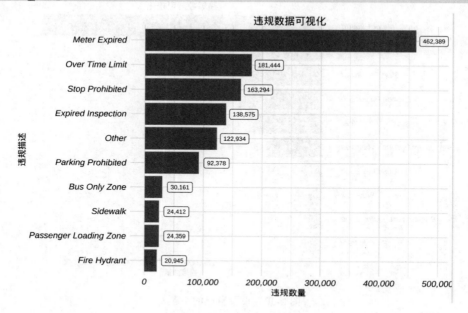

图 2-31　添加标签

上面的代码主要使用了 geom_label() 函数在图形中添加了标签,用于显示具体的数据,这样做的好处是能够帮助读者快速地掌握具体信息。其实到这里图形质量就已经非常高了,图形本质上是对信息进行传递,如果说对于图形还有什么可以调整的地方,那就是在图形中突出想要传递的信息。

第9步,突出图形的某一部分。

突出图形中的某一部分,代码如下所示,输出结果如图 2-32 所示。

```
library(showtext)
showtext.auto()


ticiets.1%>%
  mutate(violation_desc_other=fct_reorder(violation_desc_other,n),
  highlight=violation_desc_other=="Other")%>%           #设置突出的组
  ggplot(aes(x=violation_desc_other,
  y=n))+
  geom_col(aes(fill=highlight),
  alpha=0.8)+
  geom_label(aes(label=scales::comma(n)),
  size=2.5,
  nudge_y=30000)+
  scale_y_continuous(labels=scales::comma)+
```

```
#设置不同组的颜色，突出组的颜色要深一些
scale_fill_manual(values=c("gray","red"))+
coord_flip()+
labs(x="违规描述",
y="违规数量",
title="违规数据可视化")+
guides(fill="none")
```

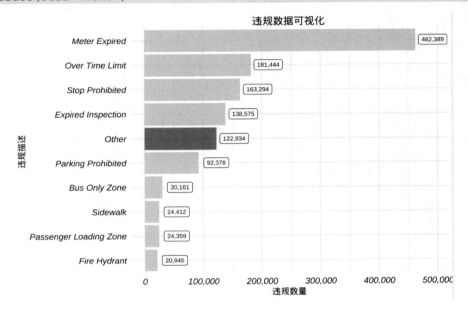

图 2-32　突出图形的某一部分

实现这种突出的效果首先需要对数据进行处理，需要创建一个新的变量来记录需要突出的组，然后设置突出组与非突出组的颜色，通常突出组的颜色更加醒目。通过这样的方式来实现凸显图形某一部分的效果。

第 10 步，添加文本信息。

上面在图形中突出了某一部分，读者可以轻松地了解到想要突出的内容，但是读者怎么去理解突出的内容？可能每个读者的理解都不一样，这个时候就需要加入一些注释，代码如下所示，输出结果如图 2-33 所示。

```
library(showtext)
showtext.auto()

tickets_agg<-
tickets%>%
mutate(violation_desc_condensed=str_remove(violation_desc,
"CC$"),
violation_desc_condensed=str_trim(violation_desc_condensed),
violation_desc_condensed=str_replace(violation_desc_condensed,"STOPPING",
"STOP"),
```

```
violation_desc_condensed=str_replace(violation_desc_condensed,"HIWY",
"HIGHWAY"),
violation_desc_condensed=str_replace(violation_desc_condensed,"PROH\\w+",
"PROHIBITED"),
violation_desc_condensed=str_replace(violation_desc_condensed,"(PARK)
PROHIBITED","PARKING"),
violation_desc_condensed=str_replace(violation_desc_condensed,"PASSENGR",
"PASSENGER"),
violation_desc_condensed=str_replace(violation_desc_condensed,"LOADNG",
"LOADING"),
violation_desc_other=fct_lump(f=violation_desc_condensed,n=9),
violation_desc_other=str_to_title(violation_desc_other))%>%
count(violation_desc_other)%>%
mutate(violation_desc_other=fct_reorder(violation_desc_other,n),
highlight=violation_desc_other=="Other")          #数据处理
ticket_note<-                                      #添加文字信息
paste("我们可以添加文字信息\n",
"帮助读者更好地理解图形结果.\n\n")
arrow_position<-data.frame(x_start=4.5,
x_end=6,
y_start=300000,
y_end=197000)
ggplot()+
geom_col(data=tickets_agg,
mapping=aes(x=violation_desc_other,
y=n,
fill=highlight),
alpha=0.8)+
geom_label(data=tickets_agg,
aes(x=violation_desc_other,
y=n,
label=scales::comma(n)),
size=2.5,
nudge_y=30000)+
geom_label(data=filter(tickets_agg,             #添加标签
highlight==T),
mapping=aes(x=violation_desc_other,
y=n,
label=ticket_note),
hjust=0,
nudge_x=-2.5,
nudge_y=80000,
size=3,
fontface="italic",
label.r=unit(0,"lines"))+
geom_curve(data=arrow_position,                 #添加尖头
mapping=aes(x=x_start,
```

```
y=y_start,
xend=x_end,
yend=y_end),
curvature=0.1,
size=0.25,
color="gray75",
arrow=arrow(length=unit(0.015,"npc"),
type="closed"))+
scale_y_continuous(labels=scales::comma)+
scale_fill_manual(values=c("gray75","red"))+
coord_flip()+
labs(x="违规描述",
y="违规数量",
title="违规数据可视化")+
guides(fill="none")
```

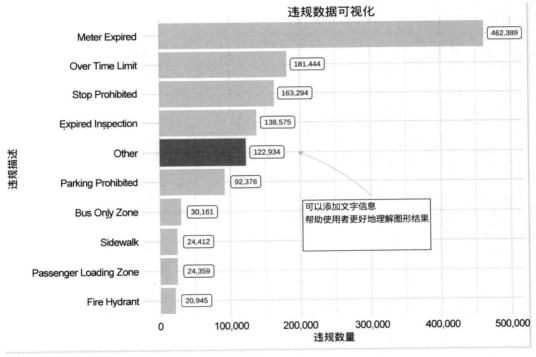

图 2-33 添加文本描述

在这个例子中,添加了更多的图形元素,例如尖头、方框、文字等。通过文字描述,读者能够更好地理解想要突出表达部分的内容。

第 11 步,去除多余的元素。

最后一步就是做减法了,太多的无关信息会让大脑混乱,可以去掉图形中无关的信息,代码如下所示,输出结果如图 2-34 所示。

```
library(showtext)
showtext.auto()

arrow_position<-data.frame(x_start=4.5,
x_end=6,
y_start=300000,
y_end=197000)                                          #箭头的位置数据
ggplot()+
geom_col(data=tickets_agg,
mapping=aes(x=violation_desc_other,
y=n,
fill=highlight),
alpha=0.8)+
geom_label(data=tickets_agg,                           #添加标签
aes(x=violation_desc_other,
y=n,
label=scales::comma(n)),
size=2.5,
nudge_y=30000)+
geom_label(data=filter(tickets_agg,
highlight==T),
mapping=aes(x=violation_desc_other,
y=n,
label=ticket_note),
hjust=0,
nudge_x=-2.5,
nudge_y=80000,
size=3,
fontface="italic",
label.r=unit(0,"lines"))+
geom_curve(data=arrow_position,
mapping=aes(x=x_start,                                 #设置箭头
y=y_start,
xend=x_end,
yend=y_end),
curvature=0.1,
size=0.25,
#color="gray75",
arrow=arrow(length=unit(0.015,"npc"),
type="closed"))+
scale_y_continuous(labels=scales::comma)+
scale_fill_manual(values=c("gray75","#E83536"))+
coord_flip()+
labs(title="违规数据可视化")+
guides(fill="none")+                                   #取消图例
theme(panel.grid=element_blank(),                      #取消网格线
axis.title=element_blank(),                            #取消坐标轴标题
axis.text.x=element_blank(),                           #取消坐标轴文字
plot.title=element_text(hjust=-0.1))                   #取消图形标题
```

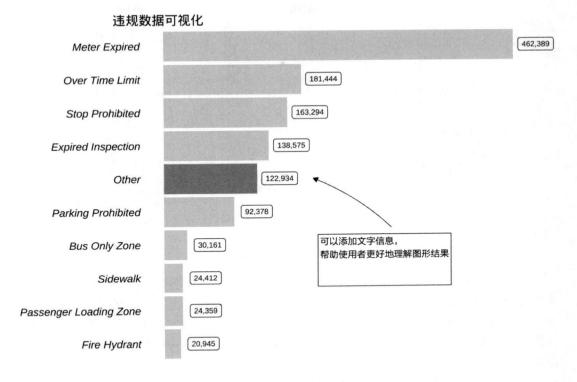

图 2-34　去除多余元素

上面的代码使用 theme()函数去除了图形中的很多元素,例如坐标轴刻度、坐标轴的标题、图形的网格线等。这样人们能够把注意力更加专注地放在图形所表达的信息上。以上就是绘制出版级别统计图形的步骤,以供大家参考。

2.6.10　缺失值的数据可视化

在本小节将介绍缺失值的数据可视化内容。缺失值基本上是数据科学、统计分析中不可避免的问题。在 R 语言中,有很多包可以用于缺失值数据的可视化,如 DescTools、dlookr 等,首先使用 DescTools 包中的 PlotMiss()函数对缺失值进行数据可视化,代码如下所示,输出结果如图 2-35 所示。

```
library(DescTools)
##
##Attachingpackage:'DescTools'
##Thefollowingobjectismasked_by_'.GlobalEnv':
##
##Fibonacci
PlotMiss(d.pizza)                           #对数据缺失值进行数据可视化
```

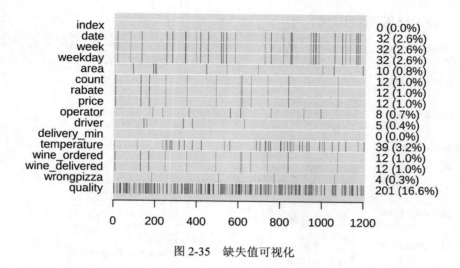

图 2-35 缺失值可视化

使用 PlotMiss() 函数对缺失值进行可视化的一个好处，它不仅会显示出不同变量的缺失值比例，还会显示缺失值的分布情况，从缺失值的分布可以很容易地观察到，缺失值是不是集中的，或者是均匀分布的，如果缺失值非常集中，那就需要考虑如果删掉缺失值，数据的分布是不是会改变。使用 dlookr 包也可以对缺失值进行可视化，代码如下所示，输出结果如图 2-36 所示。

```
library(dlookr)
plot_na_hclust(d.pizza)                      #对缺失值进行数据可视化
```

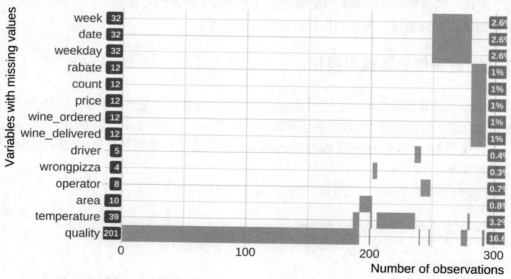

图 2-36 缺失值可视化

dlookr 包中有三个函数可以对缺失值进行数据可视化，分别是 plot_na_hclust()、plot_na_intersect() 和 plot_na_pareto()，这三个函数的数据可视化结果类似，展现形式有所不同，下面使用 plot_na_hclust() 函数对数据进行数据可视化，代码如下所示，输出结果如图 2-37 所示。

```
plot_na_intersect(d.pizza)                    #对缺失值进行数据可视化
```

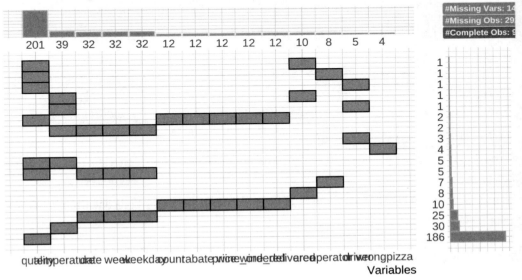

图 2-37　缺失值可视化

图形主要也是展示缺失值的比例以及缺失值的分布，捎带一提，dlookr 包里面提供了非常多的数据分析、数据处理工具，是一个用于数据探索的非常好的包。

2.7　data.table 包

data.table 是一个非常强的 R 语言包，它提供了 data.frames 的增强版本。data.table 包提供了一种更快、更高效的数据处理方法，同时大大减少了所需的内存量。当需要处理的数据量比较大的时候，data.table 的优势更加明显。

2.7.1　创建 data.table

创建 data.table 其实与创建 data.frame 的方式非常类似，可以使用 data.table() 函数创建

data.table，下面看一个创建 data.table 的例子，代码如下所示。

```
library(data.table)
##
##Attachingpackage:'data.table'
##Thefollowingobjectismaskedfrom'package:DescTools':
##
##%like%
##Thefollowingobjectsaremaskedfrom'package:lubridate':
##
##hour,isoweek,mday,minute,month,quarter,second,wday,week,
##yday,year
##Thefollowingobjectsaremaskedfrom'package:dplyr':
##
##between,first,last
##Thefollowingobjectismaskedfrom'package:purrr':
##
##transpose
set.seed(45)                                                    #设置随机种子
DT<-data.table(V1=c(1L,2L),
V2=LETTERS[1:3],
V3=round(rnorm(4),4),
V4=1:12)                                                        #创建 data.table
```

除了以上方式创建数据框，还可以直接使用 as.data.table()函数将 data.frame()函数转变为 data.table。

2.7.2　data.table 计算

其实，data.table 数据集筛选行和列的方式与 data.frame 筛选行的方式非常相似。

```
DT[3:5,]
##V1V2V3V4
##1:1C-0.37953
##2:2A-0.74604
##3:1B0.34085
#筛选 3 到 5 行
```

DT[3:5,]中也可以不要逗号。

```
DT[3:5]
##V1V2V3V4##1:1C-0.37953##2:2A-0.74604##3:1B0.34085
```

可以通过条件判断来进行筛选。

```
DT[V1==1]
##V1V2V3V4##1:1A0.34081##2:1C-0.37953##3:1B0.34085##4:1A-0.37957##5:
1C0.34089##6:1B-0.379511
```

就是根据变量名进行判断。

```
DT[V2%in%c("A","B","C")]
##V1V2V3V4##1:1A0.34081##2:2B-0.70332##3:1C-0.37953##4:2A-0.74604##5:
1B0.34085##6:2C-0.70336##7:1A-0.37957##8:2B-0.74608##9:1C0.34089##10:
2A-0.703310##11:1B-0.379511##12:2C-0.746012
```

data.table 包还提供了一套完整的数据计算的方案，其计算逻辑可以用图 2-38 进行概括。

下面看一个简单的例子，代码如下所示。

```
iris_dt<-data.table::data.table(iris)
iris_dt[Sepal.Length>4,.(Petal.Length_
mean=mean(Petal.Length)),by=.(Species)]
##SpeciesPetal.Length_mean
##1:setosa1.462
##2:versicolor4.260
##3:virginica5.552
```

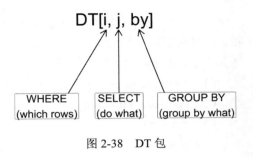

图 2-38　DT 包

上面的代码中，首先筛选数据集的行，筛选条件是 Sepal.Length＞4，然后根据 Species 进行分组，并分组计算 Petal.Length 变量的平均值，data.table 中一个常用命令是.N，表示计数，代码如下所示。

```
iris_dt[,.N,Species]
##SpeciesN
##1:setosa50
##2:versicolor50
##3:virginica50
```

上面的代码计算了不同 Species 的数据量。关于 data.table 包的使用技巧还有很多，例如数据的合并。这里就不全面介绍了，data.table 包最大的优点是效率，其提供的数据读取函数，例如 fread()函数读取数据时相比其他相关函数如 readr 包中的函数效率要高很多。

2.8　R 语言小技巧

R 语言有很多小技巧，这些技巧能够有效地提高工作效率，本节对一些常用的技巧进行介绍。

2.8.1　快速构建数据探索报告

众所周知，数据处理、数据探索是数据科学、统计分析、数据挖掘等工作的一个重要组成部分，这一部分往往会占据工作的大部分时间，这是没办法回避的，但是在 R 语言中有一些工具可以提高工作效率，如 DataExplorer 包和 dlookr 包。DataExplorer 包中的 create_report()函数可以快速地创建一个数据分析报告。通过 create_report()函数创建数据分析报告有两种方式：第一种方式是指定因变量；第二种方式是不指定因变量，这两种方式有一定的区别。

```
create_report(iris,y="Species")      #创建分析报告，指定因变量
create_report(iris)                  #创建分析报告
```

一行代码就可以创建数据分析报告，是不是非常方便？dlookr 包是一个用于数据诊断、数据探索和数据转化的 R 语言包，这个包提供了很多的函数可以进行数据操作。以下是关于 dlookr 包常用函数的总结：

（1）compare_category();

（2）compare_numeric();

（3）correlate();

（4）describe();

（5）diagnose()、diagnose_category()、diagnose_numeric()、diagnose_outlier()和 diagnose_report();

（6）eda_report();

（7）get_class()。

这里只是列举了一些常用的函数，这些函数可以快速地操作数据。

2.8.2 整理代码

写 R 语言代码的时候保持代码的整洁和规范是让代码可读性更高的重要方法，在使用 RStudio 的过程中，有一个快捷键可以快速地让代码变得整洁。

（1）mac OS 系统：Shift+Ctrl+A。

（2）Windows 系统：Ctrl+Shift+A。

2.8.3 变量名与变量的转换

通过 assign()函数可以将字符串转变成为变量，假设要创建大量的变量，这个时候一个一个指定变量名就非常麻烦了，可以使用 assign()配合 paste()函数自动创建大量的变量，下面看一个简单的例子，代码如下所示。

```
for(i in 1:10){
assign(paste("var",i,sep=""),i)
}
var6
##[1]6
```

上面的代码构建了一个循环，然后根据循环次数构建变量。通过 assign()函数创建变量，assign()函数的第一个参数是变量名对应的字符串，第二个参数是这个变量对应的值。同样，如果需要一次性输出很多个变量的结果，则可以使用 get()函数，循环遍历上一个例子中创建的变量，代码如下所示。

```
for(i in 1:10){
get(paste("var",i,sep=""))%>%print()
}
##[1]1
```

```
##[1]2
##[1]3
##[1]4
##[1]5
##[1]6
##[1]7
##[1]8
##[1]9
##[1]10
```

上面的代码使用 get()函数获取变量的值，get()函数的第一个参数是变量名对应的字符串，用这个函数，可以通过字符串来获取变量对应的值。

2.8.4 将 R 语言模型结果转化为公式

例如，构建好一个回归模型，想要将回归模型的结果转变为一个公式，手动输入公式太慢了，使用 equatiomatic 包可以快速地将模型转化成为公式，代码如下所示，输出结果如图 2-39 所示。

```
library(equatiomatic)
mod1<-lm(mpg~cyl+disp,mtcars)
extract_eq(mod1)                                    #将模型转化成为 Latex 公式
```

$$mpg = \alpha + \beta_1(cyl) + \beta_2(disp) + \epsilon \qquad mpg = \alpha + \beta_1(cyl) + \beta_2(disp) + \epsilon$$

图 2-39 输出公式

2.8.5 自动创建报告

使用 report 包可以自动创建模型的结果报告，关键函数是 report()，这个函数可以根据输入的对象自动创建不同对象的报告，下面创建回归模型结果的报告，代码如下所示。

```
library(report)
l<-lm(Sepal.Length~Sepal.Width,data=iris)

report(l)
##Wefittedalinearmodel(estimatedusingOLS)topredictSepal.LengthwithSepal.
Width(formula:Sepal.Length~Sepal.Width).Themodelexplainsastatisticallyn
otsignificantandveryweakproportionofvariance(R2=0.01,F(1,148)=2.07,p=
0.152,adj.R2=7.16e-03).Themodel'sintercept,correspondingtoSepal.Width=
0,isat6.53(95%CI[5.58,7.47],t(148)=13.63,p<.001).Withinthismodel:
##
##-TheeffectofSepal.Widthisstatisticallynon-significantandnegative
(beta=-0.22,95%CI[-0.53,0.08],t(148)=-1.44,p=0.152;Std.beta=-0.12,95%CI
[-0.28,0.04])
##
##Standardizedparameterswereobtainedbyfittingthemodelonastandardizedver
sionofthedataset.
```

report()函数会自动地总结关于模型的内容，这很方便，能够在写报告的时候节省很多时间，下面为可以通过 report()函数创建报告的内容。

（1）系统和包（System and packages）；
（2）数据框和向量（Dataframes and vectors）；
（3）相关性和 t 检验（Correlations and t-tests(htest)）；
（4）方差分析（ANOVAs：aov,anova,aovlist,...）；
（5）回归模型（Regressionmodelsglm,lm,...）；
（6）混合效应模型（Mixed models glmer,lmer,glmmTMB,...）；
（7）贝叶斯模型（Bayesian models stanreg,brms...）；
（8）贝叶斯因子（Bayes factors from bayestestR）；
（9）结构方程模型（Structural Equation Models：SEM from lavaan）；
（10）模型比较（Model comparison：from performance）。

以上就是本小节介绍的小技巧。

2.9　R 语言小结

本章节主要介绍了使用 R 语言过程中通用的一些包，熟练掌握这些包能够更加顺畅地处理数据。在下一章节，将介绍统计相关的内容。

第 2 篇
R 语言统计分析

- ▶▶ 第 3 章 统计方法
- ▶▶ 第 4 章 统计机器学习
- ▶▶ 第 5 章 假设检验
- ▶▶ 第 6 章 贝叶斯统计

第 3 章 统 计 方 法

统计是什么？可以很轻松地找到各种定义，例如统计学是收集、分析、解释和陈述数据的科学。在《六祖坛经》中有这样一个故事：无尽藏尼有问题请教六祖惠能："我对于《涅槃经》有许多不解之处，望请教。"惠能说："我不识字，请读给我听。"无尽藏尼笑道："你字都不认识，还能懂吗？"惠能说："真理好像天上的明月，而文字只是指月的手指，手指可以指出明月的所在，但手指并不就是明月，看月也不一定必须透过手指，不是这样吗？"。

然而这些定义就像是指月的手，太关注手反而会忽略手指指向的月亮。统计学到底是什么？想要研究一些问题或者想要了解一些事实，例如城市中的人们的收入水平，就需要收集数据，然后进行分析，最终得出结论，而其中收集多少数据，如何正确分析，如何得出结论都是统计学中研究的问题。

最早的统计著作来自公元 9 世纪的《密码破译》，由阿拉伯人肯迪编著。在书中，肯迪详细记录了如何使用统计数据和频率分析进行密码破译。

统计学的英语词 statistics 是源于现代拉丁语 statisticumcollegium（国会）以及意大利语 statista（国民或政治家）、德语 Statistik。最早在 1749 年由戈特弗里德·阿肯沃尔（Gottfried Achenwall）使用，代表对国家的相关信息进行分析的学问，也就是"研究国家的科学"。在 19 世纪统计学在广泛的数据中探究其意义，并且由约翰·辛克莱（John Sinclair）引进到英语世界。

尽管统计学的起源很早，但是现代统计学起源于 18 世纪概率论的进步，现代统计学大致分为 3 个阶段。第一阶段由弗朗西斯·高尔顿和卡尔·皮尔逊的工作领导，他们将统计学转变为用于分析的严格数学学科，不仅用于科学，还用于工业和政治。20 世纪 20 年代的第二波浪潮由威廉·西利·戈塞特（William Sealy Gosset）发起，并在罗纳德·费雪（Ronald Fisher）的见解中达到顶峰。这涉及开发更好的实验设计用于小数据样本的模型、假设检验和技术。1930 年，Egon Pearson 和 Jerzy Neyman 之间的合作产生了最后一波现代统计浪潮，主要是早期发展的改进和扩展。今天，统计方法被应用于所有涉及决策的领域，用于从整理的数据体中做出准确的推断，以及在面对基于统计方法的不确定性时做出决策。

为了将统计学应用到科学、工业以及社会问题上，由研究总体开始。这可能是一个国家的人民，石头中的水晶，或者是某家特定工厂所生产的商品。一个总体甚至可能由许多次同样的观察程序组成，这种总体称为时间序列。

为了实际的理由，选择研究总体的子集代替研究总体的所有数据，这个子集称作样本。样本是统计分析的对象，并且被用作两种相关的用途：描述和推论。

描述统计学处理有关叙述的问题：通过数字或者图表来表示总体的性质，基础的数学描述包括平均数和标准差等。图表则包含许多种的表和图，这些描述主要是说明数据的集中或者离散程度。统计推断被用来将样本中的数据模型化，计算它的概率并且做出对于总体的推论。这个推论可能是对某一个假设进行判断（假设检验）、数字特征量的估计（估计）、关系性的预测（相关性），或是将关系模型化（回归）。其他的模型化技术包括方差分析、时间序列，以及数据挖掘。

在今天，统计学的应用几乎无所不在，在医学领域、金融领域、社会科学领域等，统计学都发挥着至关重要的作用。

著名的统计学家 C.R.劳（C.R.Rao）在他的书《统计与真理》中写过几句著名的话："All knowledge is, in final analysis, history. All sciences are, in the abstract, mathematics. All judgements are, in their rationale, statistics."，这一段话的大意是，在终极的分析下，所有知识都是历史，在抽象的意义之下，所有的科学都是数学，在理性之下，所有的判断都是统计学。

人认识世界，通常有两种非常自然的思维过程：归纳和演绎，这两种思维过程不需要学习，人基本上天然就会，是根植于基因当中且先于语言而存在的。想象一下人类的祖先，原始人在森林里面采摘到一些蘑菇，红色的、绿色的、白色的等。一个人吃了红色蘑菇，中毒了，一个人吃了绿色蘑菇也中毒了，这个时候人们很自然地认为不管什么颜色的蘑菇都是有毒的。这就是归纳。当有了一个概念：蘑菇是有毒的，然后看见一种没见过的蘑菇，也很自然地认为这种蘑菇也是有毒的，这就是演绎。当然，归纳和演绎都可能出错，蘑菇也不是都有毒，因为世界上的蘑菇种类千千万，而你吃了两种蘑菇中毒就判断全部蘑菇有毒，也就是用非常小的样本来推总体，出错的概率当然更大些，而在演绎中，错误的前提自然也会导致错误的结论。

统计学是一种非常强大的归纳工具，如你去街上买橘子，问老板橘子甜不甜，老板说很甜，但是你不太相信，于是拿了一个尝了尝，很甜，于是你买了一些橘子。这个过程似乎很自然，但是背后有着深刻的统计思想，你假设大部分橘子都不甜，那么你随机拿一个橘子很甜的概率很小。

事实上，你拿了一个橘子很甜，根据小概率原理，小概率事件在一次事件中不会发生，事件发生了，那么说明事件不是小概率的，也就是并不是大部分橘子都不甜。这种思想就是假设检验，事实上，在当今，可以借助很多工具来进行统计模型，例如用 R 语言来分析这个买橘子的问题，假设有 100 个橘子，可以分析在不同比例甜橘子与不甜橘子的情况下，随机拿一个橘子是甜橘子的概率，代码如下所示。

```
simu<-function(m,n){
set.seed(1080)
orag<-sample(c(rep(1,m),rep(0,100-m)),100,replace=FALSE)
num<-0                                    #取到甜橘子的次数
for(i in 1:n){
```

```
num<-num+ifelse(sample(orag,1)==1,1,0)
}
return(num/n)

}


simu(1,1)                                    #重复1次
##[1]0
simu(1,10)                                   #重复10次
##[1]0
simu(1,100)                                  #重复100次
##[1]0.01
simu(1,10000)
##[1]0.0093
```

上面的代码模拟了取橘子的过程：有100个橘子，里面只有1个甜橘子，随机抽取一个橘子。从结果中可看到，重复进行抽取橘子，100次中只有一次拿到了甜橘子。这说明，如果100个橘子里面只有1个甜橘子，那么随机拿一个是甜橘子几乎是不可能的。在计算机发明之前计算全部靠纸和笔，对数据进行统计分析是很困难的。如今，随着计算机及信息技术的发展，对数据进行分析有了更多的可能性与可行性，其中R语言就是一个非常棒的统计工具。

3.1 数据描述

首先要了解的是分布，分布（Distribution）是统计中最核心的概念之一，在进行统计分析、数据科学相关工作中，通常而言拿到数据的第一步就是查看数据的分布。因为，分布描述了数据的整体信息，例如数据的范围、数据的集中趋势等，了解了数据的分布，数据的整体情况就有了一个很好的把握。分布到底是什么意思，抛开数学定义，简单来说，分布就是一个随机事件各种情况出现的概率。例如抛硬币，正反面朝上的概率都是0.5。正反面朝上的概率就是抛硬币这个随机事件的分布。又例如，正态分布是最普遍的分布，它的分布很难简单地描述，可以用图3-1来表示。

```
p<-rnorm(100000)#生成正态分布随机数
library(ggplot2)
qplot(x=p,geom="density")+theme_
classic()           #多数据进行可视化
```

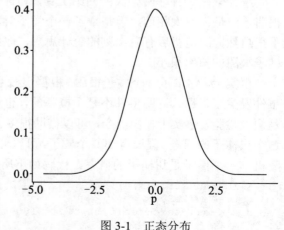

图3-1　正态分布

上面的代码中首先使用 rnorm 创建 10 万个均值为 0、方差为 1 的随机数结果，然后对创建的数据绘制正态分布图。从图 3-1 中可以看出数据的范围、数据的集中趋势、数据的对称程度等信息。有了正态分布，就可以知道哪些情况更有可能发生、哪些情况不太可能发生，对于分析数据、分析问题有很大的帮助。

3.1.1 汇总统计量

1. 平均值

因为人脑自身的限制，给人一大堆数据，人也很难直接读出什么信息，人很倾向于对事物进行总结和简化。而平均值就是对数据进行抽象，也叫汇总，在统计中，称这样的抽象或者汇总的值为统计量。平均值的数学计算公式如下所示。

$$\bar{X} = \frac{\sum_{i=1}^{n} x_i}{n}$$

以 iris 数据集为例子，假设想要 Sepal.Length 变量的平均值，那么首先计算 Sepal.Length 变量的和，然后再除以总数。最原始的计算方式是遍历这个变量的所有结果，然后将所有结果加起来，并记录遍历次数。加起来的和除以遍历次数就是平均值。

```
n<-0                                          #手动计算平均值
resutl<-0
for(iiniris$Sepal.Length){
resutl<-resutl+i
n=n+1
}
resutl/n
##[1]5.843333
```

上面的代码使用了一个循环遍历 Sepal.Length 变量的所有结果，将遍历结果加起来并赋值给 result 变量。记录遍历次数，并赋值为 n，最后 result/n 就是 Sepal.Length 变量的平均值。实际上，无须这么复杂的计算，因为 R 语言中已经提供了很多基础的统计函数。

```
library(tidyverse)
##—Attachingpackages———————————————————tidyverse1.3.0—
##√tibble3.1.0√dplyr1.0.5
##√tidyr1.1.3√stringr1.4.0
##√readr1.4.0√forcats0.5.1
##√purrr0.3.4
##—Conflicts————————————————————tidyverse_conflicts()—
##xdplyr::filter()masksstats::filter()
##xdplyr::lag()masksstats::lag()
#调用函数计算平均值
(iris$Sepal.Length%>%sum())/(iris$Sepal.Length%>%length())
##[1]5.843333
```

上面的代码使用 sum()函数计算变量的和,而不是通过循环计算。这有两个好处,首先是代码量减少,其次是运行效率更高。上面的写法还不是最简单的,R 语言中有一个计算平均值的函数——mean()。

```
mean(iris$Sepal.Length)                           #调用均值函数计算平均值
##[1]5.843333
```

事实上,关于平均值的大部分操作,R 语言中都有现成的函数可以实现,或者通过某一个 R 语言包可以实现。需要注意的是,平均值是唯一一个可以代替数据中每个数字的数字,这样当将所有相等的部分相加时,将得到数据的原始总和。

2．中位数

中位数描述了数据的中心在什么地方,例如有三个数据 1、3、5,那么中间位置的数就是 3,也就是中位数是 3。在 R 语言中使用 median()函数可以轻松地计算数据中的中位数。

```
median(iris$Sepal.Length)                         #计算中位数
##[1]5.8
```

由于中位数只是取决于数据排序后的位置,那么中位数不容易受到最大值和最小值的影响。相较而言,平均值则非常容易受到最大值和最小值的影响。

中位数是分位数的一种特殊情况,中位数也叫作 50%分位数,除此之外,还有 25%分位数、26%分位数等。25%分位数可以理解为,假设有 100 个数据,排序过后,排序位置在 25 位置的数字就是 25%分位数。分位数的含义很明确,即 n%分位数的含义就是有 n%的数据小于 n%分位数。在 R 语言中,可以使用 quantile()函数计算分位数。

```
quantile(1:11,0.5)                                #计算分位数
##50%
##6
```

上面的代码计算了 1~11 的 50%分位数。

3．众数

众数描述了数据中出现次数最多的那个数据,R 语言中没有直接的函数可以计算众数,但是可以参考如下代码。

```
x<-diamonds$carat
names(sort(-table(x)))[1]                         #计算众数
##[1]"0.3"
```

基本实现思想就是对数据进行统计数量,然后选择数量最多的那个结果。

4．方差与标准差

每当看到一堆不同的数字时,就已经知道数据中存在一些差异。可以使用范围来描述变化的宽度。范围是指集合中的最小值和最大值的范围。范围是仅用两个数字快速总结数据边界的好方法。通过计算范围,可以知道没有任何数据大于或小于范围。而且,它可以

提醒大家注意异常值。例如，如果期望的数字介于 1 到 100 之间，但发现范围是 1 到 340500，那么知道有一些不应该存在的大数字，这个时候可以分析为什么会这样。

除了范围之外，方差和标准差是描述数据范围的另一个常用的统计指标。方差是数据与均值的平方差之和，其描述了数据整体偏离平均值的情况。极端结果下，所有值都相等，那么方差为 0，表示数据无波动。在 R 语言中，使用 var() 函数计算方差，代码如下所示。

```
var(1:10)                                                   #计算方差
##[1]9.166667
#标准差是将方差进行开根号，在 R 语言中使用 sd() 函数实现
sd(1:10)                                                    #计算标准差
##[1]3.02765
```

方差和标准差是最常用的衡量数据波动性的统计量。除此之外还有平均偏差、平均绝对偏差等统计量可以用来衡量数据波动，通常而言没有一个绝对的标准指定使用什么统计量描述数据波动，需要具体情况具体对待。

3.1.2 抽样

抽样是统计分析中另外一个常用工具，很多时候无法使用数据的总体，原因有很多，例如数据量太大，机器无法处理那么大的数据，或者数据成本太高。在 R 语言中，使用 sample() 函数对数据进行抽样，或者使用 dplyr 包中的 sample_n() 函数进行抽样。

下面来看一个关于抽样的例子。这里使用 ggplot2 包中的钻石数据集，尝试对钻石数据集中的价格变量进行抽样，获得均值的采样分布。

```
require(tidyverse)
sampSize<-50                                                #样本量
nsamps<-5000                                                #抽样次数

#创建一个数据框用于存储结果
sampMeans<-data.frame(meanPrice=rep(NA,nsamps))

#重复采样并且计算平均值
for(iin1:nsamps){
sampMeans$meanPrice[i]<-diamonds%>%
sample_n(sampSize)%>%                                       #抽样
summarize(meanPrice=mean(price))%>%                         #计算平均值
pull(meanPrice)
}

sampMeans%>%head()                                          #查看数据集的前面几行
##meanPrice
##13689.44
##23385.92
##34304.26
##43668.32
##53863.12
##63626.20
```

在上面的代码中，对 diamonds 数据集中的 price 变量进行抽样，数量为 50，重复抽样 5000 次，每一次都计算抽样结果的平均值，并将平均值的结果保存下来。抽样完成之后，绘制抽样分布，并添加基于总体均值和方差/样本量的正态分布，从而比较抽样分布和真实分布，代码如下所示，输出结果如图 3-2 所示。

```
library(showtext)
##Loadingrequiredpackage:sysfonts
##Loadingrequiredpackage:showtextdb
showtext.auto()
##'showtext.auto()'isnowrenamedto'showtext_auto()'
##Theoldversionstillworks,butconsiderusingthenewfunctioninfuturecode
#对数据进行数据可视化
sampMeans%>%
ggplot(aes(meanPrice))+
#绘制直方图
geom_histogram(
aes(y=..density..),                    #直方图的高度不是计数而是密度值
bins=50,
col="gray",                            #调整线条颜色
fill="gray"                            #调整填充颜色
)+
#添加一条线标识平均值
geom_vline(xintercept=mean(diamonds$price),
size=1.5)+
#为线条添加文字
annotate(
"text",
x=4000,
y=.0004,
label="平均价格",
color="red",
size=6,
alpha=0.4
)+
#修改 x 轴文字
labs(x="Price")+
#添加一条正态分布曲线
stat_function(
fun=dnorm,n=sampSize,
args=list(
mean=mean(diamonds$price),             #正态分布的均值就是 price 变量的均值
#正态分布的标准差就是 price 变量的标准差除以样本量的开方
sd=sd(diamonds$price)/sqrt(sampSize)
),
size=1.5,
color="black",
linetype='dotted'
)+theme_classic()
```

在图 3-2 中，黑色的点表示的是真实的分布，灰色的直方图表示抽样分布，可以看出，抽样分布非常难接近均值为总体均值、方差为总体方差/50 的正态分布。

从结果可以看到，抽样的均值非常类似于正态分布，当然，出现这样的结果并不是偶然的。下面计算总体数据的平均值和抽样结果的平均值，代码如下所示。

```
mean(diamonds$price)                    #计算price变量的平均值
##[1]3932.8
mean(sampMeans$meanPrice)               #计算抽样结果的平均值
##[1]3949.04
#可以看到，二者误差是非常小的，再计算标准差。
var(diamonds$price)/(50)
##[1]318312.6
var(sampMeans$meanPrice)
##[1]321902.9
```

从输出结果可以看出，总体数据的方差/50 非常接近抽样之后不同组的平均值。这样的现象被称为中心极限定理，即随着样本量的增加，均值的抽样分布变得正态，并且抽样分布的均值为原始数据的均值，方差是原始数据方差/n，n 是抽样的数量，对应上面那个例子就是 50。

中心极限定理非常有用，假设想要统计一个国家国民的平均身高，一个人一个人地测量明显是不现实的，一个好的方法是，随机调查 1000 组，每一组 100 个人，求出每一组的平均身高。根据中心极限定理，这 1000 组平均身高是服从正态分布的，并且，这 1000 组身高的平均值是接近全国人身高平均值的。

下面看一个例子，在这个例子中，使用 QQ 图来检验数据的正态性，代码如下所示，输出结果如图 3-3 所示。

```
ggplot(diamonds,aes(sample=price))+
stat_qq()+
#添加对角线
stat_qq_line()
```

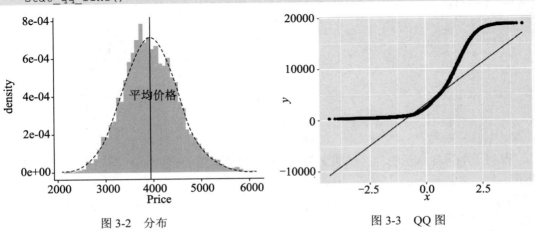

图 3-2 分布　　　　　　　　　　图 3-3 QQ 图

从图 3-3 中可以看出，原始数据的分布是高度非正态的，因为数据点与对角线的差异非常大。

下面反复抽样并计算平均值,然后查看生成的 QQ 图。抽取各种大小的样本,看看样本大小对于结果的影响。

```r
set.seed(12345)

sampSizes<-c(16,32,64,128)                          #样本量
nsamps<-1000                                        #抽样次数

#创建一个数据框用于存储结果
input_df<-tibble(sampSize=rep(sampSizes,nsamps),
    id=seq(nsamps*length(sampSizes)))

#创建一个函数,用于采样并返回平均值

get_sample_mean<-function(sampSize){
meanRsult<-
diamonds%>%
sample_n(sampSize)%>%
summarize(meanPrice=mean(price))%>%
pull(meanPrice)
return(tibble(meanPrice=meanRsult,sampSize=sampSize))
}

#计算不同样本量抽样结果
all_results=input_df%>%
group_by(id)%>%
summarise(get_sample_mean(sampSize))

all_results
###A tibble:4,000x3
##  id  meanPrice  sampSize
##  <int>  <dbl>  <dbl>
## 1  1462  16
## 2  24149.32
## 3  33134.64
## 4  44352.128
## 5  52803.16
## 6  64709.32
## 7  73747.64
## 8  83685.128
## 9  93473.16
## 10  103043.32
### ...with 3,990 more rows
```

得到了不同样本量的抽样结果之后,为不同的样本量创建单独的 QQ 图,结果如图 3-4 所示。

```r
qqplots=list()                  #创建一个 list 用于保存不同的绘图结果
library(cowplot)
for(N in sampSizes){            #根据不同的样本量对数据进行可视化
sample_results<-
```

```
all_results%>%
    filter(sampSize==N)              #筛选不同样本量的数据

    qqplots[[toString(N)]]<-ggplot(sample_results,
    aes(sample=meanPrice))+
    stat_qq()+
    #添加对角线
    stat_qq_line(fullrange=TRUE)+
    ggtitle(sprintf('N=%d',N))+
    xlim(-4,4)

}

plot_grid(plotlist=qqplots)
```

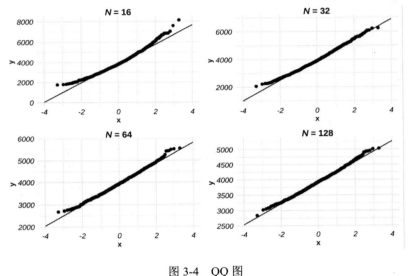

图 3-4　QQ 图

从图 3-4 中可以看到，这表明随着样本变大，结果变得更加接近正态分布（即遵循直线）。

3.2　统 计 函 数

R 语言中提供了非常多的统计函数，通过这些函数，可以非常便捷地完成一些统计计算。在这里，对这些函数做一个简单的小结。

1. 数学函数

除了上面介绍的一些函数，如 mean()函数和 median()函数等，常用的数学函数还包括：
（1）abs()：取绝对值。

(2) sign()：符号函数。
(3) log()：取对数。
(4) sqrt()：开方。
(6) exp()：指数。
(7) sin()、cos()、tan()、asin()、acos()、atan()、atan2()、sinh()、cosh()和tanh()均为三角函数。

2．取整函数

(1) ceiling()：向下取整数。
(2) floor()：向上取整数。
(3) round()：四舍五入保留到某一位小数。
(4) trunc()：去除小数部分。
(5) signif()：指定保留位数。

round()函数与signif()函数容易产生混淆，round()和signif()的区别在于round()允许指定小数位数，signif()允许指定位数（即小数点之前和之后的位数）。下面通过一个例子来了解二者的差异，代码如下所示。

```
x<-c(1,1.0001,0.00001)
round(x,1)
[1]1 1 0
signif(x,1)
[1]1e+00 1e+00 1e-05
x
[1]1.00000 1.00010 0.00001
```

3．排列组合函数

(1) choose(n,k)：返回从 n 个数中取 k 个数的组合数量。
(2) factorial(x)：返回结果。
(3) combn(x,m)：返回从集合中每次取出个的所有不同取法，结果为一个矩阵，矩阵每列为一种取法的个元素值。

4．概括函数

(1) sum()：对向量求和。
(2) prod()：求累计乘积。
(3) cumsum()和cumprod()：计算累计，得到和输入等长的向量结果。
(4) diff()：计算前后两项的差分（后一项减去前一项）。
(5) mean()：计算均值。
(6) var()：计算样本方差或协方差矩阵。
(7) sd()：计算样本标准差。

（8）median()：计算中位数。

（9）quantile()：计算样本分位数。

（10）cor()：计算相关系数。

（11）colSums()、colMeans()、rowSums()和rowMeans：对矩阵的每列或每行计算总和或者平均值，效率比用 apply()函数要高。

（12）rle()和 inverse.rle：用来计算数列中的游程编码（Run Length Encoding），游程编码经常用在统计学的随机性检验中。

rle()函数不是很好理解，在这里简单介绍一下。假设抛 100 次硬币，想知道有多少次连续朝上、多少次连续朝下，就可以使用这个函数，下面来看一个简单的例子，代码如下所示。

```
x<-sample(x=c("正面","反面"),size=100,replace=T)
x
[1]"反面""正面""反面""反面""反面""反面""反面""反面""正面""反面""反面"
[14]"反面""反面""正面""正面""反面""反面""反面""反面""反面""反面""正面"
"正面...
rle(x)
RunLengthEncoding
lengths:int[1:40]1181427314...
values:chr[1:40]"反面""正面""反面""正面""反面""正面""反面""正面"
"反面""正面"...
```

通过 rle()函数可以很容易地知道序列中的不同元素出现了多少次。

5．最值

（1）max()和 min()：求最大值和最小值。

（2）cummax()和 cummin()：累进计算最大值或者最小值。

（3）range()：返回最小值和最大值两个元素。

（4）pmax(x1,x2,...)：对若干个等长向量计算对应元素的最大值，如果向量不等长那么短的向量会根据自身向量进行填充。例如有两个向量（1,2,3,4）和（4,5），由于两个向量不等长，因此（4,5）这个向量会转变成为（4,5，4,5）。pmin()函数也类似。比如，pmax(0,pmin(1,x))把 x 限制到内。

6．排序

sort()函数返回排序结果。可以用 decreasing=TRUE 选项进行降序排序。sort()可以有一个参数 partial=选项，这样只保证结果中 partial=指定的下标位置的排序结果是正确的。代码如下所示。

```
sort(c(3,1,4,2,5),partial=3)          #对数据集进行排序
##[1]21345
```

只保证结果的第三个元素正确。可以用来计算样本分位数估计。

在 sort()中用参数 na.last 指定缺失值的处理，取 TRUE 则把缺失值排在最后面，取

FALSE 则把缺失值排在最前面。

order()函数返回排序用的下标序列，可以用参数 decreasing=TRUE 进行降序排序。

rank()函数用于计算秩统计量，可以使用 ties.method 参数指定处理方法，如 ties.method=min 表示取最小秩。

order()、sort.list()和 rank()也有 na.last 参数，只能为 TRUE 或 FALSE。

unique()返回去掉重复元素的结果，duplicated()对每个元素用一个逻辑值表示是否与前面某个元素重复。

```
unique(c(1,2,2,3,1))                    #获取向量的唯一值
##[1]123
duplicated(c(1,2,2,3,1))                #去重
##[1]FALSEFALSETRUEFALSETRUE
```

7. 数据集的描述性统计

使用 R 语言中的 summary()函数可以查看整个数据集的描述性统计，该函数的使用频率是比较高的。

```
summary(iris)                           #计算数据集的统计描述
##Sepal.LengthSepal.WidthPetal.LengthPetal.Width
##Min.:4.300Min.:2.000Min.:1.000Min.:0.100
##1stQu.:5.1001stQu.:2.8001stQu.:1.6001stQu.:0.300
##Median:5.800Median:3.000Median:4.350Median:1.300
##Mean:5.843Mean:3.057Mean:3.758Mean:1.199
##3rdQu.:6.4003rdQu.:3.3003rdQu.:5.1003rdQu.:1.800
##Max.:7.900Max.:4.400Max.:6.900Max.:2.500
##Species
##setosa:50
##versicolor:50
##virginica:50
##
##
##
```

除了 summary()函数之外，还有很多其他拓展包提供了更加强大的统计描述函数，例如 pastecs 包中的 stat.desc()函数，该函数可以计算更多种类的描述性统计量，代码如下所示。

```
library(pastecs)
##
##Attachingpackage:'pastecs'
##Thefollowingobjectsaremaskedfrom'package:dplyr':
##
##first,last
##Thefollowingobjectismaskedfrom'package:tidyr':
##
##extract
stat.desc(iris)                         #计算更多种类的统计描述
##Sepal.LengthSepal.WidthPetal.LengthPetal.WidthSpecies
##nbr.val150.00000000150.00000000150.0000000150.00000000NA
##nbr.null0.000000000.000000000.00000000.00000000NA
##nbr.na0.000000000.000000000.00000000.00000000NA
```

```
##min4.300000002.000000001.00000000.10000000NA
##max7.900000004.400000006.90000002.50000000NA
##range3.600000002.400000005.90000002.40000000NA
##sum876.50000000458.60000000563.7000000179.90000000NA
##median5.800000003.000000004.35000001.30000000NA
##mean5.843333333.057333333.75800001.19933333NA
##SE.mean0.067611320.035588330.14413600.06223645NA
##CI.mean.0.950.133600850.070323020.28481460.12298004NA
##var0.685693510.189979423.11627790.58100626NA
##std.dev0.828066130.435866281.76529820.76223767NA
##coef.var0.141711260.142564200.46974410.63555114NA
```

在上面的代码中计算数据集中所有值、空值、缺失值的数量，以及最小值、最大值、值域，还有总和，还计算了中位数、平均数、平均数的标准误、平均数置信度为 95% 的置信区间、方差、标准差以及变异系数。如果设置参数 norm=TRUE，则还会计算偏度和峰度等统计指标。

另外，dlookr 包也提供了很多函数用于探索数据，如 describe() 函数和 diagnose() 函数。

```
library(dlookr)
##
##Attachingpackage:'dlookr'
##Thefollowingobjectismaskedfrom'package:pastecs':
##
##extract
##Thefollowingobjectismaskedfrom'package:tidyr':
##
##extract
##Thefollowingobjectismaskedfrom'package:base':
##
##transform
describe(iris)                                              #数据探索函数
###Atibble:4x26
##variablennameansdse_meanIQRskewnesskurtosisp00p01
##<chr><int><int><dbl><dbl><dbl><dbl><dbl><dbl><dbl><dbl>
##1Sepal.Len...15005.840.8280.06761.30.315-0.5524.34.4
##2Sepal.Wid...15003.060.4360.03560.50.3190.22822.2
##3Petal.Len...15003.761.770.1443.50-0.275-1.4011.15
##4Petal.Wid...15001.200.7620.06221.5-0.103-1.340.10.1
###...with15morevariables:p05<dbl>,p10<dbl>,p20<dbl>,p25<dbl>,
###p30<dbl>,p40<dbl>,p50<dbl>,p60<dbl>,p70<dbl>,p75<dbl>,
###p80<dbl>,p90<dbl>,p95<dbl>,p99<dbl>,p100<dbl>
```

describe() 函数给出了关于数据集的数量、平均值、标准差、分位数、偏度、峰度等信息。

```
diagnose(iris)                                              #数据诊断函数
###Atibble:5x6
##variablestypesmissing_countmissing_percentunique_countunique_rate
##<chr><chr><int><dbl><int><dbl>
##1Sepal.Lengthnumeric00350.233
##2Sepal.Widthnumeric00230.153
##3Petal.Lengthnumeric00430.287
##4Petal.Widthnumeric00220.147
##5Speciesfactor0030.02
```

diagnose()函数则会对数据集的质量进行诊断，例如缺失值比例、唯一值比例等。

3.3 列联表分析

数据分析中常做的一件事是列联表分析，通过列联表可以分析单个分类变量的不同取值情况，也可以分析多个分类变量之间的关系。下面通过 table()函数创建列联表，代码如下所示。

```
table(iris$Species)                                    #计算列联表
##
##setosaversicolorvirginica
##505050
```

除了使用 table()函数创建列联表之外，还可以使用 xtabs()创建 N 维列联表。

```
DF<-as.data.frame(UCBAdmissions)
head(DF)
##AdmitGenderDeptFreq
##1AdmittedMaleA512
##2RejectedMaleA313
##3AdmittedFemaleA89
##4RejectedFemaleA19
##5AdmittedMaleB353
##6RejectedMaleB207
xtabs(Freq~Gender+Admit,DF)                            #创建 N 维列联表
##Admit
##GenderAdmittedRejected
##Male11981493
##Female5571278
```

在这里，创建了三个分类变量的列联表结果，其实相似的结果也可以通过 dplyr 包中的 group_by 进行实现。

```
#通过 group_by 进行计算列联表结果
DF%>%group_by(Gender,Admit)%>%summarise(Freq=sum(Freq))
##`summarise()`hasgroupedoutputby'Gender'.Youcanoverrideusingthe`.groups`argument.
###Atibble:4x3
###Groups:Gender[2]
##GenderAdmitFreq
##<fct><fct><dbl>
##1MaleAdmitted1198
##2MaleRejected1493
##3FemaleAdmitted557
##4FemaleRejected1278
```

在创建好列联表之后，如果希望知道比例，则可以使用 prop.table()函数和 proportions()将列联表转变为比例。

```
m<-matrix(1:4,2)                                       #创建一个函数
m
```

```
##[,1][,2]
##[1,]13
##[2,]24
proportions(m,1)                                          #将函数转变成为比例
##[,1][,2]
##[1,]0.25000000.7500000
##[2,]0.33333330.6666667
prop.table(m,1)
##[,1][,2]
##[1,]0.2500000  0.7500000
##[2,]0.3333333  0.6666667
```

如果想要知道列联表的行或者列的汇总结果，则可以使用 margin.table()函数将列联表进行汇总。

```
m<-matrix(1:4,2)

margin.table(m,1)                                          #对列联表的结果进行汇总
##[1]46
```

使用 addmargins()函数还可以将求和结果放入表中。

构建完列联表之后，往往会进行独立性检验，最常用的统计方法是卡方独立检验，在 R 语言中卡方检验的函数是 chisq.test()，假设检验的原假设是观察频数与期望频数没有差别，下面看一个例子，例如想要了解考前复习和考试及格之间的关系，代码如下所示。

```
M<-as.table(rbind(c(762,327),c(484,239)))
dimnames(M)<-list(type=c("复习","没有复习"),
result=c("及格","不及格"))
M
##result
##type 及格不及格
##复习 762327
##没有复习 484239
chisq.test(M)                                              #进行卡方检验
##
##Pearson'sChi-squaredtestwithYates'continuitycorrection
##
##data:M
##X-squared=1.7179,df=1,p-value=0.19
```

从输出结果可以看出，卡方独立检验的 p-value 是 0.19，大于 0.05，不能拒绝原假设，也就是没有证据说明考前复习和考试及格有关系。

除了可以使用卡方检验来判断数据的独立性，还可以使用 Fisher 精确检验来进行判断。Fisher 精确检验的原假设是列联表中的行和列是相互独立的，对上文复习与考试及格的数据做 Fisher 精确检验，代码如下所示。

```
fisher.test(M)                                             #进行 Fisher 精确检验
##
##Fisher'sExactTestforCountData
##
##data:M
```

```
##p-value=0.1786
##alternativehypothesis:trueoddsratioisnotequalto1
##95percentconfidenceinterval:
##0.93499591.4151128
##sampleestimates:
##oddsratio
##1.1506
```

从 Fisher 精确检验的结果来看，p-value 是 0.1786，不能拒绝原假设。更多有关统计检验的内容会在下面章节详细介绍。

需要注意的是这里所总结的大多数函数都来自 R 语言中 base 和 stats 两个包，这两个包中还有很多实用函数没有介绍，可以通过"?base""?stats"分别查看这两个包的帮助文档。

3.4 概率分布

R 语言提供了几乎所有的概率分布，概率函数的形式是[dpqr]distribution()，其中 dpqr 代表不同的含义：d 表示密度函数（density），p 表示分布函数（distribution function），q 表示分位数函数（quantile function），r 表示生成对应分布的随机数。

基础 R 语言提供的常用分布函数如下：

（1）beta()：Beta 分布。
（2）binom()：二项分布。
（3）cauchy()：柯西分布。
（4）chisq()：卡方分布。
（5）exp()：指数分布。
（6）f()：F 分布。
（7）gamma()：伽玛分布。
（8）geom()：几何分布。
（9）hyper()：超几何分布。
（10）lnorm()：对数正态分布。
（11）logis()：逻辑分布。
（12）multinom()：多项式分布。
（13）norm()：正态分布。
（14）pois()：泊松分布。
（15）signrank()：Wilcoxon 符号秩分布。
（16）t()：t 分布。
（17）unif()：均匀分布。
（18）weibull()：韦布尔分布。

（19）wilcox()：Wilcoxon 秩和分布。
（20）nbinom()：负二项分布。
（21）birthday()：巧合概率。

这里列举的分布只是分布中非常少的一部分，R 语言官方网站上面有一个专门的页面是介绍统计分布的，网址是：https://cran.r-project.org/web/views/Distributions.html。

3.5 蒙特卡洛

蒙特卡洛（MonteCarlo）是统计模拟中的常用方法。大家都知道，某事件的概率可以通过大量试验中出现该事件的频率来估计，当试验次数足够多的时候，这个频率会非常接近真实的概率。有一个非常著名的实验可以帮助理解蒙特卡洛的思想，通过蒙特卡洛计算 pi 的值，计算的逻辑是，首先有一个正方形，正方形里面有一个直径为正方形边长的圆，然后生成随机数，统计随机数落在圆中的概率，随着随机数数量的增多，这个概率会趋近于圆的面积比上正方形的面积。

```
set.seed(2019)                                      #设置随机种子

n<-50000                                            #设置样本数量
points<-tibble("x"=runif(n),"y"=runif(n))           #通过均匀分布生成随机数


#计算这些随机数落到圆里面的个数
points<-points%>%mutate(inside=ifelse((x^2+y^2)<1,1,0),N=row_number())
```

在上面的代码中，使用均匀分布产生 0 到 1 的二维随机数，然后计算随机数到圆心的距离，根据计算的距离来判断随机数是否落到了圆里面。进一步对 pi 进行估计，代码如下所示，输出结果如图 3-5 所示。

```
points<-points%>%
mutate(estimate=4*cumsum(inside)/N)                 #计算落入圆的概率

points%>%head()
###Atibble:6x5
##xyinsideNestimate
##<dbl><dbl><dbl><int><dbl>
##10.7700.772010
##20.7130.325122
##30.3030.955031.33
##40.6180.199142
##50.05050.324152.4
##60.04320.415162.67
points%>%
ggplot()+
geom_line(aes(y=estimate,x=N),colour="#82518c")+
geom_hline(yintercept=pi)+theme_classic()+ylim(c(3,3.6))
##Warning:Removed11row(s)containingmissingvalues(geom_path)
```

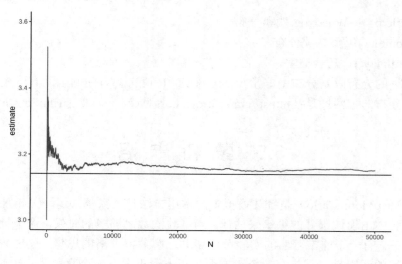

图 3-5　蒙特卡洛

从图 3-5 中可以看出，随着模拟的次数越多，pi 的估计值变得越来越接近 3.14 并且越来越稳定。

通常蒙特卡洛方法可以粗略地分成两类：一类是所求解的问题本身具有内在的随机性，借助计算机的运算能力可以直接模拟这种随机的过程。另一类是所求解问题可以转化为某种随机分布的特征数，比如随机事件出现的概率，或者随机变量的期望值。通过随机抽样的方法，以随机事件出现的频率估计其概率。

3.6　鲁棒统计方法

稳健统计力求提供模拟流行统计的方法，但不会受到异常值或其他与模型假设有小偏差的过度影响。在统计学中，经典的估计方法严重依赖在实践中通常无法满足的假设。特别是通常假设数据误差是正态分布的，至少是近似的，或者可以依赖中心极限定理来产生正态分布的估计。

不幸的是，当数据中存在异常值时，经典统计无法很好地处理与标准分布偏差相关的异常值，效果非常差。

稳健的统计方法在估计参数模型的参数时会考虑这些偏差，从而提高拟合模型和相关推理的可靠性。

"稳健统计"有多种定义。严格来说，稳健的统计量可以抵抗由于偏离假设（例如，正态性）而产生的结果错误。这意味着如果仅近似满足假设，稳健估计器的偏差是比较小，并且是渐近无偏的，这意味着随着样本量趋于无穷大，偏差趋于 0。

最重要的情况之一是分布鲁棒性。经典统计算法通常对"长尾性"敏感（例如，当数据分布的尾部比假定的正态分布更长时），这意味着算法将受到数据中异常值的强烈影响，如果数据中存在极端异常值，与异常值未包含在数据中的情况相比，存在极端异常值的数据将产生的估计值可能会严重失真。下面来看一个非常简单的例子，平均值不是一个稳健的统计指标。如果数据集是{2,3,5,6,9}，那么如果将一个值为-1000或+1000的数据点添加到数据中，所得均值将与原始数据的均值大不相同。类似地，如果用值-1000或+1000的数据点替换其中一个值，则结果均值与原始数据的均值也是大不相同。

中位数是一个鲁棒的统计指标。取相同的数据集{2,3,5,6,9}，如果添加另一个值为-1000或+1000的数据点，那么中位数会略有变化，但仍然与原始数据的中位数相似。如果用值-1000或+1000的数据点替换其中一个值，则结果中位数仍将与原始数据的中位数相似。

鲁棒的统计方法有很多，常见的统计方法都有其对应的鲁棒方法，下面首先介绍鲁棒的回归模型的实现。

使用robustbase包或者robust包构建鲁棒回归模型，下面看一个例子，代码如下所示。

```
library(robustbase)

robuls<-lmrob(price~carat+depth,data=diamonds)    #构建鲁棒的回归模型
summary(robuls)                                    #查看模型结果
##
##Call:
##lmrob(formula=price~carat+depth,data=diamonds)
##\-->method="MM"
##Residuals:
##Min   1Q   Median   3Q   Max
##-9721.08  -263.65  92.13  529.97  13784.77
##
##Coefficients:
##           Estimate Std.Error t value Pr(>|t|)
## (Intercept) 493.14  161.65   3.051  0.00228 **
##carat       5819.75  23.54  247.278  <2e-16 ***
##depth       -29.18   2.63  -11.094  <2e-16 ***
##---
##Signif.codes:0'***'0.001'**'0.01'*'0.05'.'0.1''1
##
##Robust residual standard error:550.2
##Multiple R-squared:0.931, Adjusted R-squared:0.931
##Convergence in 29 IRWLS iterations
##
##Robustness weights:
##6204 observations c(173,377,526,660,683,801,968,1164,1225,1363,1511,
1599,1975,1998,2025,2026,2217,2275,2326,2367,2412,2878,3081,3138,3248,
3768,3927,
##are outliers with |weight|<=1.3e-06(<1.9e-06);
##4990 weights are ~=1.The remaining 42746 ones are summarized as
##Min.  1stQu.  Median  Mean  3rdQu.  Max.
##0.000002 0.862700 0.959400 0.862000 0.988500 0.999000
##Algorithmic parameters:
##tuning.chi  bb  tuning.psi  refine.tol
##1.548e+00 5.000e-01 4.685e+00 1.000e-07
```

```
##rel.tolscale.tolsolve.toleps.outlier
##1.000e-071.000e-101.000e-071.854e-06
##eps.xwarn.limit.rejectwarn.limit.meanrw
##1.437e-105.000e-015.000e-01
##nResamplemax.itbest.r.sk.fast.sk.max
##5005021200
##maxit.scaletrace.levmtscompute.rdfast.s.large.n
##2000100002000
##psisubsamplingcov
##"bisquare""nonsingular"".vcov.avar1"
##compute.outlier.stats
##"SM"
##seed:int(0)
```

上面的代码使用 lmrob() 函数构建回归模型，lmrob() 函数使用了最新的 fast-S 算法，并使用异方差与自相关校正标准误差。下面再看一个示例，在这个例子中将构建鲁棒的逻辑回归模型。

```
data(vaso)

fit1<-glmrob(cbind(success,total-success)~logdose+block,
family=binomial,data=carrots,method="Mqle",
control=glmrobMqle.control(tcc=1.2))
summary(fit1)
##
##Call:glmrob(formula=cbind(success,total-success)~logdose+block,family
=binomial,data=carrots,method="Mqle",control=glmrobMqle.control(tcc=1.2))
##
##
##Coefficients:
##EstimateStd.ErrorzvaluePr(>|z|)
##(Intercept)2.38830.69233.4500.000561***
##logdose-2.04910.3685-5.5612.68e-08***
##blockB20.23510.21221.1080.267828
##blockB3-0.44960.2409-1.8660.061989.
##---
##Signif.codes:0'***'0.001'**'0.01'*'0.05'.'0.1''1
##Robustnessweightsw.r*w.x:
##15weightsare~=1.Theremaining9onesare
##25671314212223
##0.77560.70260.67510.92950.85360.26260.83370.90510.9009
##
##Numberofobservations:24
##Fittedbymethod'Mqle'(in9iterations)
##
##(Dispersionparameterforbinomialfamilytakentobe1)
##
##Nodeviancevaluesavailable
##Algorithmicparameters:
##acctcc
##0.00011.2000
##maxit
##50
##test.acc
##"coef"
```

robust 包中的 lmrob() 函数也实现了鲁棒回归模型，使用 lmrob() 函数构建模型，代码如下所示。

```
library(robust)
## Loading required package: fit.models
## Registered S3 method overwritten by 'fit.models':
##   method from
##   vcov.default Hmisc
## Registered S3 methods overwritten by 'robust':
##   method from
##   plot.covfm fit.models
##   print.covfm fit.models
##   summary.covfm fit.models
##   print.summary.covfm fit.models
##   rlm is already registered in the fit.models registry
##   covfm is already registered in the fit.models registry
##
## Attaching package: 'robust'
## The following objects are masked from 'package:fit.models':
##
##   ddPlot.covfm, distancePlot.covfm, ellipsesPlot.covfm,
##   screePlot.covfm
# 使用 robust 包构建鲁棒的回归模型。
Roblm <- lmRob(price~carat+depth,data=diamonds)

summary(Roblm)
##
## Call:
## lmRob(formula=price~carat+depth,data=diamonds)
##
## Residuals:
## Min    1Q  Median   3Q    Max
## -8966.9 -216.3 109.0 600.1 13935.9
##
## Coefficients:
##   Estimate Std.Error t value Pr(>|t|)
## (Intercept) 329.505 106.787 3.086 0.00203 **
## carat 5570.085 7.588 734.061 <2e-16 ***
## depth -24.736 1.731 -14.289 <2e-16 ***
## ---
## Signif.codes:  0 '***' 0.001 '**' 0.01 '*' 0.05 '.' 0.1 ' ' 1
##
## Residual standard error: 537.8 on 53937 degrees of freedom
## Multiple R-Squared: 0.4942
##
## Test for Bias:
##   statistic p-value
## M-estimate 18960
## LS-estimate 42710
# 在 lmrob() 函数中使用了 Maronna 和 Yohai（2000）的 M-S 算法。这两个包还提供了很多鲁棒的统计方法，例如鲁棒广义线性模型、鲁棒的 IQR 等。另外，还有很多的鲁棒统计方法，例如鲁棒的聚类、鲁棒混合效应回归等
```

在使用统计模型的时候，可以多尝试鲁棒统计方法，这些统计方法在大多数情况下会

有更好的效果。

3.7 极值分析

极值分析（Extreme Value Analysis）和估计是各种应用领域的重要挑战，例如环境、水文、金融、精算科学等。极值分析非常重要，因为这些极值会显示关于事物的潜在风险，例如高浓度空气污染物、洪水、极端索赔规模、价格冲击，这些极端情况会造成巨大的风险。

如何预测极端值的罕见事件，如洪水（高河流流量）、海啸（高海平面）和 DDoS 攻击（异常流量），这些罕见事件发生的次数很少，因此记录下来的数据也很少，如 100 年一遇洪水，而成功预测这些罕见事件对于防止损失非常重要。

3.7.1 extRemes 包

极值分析理论主要有几种方法，包括块最大值方法（Block Maxima Approach）、GPD 峰值法（Peak Over Threshold by GPD Approach）、极值指数估计方法（Extremalend Exestimation Approach）等。下面首先介绍单变量的块最大值方法，首先定义：$X_1, X_2, X_3, \cdots, X_n \overset{i.i.d.}{\sim} F$，并且：$M_n = \max\{X_1, X_2, X_3, \cdots, X_n\}$，$M_n$ 的分布是：$\Pr\{M_n < z\} = (F(z))^n$。

下面介绍 Fisher–Tippett–Gnedenko theorem 定理。

如果存在常数序列 $a_n > 0$，并且 $b_n \in \mathbb{R}$，当 $n \to \infty$ 的时候，$\Pr\{(M_n - b_n)/a_n \leq z\} \to G(z)$，然后有 $G(z) \propto \exp\left[-(1 + \xi z)^{-1/\xi}\right]$。

$G(z)$ 分布可以是韦布尔（Weibull）分布、耿贝尔（Gumbel）分布或者弗雷谢（Frechet）分布。这三种分布的公式分别是：

（1）韦布尔分布：$G(z) = \begin{cases} \exp\left\{-\exp\left(-\left(\dfrac{z-b}{a}\right)\right)\right\} & z < b \\ 1 & z \geq b \end{cases}$

（2）耿贝尔分布：$G(z) = \exp\left\{-\exp\left(-\left(\dfrac{z-b}{a}\right)\right)\right\}, z \in \mathbb{R}$

（3）弗雷谢分布：$G(z) = \begin{cases} 0 & z \leq b \\ \exp\left\{-\left(\dfrac{z-b}{a}\right)^{-a}\right\} & z > b \end{cases}$

极值分析最主要的目的是得出关于极端值的分布。下面看一个简单的代码示例，通过

extRemes 包进行极值分析,输出结果如图 3-6 和图 3-7 所示。

```
set.seed(123)
library(extRemes)
##Loadingrequiredpackage:Lmoments
##Loadingrequiredpackage:distillery
##
##Attachingpackage:'extRemes'
##Thefollowingobjectsaremaskedfrom'package:stats':
##
##qqnorm,qqplot
##定义块的数量
n<-12
original_mean<-5
original_sd<-2

##创建一个最大值序列
series_length<-200
maxima<-c()
##模拟块数据
data_series<-list()
for(iin1:series_length){
data_series[[i]]<-rnorm(n=n,mean=original_mean,sd=original_sd)
}
maxima<-unlist(lapply(data_series,max))
plot(maxima,main="序列",type="l")
```

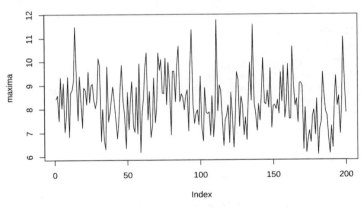

图 3-6 极值分析

```
#使用 fevd()函数计算单变量的极值分析
fit<-fevd(maxima,type="Gumbel")
plot(fit,type="density",main="经验密度与估计的耿贝尔分布")
```

需要注意的是,块最大值法效率低下。一种更有效的方法为"GDP 峰值法"(Peak Over Threshold by GPD Approach)。这种方法使用高于给定阈值 u 的观测值。有两种数据可以使用 POT:一种用于超标的大小,另一种用于所考虑时间段内的事件数。

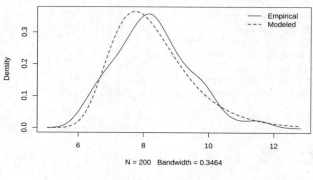

图 3-7 极值分析

首先定义广义帕累托分布（Generalized Pareto Distribution），$X_1, X_2, X_3, \cdots, X_n \stackrel{i.i.d.}{\sim} F$，然后定义新变量 u，$u:Y=X-u$，其中，$X>u$，Y 的分布可以写为：$F(y)=\Pr\{Y \leqslant y\}=\Pr\{X-u \leqslant x|X>u\}, y \geqslant 0$。

超过阈值的峰值的实现使用 fevd() 函数，并且需要设置参数 type="GP"。在图 3-8 中，红色的点定义为极值。

```
library(showtext)
showtext.auto()

threshold<-7.5
plot(x=rep(1:series_length,each=n),y=unlist(data_series),main="峰值超过阈值（Peak Over Thresholds）",
sub=paste("阈值=",threshold),xlab="序列",ylab="值")
pot_points<-unlist(data_series)>threshold
points(x=rep(1:series_length,each=n)[pot_points],y=unlist(data_series)[pot_points],col="red")
abline(h=threshold,col="red")
```

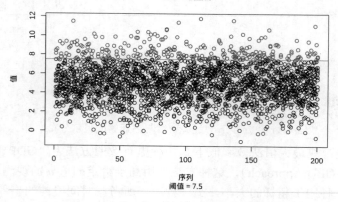

图 3-8 序列

如图 3-9 为估计出来的极值分析。

```
gp_fit<-fevd(unlist(data_series),threshold=threshold,type="GP")
plot(gp_fit,type="density",main="极值分析")
```

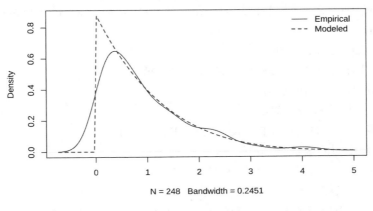

图 3-9　极值分析

需要注意的是，阈值的选择并不简单：阈值太低——由于模型渐近无效而产生偏差；阈值过高——由于数据点较少，差异较大。

3.7.2　evd 包

在 R 语言中，另外一个关于极值分析使用率比较高的包是 evd，这个包给出了非常多的关于极值的分布，单变量的分布包括：

（1）gev：广义极值分布（generalized Extreme Value Distribution）。

（2）gpd：广义帕累托分布（Generalized Pareto Distribution）。

（3）gumbel：耿贝尔分布（Gumbel Distribution）。

（4）rweibull：逆韦伯分布（Reverse Weibull Distribution）。

（5）frechet：弗雷谢分布（Frechet Distribution）。

（6）extreme：最大最小值分布（Distributions of Maximaand Minima）。

（7）order：顺序统计量分布（Order Statistic Distribution）。

需要注意的是，d 表示密度函数（density()），p 表示分布函数（distribution()），q 表示分位数函数（quantilefunction()），r 表示生成对应分布的随机数。

多变量分布包括：

（1）bvevd：二元极值分布（Parametric Bivariate Extreme Value Distributions）。

（2）mvevd：多元极值分布（Parametric Multivariate Extreme Value Distributions）。

evd 包提供了非参数估计的一些方法：

（1）abvnonpar：二元极值分布相关函数的非参数估计(Non-parametric Estimates for Dependence Functions of the Bivariate Extreme Value Distribution)。

（2）amvnonpar：多元极值分布相关函数的非参数估计(Non-parametric Estimates for Dependence Functions of the Multivariate Extreme Value Distribution)。

（3）qcbvnonpar：二元分位数曲线的非参数估计(Non-parametric Estimates for Bivariate Quantile Curves)。

（4）stochasticprocess：随机过程。

（5）evmc：模拟具有极值依赖结构的马尔可夫链。

（6）marma：模拟 MARMA(p,q)过程。

（7）clusters：识别极端值集群。

（8）exi：极值指数的估计（Estimate of the Extremal Index）。

evd 包中拟合模型的函数包括：

（1）fbvevd()：二元极值分布的最大似然拟合。

（2）fgev()：广义极值分布的极大似然拟合。

（3）fpot()：使用广义帕累托（Generalized Pareto）或者过程表示法（Point Process Representation）的阈值峰值建模（Peaks Over Threshold Modelling）。

（4）forder()：顺序统计量的最大似然拟合。

（5）fextreme()：极大极小值的极大似然拟合。

极端值分析最主要的目标是得出极值的分布，极值分析有非常重要的应用价值。在本章节介绍了关于极值分析的两个 R 语言包 evd 和 extRemes，希望读者通过本章节学习能够对极值分析有一个简单的了解。

第4章 统计机器学习

本章节主要介绍统计机器学习，内容上主要侧重于不同算法的 R 语言实现与应用，内容包括聚类模型、时间序列、决策树、随机森林、Boosting 算法等内容，本章节不仅介绍某一具体统计算法的实现，还介绍不同类型算法的变体。

4.1 聚类模型

聚类分析或聚类是将一组对象以以下方式分组的任务：同一组（称为集群）中的对象彼此之间比其他组（集群）中的对象更相似（在某种意义上）。它是探索性数据分析的主要任务，也是统计数据分析的常用技术，用于许多领域，包括模式识别、图像分析、信息检索、生物信息学、数据压缩、计算机图形学和机器学习。

聚类分析本身不是一种特定的算法，而是要解决的一般任务。聚类分析可以通过各种算法来实现，这些算法存在显著差异。集群的流行概念包括集群成员之间距离较小的组、数据空间的密集区域、间隔或特定的统计分布。因此，聚类可以被表述为一个多目标优化问题。适当的聚类算法和参数设置（包括要使用的距离函数、密度阈值或预期聚类数等参数）取决于个体数据集和结果的预期用途。这样的聚类分析不是一项自动任务，而是涉及反复试验和失败的知识发现或交互式多目标优化的迭代过程。通常需要修改数据预处理和模型参数，直到结果达到所需的属性。在本节将介绍各种聚类模型在 R 语言中的实现。

4.1.1 treeClust 包

聚类模型的关键点是使用什么方法去衡量数据点之间的差异，R 语言的 treeClust 包会根据变量在回归树或分类树被分配到不同叶子节点的结果来衡量数据点之间的差异，而不是直接根据某一个统计指标来衡量变量之间的差异。下面来看一个代码示例。

```
library(treeClust)
iris.km6<-treeClust(iris[,-5],d.num=2,final.algorithm="kmeans",k=3)
table(iris.km6$final.clust$cluster,iris$Species)
##
##setosaversicolorvirginica
```

```
##1 0 2 4 3 6
##2 0 2 6 1 4
##3 5 0 0 0
```

上面的代码使用了 treeClust 包中的 treeClust() 函数构建聚类模型，其中通过 final.algorithm 可以指定具体的聚类算法，可以选择的模型包括 kmeans、clara、agnes 或者 pam。

prcr 包提供了另外一种聚类方法：两步聚类算法。该算法首先构建层次聚类，然后根据层次聚类的结果构建 k 均值聚类（根据层次聚类的结果确定 k 均值聚类的初始参数），下面来看一个代码示例。

```
library(prcr)
d<-pisaUSA15
m3<-create_profiles_cluster(iris[,-5],Sepal.Length,Sepal.Width,Petal.Length,Petal.Width,n_profiles=3)
Prepareddata:Removed0incompletecases
Hierarchicalclusteringcarriedouton:150cases
K-meansalgorithmconverged:2iterations
Clustereddata:Usinga3clustersolution
Calculatedstatistics:R-squared=0.79
m3
#Atibble:150x5
Sepal.LengthSepal.WidthPetal.LengthPetal.Widthcluster
<dbl><dbl><dbl><dbl><int>
15.13.51.40.22
24.931.40.23
34.73.21.30.23
44.63.11.50.23
553.61.40.22
65.43.91.70.42
74.63.41.40.32
853.41.50.22
94.42.91.40.23
104.93.11.50.13
```

上面的代码使用 prcr 包中的 create_profiles_cluster() 函数构建两步聚类模型，该函数的第一个参数是数据集，之后的参数是参与聚类的变量。

4.1.2 FCPS 包

R 语言的 FCPS 包提供了非常多的聚类算法，这些算法都有一致的输入和输出，首先使用 FCPS 包实现 AGNES 聚类，AGNES 聚类属于层次聚类，是一种自底向上聚合策略的层次聚类算法，下面来看一个代码示例。

```
library(FCPS)
data('Hepta')
CA=AgglomerativeNestingClustering(iris[,-5]%>%as.matrix(),ClusterNo=3,PlotIt=TRUE)
CA
$Cls
```

```
 1 2 3 4 5 6 7 8 9 10 11 12 13 14 15 16 17 18 19 20 21 22 23 24 25
 1 1 1 1 1 1 1 1 1 1  1  1  1  1  1  1  1  1  1  1  1  1  1  1  1
26 27 28 29 30 31 32 33 34 35 36 37 38 39 40 41 42 43 44 45 46 47 48 49 50
…
$Object
Call:cluster::agnes(x=Input,diss=diss,stand=Standardization)
Agglomerativecoefficient:0.9045494
Orderofobjects:
[1]1184128840295382427447122521323723617191 1
[24]492047452222613461035313483044336509143915
[47]33341642589499615153668759767752578671128139150 78
…
Height(summary):
Min.1stQu.MedianMean3rdQu.Max.
0.00000.33060.49610.67330.78784.3322

Availablecomponents:
[1]"order""height""ac""merge""diss""call""method""data"

$Dendrogram
'dendrogram'with2branchesand150memberstotal,atheight4.332225
```

上面的代码使用 AgglomerativeNestingClustering() 函数构建 AGNES 聚类，需要注意的是，输入的数据集需要是矩阵格式，而不能是数据框的格式。另外，在这里设置了参数 PlotIt=TRUE，这时会绘制聚类的可视化 3D 效果，如图 4-1 所示。

FCPS 包提供了大量聚类方法的实现，在这里做一个简单的小结。

（1）SubspaceClustering：子空间聚类算法（Algorithms for Subspace Clustering）。

（2）SpectralClustering：谱聚类（Spectral Clustering）。

（3）SparseClustering：稀疏聚类（Sparse Clustering）。

（4）SotaClustering：自组织聚类（SOTA-self-organizing Tree Algorithm Clustering）。

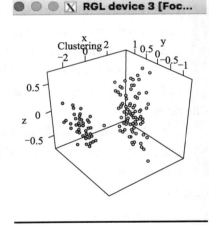

图 4-1　聚类图

（5）SOMclustering：自组织映射聚类（Self-organizing Mapsbased Clustering）。

（6）SharedNearestNeighborClustering：共享最近邻聚类（SNN Clustering）。

（7）RobustTrimmedClustering：鲁棒修剪聚类（Robust Trimmed Clustering）。

（8）QTclustering：随机质量聚类（Stochastic QT Clustering）。

（9）ProjectionPursuitClustering：使用投影寻踪进行聚类识别（Cluster Identification Using Projection Pursuit）。

（10）PenalizedRegressionBasedClustering：基于惩罚回归的聚类（Penalized Regression-based Clustering）。

（11）pdfClustering：概率密度分布聚类（Probability Density Distribution Clustering）。

（12）PAMclustering：PAM 聚类（Partitioning Around Medoids）。

（13）OPTICSclustering：OPTICS 聚类（Ordering Points to Identify the Clustering Structure）。

（14）NeuralGasClustering：神经气体聚类（Neural Gas Algorithm for Clustering）。

（15）MSTclustering：MST-kNN 聚类（Minimum Spanning Tree-knn Cluster）。

（16）MoGclustering：高斯混合模型聚类（Mixture of Gaussians Clustering Using EM）。

（17）ModelBasedVarSelClustering：基于模型的变量选择聚类(Model Based Clustering with Variable Selection)。

（18）ModelBasedClustering：基于模型的聚类（Model Based Clustering）。

（19）MinimaxLinkageClustering：极大极小关联的层次聚类（Minimax Linkage Hierarchical Clustering）。

（20）MinimalEnergyClustering：最小能量聚类（Minimal Energy Clustering）。

（21）MarkovClustering：马尔可夫聚类（Markov Clustering）。

（22）LargeApplicationClustering：大型应用聚类（Large Application Clustering）。

（23）kmeansClustering：k 均值聚类（K-Means Clustering）。

（24）HierarchicalClustering：层次聚类（Hierarchical Clustering）。

（25）GenieClustering：基于基尼指数的 Genie 聚类（Genie Clusteringby Gini Index）。

（26）FannyClustering：模糊分析聚类（Fuzzy Analysis Clustering）。

（27）DivisiveAnalysisClustering：大除数分析聚类（Large Divisive Analysis Clustering Clustering）。

（28）DatabionicSwarmClustering：数据离子群聚类(Databionic Swarm-DBS Clustering)。

（29）ClusterRename：重命名聚类（Renames Clustering）。

（30）AutomaticProjectionBasedClustering：基于自动投影的聚类（Automatic Projection-Based Clustering）。

（31）APclustering：亲和传播聚类（Affinity Propagation Clustering）。

（32）AgglomerativeNestingClustering：凝聚层次聚类（Agglomerative Nesting Clustering）。

（33）ADPclustering：使用自动参数选择的自适应密度峰值聚类算法（Adaptive Density Peak Clustering Algorithm Using Automati Cparameter Selection）。

以上函数都有相似的调用方式，例如使用基于基尼指数的 Genie 聚类，构建聚类模型，代码如下所示。

```
cl<-GenieClustering(iris[,-5]%>%as.matrix(),ClusterNo=3)
cl
$Cls
1 2 3 4 5 6 7 8 9 10 11 12 13 14 15 16 17 18 19 20 21 22 23 24 25
1 1 1 1 1 1 1 1 1  1  1  1  1  1  1  1  1  1  1  1  1  1  1  1  1
26 27 28 29 30 31 32 33 34 35 36 37 38 39 40 41 42 43 44 45 46 47 48 49 50
…
$Dendrogram
```

```
'dendrogram' with 2 branches and 150 members total, at height 1.640122

$Object

Call:
genie::hclust2(d=pDist)

Cluster method: gini
Distance: euclidean
Number of objects: 150
table(cl$Cls,iris$Species)

       setosa versicolor virginica
    1      50          0         0
    2       0         45         1
    3       0          5        49
```

在上面的代码中，对 iris 数据集构建基于基尼指数的 Genie 聚类模型，GenieClustering() 函数的第一个参数是数据集，第二个参数 ClusterNo 表示聚类数目。构建好聚类模型之后，构建聚类结果与 iris 数据集真实标签（Species）的列联表，从输出结果可以看出，聚类结果与数据的真实类别基本是一致的，说明聚类的效果还是非常不错的。

4.1.3 e1071 包

e1071 包提供了非常多的统计机器学习算法的实现，其中也提供了模糊聚类（Fuzzy C-Means Clustering）和袋装聚类（Bagged Clustering），下面首先构建袋装聚类，代码如下所示，聚类结果如图 4-2 所示。

```
library(e1071)

data(iris)
bc1<-bclust(iris[,1:4],3,base.centers=5)                    #构建袋装聚类
## Committee Member: 1(1) 2(1) 3(1) 4(1) 5(1) 6(1) 7(1) 8(1) 9(1) 10(1)
## Computing Hierarchical Clustering
plot(bc1)                                                   #对聚类结果进行数据可视化
table(clusters.bclust(bc1,3))                               #查看聚类结果的数量
##
## 1  2  3
## 27 73 50
centers.bclust(bc1,3)                                       #查看不同类别的中心。
##      [,1]     [,2]     [,3]     [,4]
## [1,] 7.043409 3.108632 5.975985 2.132785 6
## [2,] 5.920315 2.755202 4.414521 1.445621 6
## [3,] 5.055029 3.483669 1.467642 0.244745 3
x<-rbind(matrix(rnorm(100,sd=0.3),ncol=2),
matrix(rnorm(100,mean=1,sd=0.3),ncol=2))
```

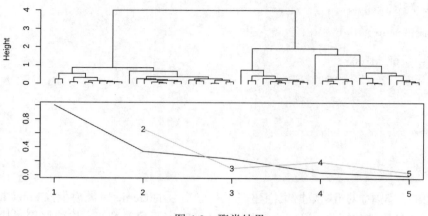

图 4-2 聚类结果

在进行袋装聚类的过程中会对数据集进行抽样,然后再多次构建聚类模型(可以是 k 均值聚类、层次聚类或其他聚类)。在 Bclust() 函数中有一个参数 base.method 可以指定使用什么模型,默认情况下 base.method="kmeans",表示构建袋装的 k 均值聚类。

4.1.4 模糊聚类

模糊聚类是一种聚类形式,其中每个数据点可以属于多个聚类。聚类或聚类分析涉及将数据点分配给聚类,使得同一聚类中的项目尽可能相似,而属于不同聚类的项目尽可能不同。下面来看模糊聚类的实现,代码如下所示。

```
cl<-cmeans(iris[,-5],3,100,verbose=TRUE,method="cmeans",m=2)#构建模糊聚类
##Iteration:1,Error:0.4099547830
##Iteration:2,Error:0.4054087333
##Iteration:3,Error:0.4042443674
##Iteration:4,Error:0.4037465597
##Iteration:5,Error:0.4035310198
##Iteration:6,Error:0.4034387922
##Iteration:7,Error:0.4033997074
##Iteration:8,Error:0.4033832515
##Iteration:9,Error:0.4033763524
##Iteration:10,Error:0.4033734680
##Iteration:11,Error:0.4033722642
##Iteration:12,Error:0.4033717623
##Iteration:13,Error:0.4033715533
##Iteration:14,Error:0.4033714662
##Iteration:15,Error:0.4033714300
##Iteration:16,Error:0.4033714149
##Iteration:17,Error:0.4033714087
```

```
##Iteration:18converged,Error:0.4033714061
print(cl%>%head(3))                                    #查看聚类结果
##$centers
##Sepal.LengthSepal.WidthPetal.LengthPetal.Width
##15.8888802.7610504.3638751.3972753
##26.7749473.0523645.6467022.0535160
##35.0039663.4140911.4828110.2535444
##
##$size
##[1]604050
##
##$cluster
##[1]333333333333333333333333333333333333
##[38]3333333333332121111111111111111111
##[75]1112111111111111111111111121222212222
##[112]2212222212121221222221222212221222122212
##[149]21
table(cl$cluster,iris$Species)                         #构建列联表
##
##setosaversicolorvirginica
##104713
##20337
##35000
```

与 k-Means 算法相比，模糊聚类（Fuzzy C-Means Clustering）有更好的效果。与每一个数据点只属于一个集群的 k-Means 算法不同，在模糊聚类算法中，数据点可以属于多个具有相似性的集群。模糊聚类为重叠数据集提供了相对更好的结果。另外，fclust 包中提供了更多和更广泛的模糊聚类工具，下面看一个相关例子，代码如下所示。

```
library(fclust)
##RegisteredS3methodoverwrittenby'fclust':
##methodfrom
##print.fcluste1071
fcluster.kmean<-FKM(X=iris[,-5],k=3)                   #构建模糊 k 均值聚类

fcluster.kmean%>%head()
##$U
##Clus1Clus2Clus3
##Obj10.9966235860.00107203430.0023043797
##Obj20.9758525430.00749794710.0166495094
##Obj30.9798259220.00641457850.0137594999
##Obj40.9674274460.01010752280.0224650314
##Obj50.9944703550.00176793520.0037617094
##Obj60.9345741120.02061965440.0448062334
##Obj70.9794916670.00650451780.0140038150
##Obj80.9995472630.00014120480.0003115325
##Obj90.9303797870.02190241800.0477177955
##Obj100.9827229630.00534156140.0119354753
table(fcluster.kmean$clus[,1],iris$Species)
setosaversicolorvirginica
```

```
15000
204713
30337
```

上面的代码使用 fclust 包中的 FKM()函数构建模糊 k 均值聚类。fclust 包还提供了很多其他种类的模糊聚类算法。

4.1.5 DBSCAN 包

DBSCAN 包使用 kd 树提供了 DBSCAN（基于密度的应用程序空间聚类与噪声）算法的快速重新实现。图 4-3 所示为 KNN 距离图。

```r
library(dbscan)
data(iris)
iris<-as.matrix(iris[,1:4])

##找到合适的 DBSCAN 参数：
kNNdistplot(iris,k=5)
##噪声似乎开始于 4-NN 距离 0.7 左右
abline(h=.7,col="red",lty=2)
```

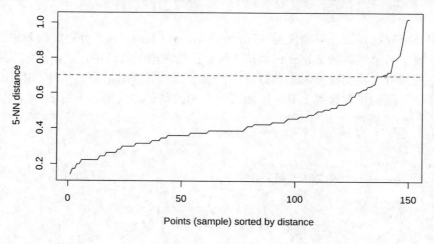

图 4-3　kNN 距离图

kNN 距离图显示从最小到最大排序的所有点的 kNN 距离，该图可用于帮助为 DBSCAN 找到合适的参数值。

```r
res<-dbscan(iris,eps=.7,minPts=5)                    #构建模型
res
##DBSCANclusteringfor150objects.
##Parameters:eps=0.7,minPts=5
##Theclusteringcontains2cluster(s)and3noisepoints.
##
##012
##35097
```

上面的代码使用 dbscan()函数构建了聚类模型,这个算法的优点是运行速度更快,并且能够处理的数据集更大,DBSCAN 包也提供了很多其他种类的聚类模型,例如基于密度的噪声应用空间聚类(HDBSCAN)。

4.1.6 离子群聚类

DatabionicSwarm 包实现了离子群 DatabionicSwarm(DBS)系统聚类。该方法能够适应高维数据的结构,例如以数据空间中基于距离和/或密度的结构为特征的自然集群。下面看一个例子,代码如下所示,聚类结果如图 4-4 所示。

```
library(DatabionicSwarm)
##Package'DatabionicSwarm'version1.1.5.
##Type'citation('DatabionicSwarm')'forcitingthisRpackageinpublications.
##Package'DatabionicSwarm'version1.1.5.
##Type'citation('DatabionicSwarm')
'forcitingthisRpackageinpublications.
data("Lsun3D")
Data=Lsun3D$Data
InputDistances=as.matrix(dist(Data))
projection=Pswarm(InputDistances)
genUmatrixList=GeneratePswarmVisualization
(Data,projection$ProjectedPoints,
projection$LC)
Cls=DBSclustering(k=3,Data,genUmatrixList
$Bestmatches,genUmatrixList$LC,
PlotIt=TRUE)                #构建聚类模型
```

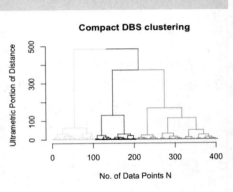

图 4-4 聚类结果

从图 4-4 中可以看出,可以将数据大致分为 3 个群体。

4.1.7 快速层次聚类

genieclust 包实现了快速层次聚类算法,这种算法保持计算效率,以允许适用更大的数据集,并且算法更加具有鲁棒性,下面看一个例子,代码如下所示,聚类结果如图 4-5 所示。

```
iris<-datasets::iris
library(genieclust)
X<-iris[1:4]
h<-gclust(X)                              #构建快速层次聚类
y_pred<-cutree(h,3)
y_test<-iris[,5]
plot(iris[,2],iris[,3],col=y_pred,
pch=as.integer(y_test),asp=1,las=1)
adjusted_rand_score(y_test,y_pred)         #成对划分相似性分数
##[1]0.8857921
pair_sets_index(y_test,y_pred)             #判断聚类效果
##[1]0.9049708
```

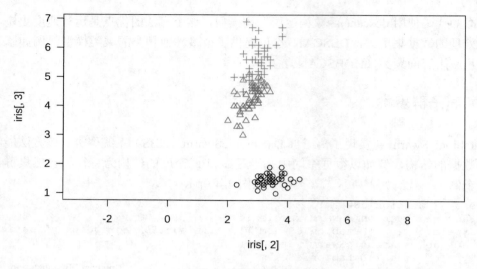

图 4-5 聚类结果图

从图 4-5 中可以看出，数据被划分为三个群体，并且划分的结果还是比较好的。另外，这里还是用函数计算聚类结果与真实结果的相似性，这个值越高，表示聚类效果越好。

fastcluster 包和 flashClust 包提供了 R 语言中自带的层次聚类（Hclust）方法替代方案。

```
require(fastcluster)
##Loading required package:fastcluster
##
##Attaching package:'fastcluster'
##The following object is masked from 'package:stats':
##
##hclust
require(graphics)

hc<-fastcluster::hclust(dist(USArrests),"ave")
hc

Call:
fastcluster::hclust(d=dist(USArrests),method="ave")

Cluster method: average
Distance: euclidean
Number of objects:50
```

下面再看看使用 flashClust 实现层次聚类，代码如下所示。

```
fc<-flashClust::flashClust(d=dist(USArrests))
fc

Call:
hclust(d=d,method=method,members=members)

Cluster method: complete
Distance: euclidean
Number of objects:50
```

到这里，已经介绍了很多聚类算法的实现，但是关于聚类结果的评价，谈论得并不多。关于聚类结果的评价并不是一件简单的事情，通常而言有两种常用的评价方法：一是内部评估，二是外部评估。其中内部评估表示将聚类结果总结为某一个统计指标，通过某个指标来描述聚类结果的好坏。外部评估表示将聚类结果与某种事实进行比较。

常用的内部评估的指标包括：

（1）戴维斯–博尔丹指数（Davies–Bouldinindex）。

（2）邓恩指数（Dunnindex），邓恩指数旨在识别密集且分离良好的集群。

（3）轮廓系数（Silhouette Coefficient），轮廓系数将到同一簇中元素的平均距离与到其他簇中元素的平均距离进行对比。轮廓值高的对象被认为是很好的聚类，值低的对象可能是异常值。该指数适用于 k 均值聚类。

如果是外部评估，则可以采用有监督机器学习的比较方法，例如准确率。

4.2 时间序列模型

预测未来的一些数据是一项常见的数据科学任务，可以帮助组织设定目标、规划资源、了解发展趋势等。尽管预测非常重要，但是进行可靠并且高质量的预测还是非常困难的。传统的时间序列模型往往涉及大量假设和统计相关专业知识。当团队内缺少经验丰富的数据科学家、统计相关人员，进行高质量的预测变得更加困难。Facebook 的核心数据科学团队创建了 Prophet，Prophet 背后的意图是"让专家和非专家更容易做出跟上需求的高质量预测"。

Prophet 能够以很少的手动工作生成可靠和稳健的预测（通常比其他常见的预测技术表现更好），同时 Prophet 允许使用者通过调整参数应用其他相关领域知识。下面通过一个例子来了解 Prophet 模型的使用，在这个例子中，使用美国的 HPI（房屋价格指数数据），数据的链接是：https://www.fhfa.gov/DataTools/Downloads/Documents/HPI/HPI_master.csv。读者可以通过这个链接获取数据。分析的第一步是准备数据，代码如下所示。

```
library(prophet)
library(ggplot2)
library(dplyr)
library(tidyr)
library(data.table)
library(quantmod)
library(plotly)
hpi<-fread('/Users/milin/Downloads/HPI_master.csv')      #获取数据


str(hpi)                                                  #查看数据集的结构
##Classes'data.table'and'data.frame':116428obs.of10variables:
```

```
##$hpi_type:chr"traditional""traditional""traditional""traditional"...
##$hpi_flavor:chr"purchase-only""purchase-only""purchase-only""purchase
-only"...
##$frequency:chr"monthly""monthly""monthly""monthly"...
##$level:chr"USAorCensusDivision""USAorCensusDivision""USAorCensusDivision"
"USAorCensusDivision"...
##$place_name:chr"EastNorthCentralDivision""EastNorthCentralDivision"
"EastNorthCentralDivision""EastNorthCentralDivision"...
##$place_id:chr"DV_ENC""DV_ENC""DV_ENC""DV_ENC"...
##$yr:int1991199119911991199119911991199119911991...
##$period:int12345678910...
##$index_nsa:num100101101102102...
##$index_sa:num100101101101101...
##-attr(*,".internal.selfref")=<externalptr>
```

在数据集中,index_nsa 是预测变量。在进一步分析之前,选取数据集的子集,筛选代码如下所示。

```
hpi.0<-hpi                                              #创建一个新数据集
hpi<-hpi%>%dplyr::filter(frequency=="monthly",hpi_flavor=="purchase-only",
level=="USAorCensusDivision",place_name=="UnitedStates")%>%dplyr::select
(period,yr,index_nsa)                                   #多数据集进行筛选

hpi%>%filter(yr==2001)                                  #查看2001年的数据
##periodyrindex_nsa
##1:12001145.88
##2:22001146.84
##3:32001148.15
...
```

接下来,进一步对日期数据进行处理。

```
#对时间数据进行处理
hpi$period<-ifelse(hpi$period<10,paste('0',hpi$period,sep=''),hpi$period)
hpi$date<-paste(hpi$period,'01',hpi$yr,sep='.')
#转换为时间格式
hpi$date<-as.Date(as.character(hpi$date),'%m.%d.%Y')
head(hpi)                                               #查看数据集的前面几行
##periodyrindex_nsadate
##1:011991100.001991-01-01
##2:021991100.381991-02-01
##3:031991100.671991-03-01
...
```

在上面的代码中创建了一个新的变量 date,表示完整的年月日,另外一个细节的调整是将 period 变量全部改成二位数,例如将 1 转变为 01。下面使用 summary()函数查看数据集的统计信息,代码如下所示。

```
summary(hpi)
##periodyrindex_nsadate
##Length:366Min.:1991Min.:100.0Min.:1991-01-01
##Class:character1stQu.:19981stQu.:126.41stQu.:1998-08-08
```

```
##Mode:characterMedian:2006Median:187.8Median:2006-03-16
##Mean:2006Mean:182.2Mean:2006-03-17
##3rdQu.:20133rdQu.:221.03rdQu.:2013-10-24
##Max.:2021Max.:349.0Max.:2021-06-01
```

接下来对数据进行数据可视化，如图 4-6 所示。

```
p<-ggplot(data=hpi,aes(x=date,y=index_nsa),main="HPI:1991-2018")+geom_
point()+geom_line()+ggthemes::theme_calc()
p
```

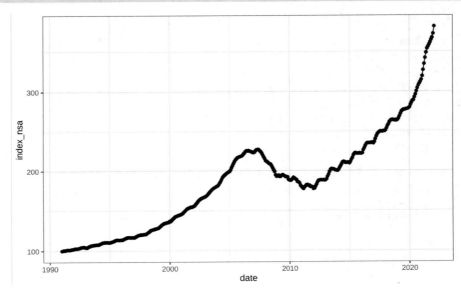

图 4-6 时间序列

在构建 prophet 模型之前，需要将数据整理成相应的格式。prophet 模型要求数据格式为数据框，数据框有两列，ds 表示日期，y 表示预测变量。数据准备好之后，构建模型就简单了，实现代码如下所示。

```
#准备数据，数据框
df<-data.frame(ds=hpi$date,y=hpi$index_nsa)

##构建 prophet 模型
mod.1<-prophet::prophet(df,seasonality.mode='multiplicative')
```

模型拟合好后，可以使用模型进行预测，将时间往后推 24 个月，生成时间数据所使用的函数是 make_future_dataframe()，代码如下所示。

```
future<-make_future_dataframe(mod.1,periods=24,freq='month')
tail(future)
##ds
##3852023-01-01
##3862023-02-01
##3872023-03-01
```

```
##3882023-04-01
##3892023-05-01
##3902023-06-01
```

然后使用 predict() 函数进行预测,代码如下所示。

```
#进行预测
forecast_df<-tbl_df(predict(mod.1,future))
forecast_df<-data.frame(forecast_df[c('ds','yhat','yhat_lower','yhat_
upper')])

tail(forecast_df)                                           #查看预测结果
##dsyhatyhat_loweryhat_upper
##3852023-01-01337.0700330.6664343.6520
##3862023-02-01338.9832331.9890345.6041
##3872023-03-01344.7364337.2203351.8331
##3882023-04-01347.3093339.5508354.6257
##3892023-05-01350.5796342.2389357.7911
##3902023-06-01352.3071343.4306360.5480
```

接下来对模型的预测结果进行数据可视化,输出结果如图 4-7 所示。

```
plot(mod.1,forecast_df,main='HPIForecast',
xlab='MonthlyTimeSeries',
ylab='HPI-NonseasonallyAdj.')+ggthemes::theme_clean()
```

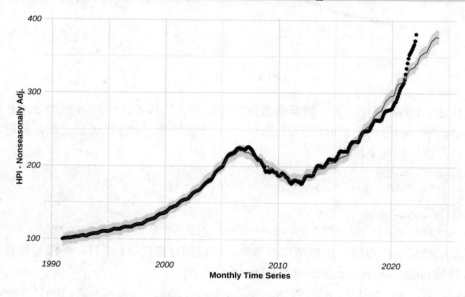

图 4-7　时间序列图

对 prophet 模型的不同成分进行数据可视化,代码如下所示,输出结果如图 4-8 所示。

```
prophet_plot_components(mod.1,predict(mod.1,future))
```

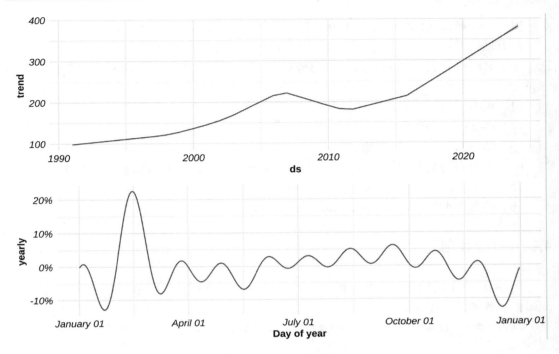

图 4-8　时间序列不同成分

图 4-8 显示了 prophet 的不同成分，这里是有两个成分：趋势和时间周期（年）。prophet 模型还可以设置节假日、周末、月周期等成分，prophet 模型在一些真实的场景中往往有更好的使用效果，有非常好的实用价值。

4.3　决策树模型

决策树可以通过一组决策规则对未来的数据进行预测或分类。这种方法，有时称为规则归纳，有以下几个优点。

首先，决策树模型是可以理解的，模型背后的推理过程很明显。特别是相对于一些黑盒算法，例如神经网络。

其次，该过程会自动在其规则中包含在做出决策时真正重要的属性。对树的准确性没有贡献的属性将被忽略。这可以产生关于数据的非常有用的信息，并可用于在训练另一种模型（例如神经网络）之前将数据进行降维。

决策树模型可以转换为 if-then 规则的集合（规则集），在许多情况下以更易于理解的形式显示信息，这种特性也是决策树的一个非常大的优点。

数据挖掘中使用的决策树有两种主要类型：

（1）分类树：预测变量是一个分类变量（例如是否会购买某产品）。
（2）回归树：预测变量是一个数值（例如房屋价格）。

cart 术语是分类和回归树的一个总称，用于指代上述任一过程。著名的决策树算法包括：

（1）ID3：迭代二分法。
（2）C4.5：ID3 的后继者。
（3）CART：分类和回归树。
（4）卡方自动交互检测（Chi-square Automatic Interaction Detection，CHAID）。
（5）MARS：扩展决策树以更好地处理数值数据。
（6）条件推理树（Conditional Inference Trees）。

4.3.1 rpart 包

在 R 语言中比较常用的决策树的相关包是 rpart。下面的代码示例使用 rpart 包中的 rapart()函数构建 cart 决策树。

```
fit<-rpart::rpart(Species~.,data=iris,control=rpart::rpart.control(cp=0.01))
fit
n=150

node),split,n,loss,yval,(yprob)
*denotesterminalnode

1)root150100setosa(0.333333330.333333330.33333333)
2)Petal.Length<2.45500setosa(1.000000000.000000000.00000000)*
3)Petal.Length>=2.4510050versicolor(0.000000000.500000000.50000000)
6)Petal.Width<1.75545versicolor(0.000000000.907407410.09259259)*
7)Petal.Width>=1.75461virginica(0.000000000.021739130.97826087)*
```

4.3.2 Rweka 包

Weka（Waikato Environment for Knowledge Analysis）是新西兰怀卡托大学（University of Waikato）开发的一款数据挖掘工具，Weka 支持多种标准数据挖掘任务，如数据预处理、聚类、分类、回归、可视化和特征选择。Rweka 包提供了关于 Weka 的接口，Weka 里面有非常多的树算法，例如 J48 模型，其是 C4.5 模型的一个变体。下面看一个例子，代码如下所示。

```
library(RWeka)
fit<-J48(Species~.,data=iris)
fit
J48prunedtree
------------------

Petal.Width<=0.6:setosa(50.0)
```

```
Petal.Width>0.6
|Petal.Width<=1.7
||Petal.Length<=4.9:versicolor(48.0/1.0)
||Petal.Length>4.9
|||Petal.Width<=1.5:virginica(3.0)
|||Petal.Width>1.5:versicolor(3.0/1.0)
|Petal.Width>1.7:virginica(46.0/1.0)

NumberofLeaves: 5

Sizeofthetree: 9
```

从输出结果中可以看出具体的决策树的规则,下面对决策树进行可视化,如图 4-9 所示,代码如下所示。

```
Plot(fit)
```

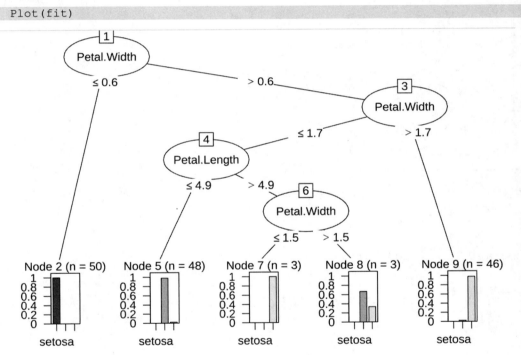

图 4-9　决策树

从图 4-9 中可以看出决策树的具体划分结果,并且在决策树的叶子节点中,还可以看到目标变量不同值的占比。

4.3.3　C50 包

C50 包可以实现 C5.0 分类树,这个算法有两种形式:基于树的模型和基于规则的模型。下面来看一个简单的例子,代码如下所示。

```
library(C50)
fit<-C5.0(Species~.,data=iris)
summary(fit)
Call:
C5.0.formula(formula=Species~.,data=iris)
C5.0[Release2.07GPLEdition]MonSep2714:21:122021
-------------------------------

Classspecifiedbyattribute`outcome'

Read150cases(5attributes)fromundefined.data

Decisiontree:

Petal.Length<=1.9:setosa(50)
Petal.Length>1.9:
:...Petal.Width>1.7:virginica(46/1)
Petal.Width<=1.7:
:...Petal.Length<=4.9:versicolor(48/1)
Petal.Length>4.9:virginica(6/2)


Evaluationontrainingdata(150cases):

DecisionTree
----------------
SizeErrors

44(2.7%)<<


(a)(b)(c)<-classifiedas
------------
50(a):classsetosa
473(b):classversicolor
149(c):classvirginica


Attributeusage:

100.00% Petal.Length
66.67%  Petal.Width


Time:0.0secs
```

上面的代码使用 C50 包的 C5.0 函数构建了树模型,从模型的结果可以看出决策树的规则、决策树的误差、混淆矩阵等信息。接下来进一步查看决策树的可视化结果,如图 4-10 所示,代码如下所示。

```
plot(fit)
```

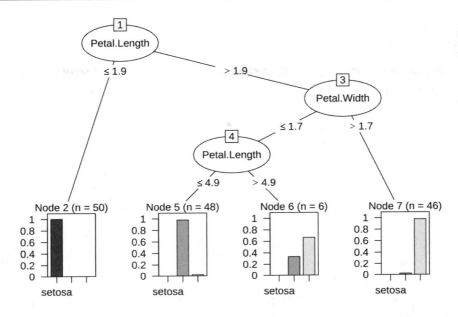

图 4-10 决策树

从图 4-11 中可以看出决策树的划分规则与叶子节点中目标变量不同值的占比。需要注意的是,对于结构简单的决策树可以进行比较好的可视化展示,但是决策树变得比较复杂的时候,可视化的结果则变得不可读。

4.3.4 递归分区决策树

party 包和 partykit 包实现了两种具有无偏变量选择的递归分区决策树算法,party 包中的 ctree() 函数基于非参数条件推理过程,用于测试响应和每个输入变量之间的独立性,而 partykit 包中的 mob() 函数可用于划分参数模型。下面来看一个代码示例。

```
library(party)
fit<-ctree(Species~.,data=iris)
fit
Conditionalinferencetreewith4terminalnodes

Response:Species
Inputs:Sepal.Length,Sepal.Width,Petal.Length,Petal.Width
Numberofobservations:150

1)Petal.Length<=1.9;criterion=1,statistic=140.264
2)*weights=50
1)Petal.Length>1.9
3)Petal.Width<=1.7;criterion=1,statistic=67.894
4)Petal.Length<=4.8;criterion=0.999,statistic=13.865
5)*weights=46
4)Petal.Length>4.8
```

```
6)*weights=8
3)Petal.Width>1.7
7)*weights=46
```

接下来，对决策树的结果进行数据可视化，如图 4-11 所示，代码如下所示。

```
plot(fit)
```

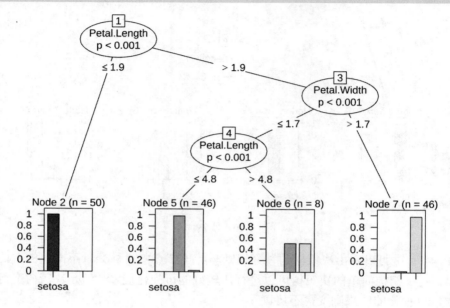

图 4-11　决策树

partykit 包中提供了非常多的树算法，包括广义线性模型树（Generalized Linear Model Trees）、条件随机森林（Conditional Random Forests）、条件推理树（Conditional Inference Trees），看一个例子，代码如下所示。

```
fit<-partykit::ctree(Species~.,data=iris)
fit

Modelformula:
Species~Sepal.Length+Sepal.Width+Petal.Length+Petal.Width

Fittedparty:
[1]root
|[2]Petal.Length<=1.9:setosa(n=50,err=0.0%)
|[3]Petal.Length>1.9
||[4]Petal.Width<=1.7
|||[5]Petal.Length<=4.8:versicolor(n=46,err=2.2%)
|||[6]Petal.Length>4.8:versicolor(n=8,err=50.0%)
||[7]Petal.Width>1.7:virginica(n=46,err=2.2%)

Numberofinnernodes:3
Numberofterminalnodes:4
```

接下来，对决策树的结果进行可视化，如图 4-12 所示。

```
plot(fit)
```

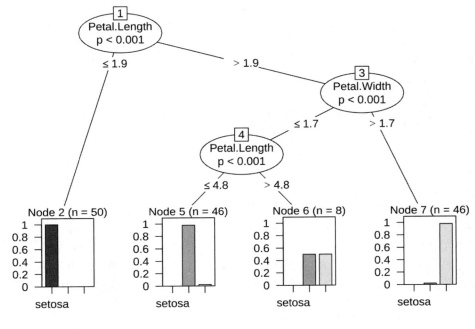

图 4-12　决策树

R 语言中与决策树相关的包还有很多，例如 maptree、RPMM、evtree 等，这里就不一一介绍了。

4.4　随机森林模型

随机森林是一种用于分类、回归或者其他任务的集成学习方法，可以算是 bagging 算法的一个特例。随机森林由大量的决策树构成，对于分类任务，随机森林输出大多数决策树选择的类，对于回归任务，返回所有决策树的平均结果。

随机森林的一个优点是其不容易过拟合，随机森林的结果通常优于一般的决策树，但是随机森林的结果的准确度通常会低于梯度提升树。

随机森林有两个关键点：第一个关键点是随机森林模型会对数据重抽样，然后使用重抽样的结果构建决策树；第二个关键点是随机森林在构建决策树的时候会对特征进行随机选择，而不是使用所有特征。

随机森林模型在业界被广泛使用，因为它们可以在需要很少的配置的情况下合理地预测，并且随机森林的另一个优点是能够输出每一个变量的重要性。

4.4.1 randomForest 包

在 R 语言中，通常使用 randomForest 包实现随机森林模型，下面来看一个代码示例。

```
library(randomForest)
ran<-randomForest(Species~.,data=iris)
ran

Call:
randomForest(formula=Species~.,data=iris)
Typeofrandomforest:classification
Numberoftrees:500
No.ofvariablestriedateachsplit:2

OOBestimateoferrorrate:4%
Confusionmatrix:
setosaversicolorvirginicaclass.error
setosa50000.00
versicolor04730.06
virginica03470.06
```

从输出结果中可以看出，构建 500 棵决策树，误差为 4%，并且输出结果中还显示训练数据集的混淆矩阵。随机森林模型还可以输出变量的重要性，如图 4-13 所示。

```
importance(ran)
MeanDecreaseGini
Sepal.Length9.301608
Sepal.Width2.283457
Petal.Length43.756999
Petal.Width43.903728
varImpPlot(ran)
```

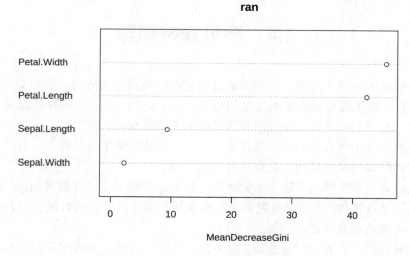

图 4-13　变量重要性

从图 4-13 中可以看出，最重要的变量是 Sepal.Length。需要注意的是，随机森林评估变量重要性的思想很简单，本质上是衡量不同特征在每一棵树上面做了多大的贡献，这个贡献就可以来衡量变量的重要程度。贡献可以是基尼系数（Gini Index）、包外误差或者其他指标。

4.4.2 ipred 包

使用 ipred 包可以实现随机生存森林（RSF），随机生存森林是一种组合树方法，用于分析右删失时间到事件的数据，是 Brieman 随机森林方法的扩展。可以使用随机生存森林解决分类、回归问题，下面来看一个代码示例。

```
library(ipred)
ibag<-ipredbagg(iris$Species,X=iris[,-5])
ibag

Bagging classification trees with 25 bootstrap replications
caret::confusionMatrix(predict(ibag),iris$Species)
Confusion Matrix and Statistics

          Reference
Prediction setosa versicolor virginica
setosa         50          0         0
versicolor      0         46         6
virginica       0          4        44

Overall Statistics

Accuracy : 0.9333
95%CI : (0.8808,0.9676)
NoInformationRate : 0.3333
P-Value[Acc>NIR] : <2.2e-16

Kappa : 0.9

Mcnemar's Test P-Value : NA

Statistics by Class:

                     Class:setosa Class:versicolor Class:virginica
Sensitivity                1.0000           0.9200          0.8800
Specificity                1.0000           0.9400          0.9600
PosPredValue               1.0000           0.8846          0.9167
NegPredValue               1.0000           0.9592          0.9412
Prevalence                 0.3333           0.3333          0.3333
DetectionRate              0.3333           0.3067          0.2933
DetectionPrevalence        0.3333           0.3467          0.3200
BalancedAccuracy           1.0000           0.9300          0.9200
```

上面的代码使用了 ipred 包中提供的算法，需要注意的是，这里还使用了 caret 包中的 confusionMatrix() 函数来评估模型，在输出结果中显示了准确度、混淆矩阵等信息。

4.4.3 分位数回归

分位数回归森林提供了一种非参数且准确的方法来估计高维预测变量的条件分位数。并且这个方法对于数值的预测有比较好的效果。在 R 语言中，可以使用 quantregForest 包来实现分位数回归，下面来看一个代码示例。

```
library(quantregForest)
Loadingrequiredpackage:RcolorBrewer
fit<-quantregForest(x=iris[,-5],y=iris$Species)
fit

Call:
quantregForest(x=iris[,-5],y=iris$Species)

Numberoftrees:500
No.ofvariablestriedateachsplit:2
```

Randforest 包中的很多函数可以用于这里构建的模型，例如想要查看变量的重要性，代码如下所示。

```
importance(fit)
MeanDecreaseGini
Sepal.Length9.802291
Sepal.Width2.402685
Petal.Length43.161588
Petal.Width43.867490
```

从输出结果中可以看出，最重要的变量依然是 Sepal.Length。

4.4.4 ranger 包

ranger 包是随机森林或递归分区算法（Recursive Partition Algorithm）的快速实现，特别适用于高维数据。支持分类、回归和生存森林等。下面来看一个代码示例。

```
fit<-ranger::ranger(Species~.,data=iris,importance="permutation",
probability=TRUE)
fit

Rangerresult

Call:
ranger::ranger(Species~.,data=iris,importance="permutation",probability
=TRUE)

Type:Probabilityestimation
Numberoftrees:500
Samplesize:150
Numberofindependentvariables:4
Mtry:2
Targetnodesize:10
```

```
Variableimportancemode:permutation
Splitrule:gini
OOBpredictionerror(Briers.):0.03317046
```

ranger 也可以提取变量的重要性。

```
ranger::importance(fit)
Sepal.LengthSepal.WidthPetal.LengthPetal.Width
0.0255559350.0028262690.3068921560.288891652
```

从输出结果中可以看出，Sepal.Length 变量是最重要的。

4.4.5 Rborist 包

Rborist 包实现了一种高性能的随机森林算法模型。Rborist 包是 Arborist 项目的 R 语言衍生产品，Arborist 项目是一项针对多种决策树方法的多语言工具。下面来看一个代码示例。

```
library(Rborist)
fit<-Rborist(x=iris[,-5],y=iris$Species)
fit$validation
$yPred
[1]setosasetosasetosasetosasetosasetosasetosasetosa
[9]setosasetosasetosasetosasetosasetosasetosasetosa
[17]setosasetosasetosasetosasetosasetosasetosasetosa
…
Levels:setosaversicolorvirginica

$census
setosaversicolorvirginica
[1,]38300
[2,]32410
[3,]37000
[4,]35600
[5,]36100
[6,]35600
[7,]36900
[8,]37900
[9,]34910
…
$prob
<0x0matrix>

$confusion
setosaversicolorvirginica
setosa5000
versicolor0473
virginica0347

$misprediction
setosaversicolorvirginica
0.000.060.06
```

```
$oobError
[1]0.04

attr(,"class")
[1]"ValidCtg"
```

fit 变量用于存储模型的相关信息，直接输出 fit 的结果会返回大量的内容，这里只返回模型的评估信息。从结果中可以看出训练数据集的预测结果、混淆矩阵等信息。

近年来，这种集成模型有了很多的变体，例如使用逻辑回归或者朴素贝叶斯当作基学习器（基模型），构建集成模型。以上就是关于随机森林的相关内容。

4.5 特征选择

特征选择是有监督统计机器学习中必要的一个环节。工作时通常希望能够找到那些最有预测能力的特征，并且期望理解这些特征是如何影响目标变量的。在统计上，有很多方法可以描述特征与分类变量之间的关系，例如 IV（Information Value）值，IV 值越高，特征预测能力越强。

基于这种方法，可以选取 IV 值较高的特征作为模型的特征，这里选取的特征所构成的特征集合是一个较优的特征集合，但是其是不是最优的，是无法确定的。

许多模型构建的特征与目标变量之间的关系是非常复杂的，对于这类模型，基本上没有办法判断单个特征是如何影响目标变量的。尝试去理解复杂模型中单个变量的一种方法是将其他特征的结果全部固定，然后通过改变想要分析的单个特征，看其是如何影响结果的。

接下来，重新思考一下，为什么要进行特征选择，降低模型的复杂程度？减少变量之间的相关性（特别对于回归类模型），降低噪声，提高模型性能？很多时候，并不需要一个最优的特征子集，通过单个统计量（例如 IV 值）筛选出来的特征集合同样有足够好的预测能力，并且这种方法还特别简单。

在这里可以设定特征选择的目标：在不影响预测性能的情况下，尽可能地减少特征数量。本节主要会介绍 R 语言中的一些特征选择方法的实现。

4.5.1 MXM 包

MXM 特征（或变量）选择是识别目标变量具有最高预测性能的最小特征集的过程。机器学习发展多年来，已经开发了许多特征选择算法，但只有很少的特征选择算法在 R 语言中实现，并以 R 语言包的形式公开。

R 语言的 MXM 包提供多种特征选择算法，并具有独特的功能，例如 MXM 包中包含可处理多种类型目标变量的特征选择算法，包括连续类型、百分比类型、事件发生时间（存活)、二进制、有序、计数等;MXM 包还是用于大容量数据的高效内存算法。

在 MXM 包中,常用的一个算法是 MMPC(Max-Min Parentsand Children)算法,一种基于约束的特征选择算法,MMPC 算法的核心是执行多个条件独立性测试,并逐步排除不相关和/或冗余变量。所有这些消除阶段"幸存"的最终变量是 MMPC 输出结果。因此,选择合适的条件独立性测试是下游统计分析和机器学习任务有效性和成功的关键决定。

MXM 包中的 MMPC 函数有三个关键参数:目标变量;数据集;条件独立测试的选择。下面来看一个例子,在这个例子中使用葡萄酒数据集,该数据集包含对 3 种不同类型的葡萄酒进行化学分析的结果,包括 12 个质量相关特征以及一个目标变量,首先需要准备下载数据集,链接是:

https://gist.githubusercontent.com/tijptjik/9408623/raw/b237fa5848349a14a14e5d4107dc7897c21951f5/wine.csv。

在这个例子中,设置 Nonflavanoids 变量为目标变量,进一步选择对目标变量有预测能力的变量。

```
library(MXM)
library(readr)
URL<-"https://gist.githubusercontent.com/tijptjik/9408623/raw/b237fa584
8349a14a14e5d4107dc7897c21951f5/wine.csv"
wine<-read_csv(URL)
#设置变量名
colnames(wine)<-c('Type','Alcohol','Malic','Ash',
'Alcalinity','Magnesium','Phenols',
'Flavanoids','Nonflavanoids','Proanthocyanins',
'Color','Hue','Dilution','Proline')

#去除第一列
wine<-wine[,-1]

#预览数据集 head(wine,2)
###Atibble:2x13
##AlcoholMalicAshAlcalinityMagnesiumPhenolsFlavanoidsNonflavanoids
##<dbl><dbl><dbl><dbl><dbl><dbl><dbl><dbl>
##114.21.712.4315.61272.83.060.28
##213.21.782.1411.21002.652.760.26
###...with5morevariables:Proanthocyanins<dbl>,Color<dbl>,Hue<dbl>,
###Dilution<dbl>,Proline<dbl>
```

数据准备好之后,接下来就可以开始进行特征选择了,代码如下所示。

```
#排除目标变量
targetVariable<-wine$Nonflavanoids
targetVariable<-NULL


#将数据框转变成为矩阵
wine_dataset<-as.matrix(wine[,-8])
wine_dataset[,12]<-as.numeric(wine_dataset[,12])
head(wine_dataset,2)                                    #查看结果
##AlcoholMalicAshAlcalinityMagnesiumPhenolsFlavanoidsProanthocyanins
```

```
##[1,]14.231.712.4315.61272.803.062.29
##[2,]13.201.782.1411.21002.652.761.28
##ColorHueDilutionProline
##[1,]5.641.043.921065
##[2,]4.381.053.401050
#准备进行特征选择
target_NonFlav<-as.vector(wine$Nonflavanoids)
str(target_NonFlav,2)
##num[1:178]0.280.260.30.240.390.340.30.310.290.22...
library('MXM')
mmpcobject_wine_NonFlav<-MXM::MMPC(target=target_NonFlav,    #目标变量
    dataset=wine_dataset,            #数据集
    max_k=3,                         #要在条件独立性测试中使用的最大条件集,默认是3
    threshold=0.05,                  显著性水平
    test='testIndFisher',            #设置独立性检验的方法
    ini=NULL,                        #初始化对象
    hash=TRUE,                       #是否存储计算过程中的信息
    hashObject=NULL,                 #hash 对象
    ncores=1,                        #使用多少核,与 1 个核相比,4 个核的时间缩短了 50%
    backward=TRUE)                   #是否对称校准

mmpcobject_wine_NonFlav@selectedVars
[1]74511
```

从输出结果可以看出,第 7 个变量、第 4 个变量、第 5 个变量和第 11 个变量是最优的特征集合。

接下来,可以再次运行 MMPC()以检查在需要多次运行时如何使用 hashObject 和 univ 列表来最大化运行时效率。

```
library('MXM')
mmpcobject_2nd_run<-MXM::MMPC(target=target_NonFlav,
    dataset=wine_dataset,
    #数据集不变
    max_k=5,
    threshold=0.01,
    test='testIndFisher',
    ini=mmpcobject_wine_NonFlav@univ,                    #来自上一个模型的结果
    #cachedstats,p-values
    hashObject=mmpcobject_wine_NonFlav@hashObject)       #来自上一个模型的结果
```

这样做的好处是可以极大地提高模型的效率。除了 MMPC 算法,MXM 包还提供了很多其他的特征选择方法,包括 SES、wald.ses、wald.mmpc、perm.ses、perm.mmpc 等。其中,SES 算法遵循前向后向过滤器方法进行特征选择,以提供高维数据集的最小、高度预测、统计等效的多个特征子集。

4.5.2 Fselector 包

Fselector 包是另外特征选择的相关的包,这个包同样提供了大量的特征选择方法,这

些方法包括：

（1）Greedysearch：贪婪搜索。

（2）Best-firstsearch：最佳优先搜索。

（3）cfs-CorrelationbasedFeatureSelectionfilter：基于相关性的特征筛选。

（4）Chi-squaredfilter：基于卡方检验的特征筛选。

（5）consistency-basedfilter：基于一致性的特征选择方法。

（6）Exhaustivesearch：穷举搜索。

（7）Entropy-basedfilters：基于熵的特征选择方法。

（8）Correlationfilter：相关性筛选。

（9）OnneRalgorithm：基于关联规则的筛选。

（10）random.forest.importance：基于随机森林的重要性的方法。

（11）rank.correlationfilter：基于秩相关性的方法。

（12）relieffilter：relief 特征选择方法。

Fselector 包很棒，有非常多的特征选择方法的实现。该包的使用方法非常简单，下面看一个例子，使用基于熵的特征选择方法，代码如下所示。

```
library(FSelector)
weights<-information.gain(Species~.,iris)#计算变量重要性
print(weights)
attr_importance
Sepal.Length0.4521286
Sepal.Width0.2672750
Petal.Length0.9402853
Petal.Width0.9554360
```

从输出结果可以看出，最重要的变量是 Sepal.Length。

4.5.3 Boruta 包

在前面已经讲解过，随机森林可以输出关于特征的重要性，在 R 语言中 varSelRF 包和 Boruta 包侧重于通过随机森林算法进行变量选择。本节主要介绍 Boruta 包特征选择方法，Boruta 包中方法有很多的优点，包括：

（1）适用于分类或者回归问题。

（2）考虑了多变量的关系。

（3）遵循全相关变量选择方法，其中考虑与结果变量相关的所有特征。

（4）可以处理变量之间的交互。

（5）可以处理随机森林重要性度量的波动性。

Boruta 算法的基本思想是：创建关于原始特征的影子特征，影子特征是原始特征打乱数据的结果，在数据集上构建随机森林。然后将原始特征与影子特征进行比较以衡量变量的重要性。只有重要性高于影子特征的特征才被认为是重要的。

Boruta 算法的步骤是：

（1）先对数据中所有特征的数值顺序打乱，随机排列，构建随机组合的影子特征。

（2）然后训练一个随机森林，对每个特征的重要性（Importance）进行打分，看特征在原数据中的评分是否比在随机排列中的评分更高。如果高则记录下来。

（3）根据一个设定好的迭代次数 n（Iteration），将特征随机排列 n 次，并对每个特征打分 n 次。对每个特征计算一个 p 值（p-value），比较 n 次打分是否存在差异，一般使用邦费罗尼校正（Bonferroni Correction）来为多次统计检验进行矫正。如果 $p<0.01$，则认为该特征为重要特征。

（4）当所有特征得到确认或拒绝，或算法达到随机森林运行的一个规定的限制时，算法停止。

在 R 语言中，可以使用 Boruta 包实现 Boruta 算法，下面来看一个代码示例。

```
library(Boruta)                          #加载boruta包
b<-Boruta(Species~.,data=iris)           #进行特征选择
b
Borutaperformed9iterationsin0.1797249secs.
4attributesconfirmedimportant:Petal.Length,Petal.Width,Sepal.Length,
Sepal.Width;
Noattributesdeemedunimportant.
```

从输出结果中可以看出，算法运行时间约为 0.18 秒，筛选出了重要的 4 个特征。接下来，还可以输出特征重要性的可视化，如图 4-14 所示。

```
plot(b)
```

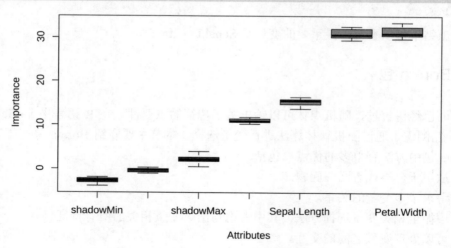

图 4-14　boruta 变量重要性

Boruta 算法相当于一种随机森林特征选择算法的变形，在数据科学的工作中也是使用得比较多的。

4.5.4 模拟退火与蚁群算法

模拟退火（Simulate Anneal）是一种全局搜索算法，它对初始候选解进行小的随机变化（即扰动）。如果扰动值的性能值优于先前的解决方案，则接受新的结果；如果不是，则基于两个性能值之间的差异和搜索的当前迭代确定接受概率。由此，可以接受次优结果，它可能最终在后续迭代中产生更好的结果。

在特征选择的上下文中，输出结果是描述当前子集的二元向量。通过随机改变子集中的少量成员来扰乱子集。可以使用 caret 包中的 safs() 函数实现模拟退火的特征选择。该函数最基本的用法如下所示。

```
obj<-safs(x=predictors,
y=outcome,
iters=100)
```

其中，x 是关于特征的数据框或者矩阵；y 是目标变量，类型可以是因子或者数值；iters 表示迭代次数。除了这些参数可以设置，还有一些超参数可以设置。

```
ctrl<-safsControl(functions=caretSA,
method="repeatedcv",
repeats=5,
improve=50)
obj<-safs(x=predictors,
y=outcome,
iters=100,
safsControl=ctrl,
)
```

safsControl()函数用于设置超参数，其中，functions 参数用于指定辅助遗传算法函数，包括 caretGA()、rGA()、treebagGA()等。下面来看一个代码示例。

```
library(caret)
sa_ctrl<-safsControl(functions=rfSA)

set.seed(10)
rf_sa<-safs(x=iris[,-5],y=iris$Species,
iters=10,
safsControl=sa_ctrl)
rf_sa

SimulatedAnnealingFeatureSelection

150samples
4predictors
3classes:'setosa','versicolor','virginica'

Maximumsearchiterations:10

Internalperformancevalues:Accuracy,Kappa
Subsetselectiondriventomaximizeinternal Accuracy
```

```
External performance values: Accuracy, Kappa
Best iteration chose by maximizing external Accuracy
External resampling method: Cross-Validated (10 fold, repeated 1 times)

During resampling:
* the top 4 selected variables (out of a possible 4):
Petal.Length (90%), Petal.Width (90%), Sepal.Length (30%), Sepal.Width (30%)
* on average, 2.4 variables were selected (min=2, max=4)

In the final search using the entire training set:
* 4 features selected at iteration 8 including:
Sepal.Length, Sepal.Width, Petal.Length, Petal.Width
* external performance at this iteration is

Accuracy Kappa
0.9467 0.9200
```

从输出结果中可以看出,筛选出来的重要特征有 4 个,包括 Sepal.Length、Sepal.Width、Petal.Length、Petal.Width。接下来绘制迭代过程中的内部性能和外部性能,如图 4-15 所示。

```
plot(rf_sa)+ggthemes::theme_clean()
```

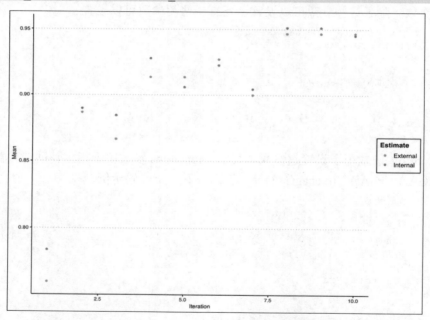

图 4-15　内部性能和外部性能

需要注意的是,模拟退火算法的计算量比较大,因此如果迭代次数比较多,算法的运行时间会比较长。

蚁群算法是一种用来寻找优化路径的概率型算法,其灵感来源于蚂蚁在寻找食物过程中发现路径的行为。这种算法具有分布计算、信息正反馈和启发式搜索的特征,本质上是进化算法中的一种启发式全局优化算法。caret 包中的遗传算法会在重采样迭代中重复进行特征空间的搜索，寻找最优的特征子集。caret 包中的蚁群算法特征选择的函数是 gafs() 函数，该函数最基本的用法如下所示。

```
obj<-gafs(x=predictors,
y=outcome,
iters=100)
```

这里蚁群算法的使用方法与上文的模拟退火算法非常相似，下面来看一个实现例子，代码如下所示。

```
ga_ctrl<-gafsControl(functions=rfGA)

set.seed(10)
rf_ga<-gafs(x=iris[,-5],y=iris$Species,
iters=1,
gafsControl=ga_ctrl)
rf_ga
GeneticAlgorithmFeatureSelection

150samples
4predictors
3classes:'setosa','versicolor','virginica'

Maximumgenerations:1
Populationpergeneration:50
Crossoverprobability:0.8
Mutationprobability:0.1
Elitism:0

Internalperformancevalues:Accuracy,Kappa
SubsetselectiondriventomaximizeinternalAccuracy

Externalperformancevalues:Accuracy,Kappa
BestiterationchosebymaximizingexternalAccuracy
Externalresamplingmethod:Cross-Validated(10fold,repeated1times)

Duringresampling:
*thetop4selectedvariables(outofapossible4):
Petal.Width(100%),Petal.Length(70%),Sepal.Length(20%),Sepal.Width(10%)
*onaverage,2variableswereselected(min=1,max=3)

Inthefinalsearchusingtheentiretrainingset:
*2featuresselectedatiteration1including:
Petal.Length,Petal.Width
*externalperformanceatthisiterationis

AccuracyKappa
0.95330.9300
```

在这个例子中只设置迭代了一次，从输出结果中可以看出，由于迭代次数太少，只选择了两个变量。在使用蚁群算法的时候需要设置适当的迭代次数，太大则模型的运算时间会非常长，太小则无法有效地得出最优特征子集。

以上就是本小节中介绍的特征选择的方法，其实，R 语言中还有很多与特征选择有关的包，如 FsinR、RWeka、EFS、COERelearn、spFSR、varSelRF 等，读者有兴趣可以自行深入学习。

4.6 boosting 算法

集成机器学习通常有两大类：bagging 和 boosting，在上文介绍过的随机森林就属于 bagging 算法。本节将介绍 boosting 相关的算法，boosting 算法可以分为梯度上升算法和梯度下降算法，这两种算法的区别是，梯度上升算法是在优化过程中寻找最大值，而梯度下降算法是寻找最小值。

4.6.1 gbm 包

在 R 语言中，gbm 包提供了基于决策树的各种梯度下降或者梯度上升的算法，下面来看一个代码示例。

```
library(gbm)
##Loadedgbm2.1.8
##Loadedgbm2.1.8
gbmModel<-gbm::gbm(Species~.,data=iris,distribution="multinomial")
##Warning:Setting`distribution="multinomial"`isill-advisedasitis
##currentlybroken.Itexistsonlyforbackwardscompatibility.Useatyourown
##risk.
##Warning:Setting`distribution="multinomial"`isill-advisedasitis
##currentlybroken.Itexistsonlyforbackwardscompatibility.Useatyourown
##risk.
gbmModel
gbm::gbm(formula=Species~.,distribution="multinomial",
data=iris)
Agradientboostedmodelwithmultinomiallossfunction.
100iterationswereperformed.
Therewere4predictorsofwhich4hadnon-zeroinfluence.
```

在构建模型的时候需要注意指定合适的 distribution 参数，例如目标变量是二分类，则需要指定为 bernoulli；如果是生存分析类型，则需要指定为 coxph。目前，distribution 参数可以选的选项有 gaussian、laplace、tdist、bernoulli、huberized、adaboost、poisson、coxph、quantile、pairwise 和 multinomial。下面的任务是多分类，因此设定的分布是 multinomial。构建好模型之后，可以使用构建好的模型进行预测。

```
pre<-predict(gbmModel,iris,type="response")
##Using100trees...
##Using100trees...
pre%>%head()
##,,100
##
##setosaversicolorvirginica
##[1,]0.99991988.012298e-056.099980e-08
```

```
## [2,] 0.9999787 2.090006e-05 3.602096e-07
## [3,] 0.9999612 3.857327e-05 1.868408e-07
## [4,] 0.9999612 3.857327e-05 1.868408e-07
## [5,] 0.9999387 6.114761e-05 1.126219e-07
## [6,] 0.9999198 8.012298e-05 6.099980e-08
```

这里使用 predict() 函数进行预测，上面的代码将 predict() 函数的 type 参数设置为 response，表示预测输出的是一个概率值，从输出结果可以看出，最终的结果是关于不同类别的预测概率。

4.6.2 xgboost 包

xgboost 是一个开源的软件包，它提供了一个正则化的梯度提升框架。xgboost 在很多的数据挖掘比赛中有优秀的表现，且有很多的优点。相比于其他梯度提升模型，xgboost 模型的运行效率非常快，并且 xgboost 的性能非常好。

下面来看一个关于 xgboost 实现的例子，代码如下所示。

```
library(xgboost)

data(agaricus.train,package='xgboost')                          #获取数据
data(agaricus.test,package='xgboost')

#将数据转化为矩阵
dtrain<-xgb.DMatrix(agaricus.train$data,label=agaricus.train$label)
dtest<-xgb.DMatrix(agaricus.test$data,label=agaricus.test$label)
watchlist<-list(train=dtrain,eval=dtest)    #将训练集和测试集合并为一个列表。

##设置参数列表
param<-list(max_depth=2,eta=1,verbose=0,nthread=2,
objective="binary:logistic",eval_metric="auc")               #设置参数
bst<-xgb.train(param,dtrain,nrounds=2,watchlist)             #训练模型
## [02:00:10] WARNING: amalgamation/../src/learner.cc:573:
## Parameters: { "verbose" } might not be used.
##
## This may not be accurate due to some parameters are only used in language bindings but
## passed down to XGBoost core. Or some parameters are not used but slip through this
## verification. Please open an issue if you find above cases.
##
##
## [1]  train-auc:0.958228  eval-auc:0.960373
## [2]  train-auc:0.981413  eval-auc:0.979930
## [15:21:56] WARNING: amalgamation/../src/learner.cc:573:
## Parameters: { "verbose" } might not be used.
##
## This may not be accurate due to some parameters are only used in language bindings but
## passed down to XGBoost core. Or some parameters are not used but slip through this
## verification. Please open an issue if you find above cases.
##
##
## [1]  train-auc:0.958228  eval-auc:0.960373
## [2]  train-auc:0.981413  eval-auc:0.979930
```

在上面的代码中，首先使用 xgboost 包中提供的数据集 agaricus.train，其类型是 xgb.DMatrix，xgboost 只接受 xgb.DMatrix 格式的数据作为函数的输入。需要注意的一点是，agaricus.train 数据集的分类变量全部转变为了哑变量。如果原始数据集是数据框，并且其中包含分类变量，则还需要手动将分类变量转变成为哑变量。在 R 语言中，可以使用 dummies 包将分类变量转变成为哑变量，下面看一个生成哑变量的方法，代码如下所示。

```
library(dummies)
x<-dummy(x="Species",data=iris)
x%>%head(3)
     Speciessetosa Speciesversicolor Speciesvirginica
1              1                 0                0
2              1                 0                0
3              1                 0                0
```

从输出结果中可以看出，已成功地创建了哑变量。除了 dummies 包之外，可以用于创建哑变量的包还有 fastDummies，另外 caret 包中的 dummyVars()函数也可以用来创建哑变量。下面看一个例子，在这个例子中，从数据框出发，并最终使用 xgboost 构建的模型进行预测，代码如下所示。

```
tr<-as.matrix(iris[,-5])
train<-xgb.DMatrix(tr,label=as.numeric(iris[,5]))    #将数据转换为 xgb 矩阵
xgmodel<-xgboost(data=tr,label=as.integer(iris$Species)-1,nrounds=10,
objective="multi:softprob",num_class=3)              #构建模型
[14:05:52] WARNING: amalgamation/../src/learner.cc:1095: Starting in XGBoost
1.3.0, the default evaluation metric used with the objective 'multi:softprob'
was changed from 'merror' to 'mlogloss'. Explicitly set eval_metric if you'
d like to restore the old behavior.
[1]  train-mlogloss:0.736117
[2]  train-mlogloss:0.524235
[3]  train-mlogloss:0.387995
[4]  train-mlogloss:0.294146
[5]  train-mlogloss:0.226824
[6]  train-mlogloss:0.177835
[7]  train-mlogloss:0.141766
[8]  train-mlogloss:0.115003
[9]  train-mlogloss:0.094791
[10] train-mlogloss:0.078860
Xgmodel                                              #查看模型结果
#####xgb.Booster
raw: 28.1Kb
call:
  xgb.train(params=params,data=dtrain,nrounds=nrounds,
    watchlist=watchlist,verbose=verbose,print_every_n=print_every_n,
    early_stopping_rounds=early_stopping_rounds,maximize=maximize,
    save_period=save_period,save_name=save_name,xgb_model=xgb_model,
    callbacks=callbacks,objective="multi:softprob",num_class=3)
params (as set within xgb.train):
  objective="multi:softprob",num_class="3",validate_parameters="TRUE"
xgb.attributes:
  niter
```

```
callbacks:
cb.print.evaluation(period=print_every_n)
cb.evaluation.log()
#offeatures:4
niter:10
nfeatures:4
evaluation_log:
itertrain_mlogloss
10.736117
20.524235
---
90.094791
100.078860
```

在这个例子中,使用 iris 数据集构建 xgboost 模型,首先将数据转换为 xgb.DMatrix 格式。xgboost 的参数其实非常多,常用的参数包括:

(1) objective:设置模型任务。

(2) max.depth:决策树的深度。

(3) nthread:CPU 线程数。

(4) nrounds:最大迭代次数。

(5) verbose:是否输出模型构建信息。

(6) nfold:交叉验证的折数。

objective 参数可以指定模型的具体任务是什么,默认情况会根据数据自动指定,可能的选项包括:

(1) reg:squarederror:均方损失的回归模型。

(2) reg:squaredlogerror:对数均方损失的回归模型。

(3) reg:logistic:逻辑回归模型。

(4) reg:pseudohubererror:带有伪 Huber 损失的回归。

(5) binary:logistic:逻辑回归模型,二分类,输出概率。

(6) binary:logitraw:逻辑回归模型,输出分数。

(7) binary:hinge:二分类,输出 0 和 1 而不是概率。

(8) count:poisson:泊松回归,输出泊松分布的平均值。

(9) survival:cox:cox 回归。

(10) survival:aft:截尾生存时间数据的加速失效时间模型。

(11) multi:softmax:多分类。

(12) multi:softprob:多分类,输出每个类别的概率。

(13) rank:pairwise:排序模型。

上面构建的是对分类的模型,num_class=3 表示的是目标变量由 3 个值构建好模型之后,可以使用 predict()函数进行预测,代码如下所示。

```
pre<-predict(xgmodel,train,reshape=T)       #进行预测
pre
[,1][,2][,3]
```

```
[1,]0.953026650.024478410.02249493
[2,]0.953026650.024478410.02249493
[3,]0.953026650.024478410.02249493
[4,]0.953026650.024478410.02249493
…
```

从输出结果可以看出，模型会输出不同类别的概率。另外，使用 xgb.importance()函数还可以得到每一个变量的重要性。

4.6.3 LightGBM 包

LightGBM（Light Gradient Boosting Machine）是一个非常受欢迎的免费、开源的梯度提升框架，最初由 Microsoft 开发，基于决策树算法，用于排序、分类和其他机器学习任务中。

与 xgboost 类似，LightGBM 框架也支持不同的算法，例如 GBT、GBDT、GBRT 等。LightGBM 有许多与 xgboost 类似的优点，二者的区别在于模型中决策树的构造。LightGBM 实现了一种高度优化的基于直方图的决策树学习算法，在效率和内存消耗方面都具有很大的优势。

在 R 语言中，LightGBM 包提供了 LightGBM 库的接口，下面通过一个简单的例子来看一下 LightGBM 在 R 语言中的实现，代码如下所示。

```
library(lightgbm)

traindata<-lgb.Dataset(as.matrix(iris[,-5]),label=as.integer(iris$
Species)-1)                                    #将数据集转变为模型需要的格式

#设置参数，这里指定进行多分类，目标变量的值有三个
params<-list(objective="multiclass",num_class=3)

lgbm<-lgb.train(params=params,nrounds=10,data=traindata)    #构建模型
```

构建好模型之后，可以使用构建好的模型进行预测，代码如下所示。

```
pre<-predict(lgbm,as.matrix(iris[,-5]),reshape=T)
pre
    [,1][,2][,3]
[1,]0.797017360.101369950.10161269
[2,]0.784598980.105380970.11002005
[3,]0.784598980.105380970.11002005
```

LightGBM 框架的使用和 xgboost 框架的使用类似，首先都需要将数据转变为对应的格式，然后需要设置参数，这里设置的参数表示构建多分类模型，目标变量的取值有三种。然后可以使用 lgb.train()函数构建模型。

LightGBM 函数的参数同样非常多，着重介绍一下 objective 参数，这个参数指定了构建何种模型，默认情况是构建回归模型，可选项包括：regression、regression_l1、multiclass、poisson 等。

LightGBM 官方文档中有非常详细的参数介绍，本小节不进行深入介绍。

R 语言中还有很多 boosting 算法的实现，例如 bst 包实现了一种 boosting 的优化算法，使用了各种凸或非凸损失函数的梯度下降算法，可以解决经典和稳健的回归和分类问题。GMMBoost 包实现了一种基于似然提升的广义混合模型。gradDescent 包还提供了基于梯度下降的各种学习算法的实现。感兴趣的读者可以查看官方文档进一步学习。

4.7 支持向量机

支持向量机（SVM）是一组用于分类、回归和异常值检测的监督学习方法。支持向量机的优点是：在高维空间中有效。在维数大于样本数的情况下仍然有效。

支持向量机的原理并不复杂，但是在构建支持向量机模型的时候，有许多参数需要调整，但是构建优秀的支持向量机模型需要对模型原理、参数都要有充分的理解，并且支持向量机存在核函数，用于解决非线性问题。如何选取合适的核函数，同样需要一定的专业知识。

支持向量机应用广泛，其应用领域包括：

（1）文本分类。

（2）图像识别。

（3）手写字体识别。

（4）医学中基因、蛋白质的分类。

支持向量机有很好的预测效果，是解决分类和回归问题很优秀的方法。

4.7.1 e1071 包

在 R 语言中，e1071 包是一个很常用的机器学习包，其提供了很多的机器学习算法的实现。e1071 包中的 svm() 函数提供了一个到 LIBSVM 库的接口。下面来看一个支持向量机回归在 R 语言中实现的例子，代码如下所示。

```
library(e1071)
mySvm<-svm(mpg~.,data=mtcars)          #构建回归模型

mySvm
##
##Call:
##svm(formula=mpg~.,data=mtcars)
##
##
##Parameters:
##SVM-Type:eps-regression
##SVM-Kernel:radial
##cost:1
##gamma:0.1
##epsilon:0.1
```

```
##
##
##NumberofSupportVectors:30
```

基本支持向量机模型的实现非常简单，如果目标变量是数值类型，那么 svm() 函数会自动地构建回归模型，如果目标变量的类型是因子类型，那么会构建分类模型，下面看一个分类问题的简单例子，代码如下。

```
SvmIris<-svm(Species~.,data=iris)
SvmIris
##
##Call:
##svm(formula=Species~.,data=iris)
##
##
##Parameters:
##SVM-Type:C-classification
##SVM-Kernel:radial
##cost:1
##
##NumberofSupportVectors:51
```

构建好模型之后可以很轻松地使用构建好的模型进行预测。

```
predict(SvmIris,iris)
12345678
setosasetosasetosasetosasetosasetosasetosasetosa
```

需要注意的是，如果希望输出的结果是一个概率，则需要在构建模型的时候，设置参数 probability=TRUE。

支持向量机所需要调整的参数有不少，首先需要了解参数的含义，然后才能进一步更好地调参。下面对 e1071 的参数做一个总结。

（1）type：决定 svm 是用于解决分类问题还是回归问题。

（2）scale：将数据标准化。

（3）kernel：选择支持向量机的核函数，包括 linear()、polynomial()、radialbasis() 和 sigmoid()。

（4）cost：决定给分错的数据多少惩罚。

（5）epsilon：这个值越大，表示容忍范围内的分错的数据有惩罚概率越大，如果接近 0，则表示每一个分错的数据都会有惩罚。

（6）gamma：核函数相关的参数（linear() 函数除外）。

4.7.2 Kernlab 包

Kernlab 包实现了一个灵活内核学习框架（包括 SVM、RVM 和其他内核学习算法）。我们来看一个例子，首先加载包和准备数据集，这里使用了 spam 数据集，代码如下所示。

```
library(kernlab)
##
```

```
##Attachingpackage:'kernlab'
##Thefollowingobjectismaskedfrom'package:purrr':
##
##cross
##Thefollowingobjectismaskedfrom'package:ggplot2':
##
##alpha
data(spam)
```

接下来,创建训练集和测试集,代码如下所示。

```
index<-sample(1:dim(spam)[1])
spamtrain<-spam[index[1:floor(dim(spam)[1]/2)],]
spamtest<-spam[index[((ceiling(dim(spam)[1]/2))+1):dim(spam)[1]],]
```

准备好数据之后,使用 ksvm()函数构建支持向量机,代码如下所示。

```
filter<-ksvm(type~.,data=spamtrain,kernel="rbfdot",
kpar=list(sigma=0.05),C=5,cross=3)
filter
##SupportVectorMachineobjectofclass"ksvm"
##
##SVtype:C-svc(classification)
##parameter:costC=5
##
##GaussianRadialBasiskernelfunction.
##Hyperparameter:sigma=0.05
##
##NumberofSupportVectors:955
##
##ObjectiveFunctionValue:-1158.963
##Trainingerror:0.022609
##Crossvalidationerror:0.09696
```

构建好模型之后,可以使用模型来进行预测,代码如下所示。

```
mailtype<-predict(filter,spamtest[,-58])

##Checkresults
table(mailtype,spamtest[,58])
##
##mailtypenonspamspam
##nonspam1380103
##spam52765
```

到这里计算出模型预测结果的混淆矩阵。

支持向量机是机器学习中最重要的算法之一,其在分类以及回归问题都有非常不错的表现。但是想要充分发挥支持向量机的优势,需要对支持向量机的很多细节了解得很清楚,进行有效的参数调整。

4.8 元　　包

这里所指的元(Meta)包并不是元分析(Meta-analysis)的相关包,而是指一套包的集合。例如 Python 中的 sklearn 模块，囊括机器学习的各种内容。而 R 语言中的各种算法都是由不同人创建的包来实现的，这些包缺少统一的输入输出标准。于是，R 语言中一些开发者开发了一些元包，类似于 Python 中的 sklearn，通过一个包囊括统计机器学习的各种内容。

caret 包提供了用于构建预测模型的各种功能，包括参数调整和变量重要性度量。该包可用于各种并行实现（例如 MPI、NWS 等）。本着类似的精神，mlr3 包和 mlr3proba 包为各种统计和机器学习包提供了高级接口。SuperLearner 包实现了一个类似的工具箱。H2O 包实现了一个通用机器学习平台，该平台具有许多流行算法的可扩展实现，例如随机森林、GBM、GLM（具有弹性网络正则化）和深度学习（前馈多层网络）等。mlpack C++库的接口可从 mlpack 包获得。CORElearn 实现了一类相当广泛的机器学习算法，例如最近邻、树、随机森林和几种特征选择方法。类似地，rminer 包接口了在其他包中实现的几种学习算法，并计算了几种性能指标。

4.8.1　Caret 包

Caret 包囊括一套统计机器学习的工具，这些工具包括：
（1）数据拆分。
（2）数据预处理。
（3）特征选择。
（4）构建模型。
（5）模型评估。

R 语言中有许多不同的建模函数，有时候这些函数的调用语法都不一样，但是 Caret 提供了一个统一的接口，可以通过统一的语法调用不同包中的不同函数。需要注意的是，在 Caret 包中包含超过 150 个机器学习模型。

下面来看一个简单的例子，代码如下所示。

```
library(caret)
##Loadingrequiredpackage:lattice
##
##Attachingpackage:'caret'
##Thefollowingobjectismaskedfrom'package:purrr':
##
##lift
myModel<-train(x=iris[,-5],y=iris[,5],method="rf")    #构建模型

myModel                                                #查看模型结果
##RandomForest
##
##150samples
##4predictor
##3classes:'setosa','versicolor','virginica'
##
##Nopre-processing
```

```
##Resampling:Bootstrapped(25reps)
##Summaryofsamplesizes:150,150,150,150,150,150,...
##Resamplingresultsacrosstuningparameters:
##
##mtryAccuracyKappa
##20.96080380.9405258
##30.96221420.9426434
##40.96203460.9424044
##
##Accuracywasusedtoselecttheoptimalmodelusingthelargestvalue.
##Thefinalvalueusedforthemodelwasmtry=3.
```

在 Caret 包中，使用 train()函数构建模型。train()函数是一个通用函数，通过调整 method 参数即可指定构建不同的模型。

下面再看一个 Caret 包构建模型的例子，代码如下所示。

```
library(mlbench)
data(Sonar)
library(caret)
set.seed(998)
inTraining<-createDataPartition(Sonar$Class,p=.75,list=FALSE)  #拆分数据集
training<-Sonar[inTraining,]                                    #训练集
testing<-Sonar[-inTraining,]                                    #测试集
fitControl<-trainControl(                                       ##设置10折交叉验证
method="repeatedcv",number=10,                                  ##重复10次
repeats=10)

gbmFit1<-train(Class~.,data=training,method="gbm",trControl=fitControl,
verbose=FALSE)        #构建gbm模型 verbose=FALSE 表示不显示模型构建信息
gbmFit1
StochasticGradientBoosting

157samples
60predictor
2classes:'M','R'

Nopre-processing
Resampling:Cross-Validated(10fold,repeated10times)
Summaryofsamplesizes:141,142,141,142,141,142,...
Resamplingresultsacrosstuningparameters:

interaction.depthn.treesAccuracyKappa
1500.79357840.5797839
11000.81710780.6290208
11500.82196080.6386184
2500.80419120.6027771
21000.83020590.6556940
21500.82836270.6520181
3500.81103430.6170317
31000.83012750.6551379
31500.83103430.6577252
```

```
Tuningparameter'shrinkage'washeldconstantatavalueof0.1
Tuning
parameter'n.minobsinnode'washeldconstantatavalueof10
Accuracywasusedtoselecttheoptimalmodelusingthelargestvalue.
Thefinalvaluesusedforthemodelweren.trees=150,interaction.depth=3,
shrinkage=
andn.minobsinnode=10.
```

在这个例子中，构建了 10 折交叉验证的 gbm 模型。使用 train()函数建模的时候，修改 method 参数即可构建不同的模型，事实上，可以选的模型有几百个，那么如何将 method 参数与想要构建的模型对应起来，可以使用 getModelInfo()函数，该函数记录了可构建模型的详细信息。

```
x<-getModelInfo()
names(x)
[1]"ada""AdaBag""AdaBoost.M1""adaboost"
[5]"amdai""ANFIS""avNNet""awnb"
[9]"awtan""bag""bagEarth""bagEarthGCV"
[13]"bagFDA""bagFDAGCV""bam""bartMachine"
[17]"bayesglm""binda""blackboost""blasso"
```

getModelInfo()函数返回的结果是一个列表，这个列表囊括所有可以构建的模型，列表的每一个元素存储了一个模型的信息。列表中的每一个元素的名称对应的是模型的参数值，例如想要构建 adaboost 模型，则需要设置 method="adaboost"。我们列表详细结果会显示关于某个模型的详细结果。除了这种方式查看有那种可选模型之外，还可以去官网查看，网址是：http://topepo.github.io/caret/train-models-by-tag.html。

Caret 包还提供了很多数据可视化的功能，可以使用 Caret 包中的 featurePlot()函数绘制数据集中的特征之间的散点图，如图 4-16 所示，代码如下所示。

```
library(AppliedPredictiveModeling)
transparentTheme(trans=.4)                              #设置透明度
library(caret)

featurePlot(x=iris[,1:4],y=iris$Species,plot="pairs", #绘制变量之间的散点图
auto.key=list(columns=3))
```

图 4-16 展示了不同变量之间的散点图，并且使用了一个分类变量来区分颜色。需要注意的是 featurePlot()函数是一个通用函数，通过调整 plot 参数即可绘制不同的图形。如果希望绘制数据集中特征的密度图，则可以设置参数 plot="density"，如图 4-17 所示，代码如下所示。

```
transparentTheme(trans=.9)
featurePlot(x=iris[,1:4],y=iris$Species,plot="density",##Passinoptionst
oxyplot()to##makeitprettier
scales=list(x=list(relation="free"),y=list(relation="free")),adjust=1.5,
pch="|",layout=c(4,1),auto.key=list(columns=3))
```

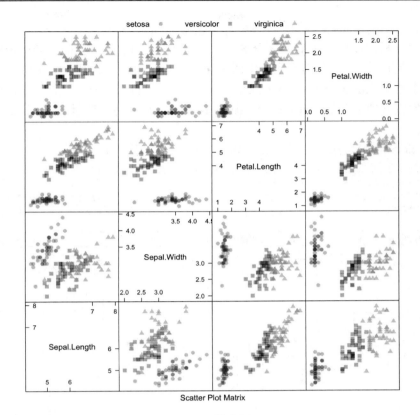

图 4-16　散点图

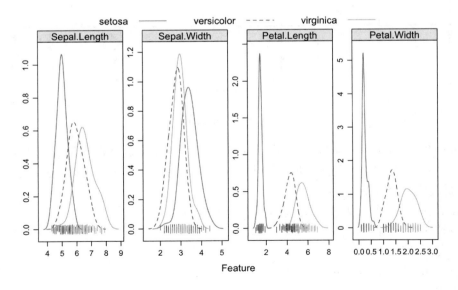

图 4-17　密度图

图 4-17 展示了不同变量的密度图，并且使用了 Species 变量来区分分布的颜色。从图 4-18 中可以分析出哪些特征对于区分 Species 变量的不同值是重要的。分析逻辑很简单，Species 变量有三个值，分别对应图中的三个分布，如果某个特征的三个分布非常相似，则说明这个特征无法区分 Species 变量，如果某个特征的三个分布差异很大，则说明这个特征能够比较好地区分 Species 变量。在图 4-18 中，后面两个变量对于 Species 有更好的区分能力。

设置 plot="box"，来绘制箱线图，如图 4-18 所示，代码如下所示。

```
featurePlot(x=iris[,1:4],y=iris$Species,plot="box",
##Passinoptionstobwplot()
scales=list(y=list(relation="free"),x=list(rot=90)),layout=c(4,1),auto.key=list(columns=2))
```

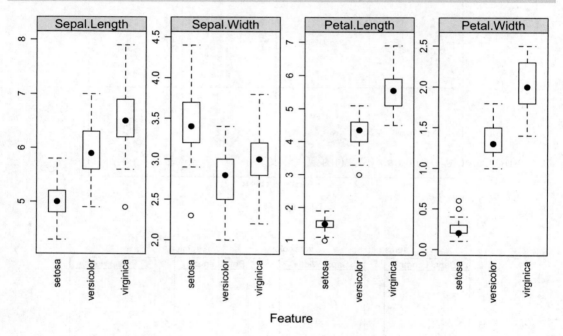

图 4-18 箱线图

featurePlot()函数有一个优点，即其是针对于整个数据集进行可视化的，可以通过一行代码可视化整个数据集的结果，但是这也有缺点，当特征非常多的时候，图形会变得不可读，需要避免这个情况。

Caret 还提供了很多数据预处理的方法，包括：

（1）生成哑变量。

（2）去除相关性变量。

（3）去除线性依赖关系。

（4）中心化、标准化。

（5）因子变量距离分析。

在 Caret 包中，生成哑变量的方法有两种：第一种是使用 model.matrix()函数；另一种是使用 dummyVars()函数。下面来看一个代码示例。

```
library(earth)
data(etitanic)
head(etitanic)
pclasssurvivedsexagesibspparch
11st1female29.000000
21st1male0.916712
31st0female2.000012
41st0male30.000012
```

在这个例子中使用了 etitanic 数据集，可以看出，数据集中大多数变量是分类变量。然后使用 model.matrix()函数创建哑变量，代码如下所示。

```
head(model.matrix(survived~.,data=etitanic))

(Intercept)pclass2ndpclass3rdsexmaleagesibspparch
1100029.000000
210010.916712
310002.000012
```

这里使用了 model.matrix()函数创建哑变量，其中，survived 表示目标变量。从输出结果中可以看出，pclass 和 sex 转变为哑变量。

利用 Caret 包中的 dummyVars()函数可以更方便地创建哑变量，代码如下所示。

```
dummies<-dummyVars(survived~.,data=etitanic)
head(predict(dummies,newdata=etitanic))

pclass.1stpclass.2ndpclass.3rdsex.femalesex.maleagesibspparch
11001029.000000
2100010.916712
3100102.000012
```

当有新数据的时候，可以直接使用 dummyVars()函数将新数据转变为哑变量。

在构建模型的时候，特征间的相关性是需要避免的。如果特征之间存在相关性则意味着信息冗余，并且有些模型会因为特征间的相关性而变得不稳定。在 Caret 包中，可以使用 findCorrelation()函数找到哪些特征是高度相关的，该函数会返回与要删除的列相对应的整数向量。

```
descrCor<-cor(iris[,-5])
highlyCorDescr<-findCorrelation(descrCor,cutoff=.75)
highlyCorDescr
##[1]34
```

从输出结果中可以看出，第 3 个和第 4 个特征需要删除。在 Caret 包中，还可以使用 findLinearCombos()函数分析特征间的线性依赖关系。

```
#findLinearCombos()函数使用矩阵的 QR 分解来枚举一组线性组合（如果存在）
ltfrDesign<-matrix(0,nrow=6,ncol=6)
ltfrDesign[,1]<-c(1,1,1,1,1,1)
ltfrDesign[,2]<-c(1,1,1,0,0,0)
```

```
ltfrDesign[,3]<-c(0,0,0,1,1,1)
ltfrDesign[,4]<-c(1,0,0,1,0,0)
ltfrDesign[,5]<-c(0,1,0,0,1,0)
ltfrDesign[,6]<-c(0,0,1,0,0,1)
comboInfo<-findLinearCombos(ltfrDesign)
comboInfo

$linearCombos
$linearCombos[[1]]
[1]312

$linearCombos[[2]]
[1]6145


$remove
[1]36
```

从输出结果中可以看出,需要删除第 3 列和第 6 列的数据。如果需要对数据进行处理,例如中心化,则可以使用 preProcess()函数,下面看一个例子,代码如下所示。

```
#中心化标准化
preProcValues<-preProcess(iris,method=c("center","scale"))

x<-predict(preProcValues,iris)

x%>%head()
Sepal.LengthSepal.WidthPetal.LengthPetal.WidthSpecies
1-0.89767391.0156020-1.335752-1.311052setosa
2-1.1392005-0.1315388-1.335752-1.311052setosa
```

preProcess()函数支持的数据处理方法有很多,包括 BoxCox、YeoJohnson、expoTrans、center、scale、range、knnImpute、bagImpute、medianImpute 等方法。

处理完数据,准备构建模型之前,还需要对数据集进行划分,例如将数据集划分为训练集和测试集。Caret 包中的 createDataPartition()函数可以很轻松地将数据集划分为不同的比例,代码如下所示。

```
library(caret)
set.seed(3456)
trainIndex<-createDataPartition(iris$Species,p=.8,list=FALSE,times=1)
head(trainIndex,3)
Resample1
[1,]1
[2,]2
[3,]3
```

createDataPartition()函数会对数据集进行抽样,函数返回的结果是抽样行数的序列,然后根据这个序列即可得到抽样数据集。

```
irisTrain<-iris[trainIndex,]
irisTest<-iris[-trainIndex,]
```

```
dim(irisTrain,3)
[1]1205
```

原始的数据集是 150 行，抽样的数据为 120 行，占比 80%。

Caret 包还提供了非常多的特征选择方法。例如，可以对特征的重要性进行排序，可以通过构建模型从数据中估计特征的重要性。某些方法（如决策树）具有计算变量重要性的内置机制。对于其他算法，可以用对每个属性进行的 ROC 曲线分析来估计重要性。

下面的例子使用 PimaIndiansDiabetes 数据集并构建学习向量量化（LVQ）模型。PimaIndiansDiabetes 数据集是印度糖尿病患者数据集，数据集有 768 行，9 列。

接下来使用 varImp()函数来估计变量重要性。它表明葡萄糖、质量和年龄属性是数据集中前 3 个最重要的属性，而胰岛素属性是最不重要的。

```
set.seed(7)
#加载包
library(mlbench)
library(caret)
#加载数据集
data(PimaIndiansDiabetes)
#设置参数
control<-trainControl(method="repeatedcv",number=10,repeats=3)
#训练模型
model<-train(diabetes~.,data=PimaIndiansDiabetes,method="lvq",preProcess=
"scale",trControl=control)
#评估变量的重要性
importance<-varImp(model,scale=FALSE)
#输出变量重要性
print(importance)
##ROCcurvevariableimportance
##
##Importance
##glucose0.7881
##mass0.6876
##age0.6869
##pregnant0.6195
##pedigree0.6062
##pressure0.5865
##triceps0.5536
##insulin0.5379
```

下面对多变量的重要性进行可视化，如图 4-19 所示，代码如下所示。

```
plot(importance)
```

Caret 包还有很多自动特征选择的方法，识别、构建准确模型所需和不需要的那些特征。Caret 包提供了一种流行的自动特征选择方法，称为递归特征消除（Recursive Feature Elimination，RFE）。下面的例子中使用递归特征消除方法对糖尿病数据集进行特征选择。

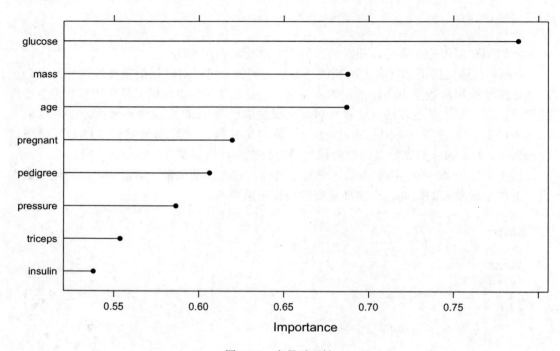

图 4-19 变量重要性

每次迭代都使用随机森林算法来评估模型，该算法可以探索特征的所有可能子集。

```
#设置随机种子
set.seed(7)
#加载包
library(mlbench)
library(caret)
#加载数据
data(PimaIndiansDiabetes)
#设置参数
#设置10折交叉验证
control<-rfeControl(functions=rfFuncs,method="cv",number=10)
#运行rfe算法
results<-rfe(PimaIndiansDiabetes[,1:8],PimaIndiansDiabetes[,9],sizes=
c(1:8),rfeControl=control)
#查看汇总结果
print(results)
##
##Recursivefeatureselection
##
##Outerresamplingmethod:Cross-Validated(10fold)
##
##Resamplingperformanceoversubsetsize:
##
##VariablesAccuracyKappaAccuracySDKappaSDSelected
##10.70710.29570.032350.09669
```

```
## 2  0.7487  0.4263  0.03914  0.08962
## 3  0.7579  0.4539  0.03966  0.08767
## 4  0.7631  0.4699  0.05373  0.11706
## 5  0.7605  0.4656  0.04037  0.07910
## 6  0.7631  0.4660  0.03316  0.06588
## 7  0.7591  0.4579  0.03739  0.06966
## 8  0.7670  0.4696  0.03926  0.08056*
##
## The top 5 variables (out of 8):
##    glucose, mass, age, pregnant, insulin
predictors(results)#
## [1] "glucose"  "mass"  "age"  "pregnant"  "insulin"  "pedigree"  "triceps"
## [8] "pressure"
```

从输出结果中可以看出，这些特征都是比较重要的，对选择不同数量特征时模型的效果进行数据可视化，如图 4-20 所示。

```
plot(results,type=c("g","o"))
```

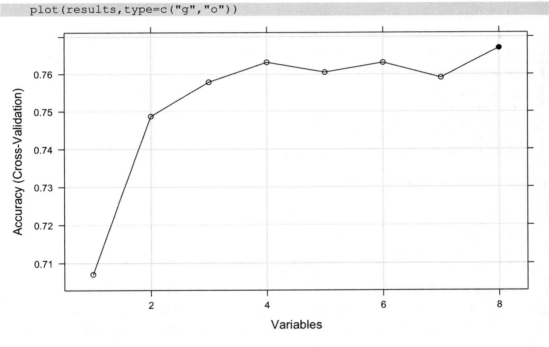

图 4-20 变量重要性

从图 4-20 中可以看出，虽然在这个例子中选择了所有的 8 个特征，但是在选择第 4 个重要特征的时候，模型精度的变化就不大了。

Caret 包提供了非常多的方法计算变量的重要性，可以使用 varImp() 函数查看模型中变量的重要性，该函数可以用不同的模型当作参数，从而获取到不同模型的变量重要性。可以获得变量重要性的模型包括：

（1）LinearModels；

（2）glmboost 和 glmnet；
（3）RandomForest；
（4）PartialLeastSquares；
（5）RecursivePartitioning；
（6）BaggedTrees；
（7）BoostedTrees；
（8）MultivariateAdaptiveRegressionSplines；
（9）Nearestshrunkencentroids；
（10）Cubist；
（11）PART 和 Jrip；
（12）NeuralNetworks；
（13）RecursiveFeatureElimination；
（14）FeatureSelectionviaUnivariateFilters。

以上这些模型构建之后，都可以通过 varImp() 函数获取变量的重要性。下面来看一个代码示例。

```
gbmFit<-train(x=iris[,-5],y=iris$Species,method="RRF")
##RegisteredS3methodoverwrittenby'RRF':
##methodfrom
##plot.marginrandomForest
gbmImp<-varImp(gbmFit,scale=FALSE)
gbmImp
##RRFvariableimportance
##
##Overall
##Petal.Width52.203
##Petal.Length45.276
##Sepal.Width1.848
##Sepal.Length0.000
```

VarImp() 函数会自动将重要性分数缩放到 0 到 100。使参数 scale=FALSE 可避免此标准化步骤。另外，还可以使用 filterVarImp() 函数获取变量的重要性，对于分类特征，这个方法会对所有的特征进行 ROC 曲线分析。对于回归，则评估特征与目标变量之间的关系，例如拟合线性模型，通过 R2 的大小进行筛选。下面来看一个代码示例。

```
filterVarImp(iris[,-5],iris$Species)
setosaversicolorvirginica
Sepal.Length0.98460.93260.9846
Sepal.Width0.92480.92480.8344
Petal.Length1.00001.00001.0000
Petal.Width1.00001.00001.0000
```

返回的结果是关于特征重要性的数据框，数值越大，表示越重要，从输出结果中可以看出，最重要的特征是 Petal.Length 和 Petal.Length。

4.8.2 tidymodels 包

在 R 中，tidyverse 包是一套用于解决数据科学整个流程的一套包（从数据的获取到建模，再到最后的结果展示）。本小节介绍的 tidymodels 则是解决统计机器学习建模的一套包，tidymodels 模块包含的包有 broom、dials、infer、modeldata、parsnip、recipes、rsample、tune、workflows、yardstick 等，通过如下代码可以查看所有相关的包。

```
tidymodels::tidymodels_packages()
##[1]"broom""cli""dials""dplyr""ggplot2"
##[6]"infer""magrittr""modeldata""parsnip""purrr"
##[11]"recipes""rlang""rsample""Rstudioapi""tibble"
##[16]"tidyr""tune""workflows""yardstick""tidymodels"
```

里面有很多包前面讲过，有些包可能用不到。以下包在前面并未讲过，后面可能会用到。

（1）broom：输出整洁的结果，有三个主要函数 tidy()、glance()、augment()，tidy()提取模型输出结果的主要信息，比如 coefficients 和 t-statistics，glance()把模型视为一个整体，提取如 F-statistic、modeldeviance 或者 r-squared 等信息，augment()把模型输出的信息添加到建模用的数据集中，比如 fittedvalues 和 residuals。

（2）dials：设置关于函数超参数的包。

（3）infer：整理统计推断。

（4）modeldata：提供数据集。

（5）parsnip：提供了一个公共接口，允许用户指定一个模型，而不必记住不同的函数或计算引擎，该 R 语言包的官网是：https://parsnip.tidymodels.org/articles/parsnip_Intro.html。

（6）recipes：可以创建一些通用步骤。

（7）rsample：用于采样的一个函数。

（8）tune：寻找超参数。

（9）workflows：建立一个工作流程。

（10）yardstick：用于量化模型的一个工具。

（11）cli：用于控制文字输出的一个包。

下面来看一个使用 tidymodels 建模的例子，将使用 iris 数据集作为示例。首先，加载 tidymodels 包。

```
library(tidymodels)
```

然后需要对数据进行预测处理，此步骤侧重于通过数据转换使数据变得适合建模。数据相关的操作可以使用 dplyr 包，由于 iris 数据集已经非常整洁，这里不需要进行额外的处理。

在建模之前，需要划分数据集，initial_split()函数专门用于将数据集分离为训练集和测试集。默认情况下，函数会将 3/4 的数据用于训练，其余用于测试，这个比例可以通过传递 prop 参数来改变。需要注意的是 initial_split()函数生成一个 rplit 对象，而不是一个数据框。

```
iris_split<-initial_split(iris,prop=0.6)
iris_split
##<Analysis/Assess/Total>
##<90/60/150>
```

从输出结果中可以看出，划分结果并不是数据框。如果想要获得训练数据集，则需要使用 training()函数。同样，通过 testing()函数测试数据。

```
iris_split%>%
training()%>%
glimpse()
##Rows:90
##Columns:5
##$Sepal.Length<dbl>4.9,4.7,4.6,5.0,5.0,5.4,4.8,4.8,4.3,5.8,5.4,5.…
##$Sepal.Width<dbl>3.0,3.2,3.1,3.6,3.4,3.7,3.4,3.0,3.0,4.0,3.9,3.…
##$Petal.Length<dbl>1.4,1.3,1.5,1.4,1.5,1.5,1.6,1.4,1.1,1.2,1.3,1.…
##$Petal.Width<dbl>0.2,0.2,0.2,0.2,0.2,0.2,0.2,0.1,0.1,0.2,0.4,0.…
##$Species<fct>setosa,setosa,setosa,setosa,setosa,setosa,setosa,s…
```

采样函数由 rsample 包提供，它是 tidymodels 中用于抽样的一个包。在 tidymodels 中 recipes 包提供了一个专门进行数据预处理的接口。recipes 包的常用函数包括：

（1）recipes()：启动一组要应用的新转换，类似于 ggplot()函数。它的主要参数是模型的公式。

（2）prep()：在提供的数据之上执行转换。

每个数据转换都是一个步骤，而不同的函数对应特定类型的步骤。每个步骤都有一个前缀为 step_ 的函数。在这个例子中，将使用其中三个步骤函数：

（1）step_corr()：删除与其他变量具有较大绝对相关性的变量。

（2）step_center()：将数值数据中心化。

（3）step_scale()：将数值数据标准化。

在使用步骤函数的时候，可以将步骤函数应用于特定变量、变量组或所有变量。all_outcomes()函数和 all_predictors()函数提供了指定变量组的一个非常方便的方式。例如，如果只想使用 step_corr()函数分析预测变量，可以使用 step_corr(all_predictors())。这样可以不必枚举每个变量。

```
iris_recipe<-training(iris_split)%>%
recipe(Species~.)%>%
step_corr(all_predictors())%>%
step_center(all_predictors(),-all_outcomes())%>%
step_scale(all_predictors(),-all_outcomes())%>%
prep()
```

如果调用 iris_recipe 对象，将打印有关 recipe 对象的详细信息，这些信息描述了对数据进行了什么样的操作。

```
iris_recipe
##DataRecipe
##
```

```
##Inputs:
##
##role#variables
##outcome1
##predictor4
##
##Trainingdatacontained90datapointsandnomissingdata.
##
##Operations:
##
##CorrelationfilterremovedPetal.Length[trained]
##CenteringforSepal.Length,Sepal.Width,Petal.Width[trained]
##ScalingforSepal.Length,Sepal.Width,Petal.Width[trained]
```

一旦创建了 recipe 对象,就可以使用与预处理训练数据完全相同的步骤、权重和分类等来转换测试数据。

```
iris_testing<-iris_recipe%>%
bake(testing(iris_split))

glimpse(iris_testing)
##Rows:60
##Columns:4
##$Sepal.Length<dbl>-0.86749678,-0.51261173,-1.45897186,-1.69556189,
-1.10…
##$Sepal.Width<dbl>1.02083388,1.94652707,0.78941058,-0.36770591,
0.095140…
##$Petal.Width<dbl>-1.2626110,-1.0139567,-1.1382839,-1.2626110,
-1.386938…
##$Species<fct>setosa,setosa,setosa,setosa,setosa,setosa,setosa,s…
```

在上面的代码中,使用 bake() 函数将 recipe 对象应用于新的数据集,就可以得到经过处理之后的数据集。

对训练数据执行相同的操作是多余的,因为这些数据已经准备好了,只要使用 juice() 函数将准备好的训练数据加载到变量中,它将从 iris_recipe 变量中提取数据。

```
iris_training<-juice(iris_recipe)

glimpse(iris_training)
##Rows:90
##Columns:4
##$Sepal.Length<dbl>-1.10408681,-1.34067684,-1.45897186,-0.98579180,
-0.98…
##$Sepal.Width<dbl>-0.13628261,0.32656399,0.09514069,1.25225718,
0.789410…
##$Petal.Width<dbl>-1.262611,-1.262611,-1.262611,-1.262611,-1.262611,
-1…
##$Species<fct>setosa,setosa,setosa,setosa,setosa,setosa,setosa,s…
```

数据处理好之后,可以开始构建模型。在 R 语言中,在不同的包中有不同的模型,这些模型都有不同的设计。换句话说,对于每个包,相同模型的调用方式、参数设置等可能都不同。

例如,ranger 包和 randomForest 包都有随机森林模型。但是在 ranger() 函数中,使用

num.trees 参数来定义树的数量，在 randomForest 包的 randomForest()函数中，该参数被命名为 ntree。在包之间切换以运行相同的模型并不容易。

与 Caret 包类似，tidymodels 提供一组函数和参数来定义模型，然后它根据请求的建模包来拟合模型。也就是说，我们不需要了解不同包的使用方式，只需要了解 tidymodels 语法即可调用不同包的模型。

在下面的例子中，使用 rand_forest()函数用于初始化随机森林模型，为了定义树的数量，使用 trees 参数，如果要使用 ranger 随机森林的版本，使用 set_engine()函数进行设置。最后，为了执行模型，使用 fit()函数。

```
iris_ranger<-rand_forest(trees=100,mode="classification")%>%
set_engine("ranger")%>%
fit(Species~.,data=iris_training)
iris_ranger
parsnipmodelobject

Fittime:17ms
Rangerresult

Call:
ranger::ranger(x=maybe_data_frame(x),y=y,num.trees=~100,num.threads=1,
verbose=FALSE,seed=sample.int(10^5,1),probability=TRUE)
Type:Probabilityestimation
Numberoftrees:100
Samplesize:90
Numberofindependentvariables:3
Mtry:1
Targetnodesize:10
Variableimportancemode:none
Splitrule:gini
OOBpredictionerror(Briers.):0.05316421
```

在上面的代码中，使用 rand_forest()函数用于指定要构建 100 棵树的分类随机森林模型，然后通过 set_engine()函数指定要使用 ranger 包，最后调用 fit()函数，并在 fit()函数中指定模型公式以及数据集。

这样的好处是，想要使用 randForest 包构建随机森林，只需将 set_engine()的值更改为 randomForest。

```
iris_rf<-rand_forest(trees=100,mode="classification")%>%
set_engine("randomForest")%>%
fit(Species~.,data=iris_training)
iris_rf
parsnipmodelobject

Fittime:7ms

Call:
randomForest(x=maybe_data_frame(x),y=y,ntree=~100)
Typeofrandomforest:classification
Numberoftrees:100
No.ofvariablestriedateachsplit:1
```

```
OOBestimateoferrorrate:3.33%
Confusionmatrix:
setosaversicolorvirginicaclass.error
setosa27000.00000000
versicolor02800.00000000
virginica03320.08571429
```

构建好模型之后，就可以使用 predict() 函数进行预测了。

```
predict(iris_ranger,iris_testing)
###Atibble:60x1
##.pred_class
##<fct>
##1setosa
##2setosa
##3setosa
##4setosa
##5setosa
##6setosa
##7setosa
##8setosa
##9setosa
##10setosa
###…with50morerows
```

使用 dply 包中的 bind_cols() 函数可以很容易地将预测添加到测试数据中。

```
iris_ranger%>%
predict(iris_testing)%>%
bind_cols(iris_testing)%>%
glimpse()
##Rows:60
##Columns:5
##$.pred_class<fct>setosa,setosa,setosa,setosa,setosa,setosa,s…
##$Sepal.Length<dbl>-0.86749678,-0.51261173,-1.45897186,-1.69556189,
-1.10…
##$Sepal.Width<dbl>1.02083388,1.94652707,0.78941058,-0.36770591,
0.095140…
##$Petal.Width<dbl>-1.2626110,-1.0139567,-1.1382839,-1.2626110,
-1.386938…
##$Species<fct>setosa,setosa,setosa,setosa,setosa,setosa,setosa,s…
```

完成模型的构建之后，可以使用 metrics() 函数来衡量模型的性能，该函数将自动选择适合指标来衡量模型效果。

```
iris_ranger%>%
predict(iris_testing)%>%
bind_cols(iris_testing)%>%
metrics(truth=Species,estimate=.pred_class)
###Atibble:2x3
##.metric.estimator.estimate
##<chr><chr><dbl>
##1accuracymulticlass0.917
##2kapmulticlass0.874
```

由于 tidymodels 包的语法一致性，通过简单的替换就可以得出 randomforest 包构建模型的效果。

```
iris_rf %>%
  predict(iris_testing) %>%
  bind_cols(iris_testing) %>%
  metrics(truth=Species,estimate=.pred_class)
### A tibble: 2x3
## .metric .estimator .estimate
## <chr>   <chr>      <dbl>
## 1 accuracy multiclass 0.9
## 2 kap      multiclass 0.850
```

需要注意的是，如果希望得到预测概率，需要设置 type="prob"。

```
iris_ranger %>%
  predict(iris_testing,type="prob") %>%
  glimpse()
## Rows:60
## Columns:3
## $ .pred_setosa     <dbl> 0.998000000, 0.968888889, 0.994931818, 0.688750000, 0…
## $ .pred_versicolor <dbl> 0.002000000, 0.001111111, 0.000000000, 0.244138889, 0…
## $ .pred_virginica  <dbl> 0.000000000, 0.030000000, 0.005068182, 0.067111111, 0…
```

同样，用 bind_cols() 将预测附加到测试数据集。

```
iris_probs <- iris_ranger %>%
  predict(iris_testing,type="prob") %>%
  bind_cols(iris_testing)

glimpse(iris_probs)
## Rows:60
## Columns:7
## $ .pred_setosa     <dbl> 0.998000000, 0.968888889, 0.994931818, 0.688750000, 0…
## $ .pred_versicolor <dbl> 0.002000000, 0.001111111, 0.000000000, 0.244138889, 0…
## $ .pred_virginica  <dbl> 0.000000000, 0.030000000, 0.005068182, 0.067111111, 0…
## $ Sepal.Length     <dbl> -0.86749678, -0.51261173, -1.45897186, -1.69556189, -…
## $ Sepal.Width      <dbl> 1.02083388, 1.94652707, 0.78941058, -0.36770591, 0.09…
## $ Petal.Width      <dbl> -1.2626110, -1.0139567, -1.1382839, -1.2626110, -1.38…
## $ Species          <fct> setosa, setosa, setosa, setosa, setosa, setosa, setos…
```

tidymodels 包中函数返回的结果都是 tibble，计算增益曲线方法就很简单。在这种情况下，使用 gain_curve() 函数。

```
iris_probs %>%
  gain_curve(Species, .pred_setosa:.pred_virginica) %>%
  glimpse()
## Rows:154
## Columns:5
## $ .level         <chr> "setosa", "setosa", "setosa", "setosa", "setosa", "set…
## $ .n             <dbl> 0, 1, 2, 3, 4, 5, 6, 7, 8, 9, 10, 11, 13, 14, 15, 16,…
## $ .n_events      <dbl> 0, 1, 2, 3, 4, 5, 6, 7, 8, 9, 10, 11, 13, 14, 15, 16,…
## $ .percent_tested <dbl> 0.000000, 1.666667, 3.333333, 5.000000, 6.666667, 8.33…
## $ .percent_found  <dbl> 0.000000, 5.263158, 10.526316, 15.789474, 21.052632, 2…
```

可以使用 autoplot() 函数绘制曲线结果，如图 4-21 所示。

```
iris_probs%>%
gain_curve(Species,.pred_setosa:.pred_virginica)%>%
autoplot()+ggthemes::theme_calc()
```

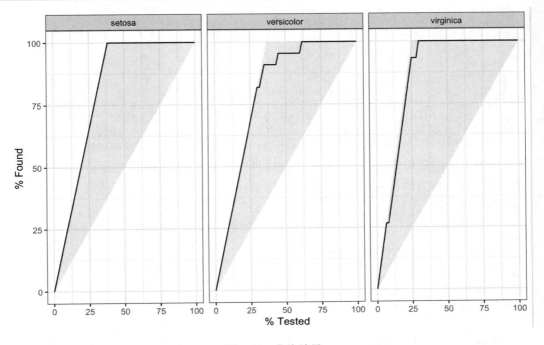

图 4-21 曲线结果

由于接口的一致性，只需要修改函数名即可绘制不同模型的增益曲线图，如图 4-22 所示。

```
iris_probs%>%
roc_curve(Species,.pred_setosa:.pred_virginica)%>%
autoplot()+ggthemes::theme_few()
```

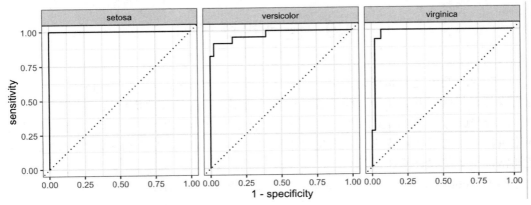

图 4-22 增益曲线

下面将预测的分类结果和预测的概率结合起来分析，首先需要分别得出分类结果和预测概率。

```
predict(iris_ranger,iris_testing,type="prob")%>%
bind_cols(predict(iris_ranger,iris_testing))%>%
bind_cols(select(iris_testing,Species))%>%
glimpse()
##Rows:60
##Columns:5
##$.pred_setosa<dbl>0.998000000,0.968888889,0.994931818,0.688750000,0…
##$.pred_versicolor<dbl>0.002000000,0.001111111,0.000000000,0.244138889,0…
##$.pred_virginica<dbl>0.000000000,0.030000000,0.005068182,0.067111111,0…
##$.pred_class<fct>setosa,setosa,setosa,setosa,setosa,setosa,setos…
##$Species<fct>setosa,setosa,setosa,setosa,setosa,setosa,setos…
```

将结果表通过管道传输到 metrics()，在这种情况下，指定 .pred_class 为 estimate。

```
predict(iris_ranger,iris_testing,type="prob")%>%
bind_cols(predict(iris_ranger,iris_testing))%>%
bind_cols(select(iris_testing,Species))%>%
metrics(Species,.pred_setosa:.pred_virginica,estimate=.pred_class)
###Atibble:4x3
##.metric.estimator.estimate
##<chr><chr><dbl>
##1accuracymulticlass0.917
##2kapmulticlass0.874
##3mn_log_lossmulticlass0.269
##4roc_auchand_till0.982
```

以上就是使用 tidymodels 包的一个基础工作流程，tidymodels 是一套非常棒的建模工具，官方也提供了非常详细的文档，有需要的读者可以自行学习。

除了上文介绍的两种元包，R 语言中还有很多的元包，例如 mlr3 包、mlr3proba 包、rminer 包和 SuperLearner 包为各种统计和机器学习包提供了高级接口。H2O 包是一个通用机器学习平台的调用，该平台具有许多流行算法的可扩展实现。CORElearn 实现了一类相当广泛的机器学习算法，例如最近邻、树、随机森林和几种特征选择方法。

4.9　自动机器学习

近年来，自动化机器学习的概念变得非常流行。自动机器学习（AutoML）主要是指随机森林、梯度提升、神经网络等各种算法的模型选择和超参数优化的自动化方法。

AutoML 的高度自动化允许非专家技术人员使用机器学习模型和技术。自动化端到端应用机器学习的过程还提供了生成更简单解决的方案。AutoML 有着更快创建解决方案以及通常优于手工设计模型的优势。

例如 Google 就提供了一个 AutoML 的产品，如图 4-23 所示。

图 4-23　AutoML

需要注意的是，AutoML 并不是某一个具体的模型，可以理解为是一个框架。例如想要构建一个模型来做图片识别，那么 AutoML 可以自动地去完成这一个过程，这些过程包括数据处理、特征选择、模型选择、模型调优等。

更具体地说，以下是 AutoML 可以自动化机器学习过程的一些步骤，按照它们在过程中发生的顺序为：

（1）原始数据处理。

（2）特征工程与特征选择。

（3）模型选择。

（4）超参数优化和参数优化。

（5）考虑业务和技术限制的部署。

（6）评估指标选择。

（7）监控和问题检查。

（8）结果分析。

AutoML 的主要优点是：

（1）效率：AutoML 加速并简化了机器学习过程，并减少了机器学习模型的训练时间。

（2）节省成本：AutoML 拥有更快、更高效的机器学习过程意味着公司可以通过减少用于维护该过程的预算来节省资金。

（3）性能：AutoML 算法也往往比手工构建的模型更有效。

AutoML 的一个缺点是很容易被视为人类知识的替代品。与大多数自动化一样，AutoML 旨在准确、高效地执行死记硬背的任务，让人们能够专注于更复杂、更新颖、更有创造性的任务。所以不要认为模型是全能的、AutoML 是全能的，因为定义问题的是人，而不是机器，在计算机能够真正自己定义问题的那一天的到来之前，不会有真正的"智能"。

AutoML 可以更好地去做自动化的事情，如监控、分析和问题检测，速度也会更快。人类仍应参与问题定义、模型评估和监督模型，但不再需要逐步参与机器学习过程。

AutoML 有助于提高数据科学家和员工的效率,而不是取代他们。

在 R 语言中有很多关于 AutoML 的包,例如:

(1) AutoML:可以构建各种模型,如从简单回归到高度可定制的深度神经网络,可以自动进行超参数的调整。

(2) DriveML:DriveML 通过运行函数而不是编写冗长的 R 语言代码来帮助实现自动化机器学习相关工作,例如自动化数据准备、特征工程、模型构建和模型解释。DriveML 包在 CRAN 中可用。将 DriveML 包与 CRAN/GitHub 中的其他相关包进行比较,发现 DriveML 在不同参数上的表现最好。还可以在真实世界数据集上应用具有默认配置的 DriveML 包来提供说明。总体而言,DriveML 的主要优势在于节省开发时间、减少开发人员错误、优化机器学习模型和可重复性。

(3) H2O:H2O 是一个通用机器学习平台,也提供了 AutoML 的功能。

(4) RemixAutoML:用于机器学习、预测、特征工程、模型评估、模型解释、推荐和 EDA 自动化的 R 语言包。

4.9.1 AutoML 包

在训练深度学习的过程中,需要测试大量不同的参数组合以及手动调整用于学习的超参数。而这个过程会产生大量的学习成本和工作成本。AutoML 包采用了一种元启发式算法、粒子群算法(Particle Swarm Optimization,PSO),简而言之,第一步是在空间中随机抛出一组粒子,下一步是在收敛的同时发现最佳解决方案。AutoML 包中有三个主要的函数:

(1) AutoML_train_manual():训练模型的手动模式。

(2) AutoML_train():训练模型的自动模式。

(3) AutoML_predict():应用训练的预测函数数据模型。

下面来看一个回归的例子,代码如下所示。

```
library(AutoML)
data(iris)
xmat<-cbind(iris[,2:4],as.numeric(iris$Species))
ymat<-iris[,1]
amlmodel<-AutoML_train(Xref=xmat,Yref=ymat)
##(cost:mse)
##iteration1particle1weightederr:4.98556(train:3.92801cvalid:4.58898)
BESTMODELKEPT
##iteration1particle2weightederr:16.27792(train:15.66458cvalid:14.13122)
##iteration1particle3weightederr:10.57175(train:10.34438cvalid:9.77595)
##iteration1particle4weightederr:16.56707(train:15.90706cvalid:14.25705)
##iteration1particle5weightederr:14.4781(train:14.02298cvalid:12.88517)
##iteration1particle6weightederr:18.94146(train:18.13945cvalid:16.13441)
##iteration1particle7weightederr:2.77711(train:0.98239cvalid:2.10409)BEST
…
```

AutoML 会自动地寻找最优参数，当然也可以手动调整，手动调整需要使用 AutoML_train_manual()函数。

```
data(iris)
xmat<-as.matrix(cbind(iris[,2:4],as.numeric(iris$Species)))
ymat<-iris[,1]
amlmodel<-AutoML_train_manual(Xref=xmat,Yref=ymat,
hpar=list(modexec='trainwpso',verbose=FALSE))
```

需要注意的是，数据需要转化为矩阵形式，而不是数据框。模型构建完成之后，使用 AutoML_predict()函数进行预测。

```
res<-cbind(ymat,AutoML_predict(model=amlmodel,X=xmat))
colnames(res)<-c('actual','predict')
head(res)
##actualpredict
##[1,]5.15.038760
##[2,]4.94.483439
##[3,]4.74.622895
##[4,]4.64.677176
##[5,]5.05.149824
##[6,]5.45.578248
```

分类算法的构建也是类似的。

```
data(iris)
xmat=iris[,1:4]
lab2pred<-levels(iris$Species)
lghlab<-length(lab2pred)
iris$Species<-as.numeric(iris$Species)
ymat<-matrix(seq(from=1,to=lghlab,by=1),nrow(xmat),lghlab,byrow=TRUE)
ymat<-(ymat==as.numeric(iris$Species))+0

amlmodel<-AutoML_train(Xref=xmat,Yref=ymat,
autopar=list(numiterations=1,psopartpopsize=1,seed=11),
hpar=list(numiterations=10))
##(cost:crossentropy)
##iteration1particle1weightederr:2.09494(train:2.07155cvalid:2.01307)
BESTMODELKEPT
```

R 语言中的 AutoML 包并没有将建模过程中的所有步骤自动化，在建模之前还需要手动对数据进行基本的预处理。

4.9.2 DriveML 包

DriveML 似乎更加有意思一些，可以自动化地做很多事情。DriveML 是用于自动化机器学习的 R 语言包，DriveML 在 R 语言等编程环境中节省了数据准备、特征工程、模型选择和编写冗长代码所需的大量工作。总的来说，DriveML 的主要优点是节省开发时间、减少开发人员的错误、优化机器学习模型和再现性。

DriveML 框架如图 4-24 所示。

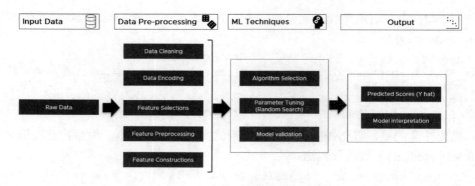

图 4-24　DriveML 框架

DriveML 包含一系列函数，如 AutoDataPrep()、AutoMAR()和 AutoMLmodel()。DriveML 自动化了一些最困难的机器学习功能，例如数据清理、数据转换、特征工程、模型训练、模型验证、模型调整和模型选择。

DriveML 包有三个关键函数：

（1）自动数据准备：AutoDataPrep()函数可以基于对数据集的特征理解生成新特征。

（2）机器学习模型优化：AutoMLmodel()函数可以使用回归和基于树的分类基模型构建机器学习模型。

（3）模型解释：AutoMLReport()函数可以 HTML 格式打印机器学习模型结果。

下面来看一个例子，先是自动的数据准备与特征选择，使用 AutoDataPrep()函数。

```
library(DriveML)
##RegisteredS3methodoverwrittenby'GGally':
##methodfrom
##+.ggggplot2
library(dplyr)


traindata<-autoDataprep(heart,target="target_var",missimpute="default",
dummyvar=TRUE,aucv=0.02,corr=0.98,outlier_flag=TRUE,
interaction_var=TRUE,frequent_var=TRUE)

train<-traindata$master_data

train%>%head()
##target_varInter_oldpeak_thalthalachInter_ca_thalInter_cp_chol
##112.31500699
##217.01870500
##312.81720204
##411.61780236
##511.216300
##610.414800
…
```

AutoDataPrep()函数即可完成对于数据的处理，该函数的返回结果是一个列表，其中 master_data 表示的是处理之后的数据集。训练模型使用 AutoMLmodel()函数。

```
mymodel<-AutoMLmodel(train,target="target_var",testSplit=0.2,
tuneIters=5,tuneType="random",
models="all",varImp=10,liftGroup=10,maxObs=10000,uid=NULL,
pdp=T,positive=1,htmlreport=FALSE,seed=2021)
mymodel$results
         Model FittingtimeScoringtime TrainAUC TestAUC Accuracy Precision Recall F1_score
1      glmnet 1.357secs  0.009secs    0.931   0.819    0.770    0.732   0.909   0.811
4      ranger 1.323secs  0.022secs    1.000   0.810    0.738    0.718   0.848   0.778
3 randomForest 1.482secs 0.012secs    1.000   0.801    0.770    0.744   0.879   0.806
2      logreg 1.312secs  0.006secs    0.955   0.784    0.738    0.707   0.879   0.784
5     xgboost 1.234secs  0.005secs    0.998   0.782    0.754    0.725   0.879   0.795
6       rpart 1.165secs  0.007secs    0.974   0.717    0.754    0.765   0.788   0.776
```

上面的代码构建了各种模型,下面查看模型的 ROC 曲线和变量重要性,如图 4-25 所示。

```
mymodel$trainedModels$xgboost$modelPlots
```

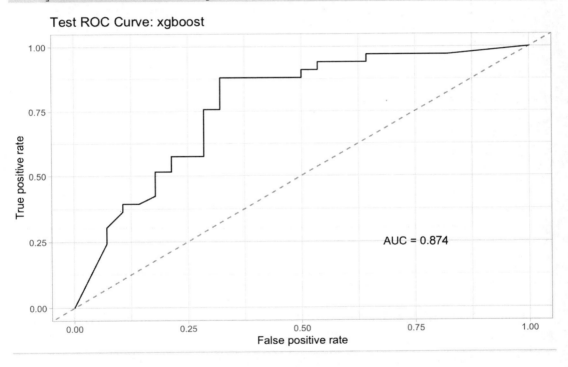

图 4-25 ROC 曲线

下面可以获得变量的重要性,代码如下所示。

```
mymodel$trainedModels$xgboost$var_coef_imp
    variable  importance
3         cp 0.184172047
10   oldpeak 0.144073337
12        ca 0.141992711
8    thalach 0.098109501
1        age 0.082460595
13      thal 0.078383179
```

```
5chol0.077326194
4trestbps0.053548057
9exang0.045158928
2sex0.043033209
11slope0.031929087
7restecg0.018284129
6fbs0.001529025
```

变量的重要性可视化图如图 4-26 所示。

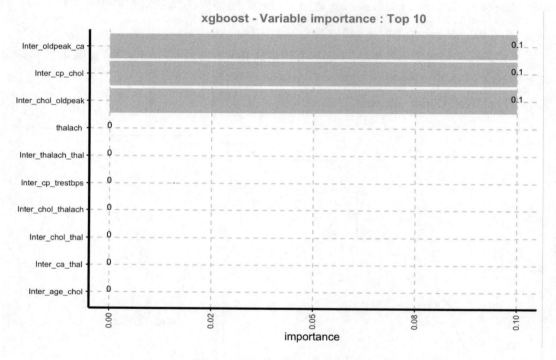

图 4-26　变量的重要性可视化图

AutoML 在自动化机器学习中一些常规操作非常有优势，不仅可以提高效率、降低成本，有时候模型效果更好，但是目前而言 AutoML 还是有很多的缺陷。

目前 AutoML 侧重于有监督，无监督学习技术旨在在没有可用的基本事实时从数据中发现模式，没有明确的成功衡量标准可用于评估无监督学习结果的质量，这也意味着 AutoML 无法得出哪种结果是最优的。另外，似乎没有提出 AutoML 系统来自动化强化学习过程。

再者，AutoML 还无法自动地处理复杂数据，大多数 AutoML 系统最初设计为使用最常见的数据类型，这也意味着有些数据处理的工作永远是无法避免的。

在很多时候，AutoML 系统被认为是模型选择和超参数调整的同义词，这两个步骤比较容易自动化，但其只是机器学习过程的一小部分。AutoML 系统经常忽略构建出色机器学习模型的关键要素之一：特征工程。特征工程与其说是一门科学，不如说是一门艺术，手动制作特征以有效发掘数据中的信息，需要想象力、创造力和领域专业知识。因此，如果特征工程由不同的数据科学家执行，则性能可能会有所不同。

如何手动创建特征类型，通常受输入数据集的限制。因此，创建特征是数据科学项目中耗时、费力的环节之一。虽然几乎所有高级 AutoML 工具都包含某种自动数据预处理（例如处理缺失值、删除重复项、缩放），但只有少数提供自动特征工程。

AutoML 目前还在发展中，并不是非常成熟，在发展过程中也会遇到非常多的挑战，但其也是一个值得去探索的领域。

第 5 章 假 设 检 验

假设检验是统计中非常重要的方法,几乎可以说是统计的核心。本章主要介绍假设检验的相关内容,如假设检验的基本思想、基本原理,侧重介绍假设检验的应用与实现。

5.1 假设检验简介

假设检验是统计中非常关键也非常重要的一种工具。本节将会介绍一系列不同类型的假设检验,需要注意的是,本节不会涉及太多关于不同假设检验的具体原理,而是侧重于不同假设检验的应用与实现。

在开始学习之前,先简单地了解一下假设检验的基本思想。想要理解假设检验,首先要了解小概率原理,在统计中,小概率事件被认为是在一次实验中无法发生的事件,虽然小概率事件几乎不可能在一个实验中发生,但在多次重复实验中几乎是不可避免的。通俗地讲,如果买一次彩票,中奖的概率微乎其微,但是,如果长期地买彩票,当买彩票的次数趋近于无穷的时候,必定会中奖。

小概率原理是假设检验的基础,要理解假设检验,可以从一个故事开始。在假设检验中,有一个著名的故事(故事的细节可能不那么准确,不过不重要)——《女士品茶》,费舍尔(Fisher)的一位女同事声称能够分辨是先将茶还是牛奶添加到杯子中。费舍尔随机给她八个杯子,每类茶有四杯,然后让女士来分辨。如果女士全部分辨出来了,那么认为女士有区分能力。其实,我们可以思考一下,为什么全部区分出来了就代表女士有区分能力呢?这里面隐含了什么前提吗?事实上,之所以得出女士有区分能力这个结论,是因为如果女士没有区分能力,那么她将所有茶区分出来的概率太小了,而概率太小的事情不太可能出现,概率很小的事情出现了,则可能是哪里出了问题。

下面用假设检验的语言来说这个故事:假设女士没有区分能力,然后通过试验得出,女士将所有的茶都区分出来了,如果假设是对的,那么女士全部区分出来的概率是 1/2 的 8 次方,是一个非常小的概率。小概率原理又表示,小概率事件在一次试验中是不可能发生的,但事实上这个事件的确发生了,那么只能说明假设是错的,女士有区分能力。

抛开细节不谈,所有的假设检验都是这样:首先有一个原假设,然后计算原假设成立的时候,样本对应的统计量的概率,这个概率就是 p 值,如果 p 值过小,例如小于 0.05,那么则认为原假设就是错的,也就是拒绝原假设。

假设检验的原理是很朴素的，但是其中的统计思想却是很深刻的。下面通过一个简单的例子来更加深刻地理解假设检验。假设抛了 100 次硬币并观察到有 76 次正面，那么硬币正面朝上的概率是不是 0.5？为了验证这个问题，可以进行统计模拟。首先生成数据，模拟 100000 组 100 次翻转。使用如此大的数字是因为事实证明，获得 76 个正面的情况非常罕见，因此需要多次尝试才能获得对这些概率的可靠估计，模拟代码如下所示，运行这里的代码需要几分钟。

```
#模拟 100000 抛 100 次硬币的试验
#计算抛 100 次硬币，正面朝上 76 次以上的次数

nRuns<-100000

#创建一个抛硬币的函数
tossCoins<-function(){
flips<-runif(100)>0.5
return(tibble(nHeads=sum(flips)))
}

#创建一个数据框
input_df<-tibble(id=seq(nRuns))%>%
group_by(id)

#模拟 100000 抛 100 次硬币的试验
flip_results<-input_df%>%
summarise(tossCoins())%>%
ungroup()
#计算正面朝上大于或等于 76 的概率
p_ge_76_sim<-
flip_results%>%
summarise(p_gt_76=mean(nHeads>=76))%>%
pull()

p_ge_76_sim
##[1]0
```

从输出结果中可以看出，重复了 100000 次试验，76 次正面朝上的概率是 0。为了进行比较，还可以根据二项分布计算，概率为 0.5 的时候，正面朝上的次数大于 76 的概率实现代码如下所示。

```
#计算二项分布 100 次实验成功次数小于 76 次的概率
p_lt_76<-pbinom(76,100,0.5)

p_ge_76<-1-p_lt_76

p_ge_76
##[1]9.050013e-08
```

从输出结果中可以看出，这是一个极小的概率，因此，如果抛 100 次硬币，正面朝上 76 次，那么说明硬币朝上的概率就不是 0.5。这个例子就是关于假设检验很好的一个体现。

下面再看一个例子，在这个例子中将多次执行假设检验，以检验 p 值是否有效，从而更加深刻地理解假设检验的真正含义。从均值为零的正态分布中采样数据，并对每个样本使用 t 检验以判断样本均值是否不等于零，然后将计算拒绝原假设（p 小于 0.05 拒绝原假设）的频率。因为是从零均值的正态分布中采样的，所以样本的真正均值就是 0，因此拒绝原假设就是犯了第一类错误（第一类错误的意思指拒绝了实际上成立的原假设）。

```
nRuns<-5000

#创建一个数据集
input_df<-tibble(id=seq(nRuns))%>%
group_by(id)

#创建一个函数，这个函数会随机生成指定样本量的正态分布随机数，然后进行 t 检验，最后返回
t 检验的 p 值
sample_ttest<-function(sampSize=32){
tt.result<-t.test(rnorm(sampSize))
return(tibble(pvalue=tt.result$p.value))
}

#重复进行假设检验

sample_ttest_result<-input_df%>%
summarise(sample_ttest())

#计算误差
p_error<-
sample_ttest_result%>%
ungroup()%>%
summarize(p_error=mean(pvalue<.05))%>%
pull()

p_error
##[1]0.0446
```

从输出结果可以看出，拒绝原假设的频率非常接近 0.05。由此可以看出，所谓的 p 值就是犯了第一类错误的最大概率。

在了解了假设检验的基本概念之后，在以下章节，会介绍一系列统计检验的使用与实现。

5.2 相关性检验

本节主要侧重介绍假设检验中的相关性检验，相关性检验常用于判断变量之间是否有关系。

1. 皮尔逊相关性系数 t 检验

当需要检查两个变量之间的皮尔逊相关性系数是不是等于 0 时，就可以使用皮尔逊相关性系数 t 检验。在 R 语言中，stats 包中的 cor.test()函数和 fbasics 包中的 correlationTest()函数都可以进行皮尔逊相关性系数 t 假设检验。

```
x<-c(44.4,45.9,41.9,53.3,44.7,44.1,50.7,45.2,60.1)
y<-c(2.6,3.1,2.5,5.0,3.6,4.0,5.2,2.8,3.8)
cor.test(x,y,method="pearson",alternative="two.sided",conf.level=0.95)
##
##Pearson'sproduct-momentcorrelation
##
##data:xandy
##t=1.8411,df=7,p-value=0.1082
##alternativehypothesis:truecorrelationisnotequalto0
##95percentconfidenceinterval:
##-0.14974260.8955795
##sampleestimates:
##cor
##0.5711816
```

从输出的结果中可以看出，x 和 y 的相关系数是 0.5711816，假设检验的 p-value 为 0.1082，大于 0.05，因此不能拒绝原假设，因此 x 和 y 之间的皮尔逊相关性系数不为 0。输出结果还给出了关于相关性系数的置信区间，为[-0.1497426,0.8955795]。另外，如果想比较 x 和 y 的相关性系数是不是大于 0 或者是不是小于 0，则可以修改 alternative 参数，如果 alternative="less"，则表示检验 x 和 y 的相关性系数是不是小于 0。

下面的代码是皮尔逊相关性系数 t 检验的另外一种实现，使用了 fBasics 包中的 correlationTest()函数。

```
library(fBasics)
##Loadingrequiredpackage:timeDate
##Loadingrequiredpackage:timeSeries
correlationTest(x,y)
##
##Title:
##Pearson'sCorrelationTest
##
##TestResults:
##PARAMETER:
##DegreesofFreedom:7
##SAMPLEESTIMATES:
##Correlation:0.5712
##STATISTIC:
##t:1.8411
##PVALUE:
##AlternativeTwo-Sided:0.1082
##AlternativeLess:0.9459
##AlternativeGreater:0.05409
```

```
##CONFIDENCEINTERVAL:
##Two-Sided:-0.1497,0.8956
##Less:-1,0.867
##Greater:-0.0222,1
##
##Description:
##WedMay512:55:232021
```

从输出的结果中可以看出，x 和 y 的相关性系数为 0.5712，correlationTest()函数输出了三种类型的假设检验的 p-value 和 95%的置信区间。

2. 斯皮尔曼秩相关性检验

当需要知道两个变量之间的斯皮尔曼秩相关系数是否显著不等于 0 的时候可以使用斯皮尔曼秩相关性检验。在 R 语言中有两种方式可以实现斯皮尔曼秩相关性检验：一种是使用 stats 包中的 cor.test()函数；另一种是使用 pspearman 包中的 spearman.test()函数。

```
x<-c(44.4,45.9,41.9,53.3,44.7,44.1,50.7,45.2,60.1)
y<-c(2.6,3.1,2.5,5.0,3.6,4.0,5.2,2.8,3.8)
cor.test(x,y,method="spearman",alternative="two.sided")
##
##Spearman'srankcorrelationrho
##
##data:xandy
##S=48,p-value=0.0968
##alternativehypothesis:truerhoisnotequalto0
##sampleestimates:
##rho
##0.6
```

注意这里设置了参数 method="spearman"，表示要进行 spearman 相关性检验。从输出的结果可以看出，相关系数为 0.6，假设检验的 p-value 为 0.0968，大于 0.05，因此不能拒绝原假设。下面来看另外一种实现方式，代码如下所示。

```
library(pspearman)
spearman.test(x,y,alternative="two.sided",approximation="exact")
##
##Spearman'srankcorrelationrho
##
##data:xandy
##S=48,p-value=0.0968
##alternativehypothesis:truerhoisnotequalto0
##sampleestimates:
##rho
##0.6
```

从输出结果中可以看出，相关系数为 0.6，p-value 为 0.0968，大于 0.05，不能拒绝原假设。另外，需要注意的是 spearman.test()函数有一个参数 approximation，该参数指定了如何去近似计算零分布（零分布是零假设为真时检验统计量的概率分布），该参数有三个选项，分别是 exact、AS89 和 t-distribution。建议当样本量小于 22 的时候使用 excat，当样本量比较大的时候使用 AS89 和 t-distribution。

3. 肯德尔等级相关系数检验

当然，想要检验变量之间的肯德尔等级相关系数是否等于 0，就需要使用肯德尔等级相关系数检验（Kendall's Tau Correlation Coefficient Test），在 R 语言中通常使用 stats 包中的 cor.test() 函数来实现，代码如下所示。

```
x<-c(44.4,45.9,41.9,53.3,44.7,44.1,50.7,45.2,60.1)
y<-c(2.6,3.1,2.5,5.0,3.6,4.0,5.2,2.8,3.8)
cor.test(x,y,method="kendal",alternative="two.sided")
##
##Kendall'srankcorrelationtau
##
##data:xandy
##T=26,p-value=0.1194
##alternativehypothesis:truetauisnotequalto0
##sampleestimates:
##tau
##0.4444444
```

从上面的代码中可以看出，这里的 method 参数设置为 kendall，表示进行的是肯德尔等级相关系数检验。从输出的结果可以看出，相关系数为 0.4444444，p-value 为 0.1194，说明不能拒绝原假设。

4. 独立相关性差异的Z检验

当我们想知道两个独立相关系数之间的差值是否显著不等于 0 时，可以使用独立相关性差异的 Z 检验（Z Test of the Difference Between Independent Correlations）。R 语言的 psych 包中的 paired.r() 函数可以实现这个检验。

```
library(psych)
##
##Attachingpackage:'psych'
##Thefollowingobjectismaskedfrom'package:fBasics':
##
##tr
##Thefollowingobjectismaskedfrom'package:timeSeries':
##
##outlier
paired.r(0.54,0.89,NULL,17,26,twotailed=TRUE)
##Call:paired.r(xy=0.54,xz=0.89,yz=NULL,n=17,n2=26,twotailed=TRUE)
##[1]"testofdifferencebetweentwoindependentcorrelations"
##z=2.41Withprobability=0.02
```

paired.r() 函数用于测试两个相关性之间的差异。例如，给定 3 个变量 x、y、z。x 和 y 之间的相关性是否与 x 和 z 之间的相关性不同？paired.r() 函数的前 3 个参数都是相关系数，代码中"0.54,0.89,NULL"表示的是这 3 个相关系数分别是 0.54、0.98 和 null。第 3 个相关系数为"null"表示检验的就是前两个相关系数之间的差异。17 和 26 表示的是数据量。twotailed=TRUE 表示计算双尾概率。从输出的结果中可以看出，Withprobability 为 0.02，小于 0.05，说明拒绝原假设，相关系数差值不等于 0。

5. 相关联的相关性差异检验

当我们想知道共享一个公共变量的两个相关联的相关性之间的差异是否显著不等于 0 时，可以使用相关联的相关性差异检验（Difference Between Two Overlapping Correlation Coefficients）。在 R 语言中，compOverlapCorr 包中的 compOverlapCorr()函数和 psych 包中的 paired.r()函数都可以实现相关联的相关性差异检验。

```
library(psych)
paired.r(xy=-0.2,xz=-0.28,yz=0.30,123,twotailed=TRUE)
##Call:paired.r(xy=-0.2,xz=-0.28,yz=0.3,n=123,twotailed=TRUE)
##[1]"testofdifferencebetweentwocorrelatedcorrelations"
##t=0.77Withprobability=0.44
```

第一个数字是 t 检验统计量的值（0.77），第二个是 p 值（0.44）。当 p 值大于临界值 0.05 时，不能拒绝原假设。

6. 两个非重叠相关系数的差异检验

当我们想知道两个不重叠的相关系数之间的差异是否显著不等于 0 时，可以使用两个非重叠相关系数的差异检验（Difference Between Two Non-Overlapping Dependent Correlation Coefficients），在 R 语言中 psych 包的 r.test()函数可以实现这个检验，代码如下所示。

```
r.test(187,r12=-0.11,r34=0.06,r23=0.41)
##Correlationtests
##Call:[1]"r.test(n=187,r12=-0.11,r23=0.41,r13=0.06)"
##Testofdifferencebetweentwocorrelatedcorrelations
##tvalue-2.15withprobability<0.033
```

r.test()函数的第一个参数是样本量，后面几个参数是相关系数。从输出结果可以看出，p-value 为 0.033，小于 0.05，因此拒绝原假设。另外，需要注意的是，r.test()函数可以进行很多的检验，包括检验单个相关性的显著性、两个独立相关性之间的差异、共享一个变量的两个相依相关性之间的差异（威廉姆斯检验 Williams's Test）或两个变量不同的相依相关性之间的差异（施泰格检验 Steiger Tests）。

7. 巴特利特检验

如果想要知道相关系数矩阵是不是单位矩阵，则可以使用巴特利特检验（Bartlett's Test of Sphericity），在 R 语言中可以通过 psych 包中的 cortest.bartlett()函数实现这个检验，代码如下所示。

```
set.seed(1234)
n=1000
y1<-rnorm(n)
y2<-rnorm(n)
y3<-y1+y2
data<-matrix(c(y1,y2,y3),nrow=n,ncol=3,byrow=TRUE)
```

```
correlation.matrix<-cor(data)
cortest.bartlett(correlation.matrix,n)
##$chisq
##[1]9.379433
##
##$p.value
##[1]0.02464919
##
##$df
##[1]3
```

上面的代码首先构建了一个相关系数矩阵，然后进行检验。从输出结果中可以看出，p-value 为 0.02464919，小于 0.05，拒绝原假设，相关系数矩阵不是单位矩阵。

8. 詹里奇检验

如果需要检验一对相关系数矩阵是否相等，则可以使用詹里奇检验（Jennrich Test of The Equality of Two Matrices），在 R 语言中可以使用 psych 包中的 cortest.jennrich() 函数实现这个检验，代码如下所示。

```
library(psych)
set.seed(1234)
n1=1000
n2=500
sample.1<-matrix(rnorm(n1),ncol=10)
sample.2<-matrix(rnorm(n2),ncol=10)

cortest.jennrich(sample.1,sample.2)
##Warningincortest.jennrich(sample.1,sample.2):R1matrixwasnotsquare,
##correlationsfound
##Warningincortest.jennrich(sample.1,sample.2):R2matrixwasnotsquare,
##correlationsfound
##$chi2
##[1]54.16223
##
##$prob
##[1]0.1644589
```

上面的代码首先创建了两个相关系数矩阵，然后使用 cortest.jennrich() 函数检验两个矩阵的差异，从输出结果中可以看出，p-value 为 0.1644589，大于 0.05，因此不能拒绝原假设。

9. 格兰杰因果检验

如果想知道一个时间序列对预测另一个时间序列是否有用，可以使用格兰杰因果检验（Granger Causality Test），在 R 语言中 lmtest 包中的 grangertest() 函数可以实现这个检验，代码如下所示。

```
library(lmtest)
##Loadingrequiredpackage:zoo
##
```

```
##Attaching package:'zoo'
##The following object is masked from 'package:timeSeries':
##
##time<-
##The following objects are masked from 'package:base':
##
##as.Date,as.Date.numeric
data(ChickEgg)
head(ChickEgg)
##    chicken   egg
## [1,] 468491 3581
## [2,] 449743 3532
## [3,] 436815 3327
## [4,] 444523 3255
## [5,] 433937 3156
## [6,] 389958 3081
grangertest(egg~chicken,order=3,data=ChickEgg)
##Granger causality test
##
##Model 1: egg ~ Lags(egg, 1:3) + Lags(chicken, 1:3)
##Model 2: egg ~ Lags(egg, 1:3)
##  Res.Df Df   F Pr(>F)
##1   144
##2   247 -3 0.5916 0.6238
```

上面的代码使用了 ChickEgg 数据集，该数据集是美国鸡群与产蛋量的数据。这里是检验能否通过鸡的数量预测蛋的数量。从输出结果中可以看出，p-value 为 0.6238，不能拒绝原假设，说明鸡的数量能够预测蛋的数量。然后反过来，看蛋的数量能否预测鸡的数量，代码如下所示。

```
grangertest(chicken~egg,order=3,data=ChickEgg)
##Granger causality test
##
##Model 1: chicken ~ Lags(chicken, 1:3) + Lags(egg, 1:3)
##Model 2: chicken ~ Lags(chicken, 1:3)
##  Res.Df Df   F    Pr(>F)
##1   144
##2   247 -3 5.405 0.002966 **
##---
##Signif. codes: 0 '***' 0.001 '**' 0.01 '*' 0.05 '.' 0.1 ' ' 1
```

从输出结果中可以看出，p-value 为 0.002966，小于 0.05，拒绝原假设。

10. 杜宾·沃森自相关性检验

如果需要知道回归分析检测中残差滞后 1 阶是否存在自相关，则可以使用杜宾·沃森自相关性检验（Durbin-Watson Autocorrelation Test），在 R 语言中，可以使用 car 包中的 durbinWatsonTest() 函数实现该检验。

```
library(car)
##Loading required package: carData
##
##Attaching package:'car'
```

```
##Thefollowingobjectismaskedfrom'package:psych':
##
##logit
##Thefollowingobjectismaskedfrom'package:fBasics':
##
##densityPlot
dependent.variable=c(3083,3140,3218,3239,3295,3374,3475,3569,3597,3725,
379)

independent.variable=c(75,78,80,82,84,88,93,97,99,104,109)

durbinWatsonTest(lm(dependent.variable~independent.variable))
##lag    Autocorrelation    D-WStatistic    p-value
##1     -0.03595036         1.420688        0.148
##Alternative    hypothesis:rho!=0
```

因为 p-value 为 0.148，大于 0.05，所以不能拒绝无效假设。

11．布劳施-戈弗雷检测

布劳施-戈弗雷检验（Breusch-Godfrey Auto Correlation Test）也可以对回归模型中的残差进行自相关检验，在 R 语言中使用 lmtest 包的 bgtest() 函数实现该检验，代码如下所示。

```
library(lmtest)

dependent.variable=c(3083,3140,3218,3239,3295,3374,3475,3569,3597,3725,
379)

independent.variable=c(75,78,80,82,84,88,93,97,99,104,109)

bgtest(lm(dependent.variable~independent.variable),order=1)
##
##Breusch-Godfreytestforserialcorrelationoforderupto1
##
##data:lm(dependent.variable~independent.variable)
##LMtest=0.40407,df=1,p-value=0.525
```

因为 p-value 大于 0.05，所以不能拒绝原假设。

5.3　统计量检验

本节主要介绍一些统计量的检验，如单样本均值检验、双样本均值检验、中位数检验等。其中样本均值的 t 检验在很多场合都有应用，例如商业中 A/B 测试往往就是使用 t 检验来判断实验组和对照组是否有差异。

1．单样本的t检验

如果想要判断样本的平均值是否等于某一个值，则可以使用单样本的 t 检验，在 R 语言中，可以使用 stats 包中的 t.test() 函数实现，代码如下所示。

```
x<-c(59.3,14.2,32.9,69.1,23.1,79.3,51.9,39.2,41.8)
```

进行单样本的 t 检验，原假设是样本的平均值等于 40。

```
t.test(x,mu=40,alternative="two.sided",conf.level=0.95)
##
##OneSamplet-test
##
##data:x
##t=0.79558,df=8,p-value=0.4492
##alternativehypothesis:truemeanisnotequalto40
##95percentconfidenceinterval:
##29.2838162.00508
##sampleestimates:
##meanofx
##45.64444
```

从输出结果中可以看出，p-value 为 0.4492，大于 0.05，因此不能拒绝原假设。

2．单样本WILCOXON符号秩检验

如果需要知道中位数是否等于某一个值，则可以使用单样本 WILCOXON 符号秩检验（One Sample Wilcoxon Signed Rank Test），在 R 语言中，使用 stats 包中的 wilcox.test()函数实现该检验，代码如下所示。

```
x<-c(59.3,14.2,32.9,69.1,23.1,79.3,51.9,39.2,41.8)

wilcox.test(x,mu=40,alternative="two.sided")
##
##Wilcoxonsignedrankexacttest
##
##data:x
##V=29,p-value=0.4961
##alternativehypothesis:truelocationisnotequalto40
```

从输出结果可以看出，p-value 为 0.4961，大于 0.05，因此不能拒绝原假设。

3．中位数的符号检测

如果需要知道中位数是否等于某一个值，可以使用中位数的符号检测（Sign Test for a Hypothesized Median），使用 UsingR 包中的 simple.median.test()函数可以实现该检验，代码如下所示。

```
x<-c(12,2,17,25,52,8,1,12)
检验的原价设置样本的中位数是 20。
library(UsingR)
##Loadingrequiredpackage:MASS
##Loadingrequiredpackage:HistData
##Loadingrequiredpackage:Hmisc
##Loadingrequiredpackage:lattice
##Loadingrequiredpackage:survival
##Loadingrequiredpackage:Formula
##Loadingrequiredpackage:ggplot2
##
```

```
##Attachingpackage:'ggplot2'
##Thefollowingobjectsaremaskedfrom'package:psych':
##
##%+%,alpha
##
##Attachingpackage:'Hmisc'
##Thefollowingobjectismaskedfrom'package:psych':
##
##describe
##Thefollowingobjectismaskedfrom'package:pspearman':
##
##spearman.test
##Thefollowingobjectsaremaskedfrom'package:base':
##
##format.pval,units
##
##Attachingpackage:'UsingR'
##Thefollowingobjectismaskedfrom'package:survival':
##
##cancer
##Thefollowingobjectismaskedfrom'package:psych':
##
##headtail
simple.median.test(x,median=20)
##[1]0.2890625
```

从输出结果中可以看出,p-value 为 0.2890625,大于 0.05,因此不能拒绝原假设。也可以使用 BSDA 包中的 SIGN.test() 函数实现该检验,代码如下所示。

```
x<-c(12,2,17,25,52,8,1,12)
library(BSDA)
##
##Attachingpackage:'BSDA'
##Thefollowingobjectismaskedfrom'package:HistData':
##
##Wheat
##Thefollowingobjectsaremaskedfrom'package:carData':
##
##Vocab,Wool
##Thefollowingobjectismaskedfrom'package:datasets':
##
##Orange
SIGN.test(x,md=20,alternative="two.sided",conf.level=0.95)
##
##One-sampleSign-Test
##
##data:x
##s=2,p-value=0.2891
##alternativehypothesis:truemedianisnotequalto20
##95percentconfidenceinterval:
##1.67533.775
##sampleestimates:
##medianofx
##12
##
```

```
##AchievedandInterpolatedConfidenceIntervals:
##
##Conf.LevelL.E.ptU.E.pt
##LowerAchievedCI0.92972.00025.000
##InterpolatedCI0.95001.67533.775
##UpperAchievedCI0.99221.00052.000
```

从输出结果中可以看出,p-value 为 0.2891,大于 0.05,因此不能拒绝原假设。

4.双样本的t检验

如果需要判断两个样本之间的均值是否一样,则可以使用双样本的 t 检验。在 R 语言中,使用 stats 包中的 t.test()函数实现该检验,代码如下所示。

```
x<-c(0.795,.864,.841,.683,.777,.720)

y<-c(.765,.735,1.003,.778,.647,.740,.612)

t.test(x,y,alternative="two.sided",var.equal=TRUE)
##
##TwoSamplet-test
##
##data:xandy
##t=0.44459,df=11,p-value=0.6652
##alternativehypothesis:truedifferenceinmeansisnotequalto0
##95percentconfidenceinterval:
##-0.10158790.1530164
##sampleestimates:
##meanofxmeanofy
##0.78000000.7542857
```

在这个例子中,首先创建了两个向量,然后比较这两个向量的平均值是否一样,从输出结果可以看出 p-value 为 0.6652,大于 0.05,因此不能拒绝原假设,不能认为两个样本的均值不一样。

5.样本均值差异的配对t检验

如果想知道三个或更多样本的平均值之差是否与零有显著差异,则可以使用样本均值差异的配对 t 检验(Pairwise T-test for The Difference in Sample Means),在 R 语言中,可以使用 stats 包中的 pairwise.t.test()函数实现该检验,代码如下所示。

```
sample_1<-c(2.9,3.5,2.8,2.6,3.7)

sample_2<-c(3.9,2.5,4.3,2.7)

sample_3<-c(2.9,2.4,3.8,1.2,2.0)

sample<-c(sample_1,sample_2,sample_3)

g<-factor(rep(1:3,c(5,4,5)),
labels=c("sample_1","sample_2",
"sample_3"))
pairwise.t.test(sample,g,p.adjust.method="holm",pool.sd=FALSE,alternative=
```

```
"two.side")
##
##Pairwisecomparisonsusingttestswithnon-pooledSD
##
##data:sampleandg
##
##sample_1sample_2
##sample_20.64-
##sample_30.590.59
##
##Pvalueadjustmentmethod:holm
```

样本1和样本2的p-value为0.64，因此不能拒绝原假设。样本2和样本3之间的p-value也不显著，p-value为0.59。样本1和样本3之间的p-value为0.59，也不能接拒绝原假设。

6. 具有共同方差的样本均值差异的配对t检验

如果想知道三个或更多有共同方差的配对样本的平均值之差是否与零有显著差异，则可以使用具有共同方差的样本均值差异的配对t检验（Pairwise T-test for The Difference in Sample Means with Common Variance），使用stats包中的pairwise.t.test()函数可以实现该检验，代码如下所示。

```
sample_1<-c(2.9,3.5,2.8,2.6,3.7)

sample_2<-c(3.9,2.5,4.3,2.7)

sample_3<-c(2.9,2.4,3.8,1.2,2.0)

sample<-c(sample_1,sample_2,sample_3)

g<-factor(rep(1:3,c(5,4,5)),
labels=c("sample_1","sample_2",
"sample_3"))
pairwise.t.test(sample,g,p.adjust.method="holm",pool.sd=TRUE,alternative=
"two.side")
##
##PairwisecomparisonsusingttestswithpooledSD
##
##data:sampleandg
##
##sample_1sample_2
##sample_20.65-
##sample_30.460.38
##
##Pvalueadjustmentmethod:holm
```

需要注意的是，这里将参数pool.sd设置为true，表示样本之间的方差一样。从输出的结果中可以看出，样本1和样本2之间的p-value为0.65，样本1和样本3之间的p-value为0.46，样本3和样本2之间的p-value为0.38，都不能拒绝原假设。

7. 样本均值差异的韦尔奇t检验

想要检测两组样本之间的均值是否一样,可以使用样本均值差异的韦尔奇 t 检验(Welch-test for The Difference in Sample Means),在 R 语言中可以使用 stats 包中的 t.test()函数实现该检验,代码如下所示。

```
sample1<-c(0.795,.864,.841,.683,.777,.720)
sample2<-c(.765,.735,1.003,.778,.647,.740,.612)
t.test(sample1,sample2,alternative="two.sided",var.equal=FALSE)
##
##WelchTwoSamplet-test
##
##data:sample1andsample2
##t=0.4649,df=9.5653,p-value=0.6524
##alternativehypothesis:truedifferenceinmeansisnotequalto0
##95percentconfidenceinterval:
##-0.098291870.14972044
##sampleestimates:
##meanofxmeanofy
##0.78000000.7542857
```

从输出结果中可以看出,p-value 为 0.6524,大于 0.05,因此不能拒绝原假设。需要注意的是,t 检验假设正在比较的两个总体分布的样本均值(检验统计量)正态分布且方差相等,样本均值差异的韦尔奇 t 检验不要求方差相等。

8. 样本均值差异的配对t检验

如果想要判断两组配对样本的均值是否一样,则可以使用样本均值差异的配对 t 检验(Paired T-test for The Difference in Sample Means),在 R 语言中使用 stats 包中的 t.test()函数实现该检验,只需要将 paired 参数设置为 true。

```
initial_value<-c(16,20,21,22,23,22,27,25,27,28)
final_value<-c(19,22,24,24,25,25,26,26,28,32)
t.test(final_value,initial_value,alternative="two.sided",paired=TRUE)
##
##Pairedt-test
##
##data:final_valueandinitial_value
##t=4.4721,df=9,p-value=0.00155
##alternativehypothesis:truedifferenceinmeansisnotequalto0
##95percentconfidenceinterval:
##0.98833263.0116674
##sampleestimates:
##meanofthedifferences
##2
```

p-value 为 0.00155,小于 0.05,拒绝原假设,认为均值不相等。

9. 配对WILCOXON检验

配对 WILCOXON 检验也是分析两组配对样本的均值是否相等，当研究中的每个受试者在处理前和处理后被测量两次时使用该检验，或者在配对试验设计中，受试者成对配对，每对受试者给予不同的处理也可使用该检验。当不能假定受试者来自正态分布的人群时，通常使用该检测。可以通过 stats 包中的 wilcox.test() 函数实现，代码如下所示。

```
initial_value<-c(1.83,0.50,1.62,2.48,1.68,1.88,1.55,3.06,1.30)
final_value<-c(0.878,0.647,0.598,2.05,1.06,1.29,1.06,3.14,1.29)
library(stats)
wilcox.test(initial_value,final_value,paired=TRUE,alternative="two.sided")
##
##Wilcoxonsignedrankexacttest
##
##data:initial_valueandfinal_value
##V=40,p-value=0.03906
##alternativehypothesis:truelocationshiftisnotequalto0
```

p-value 为 0.03906，小于 0.05，拒绝原假设。

10. 样本均值差异的配对t检验

当需要分析多组样本的均值是否相等的时候可以使用样本均值差异的配对 t 检验（Pairwise Paired T-test for The Difference in Sample Means）。这个检验用于评估两两平均值之间的差异程度，需要注意，这里会假设数据服从正态分布。在 R 语言中使用 stats 包中的 pairwise.t.test() 函数实现该检验，代码如下所示。

```
sample_1<-c(2.9,3.5,2.8,2.6,3.7,4.0)

sample_2<-c(3.9,2.5,4.3,2.7,2.6,3.0)

sample_3<-c(2.9,2.4,3.8,1.2,2.0,1.97)

sample<-c(sample_1,sample_2,sample_3)

g<-factor(rep(1:3,c(6,6,6)),
labels=c("sample_1","sample_2",
"sample_3"))
pairwise.t.test(sample,g,p.adjust.method="holm",paired=TRUE,alternative=
"two.side")
##
##Pairwisecomparisonsusingpairedttests
##
##data:sampleandg
##
##sample_1sample_2
##sample_20.864-
##sample_30.2450.033
##
##Pvalueadjustmentmethod:holm
```

样本 1 和样本 2 的 p-value 为 0.864，样本 1 和样本 3 的 p-value 为 0.245，不能拒绝原假设。样本 2 和样本 3 的 p-value 为 0.033，小于 0.05，拒绝原假设。

11．样本均值差异的成对WILCOX检验

如果需要对多个样本评估两两平均值之间的差异程度，可以使用样本均值差异的成对 WILCOX 检验（Pairwise Wilcox Test for The Difference in Sample Means）。当不能假定数据来自正态分布的时候，使用该检验。可以通过 stats 包中的 pairwise.wilcox.test()函数实现该检验。

```
sample_1<-c(2.9,3.5,2.8,2.6,3.7,4.0)
sample_2<-c(3.9,2.5,4.3,2.7,2.6,3.0)
sample_3<-c(2.9,2.4,3.8,1.2,2.0,1.97)
sample<-c(sample_1,sample_2,sample_3)
g<-factor(rep(1:3,c(6,6,6)),
labels=c("sample_1","sample_2",
"sample_3"))
pairwise.wilcox.test(sample,g,p.adjust.method="holm",
paired=TRUE,alternative="two.side")
##Warninginwilcox.test.default(xi,xj,paired=paired,...):cannotcompute
##exactp-valuewithties
##Warninginwilcox.test.default(xi,xj,paired=paired,...):cannotcompute
##exactp-valuewithzeroes
##
##PairwisecomparisonsusingWilcoxonsignedranktestwithcontinuitycorrection
##
##data:sampleandg
##
##sample_1sample_2
##sample_21.000-
##sample_30.2110.094
##
##Pvalueadjustmentmethod:holm
```

从输出结果中可以看出，样本 1 和样本 2 的 p-value 为 1，不能拒绝原假设。样本 1 和样本 3 的 p-value 为 0.211，不能拒绝原假设。样本 2 和样本 3 的 p-value 为 0.094，拒绝原假设。

12．中位数差异的两样本相关符号秩检验

中位数差异的双样本相关符号秩检验（Two Sample Dependent Sign Rank Test for Difference in Medians）用于检测两个样本的中位数之间的差异是否显著不等于 0。在配对试验设计中，受试者成对配对，每对受试者给予不同的对待，这种情况适用于该检验。该检测假设感兴趣的变量的潜在分布是连续的。在 R 语言中使用 BSDA 包中的 SIGN.test()函数实现，代码如下所示。

```
initial_value<-c(1.83,0.50,1.62,2.48,1.68,1.88,1.55,3.06,1.30)

final_value<-c(0.878,0.647,0.598,2.05,1.06,1.29,1.06,3.14,1.29)
SIGN.test(initial_value,final_value,alternative="two.sided")
##
##Dependent-samples Sign-Test
##
##data: initial_value and final_value
##S=7,p-value=0.1797
##alternative hypothesis: true median difference is not equal to 0
##95 percent confidence interval:
##-0.0730000 0.9261778
##sample estimates:
##median of x-y
##0.49
##
##Achieved and Interpolated Confidence Intervals:
##
##        Conf.Level   L.E.pt    U.E.pt
##Lower Achieved CI   0.8203  0.0100  0.6200
##Interpolated CI    0.9500 -0.0730  0.9262
##Upper Achieved CI   0.9609 -0.0800  0.9520
```

因为 p-value 为 0.1797，大于 0.05，所以不能拒绝无效假设。

13. 中位数差异的WILCOXON秩和检验

中位数差异的 WILCOXON 秩和检验（Wilcoxon Rank Sum Test for The Difference in Medians）用于判断两组样本之间的中位数是否一样。与两样本 t 检验相比，该检验对异常值的敏感度较低。在 R 语言中，可以使用 stats 包中的 wilcox.test()函数实现该检验，代码如下所示。

```
x<-c(0.795,0.864,0.841,0.683,0.777,0.720)

y<-c(0.765,0.735,1.003,0.778,0.647,0.740,0.612)

wilcox.test(x,y,alternative="two.sided")
##
##Wilcoxon rank sum exact test
##
##data: x and y
##W=27,p-value=0.4452
##alternative hypothesis: true location shift is not equal to 0
```

从输出结果中可以看到，p-value 为 0.4452，不能拒绝原假设，认为中位数是一样的。

5.4 随机性检验

本节主要介绍随机性检验的相关内容，例如判断序列是否为随机性序列，在时间序列领域经常会用到随机性检验来判断序列是否为白噪声。

1. 样本随机性的巴特尔检验

样本随机性的巴特尔检验（Bartels Test of Randomness in a Sample）适用于检测样本中的观察序列是否随机分布。可以使用 lawstat 包中的 bartels.test()函数实现该检验，代码如下所示。

```
y<-c(-82.29,-31.14,136.58,85.42,42.96,-122.72,0.59,55.77,117.62,-10.95,
-211.38,-304.02,30.72,238.19,140.98,18.88,-48.21,-63.7)
bartels.test(y,alternative="two.sided")
##
##BartelsTest-Twosided
##
##data:y
##StandardizedBartelsStatistic=-1.8915,RVNRatio=1.1084,p-value=
##0.05856
```

从输出结果中可以看出，p-value 为 0.05856，大于 0.05，不能拒绝原假设。

2. Ljung-Box检验

Ljung-Box 检验（LJUNG-BOX TEST）也是检验序列样本是否随机产生的。Ljung-Box 检验基于自相关图。如果自相关很小，可得出结论，序列是随机的。在 R 语言中使用 stats 包中的 Box.test()函数实现该检验，代码如下所示。

```
y<-c(-82.29,-31.14,136.58,85.42,42.96,-122.72,0.59,55.77,117.62,-10.95,
-211.38,-304.02,30.72,238.19,140.98,18.88,-48.21,-63.7)

Box.test(y,lag=3,type="Ljung-Box")
##
##Box-Ljungtest
##
##data:y
##X-squared=18.951,df=3,p-value=0.0002799
```

从输出结果中可以看出，p-value 非常小，为 0.0002799，小于 0.05，因此拒绝原假设。

3. Box-Pierce检验

Box-Pierce 检验也是检验序列是不是随机产生的，在 R 语言中使用 stats 包中的 Box.test()，与 Ljung-Box 检验不同，代码如下所示。

```
y<-c(-82.29,-31.14,136.58,85.42,42.96,-122.72,0.59,55.77,117.62,-10.95,
-211.38,-304.02,30.72,238.19,140.98,18.88,-48.21,-63.7)
Box.test(y,lag=3,type="Box-Pierce")
##
##Box-Piercetest
##
##data:y
##X-squared=14.769,df=3,p-value=0.002025
```

从输出的结果可以看出，p-value 非常小，为 0.002025，小于 0.05，因此拒绝原假设。

4．BDS检验

BDS 检验（BDS Test）是用于检测样本是否独立并且同分布的，在 R 语言中使用 tseries 包中的 bds.test() 函数实现该检验，代码如下所示。

```
set.seed(1234)

x<-rnorm(5000)
bds.test(x,m=6)
##
##BDSTest
##
##data:x
##
##Embeddingdimension=23456
##
##Epsilonforclosepoints=0.49570.99131.48701.9827
##
##StandardNormal=
##[0.4957][0.9913][1.487][1.9827]
##[2]-0.3192-0.4794-0.5354-0.4395
##[3]-0.8099-0.8871-0.9134-0.8516
##[4]-1.0534-1.0290-0.9986-0.8969
##[5]-1.5586-1.6091-1.4851-1.2751
##[6]-1.7497-1.6681-1.4979-1.2518
##
##p-value=
##[0.4957][0.9913][1.487][1.9827]
##[2]0.74950.63160.59240.6603
##[3]0.41800.37500.36100.3945
##[4]0.29210.30350.31800.3698
##[5]0.11910.10760.13750.2023
##[6]0.08020.09530.13410.2106
```

从输出结果中可以看出，所有的 p-value 都大于 0.05，因此不能拒绝原假设。

下面用 1991 至 1998 年的数据对 DAX 股票市场指数的日收盘数据进行检验。

```
DAX<-EuStockMarkets[,1]

diff_DAX=diff(DAX,1)

bds.test(diff_DAX,m=6)
##
##BDSTest
##
##data:diff_DAX
##
##Embeddingdimension=23456
##
##Epsilonforclosepoints=16.248632.497348.745964.9945
##
```

```
##StandardNormal=
##[16.2486][32.4973][48.7459][64.9945]
##[2]12.568314.762413.820210.9687
##[3]16.960219.620918.954615.7706
##[4]21.083323.387922.358318.6625
##[5]25.889326.815624.934520.6816
##[6]31.866730.384827.151022.3024
##
##p-value=
##[16.2486][32.4973][48.7459][64.9945]
##[2]0000
##[3]0000
##[4]0000
##[5]0000
##[6]0000
```

注意，在这种情况下，所有的 p-value 都为 0，由于原假设的数据是独立同分布的，这里拒绝原假设。因此表示数据不是独立同分布的。

5. Wald-Wolfowitz双样本检验

Wald-Wolfowitz 双样本检验（Wald-Wolfowitz Two Samplerun Test）是一种非参数统计检验，用于检验二分类数据序列的随机性假设。更准确地说，用于检验序列元素相互独立的假设。在 R 中可以使用 tseries 包中的 runs.test()函数实现该检验，代码如下所示。

```
combined_sample<-factor(c(0,0,0,0,1,1,1,1,0,1,0,1,1))

tseries::runs.test(combined_sample)
##
##RunsTest
##
##data:combined_sample
##StandardNormal=-0.85227,p-value=0.3941
##alternativehypothesis:two.sided
```

从输出结果中可以看出，p-value 为 0.3941，大于 0.05，因此不能拒绝原假设。

6. Mood'S检验

Mood'S 检验（Mood'S Test）可用于检验两个独立样本是否来自同一个分布。在 R 语言中，可以使用 stats 包中的 mood.test()函数实现该检验，代码如下所示。

```
sample_1<-c(3.84,2.6,1.19,2)
sample_2<-c(3.97,2.5,2.7,3.36,2.3)

stats::mood.test(sample_1,sample_2,alternative="two.sided")
##
##Moodtwo-sampletestofscale
##
##data:sample_1andsample_2
```

```
##Z=0.79282,p-value=0.4279
##alternativehypothesis:two.sided
```

从输出结果中可以看出，p-value 为 0.4279，大于 0.05，不能拒绝原假设。

7．沃尔福威茨二分法数据检验

沃尔福威茨二分法数据检验（Wald-Wolfowitz Runs Test for Dichotomous Data）用于检测样本中的二分类事件序列是否随机分布，可以通过 tseries 包中的 runs.test() 函数实现该检验，代码如下所示。

```
binary_factor<-factor(c(1,0,0,0,0,0,0,0,1,1,1,1,0,1,1,1,1,1,1,1,1,0,0,0,0,0))
library(tseries)
##RegisteredS3methodoverwrittenby'quantmod':
##methodfrom
##as.zoo.data.framezoo
tseries::runs.test(binary_factor,alternative="two.sided")
##
##RunsTest
##
##data:binary_factor
##StandardNormal=-3.2026,p-value=0.001362
##alternativehypothesis:two.sided
```

从输出结果中可以看出，p-value 为 0.001362，小于 0.05，拒绝原假设，序列不是随机分布的。

8．沃尔福威茨对连续数据进行检验

沃尔福威茨对连续数据进行检验（Wald-Wolfowitz Runs Test for Continuous Data）用于检测样本中的观察序列是否随机分布。可以使用 lawstat 包中的 runs.test() 函数实现该检验，代码如下所示。

```
y=c(1.8,2.3,3.5,4,5.5,6.3,7.2,8.9,9.1)
library(lawstat)
##
##Attachingpackage:'lawstat'
##Thefollowingobjectismaskedfrom'package:tseries':
##
##runs.test
##Thefollowingobjectismaskedfrom'package:car':
##
##levene.test
lawstat::runs.test(y,alternative="two.sided")
##
##RunsTest-Twosided
##
##data:y
##StandardizedRunsStatistic=-2.49,p-value=0.01278
```

从输出结果中可以看出，p-value 为 0.01278，小于 0.05，拒绝原假设，认为序列不是

随机产生的。

5.5 方差检验

方差检验指的是判断样本之间的方法是否相等,而不是指方差分析。本节主要介绍方差检验相关的内容,例如 F 检验、巴特利特方差同质性检验等。

1. 方差相等的F检验

方差相等的 F 检验(F-Test of Equality of Variances)用于判断两个样本的方差是否相等,在 R 语言中使用 stats 包中的 var.test()函数实现该检验,代码如下所示。

```
machine.1=c(10.8,11.0,10.4,10.3,11.3)
machine.2=c(10.8,10.6,11,10.9,10.9,10.7,1.8)
var.test(machine.1,machine.2,ratio=1,alternative="two.sided",conf.level=0.95)
##
##Ftesttocomparetwovariances
##
##data:machine.1andmachine.2
##F=0.014872,numdf=4,denomdf=6,p-value=0.001142
##alternativehypothesis:trueratioofvariancesisnotequalto1
##95percentconfidenceinterval:
##0.0023882920.136784965
##sampleestimates:
##ratioofvariances
##0.01487228
```

从输出结果中可以看出,p-value 为 0.001142,小于 0.05,因此拒绝原假设,认为这两组样本的方差不相等。

2. 皮特曼·摩根检验

皮特曼·摩根检验(Pitman-Morgan Test)可以用来判断两组相关联的样本的方差是否相等。在 R 语言中,使用 PairedData 包中的 pitman.morgan.test.default()函数可以实现该检验,代码如下所示。

```
machine.am=c(10.8,11.0,10.4,10.3,11.3,10.2,11.1)
machine.pm=c(10.8,10.6,11,10.9,10.9,10.7,1.8)
library(PairedData)
##Loadingrequiredpackage:gld
##Loadingrequiredpackage:mvtnorm
##
##Attachingpackage:'PairedData'
##Thefollowingobjectismaskedfrom'package:base':
##
##summary
```

```
Var.test(machine.am,machine.pm)
##
##Ftesttocomparetwovariances
##
##data:xandy
##F=0.015965,numdf=6,denomdf=6,p-value=7.579e-05
##alternativehypothesis:trueratioofvariancesisnotequalto1
##95percentconfidenceinterval:
##0.0027432910.092914077
##sampleestimates:
##ratioofvariances
##0.01596529

PairedData::pitman.morgan.test.default(machine.am,machine.pm)

    Paired Pitman-Morgan test

data: machine.am and machine.pm
t = -9.4346, df = 5, p-value = 0.0002258
alternative hypothesis: true ratio of variances is not equal to 1
95 percent confidence interval:
 0.002516232 0.101298431
sample estimates:
variance of x variance of y
    0.1857143    11.6323810
```

从输出结果中可以看出，p-value 非常小，因此拒绝原假设。

3. 安萨里-布拉德利检验

安萨里-布拉德利检验（Ansari-Bradley Test）用于检测两组独立样本是否来自同一个分布。在 R 语言中，使用 stats 包中的 ansari.test() 函数可以实现该检验，代码如下所示。

```
sample_1<-c(3.84,2.6,1.19,2)

sample_2<-c(3.97,2.5,2.7,3.36,2.3)

ansari.test(sample_1,sample_2,alternative="two.sided")
##
##Ansari-Bradleytest
##
##data:sample_1andsample_2
##AB=10,p-value=0.7937
##alternativehypothesis:trueratioofscalesisnotequalto1
```

从输出结果中可以看出，p-value 为 0.7937，大于 0.05，不能拒绝原假设。
第二种实现方式是使用 exactRankTests 包中的 ansari.exact() 函数，代码如下所示。

```
sample_1<-c(3.84,2.6,1.19,2)

sample_2<-c(3.97,2.5,2.7,3.36,2.3)
library(exactRankTests)
##Package'exactRankTests'isnolongerunderdevelopment.
##Pleaseconsiderusingpackage'coin'instead.
ansari.exact(sample_1,sample_2,alternative="two.sided")
```

```
##
##Ansari-Bradley test
##
##data:sample_1 and sample_2
##AB=10,p-value=0.6587
##alternative hypothesis:true ratio of scales is not equal to 1
```

从输出结果中可以看出，p-value 为 0.6587，大于 0.05，不能拒绝原假设。

第三种实现方法是使用 fBasics 包中的 scaleTest() 函数，代码如下所示。

```
sample_1<-c(3.84,2.6,1.19,2)

sample_2<-c(3.97,2.5,2.7,3.36,2.3)

scaleTest(sample_1,sample_2,method="ansari")
##Warning in ccia(alpha):samples differ in location:cannot compute confidence
##set,returning NA
##Warning in ansari.test.default(x,y,alternative,exact,conf.int,conf.level,:
##cannot compute estimate,returning NA
##Warning in ccia(alpha*2):samples differ in location:cannot compute
##confidence set,returning NA
##Warning in ansari.test.default(x,y,alternative,exact,conf.int,conf.level,:
##cannot compute estimate,returning NA
##Warning in ccia(alpha*2):samples differ in location:cannot compute
##confidence set,returning NA
##Warning in ansari.test.default(x,y,alternative,exact,conf.int,conf.level,:
##cannot compute estimate,returning NA
##Warning in cci(alpha):samples differ in location:cannot compute confidence
##set,returning NA
##Warning in cci(alpha*2):samples differ in location:cannot compute confidence
##set,returning NA

##Warning in cci(alpha*2):samples differ in location:cannot compute confidence
##set,returning NA
##
##Title:
##Ansari-Bradley Test for Scale
##
##Test Results:
##STATISTIC:
##AB:10
##P VALUE:
##Alternative Two-Sided:0.593
##Alternative Two-Sided|Exact:0.7937
##Alternative Less:0.7035
##Alternative Less|Exact:0.7778
##Alternative Greater:0.2965
##Alternative Greater|Exact:0.3968
##CONFIDENCE INTERVAL:
##Two-Sided|Asymptotic:NA,NA
##Two-Sided|Exact:NA,NA
##Less|Asymptotic:0,NA
##Less|Exact:0,NA
##Greater|Asymptotic:NA,Inf
##Greater|Exact:NA,Inf
```

```
##
##Description:
##WedMay512:55:282021
```

从输出结果中可以看出，p-value 是大于 0.05 的，因此不能拒绝原假设。

4．巴特利特方差同质性检验

巴特利特方差同质性检验（Bartlett Test for Homogeneity of Variance）用于检测多个样本是否来自方差相等的总体，该检验对于数据偏离正态性是比较敏感的。可以通过 stats 包中的 bartlett.test() 函数实现该检验，代码如下所示。

```
count_data<-c(250,260,230,270,310,330,280,360,250,230,220,260,340,270,
300,320)

sample<-c("A","A","A","A","B","B","B","B","C","C","C","C","D","D","D","D")

data<-data.frame((list(count=count_data,sample=sample)))

bartlett.test(data$count,data$sample)
##
##Bartletttestofhomogeneityofvariances
##
##data:data$countanddata$sample
##Bartlett'sK-squared=1.7736,df=3,p-value=0.6207
```

从输出结果中可以看出，p-value 为 0.6207，大于 0.05，不能拒绝原假设。需要注意的是，上面的代码还有另外一种写法，代码如下所示。

```
bartlett.test(count~sample,data=data)
##
##Bartletttestofhomogeneityofvariances
##
##data:countbysample
##Bartlett'sK-squared=1.7736,df=3,p-value=0.6207
```

从输出结果中可以看出，这两种方法实现的 p-value 是一样的。

5．Fligner-Killeen 检验

Fligner-Killeen 检验用于分析多组样本是否来自方差相等的总体。该检验对于数据偏离正态性是稳健的。在 R 语言中可以使用 stats 包中的 fligner.test() 函数实现该检验，代码如下所示。

```
count_data<-c(250,260,230,270,310,330,280,360,250,230,220,260,340,270,
300,320)

sample<-c("A","A","A","A","B","B","B","B","C","C","C","C","D","D","D","D")

data<-data.frame((list(count=count_data,sample=sample)))
```

```
fligner.test(data$count,data$sample)
##
##Fligner-Killeentestofhomogeneityofvariances
##
##data:data$countanddata$sample
##Fligner-Killeen:medchi-squared=2.4378,df=3,p-value=0.4866
```

从输出结果中可以看出，p-value 为 0.4866，大于 0.05，说明不能拒绝原假设。

6. Levene检验

Levene 检验（Levene's Test of Equality of Variance）用于检验 k 个样本的方差是否相等，也就是检验样本之间的方差是否相等。该检验与巴特利特方差同质性检验相比，在偏离正态性的情况下更为稳健。在 R 语言中，可以使用 outliers 包中的 leveneTest() 函数实现该检验，代码如下所示。

```
count_data<-c(250,260,230,270,310,330,280,360,250,230,220,260,340,270,
300,320)

sample<-c("A","A","A","A","B","B","B","B","C","C","C","C","D","D","D","D")

leveneTest(data$count,data$sample)
##WarninginleveneTest.default(data$count,data$sample):data$samplecoercedto
##factor.
##Levene'sTestforHomogeneityofVariance(center=median)
##DfFvaluePr(>F)
##group30.87180.4826
##12
```

从输出结果中可以看出，p-value 为 0.4826，大于 0.05，因此不能拒绝原假设。

7. CochranC检验

CochranC 检验（Cochran C Test for Inlying or Outlying Variance）有助于确定一个样本的方差是否不同于一组样本的方差，也就是判断样本之间的方差是否相等。在 R 语言中，可以使用 outliers 包中的 cochran.test() 函数来实现该检验，代码如下所示。

```
count_data<-c(250,260,230,270,310,330,280,360,250,230,220,260,340,270,
300,320)

sample<-c("A","A","A","A","B","B","B","B","C","C","C","C","D","D","D","D")

data<-data.frame((list(count=count_data,sample=sample)))
library(outliers)
##
##Attachingpackage:'outliers'
##Thefollowingobjectismaskedfrom'package:psych':
##
##outlier
```

```
##Thefollowingobjectismaskedfrom'package:timeSeries':
##
##outlier
cochran.test(count~sample,data,inlying=FALSE)
##
##Cochrantestforoutlyingvariance
##
##data:count~sample
##C=0.42767,df=4,k=4,p-value=0.6106
##alternativehypothesis:GroupBhasoutlyingvariance
##sampleestimates:
##ABCD
##291.66671133.3333333.3333891.6667
```

从输出结果中可以看出，p-value 为 0.6106，大于 0.05，因此不能拒绝原假设。另外一种实现方式是使用 GAD 包中的 C.test()函数，代码如下所示。

```
library(GAD)
C.test(lm(count~sample,data=data))
##
##Cochrantestofhomogeneityofvariances
##
##data:lm(count~sample,data=data)
##C=0.42767,n=4,k=4,p-value=0.6106
##alternativehypothesis:GroupBhasoutlyingvariance
##sampleestimates:
##ABCD
##291.66671133.3333333.3333891.6667
```

从输出结果中可以看出，p-value 为 0.6106，不能拒绝原假设。

8．布朗-福赛斯检验

布朗-福赛斯检验（Brown-Forsythe Levene-Type Test）用来比较多样本方差是否一样。在 R 语言中，可以使用 lawstat 包中的 levene.test()函数实现该检验，代码如下所示。

```
count_data<-c(250,260,230,270,310,330,280,360,250,230,220,260,340,270,
300,320)

sample<-c("A","A","A","A","B","B","B","B","C","C","C","C","D","D","D","D")

data<-data.frame((list(count=count_data,sample=sample)))

levene.test(data$count,data$sample,location="median",correction.method=
"zero.correction")
##
##ModifiedrobustBrown-ForsytheLevene-typetestbasedontheabsolute
##deviationsfromthemedianwithmodifiedstructuralzeroremoval
##methodandcorrectionfactor
##
##data:data$count
##TestStatistic=2.5905,p-value=0.1253
```

从输出结果中可以看出，p-value 为 0.1253，大于 0.05，不能拒绝原假设。

9. 莫希利的球形度检验

莫希利的球形度检验（Mauchly's Sphericity Test）用于判断重复测量方差分析中所有可能的组对之间的差异方差是否相等。在 R 语言中，使用 stats 包中的 mauchly.test() 函数可以实现该检验，代码如下所示。

```
dependent_variable<-c(-5,-10,-5,0,-3,-3,-5,-7,-2,4,-1,-5,-4,-8,-4,-5,
-12,-7)

mlm<-matrix(dependent_variable,nrow=6,byrow=TRUE)

mauchly.test(lm(mlm~1),X=~1)
##
##Mauchly'stestofsphericity
##Contrastsorthogonalto
##~1
##
##
##data:SSDmatrixfromlm(formula=mlm~1)
##W=0.45447,p-value=0.2065
```

从输出结果中可以看出，p-value 为 0.2065，大于 0.05，不能拒绝原假设。

5.6 其他类型检验

假设检验是统计中检验某种假设的方法，很多统计上面的问题都可以使用假设检验的方法来判断。本节将介绍其他常用的假设检验，如比例检验、卡方趋势检验等。

1. 二项式检验

二项式检验（Binominal Test）用于分析每一类的个体所占的比例是否有偶然性，或者说，属于这一类的个体所占的比例是否与预先规定的属于这些类别的比例不同。如果想要知道一个数据是否属于某个二项分布的话，可以使用该检验，在 R 语言中，使用 stats 包中的 binom.test() 函数可以实现该检验，代码如下所示。

```
binom.test(x=25,n=30,p=0.5,alternative="two.sided",conf.level=0.95)
##
##Exactbinomialtest
##
##data:25and30
##numberofsuccesses=25,numberoftrials=30,p-value=0.0003249
##alternativehypothesis:trueprobabilityofsuccessisnotequalto0.5
##95percentconfidenceinterval:
##0.65278830.9435783
##sampleestimates:
```

```
##probabilityofsuccess
##0.8333333
```

从输出结果中可以看出，p-value 为 0.0003249，小于 0.05，拒绝原假设。需要注意的是，在 binom.test()函数中，第一个参数是试验成功的次数，第二个参数是试验次数，第三个参数是假设的概率。

2. 单样本的比例检验

单样本的比例检验（One Sample Proportions Test）用于判断从随机试验中观察到的比例（成功概率）是否等于某个预先指定的概率。在 R 语言中可以通过 stats 包中的 prop.test()函数实现该检验，代码如下所示。

```
prop.test(52,100,p=0.5,alternative="two.sided",conf.level=0.95)
##
##1-sampleproportionstestwithcontinuitycorrection
##
##data:52outof100,nullprobability0.5
##X-squared=0.09,df=1,p-value=0.7642
##alternativehypothesis:truepisnotequalto0.5
##95percentconfidenceinterval:
##0.41831830.6201278
##sampleestimates:
##p
##0.52
```

prop.test()函数的第一个参数是试验成功的次数，第二个参数是试验总次数，第三个参数是假设概率。从输出结果中可以看出，p-value 为 0.7642，大于 0.05，不能拒绝原假设。

3. 单样本的泊松检验

单样本的泊松检验（One Sample Poisson Test），如果想要检验样本是否来自泊松分布，则可以使用该检验。在 R 语言中，可以使用 stats 包中的 poisson.test()函数实现该检验，代码如下所示。

```
poisson.test(6,6.22,alternative="two.sided",conf.level=0.95)
##
##ExactPoissontest
##
##data:6timebase:6.22
##numberofevents=6,timebase=6.22,p-value=1
##alternativehypothesis:trueeventrateisnotequalto1
##95percentconfidenceinterval:
##0.35400232.0995939
##sampleestimates:
##eventrate
##0.9646302
```

从输出结果中可以看出，p-value 为 1，大于 0.05，不能拒绝原假设。

4. 成对比较的比例检验

成对比较的比例检验（Pairwise Comparison of Proportions Test）用于分析多组样本中成对比例之间的差异是否显著。该检验是基于皮尔逊的卡方检验和耶茨的连续性校正以及多重检验的各种校正。在 R 语言中，可以使用 stats 包中的 pairwise.prop.test() 函数实现该检验，代码如下所示。

```
sample<-rbind(s1=c(95,106),s2=c(181,137),s3=c(76,85),s4=c(13,29),s5=
c(11,26),s6=c(201,179))

colnames(sample)<-c("treat1","trea2")
pairwise.prop.test(sample,p.adjust.method="holm")
##
##PairwisecomparisonsusingPairwisecomparisonofproportions
##
##data:sample
##
##s1s2s3s4s5
##s20.437----
##s31.0000.553---
##s40.6580.0390.658--
##s50.6580.0420.6581.000-
##s61.0001.0001.0000.1460.146
##
##Pvalueadjustmentmethod:holm
```

从输出结果中可以看出，样本 2 和样本 4 的 p-value 为 0.039，小于 0.05，拒绝原假设。样本 2 和样本 5 之间的 p-value 也很显著，为 0.042。

5. 双样本的泊松检验

双样本的泊松检验（Two Samplepoisson Test）在 R 语言中依然使用 stats 包中的 poisson.test() 函数实现该检验，示例代码如下所示。

```
poisson.test(c(10,2),c(20000,17877),alternative="two.sided",conf.level=
0.95)
##
##ComparisonofPoissonrates
##
##data:c(10,2)timebase:c(20000,17877)
##count1=10,expectedcount1=6.3363,p-value=0.04213
##alternativehypothesis:trueraterationotequalto1
##95percentconfidenceinterval:
##0.952422141.9509150
##sampleestimates:
##rateratio
##4.46925
```

从输出结果中可以看出，p-value 为 0.04213，小于 0.05，拒绝原假设。

6. 多样本的比例检验

多样本的比例检验（Multiple Sample Proportions Test）用于分析从两个或更多样本中观察到的比例（成功概率）之间的差异是否显著不等于 0。在 R 语言中可以通过 stats 包中的 prop.test()函数实现该检验，代码如下所示。

```
smokers<-c(83,90,129,70)
patients<-c(86,93,136,82)
prop.test(smokers,patients,alternative="two.sided",conf.level=0.95)
##
##4-sample test for equality of proportions without continuity
##correction
##
##data:smokers out of patients
##X-squared=12.6,df=3,p-value=0.005585
##alternative hypothesis:two.sided
##sample estimates:
##prop1 prop2 prop3 prop4
##0.9651163 0.9677419 0.9485294 0.8536585
```

从输出结果中可以看出，p-value 为 0.005585，小于 0.05，因此拒绝原假设。

7. 卡方趋势检验

卡方趋势检验（Chi-Squared Test for Lineartrend）常用于分析两个或两个以上线性趋势样本的观察比例（成功概率）之差是否与 0 显著不同。在 R 语言中，可以通过 stats 包中的 prop.trend.test()函数实现该检验，代码如下所示。

```
infected.swimmers<-c(5,5,33)

all.swimmers<-c(13,8,37)

prop.trend.test(infected.swimmers,all.swimmers)
##
##Chi-squared Test for Trend in Proportions
##
##data:infected.swimmers out of all.swimmers,
##using scores:1 2 3
##X-squared=13.56,df=1,p-value=0.000231
```

从输出结果中可以看出，p-value 为 0.000231，小于 0.05，因此拒绝原假设。

8. 皮尔逊卡方相关检验

皮尔逊卡方相关检验（Pearson's Paired Chi-Squared Test）常用于分析列联表中两个变量的成对观测值是否相互独立。在 R 语言中，可以通过 stats 包中的 chisq.test()函数实现该检验，代码如下所示。

```
Table_data<-as.table(rbind(c(20,30),c(30,20)))

dimnames(Table_data)<-list(gender=c("Male","Female"),party=c("Labour",
```

```
"Conservative"))
Table_data
##party
##genderLabourConservative
##Male2030
##Female3020
chisq.test(Table_data,correct=FALSE)
##
##Pearson'sChi-squaredtest
##
##data:Table_data
##X-squared=4,df=1,p-value=0.0455
```

从输出结果中可以看出，p-value 为 0.0455，小于 0.05，因此拒绝原假设。

9. 费舍尔精确检验

费舍尔精确检验（Fishers Exact Test），是在列联表分析中使用的统计显著性检验，尽管实际上这种检验是在样本量较小的情况下使用，但它适用于所有样本量的情况。在 R 语言中，使用 stats 包中的 fisher.test() 函数实现该检验，代码如下所示。

```
Table_data<-as.table(rbind(c(20,30),c(30,20)))

dimnames(Table_data)<-list(gender=c("Male","Female"),party=c("Labour",
"Conservative"))
fisher.test(Table_data,alternative="two.sided",conf.level=0.95)
##
##Fisher'sExactTestforCountData
##
##data:Table_data
##p-value=0.07134
##alternativehypothesis:trueoddsratioisnotequalto1
##95percentconfidenceinterval:
##0.18469331.0640121
##sampleestimates:
##oddsratio
##0.4481632
```

从输出结果中可以看出，p-value 为 0.07134，大于 0.05，不能拒绝原假设。

10. Cochran-Mantel-Haenszel 检验

当想要分析在调整控制变量时两个分类变量之间是否存在关系时。可以使用 Cochran-Mantel-Haenszel 检验。在 R 语言中，使用 stats 包中的 mantelhaen.test() 函数实现该检验。代码如下所示。

```
Data<-array(c(12,16,7,19,16,11,5,20),dim=c(2,2,2),
dimnames=list(Treatment=c("Drug","Placebo"),
Response=c("Improved","NoChange"),
Sex=c("Male","Female")))

Data
##,,Sex=Male
```

```
##
##Response
##TreatmentImprovedNoChange
##Drug127
##Placebo1619
##
##,,Sex=Female
##
##Response
##TreatmentImprovedNoChange
##Drug165
##Placebo1120
mantelhaen.test(Data,alternative="two.sided",correct=FALSE,exact=FALSE,
conf.level=0.95)
##
##Mantel-Haenszelchi-squaredtestwithoutcontinuitycorrection
##
##data:Data
##Mantel-HaenszelX-squared=8.3052,df=1,p-value=0.003953
##alternativehypothesis:truecommonoddsratioisnotequalto1
##95percentconfidenceinterval:
##1.4456137.593375
##sampleestimates:
##commonoddsratio
##3.313168
```

从输出结果中可以看出，p-value 为 0.003953，小于 0.05，因此拒绝原假设。

11. 麦克尼马尔检验

麦克尼马尔检验（Mcnemar's Test）适用于配对标称数据的统计检验。它应用于具有两分性状且匹配对象对的 2×2 列联表，以确定行和列的边际频率是否相等。可以使用 stats 包中的 mcnemar.test() 函数实现该检验，代码如下所示。

```
data<-matrix(c(59,4,128,20),nrow=2,
dimnames=list("chestradiography"=c("positive","negative"),"sputumculture"
=c("positive","negative")))
mcnemar.test(data)
##
##McNemar'sChi-squaredtestwithcontinuitycorrection
##
##data:data
##McNemar'schi-squared=114.61,df=1,p-value<2.2e-16
```

从输出结果中可以看出，p-value 非常小，因此拒绝原假设。

12. 单向布局中平均值相等检验

单向布局中平均值相等检验（Equal Meansin a One-Way Layout With Equal Variances）常用于检验两个或者多个正态分布样本的均值是否相同，方差是否相等。在 R 语言中，使用 stats 包中的 oneway.test() 函数可以实现该检验，代码如下所示。

```
Value<-c(2.9,3.5,2.8,2.6,3.7,3.9,2.5,4.3,2.7,2.9,2.4,3.8,1.2,2.0)

Sample_Group<-factor(c(rep(1,5),rep(2,4),rep(3,5)))

data<-data.frame(Sample_Group,Value)
oneway.test(Value~Sample_Group,data=data,var.equal=TRUE)
##
##One-wayanalysisofmeans
##
##data:ValueandSample_Group
##F=1.5248,numdf=2,denomdf=11,p-value=0.2603
```

从输出结果中可以看出，p-value 为 0.2603，大于 0.05，不能拒绝原假设。

13．两个以上样本的韦尔奇检验

两个以上样本的韦尔奇检验（Welch-Test for Morethan Two Samples）常用于检验两个或者多个正态分布样本的均值是否相同，方差不一定是相等的。在 R 语言中，通过 stats 包中的 oneway.test()函数实现该检验，代码如下所示。

```
Value<-c(2.9,3.5,2.8,2.6,3.7,3.9,2.5,4.3,2.7,2.9,2.4,3.8,1.2,2.0)

Sample_Group<-factor(c(rep(1,5),rep(2,4),rep(3,5)))

data<-data.frame(Sample_Group,Value)
data
##Sample_GroupValue
##112.9
##213.5
##312.8
##412.6
##513.7
##623.9
##722.5
##824.3
##922.7
##1032.9
##1132.4
##1233.8
##1331.2
##1432.0
oneway.test(Value~Sample_Group,data=data,var.equal=FALSE)
##
##One-wayanalysisofmeans(notassumingequalvariances)
##
##data:ValueandSample_Group
##F=1.0565,numdf=2.000,denomdf=6.087,p-value=0.4038
```

从输出结果中可以看出，p-value 为 0.4038，大于 0.05，不能拒绝原假设。

14．Kruskal-Wallis秩和检验

Kruskal-Wallis 秩和检验（Kruskal Wallis Rank Sum Test）用于检验三组或者更多的样

本是否来自某一分布。在 R 语言中，通过 stats 包中的 kruskal.test()函数实现该检验，代码如下所示。

```
Value<-c(2.9,3.5,2.8,2.6,3.7,3.9,2.5,4.3,2.7,2.9,2.4,3.8,1.2,2.0)
Sample_Group<-factor(c(rep(1,5),rep(2,4),rep(3,5)))
data<-data.frame(Sample_Group,Value)
kruskal.test(Value~Sample_Group,data=data)
##
##Kruskal-Wallisranksumtest
##
##data:ValuebySample_Group
##Kruskal-Wallischi-squared=2.2707,df=2,p-value=0.3213
```

从输出结果中可以看出，p-value 为 0.3213，大于 0.05，不能拒绝原假设。

15．弗里德曼检验

弗里德曼检验（Friedman's Test）用于检测不同样本在重复测量中的分布是否相同。在 R 语言中，使用 stats 包的 friedman.test()函数实现该检验，代码如下所示。

```
Diet_data<-matrix(c(8,8,7,
7,6,6,6,8,6,8,9,7,5,8,5,9,7,7,7,7,7,8,7,7,8,6,8,7,6,6,7,8,6,9,9,6),
nrow=12,
byrow=TRUE,dimnames=list(1:12,
c("HealthyBalanced","LowFat","LowCarb")))
stats::friedman.test(Diet_data)
##
##Friedmanranksumtest
##
##data:Diet_data
##Friedmanchi-squared=7.6,df=2,p-value=0.02237
```

从输出结果中可以看出，p-value 为 0.02237，小于 0.05，拒绝原假设。

16．克邓检验

克邓检验（Quade Test），在 R 语言中，通过 stats 包中的 quade.test()函数实现该检验，代码如下所示。

```
Diet_data<-matrix(c(8,8,7,
7,6,6,6,8,6,8,9,7,5,8,5,9,7,7,7,7,7,8,7,7,8,6,8,7,6,6,7,8,6,9,9,6),
nrow=12,
byrow=TRUE,dimnames=list(1:12,
c("HealthyBalanced","LowFat","LowCarb")))
quade.test(Diet_data)
##
##Quadetest
##
##data:Diet_data
##QuadeF=3.9057,numdf=2,denomdf=22,p-value=0.03535
```

从输出结果中可以看出，p-value 为 0.03535，小于 0.05，拒绝原假设。

17. 达格斯蒂诺偏态检验

达格斯蒂诺偏态检验（D'Agostino Test of Skewness）用于检测数据是否偏态的，在 R 语言中，可以通过 moments 包中的 agostino.test()函数实现该检验，代码如下所示。

```
sample<-c(-1.441,-0.642,0.243,0.154,-0.325,-0.316,0.337,-0.028,1.359,
-1.67,-0.42,1.02,-1.15,0.69,-1.18,2.22,1,-1.83,0.01,-0.77,-0.75,-1.55,
-1.44,0.58,0.16)
moments::agostino.test(sample,alternative="two.sided")
##
##D'Agostinoskewnesstest
##
##data:sample
##skew=0.35273,z=0.84894,p-value=0.3959
##alternativehypothesis:datahaveaskewness
```

从输出结果中可以看出，p-value 为 0.3959，大于 0.05，不能拒绝原假设。

18. Anscombe-Glynn的峰度检验

Anscombe-Glynn 的峰度检验（Anscombe-Glynn Test of Kurtosis）用于检测相对于正态分布，样本是否表现出更多（或更少）的峰度。在 R 语言中，使用 moments 包中的 anscombe.test()函数实现该检验，代码如下所示。

```
sample<-c(-1.441,-0.642,0.243,0.154,-0.325,-0.316,0.337,-0.028,1.359,
-1.67,-0.42,1.02,-1.15,0.69,-1.18,2.22,1,-1.83,0.01,-0.77,-0.75,-1.55,
-1.44,0.58,0.16)
moments::anscombe.test(sample,alternative="two.sided")
##
##Anscombe-Glynnkurtosistest
##
##data:sample
##kurt=2.55043,z=-0.11868,p-value=0.9055
##alternativehypothesis:kurtosisisnotequalto3
```

从输出结果中可以看出，p-value 为 0.9055，大于 0.05，不能拒绝原假设。

19. Bonett-Seier峰度检验

Bonett-Seier 峰度检验（Bonett-Seier Test of Kurtosis）用于检测相对于正态分布，样本是否表现出更多（或更少）由 Geary 测度计算的峰度。在 R 语言中，可以通过 moments 包中的 bonett.test()函数实现该检验，代码如下所示。

```
sample<-c(-1.441,-0.642,0.243,0.154,-0.325,-0.316,0.337,-0.028,1.359,
-1.67,-0.42,1.02,-1.15,0.69,-1.18,2.22,1,-1.83,0.01,-0.77,-0.75,-1.55,
-1.44,0.58,0.16)
moments::bonett.test(sample,alternative="two.sided")
##
##Bonett-SeiertestforGearykurtosis
##
##data:sample
```

```
##tau=0.83998,z=-0.66124,p-value=0.5085
##alternativehypothesis:kurtosisisnotequaltosqrt(2/pi)
```

从输出结果中可以看出，p-value 为 0.5085，大于 0.05，不能拒绝原假设。

20．夏皮罗·威尔克检验

夏皮罗·威尔克检验（Shapiro-Wilk Test）用于判断样本是否来自正态分布。在 R 语言中，通过 stats 包中的 shapiro.test()函数可以实现该检验，代码如下所示。

```
sample<-c(-1.441,-0.642,0.243,0.154,-0.325,-0.316,0.337,-0.028,1.359,
-1.67,-0.42,1.02,-1.15,0.69,-1.18,2.22,1,-1.83,0.01,-0.77,-0.75,-1.55,
-1.44,0.58,0.16)
shapiro.test(sample)
##
##Shapiro-Wilknormalitytest
##
##data:sample
##W=0.97124,p-value=0.6767
```

从输出结果中可以看出，p-value 为 0.6767，大于 0.05，不能拒绝原假设，可以认为数据来自正态分布。

21．柯尔莫哥洛夫-斯米尔诺夫检验

柯尔莫哥洛夫-斯米尔诺夫检验（Kolmogorov-Smirnov Test of Normality）也用来检验数据是否来自正态分布。在 R 语言中，通过 fBasics 包中的 ksnormTest()函数可以实现该检验，代码如下所示。

```
sample<-c(-1.441,-0.642,0.243,0.154,-0.325,-0.316,0.337,-0.028,1.359,
-1.67,-0.42,1.02,-1.15,0.69,-1.18,2.22,1,-1.83,0.01,-0.77,-0.75,-1.55,
-1.44,0.58,0.16)
ksnormTest(sample)
##
##Title:
##One-sampleKolmogorov-Smirnovtest
##
##TestResults:
##STATISTIC:
##D:0.1549
##PVALUE:
##AlternativeTwo-Sided:0.5351
##AlternativeLess:0.9256
##AlternativeGreater:0.2727
##
##Description:
##WedMay512:55:292021byuser:
```

从输出结果中可以看出，p-value 大于 0.05，不能拒绝原假设。

22．哈尔克-贝拉检验

哈尔克-贝拉检验（Jarque-Bera Test）是一种拟合优度检验，用于检验样本数据的偏斜

度和峰度是否与正态分布匹配。在 R 语言中，可以通过 fBasics 包中的 jarqueberaTest()函数实现该检验，代码如下所示。

```
sample<-c(-1.441,-0.642,0.243,0.154,-0.325,-0.316,0.337,-0.028,1.359,
-1.67,-0.42,1.02,-1.15,0.69,-1.18,2.22,1,-1.83,0.01,-0.77,-0.75,-1.55,
-1.44,0.58,0.16)
jarqueberaTest(sample)
##
##Title:
##Jarque-BeraNormalalityTest
##
##TestResults:
##STATISTIC:
##X-squared:0.7289
##PVALUE:
##AsymptoticpValue:0.6946
##
##Description:
##WedMay512:55:292021byuser:
```

从输出结果中可以看出，p-value 为 0.6946，大于 0.05，不能拒绝原假设。

23．达格斯蒂诺检验

达格斯蒂诺检验（D'Agostino Test）一种偏离正态性的拟合优度度量检验，即该检验的目的是确定给定样本是否来自正态分布的总体。在 R 语言中，可以通过 fBasics 包中的 dagoTest()函数实现该检验，代码如下所示。

```
sample<-c(-1.441,-0.642,0.243,0.154,-0.325,-0.316,0.337,-0.028,1.359,
-1.67,-0.42,1.02,-1.15,0.69,-1.18,2.22,1,-1.83,0.01,-0.77,-0.75,-1.55,
-1.44,0.58,0.16)
dagoTest(sample)
##
##Title:
##D'AgostinoNormalityTest
##
##TestResults:
##STATISTIC:
##Chi2|Omnibus:0.7348
##Z3|Skewness:0.8489
##Z4|Kurtosis:-0.1187
##PVALUE:
##OmnibusTest:0.6925
##SkewnessTest:0.3959
##KurtosisTest:0.9055
##
##Description:
##WedMay512:55:292021byuser:
```

从输出结果中可以看出，p-value 大于 0.05，不能拒绝原假设。

24. 安德森–达令正态检验

安德森–达令正态检验（Anderson-Darling Test of Normality）用于确定是否从正态分布中提取了给定的数据样本。在 R 语言中，可以使用 nortest 包中的 ad.test() 函数实现该检验，检测样本是否来自正态分布，代码如下所示。

```
sample<-c(-1.441,-0.642,0.243,0.154,-0.325,-0.316,0.337,-0.028,1.359,
-1.67,-0.42,1.02,-1.15,0.69,-1.18,2.22,1,-1.83,0.01,-0.77,-0.75,-1.55,
-1.44,0.58,0.16)
nortest::ad.test(sample)
##
##Anderson-Darlingnormalitytest
##
##data:sample
##A=0.20576,p-value=0.8545
```

从输出结果中可以看出，p-value 为 0.8545，大于 0.05，不能拒绝原假设。

25. 克莱默-冯-米塞斯检验

克莱默-冯-米塞斯检验（Cramer-Vonmises Test）用于检测样本是否来自正态分布。在 R 语言中，nortest 包中的 cvm.test() 函数可以实现该检验，代码如下所示。

```
sample<-c(-1.441,-0.642,0.243,0.154,-0.325,-0.316,0.337,-0.028,1.359,
-1.67,-0.42,1.02,-1.15,0.69,-1.18,2.22,1,-1.83,0.01,-0.77,-0.75,-1.55,
-1.44,0.58,0.16)
nortest::cvm.test(sample)
##
##Cramer-vonMisesnormalitytest
##
##data:sample
##W=0.024283,p-value=0.9128
```

从输出结果中可以看出，p-value 为 0.9128，大于 0.05，不能拒绝原假设。

26. 里尔福斯检验

里尔福斯检验（Lilliefors Test）用于检测数据是否来自正态分布。在 R 语言中，fBasics 包中的 lillieTest() 函数可以实现该检验，代码如下所示。

```
sample<-c(-1.441,-0.642,0.243,0.154,-0.325,-0.316,0.337,-0.028,1.359,
-1.67,-0.42,1.02,-1.15,0.69,-1.18,2.22,1,-1.83,0.01,-0.77,-0.75,-1.55,
-1.44,0.58,0.16)
fBasics::lillieTest(sample)
##
##Title:
##Lilliefors(KS)NormalityTest
##
##TestResults:
##STATISTIC:
##D:0.0923
##PVALUE:
```

```
##0.8429
##
##Description:
##WedMay512:55:292021byuser:
```

从输出结果中可以看出，p-value 为 0.8429，大于 0.05，不能拒绝原假设。nortest 包中的 lillie.test()函数也可以实现该检验，代码如下所示。

```
nortest::lillie.test(sample)
##
##Lilliefors(Kolmogorov-Smirnov)normalitytest
##
##data:sample
##D=0.092255,p-value=0.8429
```

结果是一样的，不能拒绝原假设。

27．皮罗-弗朗西检验

皮罗-弗朗西检验（Shapiro-Francia Test）用于正态性检验。在 R 语言中，可以使用 nortest 包中的 sf.test()函数实现该检验，代码如下所示。

```
sample<-c(-1.441,-0.642,0.243,0.154,-0.325,-0.316,0.337,-0.028,1.359,
-1.67,-0.42,1.02,-1.15,0.69,-1.18,2.22,1,-1.83,0.01,-0.77,-0.75,-1.55,
-1.44,0.58,0.16)
nortest::sf.test(sample)
##
##Shapiro-Francianormalitytest
##
##data:sample
##W=0.97587,p-value=0.7035
```

从输出结果中可以看出，p-value 为 0.7035，大于 0.05，因此不能拒绝原假设。还有另外一种方式即通过 fBasics 包中的 sfTest()函数也可以实现该检验，代码如下所示。

```
fBasics::sfTest(sample)
##
##Title:
##Shapiro-FranciaNormalityTest
##
##TestResults:
##STATISTIC:
##W:0.9759
##PVALUE:
##0.7035
##
##Description:
##WedMay512:55:292021byuser:
```

这两种方式计算出来的结果都是一样的，不能拒绝原假设。

28．多元正态性的Mardia检验

多元正态性的 Mardia 检验（Mardia's Test of Multivariate Normality）用于检验数据是

否来自多元正态分布,其本质上是检验数据的多元偏度和峰度是否与多元正态分布一致。在 R 语言中,可以通过 psych 包中的 mardia() 函数实现该检验,代码如下所示。

```
diff=diff(EuStockMarkets,1)

mardia(diff)

##Call:mardia(x=diff)
##
##Mardiatestsofmultivariateskewandkurtosis
##Usedescribe(x)thetogetunivariatetests
##n.obs=1859num.vars=4
##b1p=0.91skew=281.49withprobability=0
##smallsampleskew=282.12withprobability=0
##b2p=61.99kurtosis=118.22withprobability=0
```

从输出结果中可以看出,probability 都等于 0,probability 在这里的就是 p-value,因此拒绝原假设。

29. Kolmogorov-Smirnov 拟合优度检验

Kolmogorov-Smirnov 拟合优度检验(Kolomogorov-Smirnov Test for Goodness of Fit)用于检验样本是否服从某一具体的分布。在 R 语言中,可以使用 stats 包中的 ks.test() 函数实现该检验,代码如下所示。

```
sample<-c(-1.441,-0.642,0.243,0.154,-0.325,-0.316,0.337,-0.028,1.359,
-1.67,-0.42,1.02,-1.15,0.69,-1.18,2.22,1,-1.83,0.01,-0.77,-0.75,-1.55,
-1.44,0.58,0.16)
ks.test(sample,"pnorm")
##
##One-sampleKolmogorov-Smirnovtest
##
##data:sample
##D=0.15493,p-value=0.5351
##alternativehypothesis:two-sided
```

这里是检验数据是否服从正态分布,从输出结果中可以看出,p-value 为 0.5351,大于 0.05,不能拒绝原假设。如果想检验其他类型的分布,可以参考表 5-1。

表 5-1 类型的分布

分 布	参 数
Beta	pbeta
Lognormal	plnorm
Binomial	pbinom
NegativeBinomial	pnbinom
Cauchy	pcauchy
Normal	pnorm
Chisquare	pchisq
Poisson	ppois

续表

分 布	参 数
Exponential	pexp
Studentt	pt
F	pf
Uniform	punif
Gamma	pgamma
Tukey	ptukey
Geometric	pgeom
Weibull	pweib
Hypergeometric	phyper
Wilcoxon	pwilcox
Logistic	plogis

表 5-1 中列出了可以进行检验的其他类型的分布。

30. 安德森-达令检验

安德森-达令检验（Anderson-Darling Goodness of Fittest）用于检验数据是否来自某个特定的分布。在 R 语言中，可以通过 ADGofTest 包中的 ad.test() 函数实现该检验，代码如下所示。

```
sample<-c(-1.441,-0.642,0.243,0.154,-0.325,-0.316,0.337,-0.028,1.359,
-1.67,-0.42,1.02,-1.15,0.69,-1.18,2.22,1,-1.83,0.01,-0.77,-0.75,-1.55,
-1.44,0.58,0.16)
ADGofTest::ad.test(sample,pnorm)
##
##Anderson-DarlingGoFTest
##
##data:sampleandpnorm
##AD=1.0153,p-value=0.3485
##alternativehypothesis:NA
```

这里依旧是检验数据是否服从正态分布，从输出结果中可以看出，p-value 为 0.3485，大于 0.05，不能拒绝原假设。

31. 双样本的柯尔莫哥洛夫-斯米尔诺夫检验

双样本的柯尔莫哥洛夫-斯米尔诺夫检验（Two-Sample Kolmogorov-Smirnov Test Question the Test Addresses）用于检验两个独立的样本是否来自样本的分布。在 R 语言中，可以使用 stats 包中的 ks.test() 函数实现该检验，代码如下所示。

```
sample1<-c(-2.12,0.08,-1.59,-0.15,0.9,-0.7,-0.22,-0.66,-2.14,0.65,1.38,
0.27,3.33,0.09,1.45,2.43,-0.55,-0.68,-0.62,-1.91,1.11,0.43,0.42,0.09,0.76)
```

```
sample2<-c(0.91,0.89,0.6,-1.31,1.07,-0.11,-1.1,-0.83,0.8,-0.53,0.3,1.05,
0.35,1.73,0.09,-0.51,-0.95,-0.29,1.35,0.51,0.66,-0.56,-0.04,1.03,1.47)
ks.test(sample1,sample2,alternative="two.sided")
##Warninginks.test(sample1,sample2,alternative="two.sided"):cannotcompute
##exactp-valuewithties
##
##Two-sampleKolmogorov-Smirnovtest
##
##data:sample1andsample2
##D=0.16,p-value=0.9062
##alternativehypothesis:two-sided
```

从输出结果中可以看出，p-value 为 0.9062，大于 0.05，不能拒绝原假设。

32. 安德森-达令多样本拟合优度检验

安德森-达令多样本拟合优度检验（Anderson-Darling Multiple Sample Goodness of Fit Test）用于检验在 k 个不同样本的分布是否有显著差异。在 R 语言中，可以使用 adk 包中的 adk.test() 实现该检验，代码如下所示。

```
library(adk)
DAX<-diff(EuStockMarkets[,1],1)

SMI<-diff(EuStockMarkets[,2],1)

CAC<-diff(EuStockMarkets[,3],1)

FTSE<-diff(EuStockMarkets[,4],1)

adk.test(DAX,SMI,CAC,FTSE)
##$k
##[1]4
##
##$ns
##[1]1859185918591859
##
##$n
##[1]7436
##
##$n.ties
##[1]3643
##
##$sig
##[1]1.31827
##
##$adk
##t.obsP-valueextrapolation
##notadj.forties9.315361e-051
##adj.forties9.310071e-051
##
##$warning
##[1]FALSE
##
##attr(,"class")
##[1]"adk"
```

从输出结果中可以看出，p-value 非常小，不能拒绝原假设。

33．狄克逊Q检验

狄克逊 Q 检验（Dixon's Q Test）用于检测样本数据中是否包含异常值。在 R 语言中，可以通过 outliers 包中的 dixon.test()函数实现该检验，代码如下所示。

```
sample<-c(0.189,0.167,0.187,0.183,0.186,0.182,0.181,0.184,0.177)
outliers::dixon.test(sample)
##
##Dixontestforoutliers
##
##data:sample
##Q=0.5,p-value=0.1137
##alternativehypothesis:lowestvalue0.167isanoutlier
```

从输出结果中可以看出，p-value 为 0.1137，大于 0.05，不能拒绝原假设。

34．异常值的卡方检验

异常值的卡方检验（Chi-Squared Test for Outliers）适用于检验样本是否包含异常值。在 R 语言中，可以通过 outliersz 包中的 chisq.out.test()函数实现该检验，代码如下所示。

```
dependent.variable=c(3083,3140,3218,3239,3295,3374,3475,3569,3597,3725)

independent.variable=c(75,78,80,82,84,88,93,97,65,104)
regression.model<-lm(dependent.variable~independent.variable)

residual<-rstudent(regression.model)

chisq.out.test(residual,variance=1)
##
##chi-squaredtestforoutlier
##
##data:residual
##X-squared.9=2176.1,p-value<2.2e-16
##alternativehypothesis:highestvalue51.6102457285312isanoutlier
```

从输出结果中可以看出，p-value 非常小，表示拒绝原假设，认为存在异常值，并且数据大于 51.6102457285312，表示其是异常值。

35．邦费罗尼异常点检验

邦费罗尼异常点检验（Bonferroni Outlier Test）用于检测异常值。在 R 语言中，可以通过 car 包中的 outlierTest()函数实现该检验，代码如下所示。

```
dependent.variable=c(3083,3140,3218,3239,3295,3374,3475,3569,3597,3725)

independent.variable=c(75,78,80,82,84,88,93,97,65,104)
outlierTest(lm(dependent.variable~independent.variable))
##rstudentunadjustedp-valueBonferronip
##951.610252.6858e-102.6858e-09
```

从输出结果中可以看出,p-value 非常小,拒绝原假设,说明存在异常值。

36. 格拉布斯检验

格拉布斯检验(Grubbs-Test)用于检验假定来自正态分布总体的单变量数据集中的异常值。在 R 语言中,可以通过 outliers 包中的 grubbs.test()函数实现该检验,代码如下所示。

```
sample<-c(0.189,0.167,0.187,0.183,0.186,0.182,0.181,0.184,0.177)
grubbs.test(sample,type=10,opposite=FALSE,two.sided=TRUE)
##
##Grubbstestforoneoutlier
##
##data:sample
##G=2.24851,U=0.28903,p-value=0.03868
##alternativehypothesis:lowestvalue0.167isanoutlier
```

从输出结果中可以看出,p-value 为 0.03868,小于 0.05,拒绝原假设,认为数据中存在异常值。数据小于 0.167,表示其是异常值。

37. 戈尔德费尔德-坎特检验

戈尔德费尔德-坎特检验(Goldfeld-Quandt Test for Heteroscedasticity)用于检验线性回归模型中的残差是否异方差。在 R 语言中,可以通过 lmtest 包中的 gqtest()函数实现该检验,代码如下所示。

```
dependent.variable=c(3083,3140,3218,3239,3295,3374,3475,3569,3597,3725)

independent.variable=c(75,78,80,82,84,88,93,97,65,104)
gqtest(lm(dependent.variable~independent.variable))
##
##Goldfeld-Quandttest
##
##data:lm(dependent.variable~independent.variable)
##GQ=120.89,df1=3,df2=3,p-value=0.001258
##alternativehypothesis:varianceincreasesfromsegment1to2
```

从输出结果中可以看出,p-value 为 0.001258,小于 0.05,拒绝原假设。

38. 异方差的布鲁斯·帕根检验

异方差的布鲁斯·帕根检验(Breusch-Pagan Test for Heteroscedasticity)同样用于检验回归模型中的残差是否异方差。在 R 语言中,可以通过 car 包中的 ncvTest()函数实现该检验,代码如下所示。

```
dependent.variable=c(3083,3140,3218,3239,3295,3374,3475,3569,3597,3725)

independent.variable=c(75,78,80,82,84,88,93,97,65,104)
car::ncvTest(lm(dependent.variable~independent.variable))
##Non-constantVarianceScoreTest
```

```
##Varianceformula:~fitted.values
##Chisquare=5.39293,Df=1,p=0.020218
```

从输出结果中可以看出，p-value 为 0.020218，小于 0.05，拒绝原假设。也可以通过 lmtest 包中的 bptest() 函数实现该检验，代码如下所示。

```
bptest(lm(dependent.variable~independent.variable),studentize=FALSE)
##
##Breusch-Pagantest
##
##data:lm(dependent.variable~independent.variable)
##BP=5.3929,df=1,p-value=0.02022
```

这两种方法的计算结果基本上是一致的。

39．哈里森-麦卡比异方差检验

哈里森-麦卡比异方差检验（Harrison-Mccabe Test for Heteroskedasticity）用于检验回归模型中残差是否异方差。在 R 语言中，可以通过 lmtest 包中的 hmctest() 函数实现该检验，代码如下所示。

```
dependent.variable=c(3083,3140,3218,3239,3295,3374,3475,3569,3597,3725)
independent.variable=c(75,78,80,82,84,88,93,97,65,104)
hmctest(lm(dependent.variable~independent.variable))
##
##Harrison-McCabetest
##
##data:lm(dependent.variable~independent.variable)
##HMC=0.31527,p-value=0.189
```

从输出结果中可以看出，p-value 为 0.189，大于 0.05，不能拒绝原假设。

40．哈维-科利尔线性检验

哈维-科利尔线性检验（Harvey-Collier Test for Linearity）用于检验残差是否线性，可以通过 lmtest 包的 harvtest() 函数实现该检验，代码如下所示。

```
dependent.variable=c(3083,3140,3218,3239,3295,3374,3475,3569,3597,3725)
independent.variable=c(75,78,80,82,84,88,93,97,65,104)
harvtest(dependent.variable~independent.variable)
##
##Harvey-Colliertest
##
##data:dependent.variable~independent.variable
##HC=1.3523,df=7,p-value=0.2184
```

从输出结果中可以看出，p-value 为 0.2184，大于 0.05，不能拒绝原假设。

41. 拉姆齐重置检验

拉姆齐重置检验（Ramsey Reset Test）是线性回归模型的一般规格测试，更具体地说，它测试拟合值的非线性组合是否有助于解释响应变量。在 R 语言中，可以使用 lmtest 包中的 resettest()函数实现该检验，代码如下所示。

```
dep=c(3083,3140,3218,3239,3295,3374,3475,3569,3597,3725,3794,3959,4043)
ind.1=c(75,78,80,82,84,88,93,97,99,104,109,115,120)
ind.2=c(5,8,0,2,4,8,3,7,9,10,10,15,12)
model<-lm(dep~ind.1+ind.2)
resettest(model,power=2:3,type="regressor")
##
##RESETtest
##
##data:model
##RESET=1.3508,df1=4,df2=6,p-value=0.3527
```

从输出结果中可以看出，p-value 为 0.3527，大于 0.05，因此拒绝原假设。

42. 白色神经网络检验

白色神经网络检验（Whiten Eural Network Test）用于检验时间序列观测样本的平均值是否线性。在 R 语言中，可以使用 lmtest 包中的 white.test()函数实现该检验，代码如下所示。

```
set.seed(1234)

white.test(diff(EuStockMarkets[,1],1))
##
##WhiteNeuralNetworkTest
##
##data:diff(EuStockMarkets[,1],1)
##X-squared=3.3931,df=2,p-value=0.1833
```

从输出结果中可以看出，p-value 为 0.1833，大于 0.05，不能拒绝原假设。

43. 增强迪基-富勒检验

增强迪基-富勒检验（Augmented Dickey-Fuller Test）用于检验数据是否包含单位根。在 R 语言中，可以通过 tseries 包中的 adf.test()函数实现该检验，代码如下所示。

```
set.seed(1234)

data<-cumsum(rnorm(10000))
adf.test(data)
##
##AugmentedDickey-FullerTest
##
##data:data
```

```
##Dickey-Fuller=-2.1219,Lagorder=21,p-value=0.5267
##alternativehypothesis:stationary
```

从输出结果中可以看出，p-value 为 0.5267，大于 0.05，不能拒绝原假设。

44．菲利普斯·佩隆检验

菲利普斯·佩隆检验（Phillips-Perron Test）用于检验数据中是否包含单位根，在 R 语言中，可以通过 stats 包中的 PP.test()函数实现该检验，代码如下所示。

```
set.seed(1234)

data<-cumsum(rnorm(10000))

PP.test(data)
##
##Phillips-PerronUnitRootTest
##
##data:data
##Dickey-Fuller=-2.3117,Truncationlagparameter=12,p-value=0.4463
```

从输出结果中可以看出，p-value 为 0.4463，大于 0.05，不能拒绝原假设。

45．菲利普斯-奥里亚里斯检验

菲利普斯-奥里亚里斯检验（Phillips-Ouliaris Test）用于检验多元样本是否协整。在 R 语言中，可以通过 tseries 包中的 po.test()函数实现该检验，代码如下所示。

```
po.test(diff(log(EuStockMarkets),1),demean=TRUE)
##Warninginpo.test(diff(log(EuStockMarkets),1),demean=TRUE):p-valuesmaller
##thanprintedp-value
##
##Phillips-OuliarisCointegrationTest
##
##data:diff(log(EuStockMarkets),1)
##Phillips-Ouliarisdemeaned=-1890.5,Truncationlagparameter=18,
##p-value=0.01
```

从输出结果中可以看出，p-value 为 0.01，小于 0.05，拒绝原假设。

46．克维特科夫斯基-菲利普斯-施密特-申检验

克维特科夫斯基-菲利普斯-施密特-申检验（Kwiatkowski-Phillips-Schmidt- Shin Test）用于检测时间序列是否水平或者趋势平稳的。在 R 语言中，可以通过 tseries 包中的 kpss.test()函数实现该检验，代码如下所示。

```
set.seed(1234)
x<-rnorm(7000)
kpss.test(x,null="Level")
##Warninginkpss.test(x,null="Level"):p-valuegreaterthanprintedp-value
##
##KPSSTestforLevelStationarity
##
```

```
##data:x
##KPSSLevel=0.049516,Truncationlagparameter=11,p-value=0.1
```

上面这个例子用来检验序列是否水平。从结果中看，p-value 为 0.1，大于 0.05，不能拒绝原假设。

```
kpss.test(x,null="Trend")
##Warninginkpss.test(x,null="Trend"):p-valuegreaterthanprintedp-value
##
##KPSSTestforTrendStationarity
##
##data:x
##KPSSTrend=0.050513,Truncationlagparameter=11,p-value=0.1
```

这个例子是检验序列是否趋势平稳，从输出结果中看，p-value 为 0.1，大于 0.05，不能拒绝原假设。

第 6 章　贝叶斯统计

统计专业或者对统计有过一定了解的人应该知道，统计有两个大的学派：频率学派和贝叶斯学派。现今大多数本科院校的统计专业所讲的内容都属于频率学派。

频率学派和贝叶斯学派的区别是什么？区别很多，例如这两个学派对于概率的认识就非常不一样，频率学派认为概率是事件发生的长期频率，并且，频率学派会假设事物的概率服从某一个分布，而一个重要的任务就是找出这个分布具体是什么。而贝叶斯学派则认为概率是命题或者某种情况的可能性，例如一个人投掷了一枚骰子，如果出现 6，则这个人表演跳舞。频率学派的人可能会认为，从长期来看，每种结果都有 1/6 的机会出现。而贝叶斯学派的人则会认为，这个人是一个玩骰子的高手，并且他讨厌跳舞，因此认为骰子最多有 1%的可能性出现 6。

例如抛硬币，硬币正面朝上的概率是 0.5，到底是什么意思？贝叶斯学派的人认为，硬币正面和负面出现的概率相等，而频率学派则认为，如果不断重复地抛硬币，大约有 1/2 的次数是正面。

也就是说，在贝叶斯学派中，概率用于衡量事件的一种相对合理性（Relative Plausibility），而在频率学派中，概率表示可重复事件的长期相对频率（Long-Runrelative Frequency）。

频率学派的理论对于可重复事件可以有很好的解释，但是对于不可重复事件，频率学派的概率解释则不适用了。例如，明天下雨的概率是 80%，意思是如果重复明天很多次，大约有 80%的次数是会下雨的。事实上，明天只有一次，要么下雨，概率为 1，要么不下雨，概率为 0。对于这类问题，贝叶斯理论有更好的解释，根据贝叶斯模型（模型可能基于很多其他信息，例如空气湿度），明天下雨的可能性很高。

在大多数情况下，频率学派的理论都有一个贝叶斯理论与之对应，并且贝叶斯分析和频率分析有一个共同的目标：从我们周围世界的数据中学习知识。贝叶斯分析和频率分析都使用数据来拟合模型、进行预测和评估假设。当使用相同的数据时，它们通常会产生一组相似的结论。

相比于频率学派的理论，贝叶斯理论更加符合人认识世界的方式。随着人们不断积累生活经验，会不断更新对世界的了解。例如，当人们看到一个新事物不知道怎么处理，这个时候人们可能会随机或者根据以往的经验做出某些判断（先验信息），然后会得到一个反馈（数据），再根据得到的反馈，更新对新事物的认识。其实这个过程就蕴含贝叶斯的思想。

第 6 章 贝叶斯统计

贝叶斯理论最早出现在 18 世纪统计学家、牧师和哲学家托马斯·贝叶斯牧师的著作中，但直到 20 世纪后期，贝叶斯的概念才得到广泛的关注。在两个多世纪的时间里，频率论哲学主导了统计研究和实践。

6.1 贝叶斯统计基础

在互联网时代，在信息量暴增的同时，大量的信息可能都是假的或者低价值的。这是因为很多平台是在没有质量控制的情况下允许用户发布内容，虚假、误导和有偏见的新闻随着在线新闻和社交媒体平台的增多而激增。

一个很好的想法是，能不能构建一个模型去识别虚假的信息？这里使用 Facebook 上面 150 篇文章作为数据，这份数据由五名记者进行了事实核查。数据存储于 bayesrules 包中，数据集的名称是 fake_news。首先查看数据集。

```
if(!require(bayesrules)){
install.packages("bayesrules")
library(bayesrules)
}#如果没有安装 bayesrules，则会安装 bayesrules 包
##Loading required package:bayesrules
##Registered S3 methods overwritten by 'lme4':
##method from
##cooks.distance.influence.merMod car
##influence.merMod car
##dfbeta.influence.merMod car
##dfbetas.influence.merMod car
library(tidyverse)
library(janitor)           #是一个处理数据的包，这个包可以很轻松地计算数据的列联表
##
##Attaching package:'janitor'
##The following objects are masked from 'package:stats':
##
##chisq.test,fisher.test
fake_news%>%glimpse()
##Rows:150
##Columns:30
##$title<chr>"Clinton'sExploitedHaitiEarthquake'toStea…
##$text<chr>"0SHARESFacebookTwitter\n\nBernardSansaric…
##$url<chr>"http://freedomdaily.com/former-haitian-senate…
##$authors<chr>NA,NA,"SierraMarlee","JackShafer,NolanD"…
##$type<fct>fake,real,fake,real,fake,real,fake,fake…
##$title_words<int>17,18,16,11,9,12,11,18,10,13,10,11,…
##$text_words<int>219,509,494,268,479,220,184,500,677,4…
##$title_char<int>110,95,96,60,54,66,86,104,66,81,59,…
##$text_char<int>1444,3016,2881,1674,2813,1351,1128,3112…
##$title_caps<int>0,0,1,0,0,1,0,2,1,1,0,1,0,0,0,0,…
```

从输出结果中可以看出，数据集一共有 150 行，有 30 列，数据中 type 变量记录的信

息为该内容是否为真。下面查看虚假新闻的数量占比。

```
fake_news%>%tabyl(type)%>%adorn_totals()    #就按type的数量计算比例
##typenpercent
##fake600.4
##real900.6
##Total1501.0
```

从数据中可以看出，虚假新闻的占比是40%，而真实的新闻占比为60%，基于这个信息，可以构建一个简单的规则，大部分文章都是真实的，那么可以相信所有新闻。当然，这个规则太简单，而且效果不令人满意。下面进一步分析标题的字数与真假新闻的关系，例如是不是假新闻的标题倾向于长标题或者短标题。

```
#计算title_words和type的列联表，并计算总数
fake_news%>%tabyl(title_words,type)%>%adorn_totals()
##title_wordsfakereal
##522
##628
##737
##839
##9411
##10611
##11516
##1258
##1354
##1471
##1565
##1664
##1730
##1813
##1901
##2110
##2210
##Total6090
```

title_words	fake	real
5	2	2
6	2	8
7	3	7
8	3	9
9	4	11
10	6	11
11	5	16
12	5	8
13	5	4
14	7	1
15	6	5
16	6	4
17	3	0
18	1	3
19	0	1
21	1	0
22	1	0
Total	60	90

由于数据有限,结果并不能表明标题字数越多或者标题字数越少,越有可能是假新闻。但是从输出结果可以看出,如果标题的字数是 14 个字,那么假新闻的概率是 88%。那么可以知道,约有 40%的新闻是假新闻,但是如果新闻的标题字数是 14,那么该新闻是假的概率会变高。

下面分析一下,标题出现感叹号与否与假新闻的关系。

```
fake_news%>%
tabyl(title_has_excl,type)%>%
adorn_totals("row")          #计算 type 和 title_has_excl 的列联表,并添加行总数
##title_has_exclfakereal
##FALSE4488
##TRUE162
##Total6090
```

从输出结果中可以看出,有 27%[16/(44+16)]的假新闻标题使用了感叹号,而只有 2.2%的真新闻使用了感叹号。这似乎也意味着,如果文章标题使用了感叹号,那么该新闻是假新闻的概率大大增加了。

在进一步使用贝叶斯方法研究上述假新闻的问题之前,先了解一下贝叶斯模型的基础内容。

对于假新闻这个问题,通常归类为二分类问题,例如,想要知道文章真假与感叹号使用与否的关系,可以用概率模型来表示这些变量的随机性。我们可以先构建一个先验概率模型(Prior Probability Model)来描述新闻真假的整体情况,一个模型来描述标题有感叹号对于新闻判断的情况(Likelihoods),最终使用后验概率模型(Posterior Probability Model)描述最终文章的可信度。

先验概率模型是贝叶斯分析的第一步,假设数据是具有代表性的,基于数据可以知道,有 40%的文章是假的,有 60%的文章是真的。因此,在读到一篇新的文章之前,可以判断,这篇文章有 40%的先验概率(Prior Probability)是假的,有 60%的先验概率是真的。将这个结果形式化,将文章是假的记为 $B0$,文章是真的记为 $B1$,那么 $p(B0)=0.4,p(B1)=0.6$。文章的先验模型如表 6-1 所示。

表 6-1 先验模型

事件	$B0$	$B1$	Total
概率	0.4	0.6	1

在贝叶斯分析的第二步,需要从数据中捕捉新的信息,例如在之前的分析中,如果一篇文章是假的,那么在标题中使用感叹号的比例是 27%左右。与此同时,如果一篇文章是真实的,那么文章的标题使用感叹号的比例约为 2.22%。因此,可以使用条件概率来描述不同情况下,感叹号出现的概率。把标题有感叹号的时间记录为 A,那么条件概率的表达式是:

$$p(A|B0)=26.6\%$$
$$p(A|B1)=2.2\%$$

条件概率是贝叶斯分析的基础，在这里需要引入另外一个概念，叫作似然。概率和似然是从不同的角度看待问题，假设 Data 是某一份数据，alpha 表示参数，如果 alpha 是确定的，Data 表示变量，那么这样的函数叫作概率函数，不同的分布都有其概率函数，例如正态分布，当知道了正太分布的参数，就可以得知不同数据出现的概率。如果 Data 是已知的，alpha 未知，则对应的一个函数就叫作似然函数，用于描述不同的模型参数出现 Data 数据的概率。统计学中有一种常用的估计参数的方法叫作极大似然估计，其基本思想是根据已有数据选择最有可能的那个参数模型。

下面举一个简单的例子，比如抛一枚硬币 20 次，10 次正面朝上的可能性就是概率，因为给定了参数，alpha=0.5，在此基础上求 10 次正面朝上的概率，也就是 $p(H=10|alpha=0.5)$，H 标识正面朝上的事件。

另外，如果抛 20 次硬币，有 15 次正面朝上，那么硬币正面朝上的概率和负面朝上的概率一样的可能性就是似然，记为 $L(alpha|H=15)$，其结果等于 $p(H=15|alpha)$ 最大时的 alpha 的值。在这个例子中，感叹号出现的条件概率就可以理解成为一种似然。

其实，到这里就可以通过贝叶斯公式求出如果文章的标题出现了感叹号，那么文章是假的概率。下面模拟一个更大的数据集，来进行分析。

```
article<-data.frame(type=c("real","fake"))
prior<-c(0.6,0.4)
```

为了生成数据，还需要使用采样函数进行重采样，这里使用 dplyr 包中的 sample_n() 函数进行抽样。

```
set.seed(100)

article_sim<-sample_n(article,size=100000,
weight=prior,replace=TRUE)              #生成数据集
article_sim%>%table()                    #将数据集转变成为数据框
##.
##fakereal
##3976860232
```

在这里，首先设定了随机种子，不设置随机种子的话每一次抽样的结果都不一样，随机种子确保了得到的结果是可以重复的。sample_n 的第一个参数是需要抽样的数据集；第二个参数是需要抽样的数量；第三个参数是抽样的概率；第四个参数是标识是否有放回的抽样。在这里重复抽样，取出 100000 条数据，从统计结果中可以看出，fake 约有 39768 条数据，real 约有 60232 条数据。下面尝试对数据进行可视化，结果如图 6-1 所示。

```
library(ggthemes)
##
##Attachingpackage:'ggthemes'
##Thefollowingobjectismaskedfrom'package:cowplot':
##
##theme_map
ggplot(article_sim,aes(x=type))+
geom_bar()+theme_wsj()
```

接下来，模拟文章标题中使用感叹号的情况，虚假新闻标题使用感叹号的概率是 0.2667，真实新闻使用感叹号的概率是 0.0222。

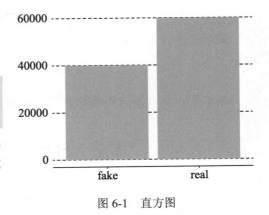

图 6-1　直方图

```
article_sim<-article_sim%>%
mutate(data_model=case_when(type==
"fake"~0.2667,
type=="real"~0.0222))
```

上面的代码使用 mutate() 函数给数据集添加了新的一列，如果某一行的 type 是 fake，那么新列的值为 0.2667，否则它的值为 0.0222。下面模拟每一行是否有感叹号。

```
#定义是否有感叹号
data<-c("no","yes")

#模拟数据集中的感叹号
set.seed(3)
article_sim<-article_sim%>%
group_by(1:n())%>%
mutate(usage=sample(data,size=1,
prob=c(1-data_model,data_model)))

article_sim%>%head()
###Atibble:6x4
###Groups:1:n()[6]
##typedata_model`1:n()`usage
##<chr><dbl><int><chr>
##1real0.02221no
##2real0.02222no
##3real0.02223no
##4real0.02224no
##5real0.02225no
##6real0.02226no
```

这里使用了一个小技巧，通过 group_by 语句，对每一行进行操作。下面进一步查看模拟的结果。

```
article_sim%>%
tabyl(usage,type)%>%
adorn_totals(c("col","row"))%>%adorn_percentages()
##usagefakerealTotal
##no0.33157080.66842921
##yes0.88846770.11153231
##Total0.39768000.60232001
```

从输出结果可以看出，如果标题使用了感叹号，假新闻的比例是 0.888，也就是说，贝叶斯模型的后验概率为 0.888。

总结而言，贝叶斯分析通常有 3 步：

首先，构造一个变量 π 概率的先验模型，先验模型告诉 π 不同值的可能。

其次,通过数据 y,计算条件概率 f(y|π),也称为似然(或者说通过数据生成数据模型)。最后,计算后验概率。

$$f(\pi|y) = \frac{f(\pi)L(\pi|y)}{f(y)} \propto f(\pi)L(\pi|y)$$

基本上,贝叶斯分析就这么几个步骤。

6.2 Beta 二项式贝叶斯模型

在上文介绍过,在进行贝叶斯分析的时候,首先需要关于变量 π 概率的先验模型,如果感兴趣的变量是一个概率,那么一个常用的先验模型是 Beta 分布,其公式如下所示。

$$f(\pi) = \frac{\Gamma(\alpha+\beta)}{\Gamma(\alpha)\Gamma(\beta)} \pi^{\alpha-1}(1-\pi)^{\beta-1} \text{ for } \pi \in [0,1]$$

对于 Beta 分布,其均值和方差取决于 α 和 β。

$$E(\pi) = \frac{\alpha}{\alpha+\beta}$$

$$\text{Var}(\pi) = \frac{\alpha\beta}{(\alpha+\beta)^2(\alpha+\beta+1)}$$

Beta 分布的形状完全取决于 α 和 β,设置不同的 α 和 β,观察其分布,如图 6-2 所示。

```r
library(bayesrules)
library(patchwork)

p1<-plot_beta(alpha=1,beta=30)+geom_text(aes(label="beta(1,30)",x=0.75,
y=25))+ggthemes::theme_clean()

p2<-plot_beta(alpha=5,beta=25)+geom_text(aes(label="beta(5,25)",x=0.75,
y=5))+ggthemes::theme_clean()

p3<-plot_beta(alpha=10,beta=20)+geom_text(aes(label="beta(10,20)",x=0.75,
y=3))+ggthemes::theme_clean()

p4<-plot_beta(alpha=15,beta=15)+geom_text(aes(label="beta(15,15)",x=0.8,
y=3))+ggthemes::theme_clean()

p1+p2+p3+p4
```

如果对于变量 π 没有任何信息,也可以使用 0 到 1 的均匀分布当作先验分布,但是大多数情况下,使用 Beta 分布是一个更好的选择。

当感兴趣的目标变量是二分类变量,那么就可以构建 Beta 二项式模型,其公式如下所示。

$$Y|\pi \sim \text{Bin}(n,\pi)$$
$$\pi \sim \text{Beta}(\alpha,\beta)$$

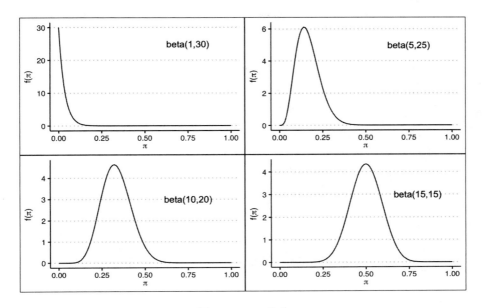

图 6-2 Beta 分布

那么,对应的后验分布是:
$$\pi\,|\,(Y=y) \sim \text{Beta}(\alpha+y, \beta+n-y)$$
其中,后验分布的均值和方差分别是:
$$E(\pi\,|\,Y=y) = \frac{\alpha+y}{\alpha+\beta+n}$$
$$\text{Var}(\pi\,|\,Y=y) = \frac{(\alpha+y)(\beta+n-y)}{(\alpha+\beta+n)^2(\alpha+\beta+n+1)}$$

下面来看一个关于 Beta 二项模型的例子,假设先验分布是:
$$Y\,|\,\pi \sim \text{Bin}(60, \pi)$$
$$\pi \sim \text{Beta}(2, 8)$$

首先可以观察 Beta 分布,结果如图 6-3 所示。

```
#绘制 beta(2,8)的分布
plot_beta(alpha=2,beta=8)+ggthemes::theme_clean()
```

假设,Y 等于 30,计算后验分布,代码如下所示。

```
#计算 Beta 二项分布的后验分布
summarize_beta_binomial(alpha=2,beta=8,y=30,n=60)
##modelalphabetameanmodevarsd
##1prior280.20000000.12500000.0145454550.1206045
##2posterior32380.45714290.45588240.0034952570.0591207
```

summarize_beta_binomial 会计算出给定参数的后验分布,从输出结果中可以看出,后验分布是:

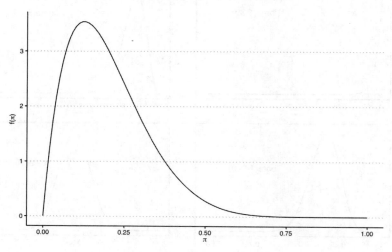

图6-3　Beta分布

还可以绘制出先验分布、数据分布和后验分布的数据可视化图形,如图6-4所示。

```
#绘制 Beta 二项模型
plot_beta_binomial(alpha=2,beta=8,y=30,n=60)+ggthemes::theme_clean()
```

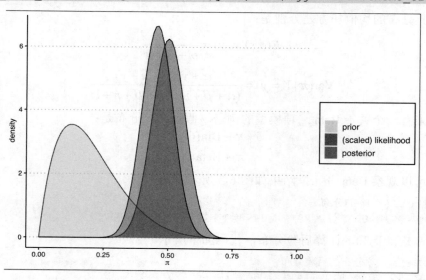

图6-4　贝叶斯模型

先验模型表示了对于问题的先验的判断,然后根据数据加上先验模型构建后验模型,当感兴趣的变量是二分类变量的时候,就可以使用 Beta 二项模型,例如某款高难度游戏的通关概率、汽车晚点的比例等。

6.3 伽马泊松模型

假设感兴趣的变量不是二分类变量,只是一个数字,例如一本书中的错别字数量、一个月内收到垃圾短信的数量等。这个时候可以使用伽马(Gamma)泊松模型来解决类似的问题。在这类问题中,会使用伽马分布当作先验分布,伽马分布的公式如下所示。

$$\lambda \sim \text{Gamma}(s, r)$$

$$f(\lambda) = \frac{r^s}{\Gamma(s)} \lambda^{s-1} e^{-r\lambda} \text{ for } \lambda > 0$$

$$E(\lambda) = \frac{s}{r}$$

$$\text{Mode}(\lambda) = \frac{s-1}{r} \text{ for } s \geq 1$$

$$\text{Var}(\lambda) = \frac{s}{r^2}$$

下面使用 plot_gamma() 函数绘制伽马分布的图形,代码如下所示,结果如图 6-5 所示。

```
plot_gamma(10,6)+ggthemes::theme_clean()          #绘制 gamma 分布
```

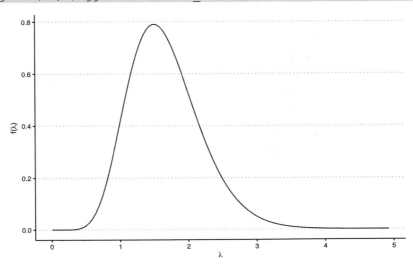

图 6-5 Gamma 分布

泊松分布大家可能更熟悉一些,泊松分布的相关公式,如下所示。

$$Y \mid \lambda \sim \text{Pois}(\lambda)$$

$$f(y \mid \lambda) = \frac{\lambda^y e^{-\lambda}}{y!} \text{ for } y \in \{0, 1, 2, \cdots\}$$

$$E(Y|\lambda) = \text{Var}(Y|\lambda) = \lambda$$

后验分布的公式如下所示。

$$Y_i | \lambda \overset{ind}{\sim} \text{Pois}(\lambda)$$
$$\lambda \sim \text{Gamma}(s, r)$$
$$\lambda | \vec{y} \sim \text{Gamma}(s + \sum y_i, r + n)$$

假设先验分布 $S=10$，$r=4$，$Y=[7,3,2,2]$，计算后验分布，代码如下所示。

```
#计算伽马泊松模型的后验分布
summarize_gamma_poisson(shape=10,rate=4,sum_y=14,n=4)
##modelshaperatemeanmodevarsd
##1prior1042.52.2500.6250.7905694
##2posterior2483.02.8750.3750.6123724
```

从输出结果中可以看出，后验分布服从 $S=24$，$r=8$ 的伽马分布。可视化先验分布数据分布和后验分布如图 6-6 所示，代码如下所示。

```
plot_gamma_poisson(shape=10,rate=4,sum_y=14,n=4)+ggthemes::theme_clean()
#对伽马泊松模型进行可视化
```

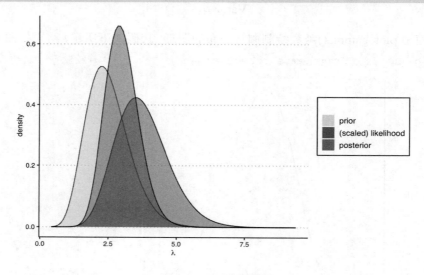

图 6-6　贝叶斯模型

从图 6-6 可以看到先验模型、似然和后验模型之间的关系。

6.4　双正态贝叶斯模型

下面再来看双正态贝叶斯模型（Normal Normal Bayesia Model），在这一种贝叶斯模型中，先验模型是正态分布，似然（数据模型）也是正态分布，正态分布的公式如下所示。

第 6 章 贝叶斯统计

$$Y|\sim N(\mu, \sigma^2)$$

$$f(y) = \frac{1}{\sqrt{2\pi}\sigma_2} \exp\left[-\frac{(y-u)^2}{2\sigma^2}\right] \text{ for } y \in (-\infty, \infty)$$

$$E(Y) = \text{Mode}(Y) = \mu$$

$$\text{Var}(Y) = \sigma^2$$

后验分布的公式如下所示。

$$Y_i \mid \mu \overset{ind}{\sim} N(\mu, \sigma^2)$$

$$\mu \sim N(\theta, \tau^2)$$

$$\mu \mid \vec{y} \sim N\left(\theta\frac{\sigma^2}{n\tau^2 + \sigma^2} + \bar{y}\frac{n\tau^2}{n\tau^2 + \sigma^2}, \frac{\tau^2\sigma^2}{n\tau^2 + \sigma^2}\right)$$

来看一个简单的例子，在这个例子中，使用包中的 football，这个数据集记录了足球运动员和非足球运动员的大脑测量数据。数据集有 75 条数据、3 个变量。

```
football%>%head()                           #查看数据集的前面一部分
##groupyearsvolume
##1control06.175
##2control06.220
##3control06.360
##4control06.465
##5control06.540
##6control06.780
```

在数据集中，group 变量用于记录是否为足球运动员，其中：control=非足球运动员；b_no_concuss=足球运动员，但没有脑震荡；fb_concuss=脑震荡足球运动员；year 表示足球运动的年份；volume 表示海马体总体积，单位为 cm^3。首先选取运动员的数据，然后对数据进行简单的分析。

```
football%>%group_by(group)%>%
summarize(mean(volume))                     #计算不同 group 的 volume
###Atibble:3x2
##group`mean(volume)`
##<fct><dbl>
##1control7.60
##2fb_concuss5.73
##3fb_no_concuss6.46
```

对三类人的数据进行数据可视化，代码如下所示，结果如图 6-7 所示。

```
ggplot(football,aes(x=volume,fill=group,alpha=I(0.5)))+geom_density()+
ggthemes::theme_clean()                     #对三类 group 的 volume 进行数据可视化
```

假设感兴趣的变量是 fb_concuss，也就是脑震荡足球运动员。假设对于海马体有一些基本的了解，例如，海马体体积在 6～7cm^3，并且先验的标准偏差是 0.5。从数据分析的结果中可以看出，fb_concuss 的波动范围同样比较小，假设数据模型的标准偏差是 0.3，数据模型的图形如图 6-8 所示。

```
plot_normal_likelihood(y=football%>%filter(group=="fb_concuss")%>%
pull(volume),sigma=0.3)+ggthemes::theme_clean()          #可视化似然结果
```

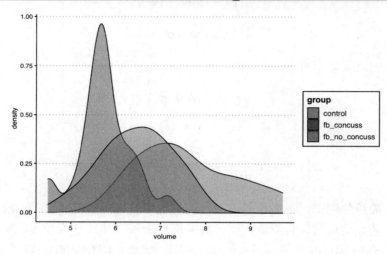

图 6-7　分布图

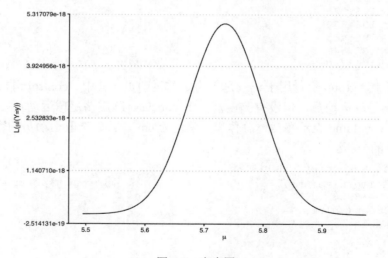

图 6-8　密度图

接下来进一步计算后验分布，代码如下所示。

```
summarize_normal_normal(mean=6.5,sd=0.5,sigma=0.3,
y_bar=5.735,n=25)                               #计算正态贝叶斯模型的后验分布
##modelmeanmodevarsd
##1prior6.500006.500000.2500000000.50000000
##2posterior5.745865.745860.0035488960.05957261
```

从输出结果中可以看出，后验分布的平均值是 5.74586，方差是 0.003548896，对结果进行可视化，如图 6-9 所示，代码如下所示。

```
plot_normal_normal(mean=6.5,sd=0.5,sigma=0.3,
y_bar=5.735,n=25)+ggthemes::theme_clean()    #对双正态贝叶斯模型进行可视化
```

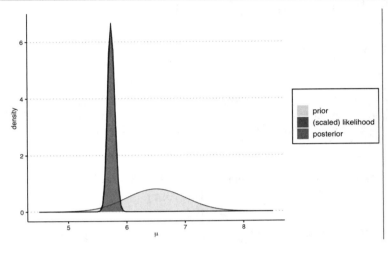

图 6-9　贝叶斯模型

从图 6-9 中可以看出，后验模型和数据模型非常类似。贝叶斯模型有非常容易让人产生争辩的一个环节，就是先验分布为什么选择这个。的确是这样，先验分布的选择带有主观性，但是也要意识到一点，主观并不一定就是错的，并且先验模型并不能决定后验模型，数据起到了非常大的作用，在这个例子中也可以看到，后验模型和数据模型非常接近。

另外还需要注意的是，这里所介绍的三种贝叶斯模型，后验模型能够写出公式来，但是大多数后验模型是没有公式的，这个时候如何计算后验模型，在下一节进行介绍。

6.5　后验逼近

当贝叶斯后验分布不可能或难以直接计算的时候，可以通过模拟来近似后验，而不是确切地得出后验分布。通常而言，有两种常用的方式对后验进行估计：网格近似和马尔可夫链蒙特卡洛（MCMC）。本节将会对这两种方法进行介绍，首先加载相关的包。

```
library(tidyverse)
library(janitor)
library(rstan)
##Loadingrequiredpackage:StanHeaders
##rstan(Version2.21.2,GitRev:2e1f913d3ca3)
##Forexecutiononalocal,multicoreCPUwithexcessRAMwerecommendcalling
##options(mc.cores=parallel::detectCores()).
##ToavoidrecompilationofunchangedStanprograms,werecommendcalling
```

```
##rstan_options(auto_write=TRUE)
##
##Attaching package:'rstan'
##The following object is masked from 'package:dlookr':
##
##extract
##The following object is masked from 'package:pastecs':
##
##extract
##The following object is masked from 'package:tidyr':
##
##extract
library(bayesplot)
##This is bayesplot version 1.8.0
##- Online documentation and vignettes at mc-stan.org/bayesplot
##- bayesplot theme set to bayesplot::theme_default()
##  *Does_not_affect other ggplot2 plots
##  *See ?bayesplot_theme_set for details on theme setting
```

第一步，介绍网格近似，假设 Beta 二项式模型的先验和数据模型如下所示。

$$Y \mid \pi \sim \text{Bin}(10, \pi)$$
$$\pi \sim \text{Beta}(2, 2)$$

网格近似的第一步是将参数划分为很多的间隔，例如 $\pi \in \{0, 0.2, 0.4, 0.6, 0.8, 1\}$，代码如下所示。

```
grid_data<-data.frame(pi_grid=seq(from=0,to=1,length=6))       #构建间隔
```

第二步，使用间隔去生成数据，这里假设 Y=9（通常而言，Y 是收集到的数据），代码如下所示。

```
grid_data<-grid_data%>%
  mutate(prior=dbeta(pi_grid,2,2),
         likelihood=dbinom(9,10,pi_grid))

grid_data%>%head()                                              #构建数据集
##  pi_grid prior   likelihood
##1   0.0   0.00   0.000000000
##2   0.2   0.96   0.000004096
##3   0.4   1.44   0.001572864
##4   0.6   1.44   0.040310784
##5   0.8   0.96   0.268435456
##6   1.0   0.00   0.000000000
```

第三步，计算每个网格值的似然和先验的乘积。

```
grid_data<-grid_data%>%
  mutate(unnormalized=likelihood*prior,
         posterior=unnormalized/sum(unnormalized))              #计算似然和先验的乘积

grid_data%>%
  summarize(sum(unnormalized),sum(posterior))                   #求和
##  sum(unnormalized) sum(posterior)
##1      0.3180144              1
```

```
round(grid_data,2)                                  #对结果保留2位小数
## pi_grid prior likelihood unnormalized posterior
## 1 0.0 0.00 0.00 0.00 0.00
## 2 0.2 0.96 0.00 0.00 0.00
## 3 0.4 1.44 0.00 0.00 0.01
## 4 0.6 1.44 0.04 0.06 0.18
## 5 0.8 0.96 0.27 0.26 0.81
## 6 1.0 0.00 0.00 0.00 0.00
```

由于使用的是 Beta 二项模型，后验分布可以确切地知道其分布，如下所示。

$$\pi \mid (Y = 9) \sim \text{Beta}(11, 3)$$

将分布与模拟结果同时可视化出来，代码如下所示，结果如图 6-10 所示。

```
ggplot(grid_data,aes(x=pi_grid,y=posterior))+
geom_point()+
geom_segment(aes(x=pi_grid,xend=pi_grid,y=0,yend=posterior))+
stat_function(fun=dbeta,args=list(11,3))+
lims(x=c(0,1))+ggthemes::theme_clean()        #可视化模拟结果和真实分布结果
```

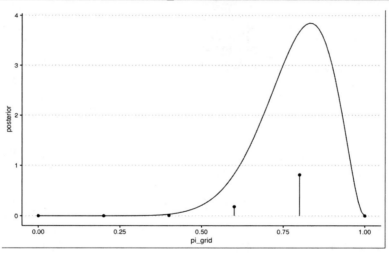

图 6-10　模拟结果和真实结果

以上模拟出来的结果就是后验分布的一个近似，将区间划分得更细一些，结果如图 6-11 所示。

```
library(patchwork)
#将length改为500
grid_data<-data.frame(pi_grid=seq(from=0,to=1,length=500))
grid_data<-grid_data%>%
mutate(prior=dbeta(pi_grid,2,2),
likelihood=dbinom(9,10,pi_grid))              #计算先验和似然

grid_data<-grid_data%>%
mutate(unnormalized=likelihood*prior,
posterior=unnormalized/sum(unnormalized))     #计算后验
```

```
p1<-ggplot(grid_data,aes(x=pi_grid,y=posterior))+
geom_point()+
geom_segment(aes(x=pi_grid,xend=pi_grid,y=0,yend=posterior))+ggthemes::
theme_clean()

p2<-plot_beta(11,3)+ggthemes::theme_clean()

p1+p2
```

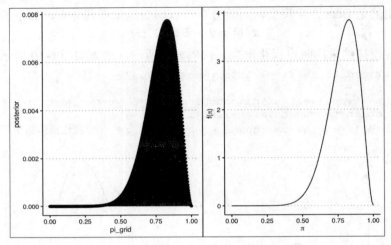

图 6-11 模拟结果和真实结果

从图 6-11 中可以看出，网格模拟的结果和真实分布基本是一致的。下面再来看一个伽马泊松模型的例子，先验模型和数据模型如下所示。

$$Y_i \mid \lambda \stackrel{\text{ind}}{\sim} \text{Pois}(\lambda)$$

$$\lambda \sim \text{Gamma}(3,1)$$

假设数据 $Y_1=2$，$Y_2=8$，后验模型是：

$$\lambda \mid ((Y_1,Y_2)=(2,3)) \sim \text{Gamma}(13,3)$$

接下来使用网格搜索来计算后验分布，代码如下所示。

```
#定义网格
grid_data<-data.frame(lambda_grid=seq(from=0,to=15,length=501))

#计算先验和似然
grid_data<-grid_data%>%
mutate(prior=dgamma(lambda_grid,3,1),
likelihood=dpois(2,lambda_grid)*dpois(8,lambda_grid))

#计算后验
grid_data<-grid_data%>%
mutate(unnormalized=likelihood*prior,
```

```
posterior=unnormalized/sum(unnormalized))

#设置随机种子
set.seed(84735)

#从后验分布进行抽样
post_sample<-sample_n(grid_data,size=10000,
weight=posterior,replace=TRUE)
```

最重要的是,网格近似再次产生了目标后验值的一个像样的近似值,结果如图 6-12 所示。

```
#基于后验概率密度函数的网格模拟直方图
ggplot(post_sample,aes(x=lambda_grid))+
geom_histogram(aes(y=..density..),color="white")+
stat_function(fun=dgamma,args=list(13,3))+
lims(x=c(0,15))+ggthemes::theme_clean()
##`stat_bin()`using`bins=30`.Pickbettervaluewith`binwidth`.
##Warning:Removed2rowscontainingmissingvalues(geom_bar).
```

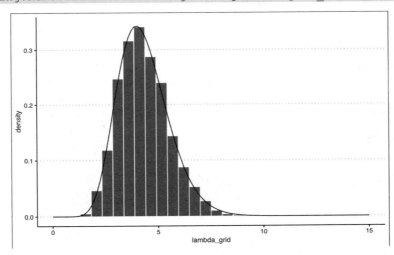

图 6-12　模拟结果

网格搜索很简单,但是随着模型变得越来越复杂,网格近似方法的局限性很快就会显现出来,特别是参数非常多的时候,可以使用马尔可夫链蒙特卡洛(MCMC)来进行计算,在这里使用 rstan 包进行 MCMC 模拟计算,其中使用了哈密顿蒙特卡洛(Hamiltonian Monte Carloa)算法。另外,rjags 包也实现了 MCMC,采用 Gibbs 采样算法。尽管细节不同,但这两种算法都是基于 Metropolis-Hastings 算法的变体。使用 rstan 包来进行 MCMC 模拟一般有以下几个步骤:

(1) 定义贝叶斯模型的结构。
(2) 估计后验模型。

先以一个 Beta 二项模型为例子。从步骤(1)开始。在定义该模型的结构时,必须明确指定三个方面：
（1）data，二项分布成功次数。
（2）parameters，参数。
（3）model，先验模型和数据模型。
对于这个例子，第一步定义的贝叶斯模型结构如下所示。

```
#第一步定义模型
bb_model<-"
data{
int<lower=0,upper=10>Y;
}
parameters{
real<lower=0,upper=1>pi;
}
model{
Y~binomial(10,pi);
pi~beta(2,2);
}
"
```

第二步估计后验分布，使用 stan() 函数，代码如下所示。

```
library(rstan)                              #进行估计
bb_sim<-stan(model_code=bb_model,data=list(Y=9),
chains=4,iter=5000*2,seed=84735)
##SAMPLINGFORMODEL'7b64678a3565f32e51f77686e11b9c04'NOW(CHAIN4).
##Chain4:
##Chain4:Gradientevaluationtook5e-06seconds
##Chain4:1000transitionsusing10leapfrogstepspertransitionwouldtake0.05seconds.
##Chain4:Adjustyourexpectationsaccordingly!
##Chain4:
##Chain4:
##Chain4:Iteration:1/10000[0%](Warmup)
##Chain4:Iteration:1000/10000[10%](Warmup)
##Chain4:Iteration:2000/10000[20%](Warmup)
##Chain4:Iteration:3000/10000[30%](Warmup)
##Chain4:Iteration:4000/10000[40%](Warmup)
##Chain4:Iteration:5000/10000[50%](Warmup)
##Chain4:Iteration:5001/10000[50%](Sampling)
##Chain4:Iteration:6000/10000[60%](Sampling)
##Chain4:Iteration:7000/10000[70%](Sampling)
##Chain4:Iteration:8000/10000[80%](Sampling)
##Chain4:Iteration:9000/10000[90%](Sampling)
##Chain4:Iteration:10000/10000[100%](Sampling)
##Chain4:
##Chain4:ElapsedTime:0.029552seconds(Warm-up)
##Chain4:0.031452seconds(Sampling)
##Chain4:0.061004seconds(Total)
##Chain4:
```

在 stan() 函数中，model_code 就是定义的贝叶斯模型结构，data 就是观测数据，chains 参数指定要运行的并行马尔可夫链的数量。在这里运行 4 条链，从而获得 4 个不同的 π 样本，iter 参数指定每个马尔可夫链所需的迭代次数或长度。

结果存储在 bb_sim 变量中，其是一个 stanfit 对象。该对象包括 4 个并行的马尔可夫链，每个链运行 10000 次迭代。下面查看 MCMC 的估计结果，代码如下所示。

```
as.array(bb_sim,pars="pi")%>%
head(4)
##,,parameters=pi
##
##chains
##iterationschain:1chain:2chain:3chain:4
##[1,]0.94028070.87772910.38033650.6649006
##[2,]0.93010240.98016820.81858280.6500945
##[3,]0.90117150.93827780.84579450.7001249
##[4,]0.92237120.95403650.73355300.5902204
```

接下来对结果进行可视化，代码如下所示，结果如图 6-13 所示。

```
library(bayesplot)
p1<-mcmc_hist(bb_sim,pars="pi")+
yaxis_text(TRUE)+
ylab("count")+ggthemes::theme_clean()            #绘制模拟结果的直方图

#绘制结果的密度图
p2<-mcmc_dens(bb_sim,pars="pi")+
yaxis_text(TRUE)+
ylab("density")+ggthemes::theme_clean()

p3<-plot_beta(11,3)+ggthemes::theme_clean()      #绘制真实的结果

p1+p2+p3
##`stat_bin()`using`bins=30`.Pickbettervaluewith`binwidth`.
```

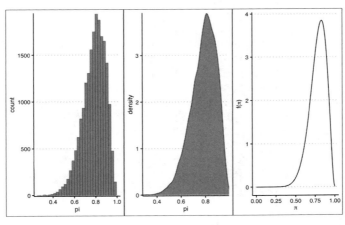

图 6-13　密度图

从图 6-13 中可以看出，模拟的后验分布的结果基本是一致的。再使用 MCMC 估计上文中伽马泊松的后验分布，同样，第一步是定义贝叶斯模型的结构。

```
#定义模型结构
gp_model<-"
data{
int<lower=0>Y[2];
}
parameters{
real<lower=0>lambda;
}
model{
Y~poisson(lambda);
lambda~gamma(3,1);
}
"
```

在上面的代码中，Y[2]表示有两个样本，其他的定义与 Beta 二项模型的设置一致。定义好贝叶斯模型结构之后，可以训练模型，代码如下所示。

```
#进行模拟
gp_sim<-stan(model_code=gp_model,data=list(Y=c(2,8)),
    chains=4,iter=5000*2,seed=84735)

##SAMPLINGFORMODEL'f8b2f6f1ba85f0a13853f4f36fd0d66c'NOW(CHAIN4).
##Chain4:
##Chain4:Gradientevaluationtook4e-06seconds
##Chain4:1000transitionsusing10leapfrogstepspertransitionwouldtake 0.04seconds.
##Chain4:Adjustyourexpectationsaccordingly!
##Chain4:
##Chain4:
##Chain4:Iteration:1/10000[0%](Warmup)
##Chain4:Iteration:1000/10000[10%](Warmup)
##Chain4:Iteration:2000/10000[20%](Warmup)
##Chain4:Iteration:3000/10000[30%](Warmup)
##Chain4:Iteration:4000/10000[40%](Warmup)
##Chain4:Iteration:5000/10000[50%](Warmup)
##Chain4:Iteration:5001/10000[50%](Sampling)
##Chain4:Iteration:6000/10000[60%](Sampling)
##Chain4:Iteration:7000/10000[70%](Sampling)
##Chain4:Iteration:8000/10000[80%](Sampling)
##Chain4:Iteration:9000/10000[90%](Sampling)
##Chain4:Iteration:10000/10000[100%](Sampling)
##Chain4:
##Chain4:ElapsedTime:0.029785seconds(Warm-up)
##Chain4:0.027939seconds(Sampling)
##Chain4:0.057724seconds(Total)
##Chain4:
```

接下来对结果数据进行可视化，代码如下所示，结果如图 6-14 所示。

```
p1<-mcmc_hist(gp_sim,pars="lambda")+
yaxis_text(TRUE)+
ylab("count")+ggthemes::theme_clean()              #绘制直方图

p2<-mcmc_dens(gp_sim,pars="lambda")+
yaxis_text(TRUE)+
ylab("density")+ggthemes::theme_clean()            #绘制密度图

p3<-plot_gamma(13,3)+ggthemes::theme_clean()       #绘制真实的结果
```

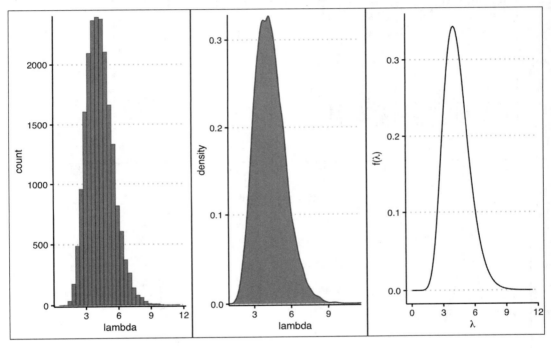

图 6-14　分布图

从图 6-14 中可以看出，使用 MCMC 比较准确地估计出了后验分布。在完成了 MCMC 估计之后，可以对估计结果进行诊断。

首先绘制轨迹图，如图 6-15 所示。

```
library(bayesplot)
mcmc_trace(gp_sim)                                 #绘制马尔可夫链的轨迹图
```

接下来绘制平行链，如图 6-16 所示。

```
mcmc_dens_overlay(gp_sim)                          #比较平行链
```

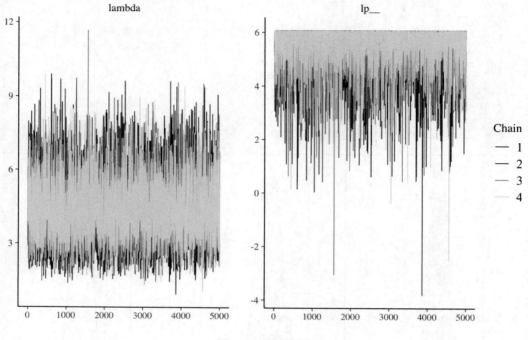

图 6-15 轨迹图

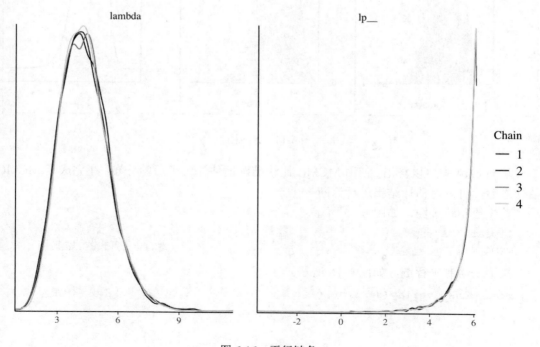

图 6-16 平行链条

关于轨迹图，希望它们看起来像一堆白噪声，不具有明显的趋势，这意味着马尔可夫链是稳定的。mcmc_dens_overlay 用于比较不同的马尔可夫链的一致性，前面模拟了 4 个平行的马尔可夫链，我们不仅希望看到每个单独链的稳定性，还希望看到 4 个马尔可夫链之间的一致性，因为我们希望它们应该表现出相似的特征并产生相似的后验近似。这里所展示的轨迹图和平行链条图表示 MCMC 模拟效果比较好。

下面用数值诊断来补充这些图形诊断，如有效样本大小比率、自相关和 Rhat。

```
neff_ratio(gp_sim)                          #计算有效样本大小比率
##lambdalp__
##0.35122300.4391736
```

绘制自相关图，如图 6-17 所示。

```
mcmc_acf(gp_sim)                            #自相关
```

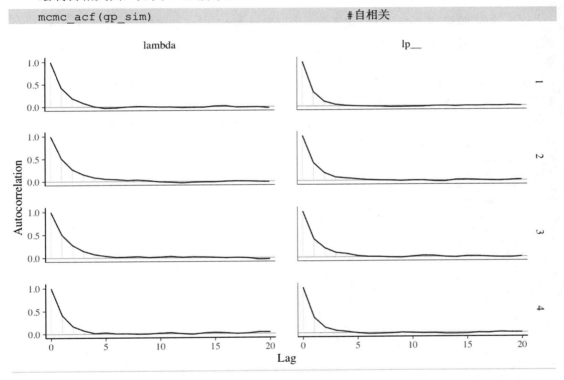

图 6-17　自相关图

计算 Rhat，代码如下所示。

```
rhat(gp_sim)                                #计算 Rhat
##lambdalp__
##1.0005081.000273
```

neff_ratio()函数可以为马尔可夫链样本提供估计的有效样本大小比率，通常而言，这个值越大表示效果越好。自相关提供了另一种衡量标准，用于评估马尔可夫链是否充分模拟了独立样本的行为。强自相关或相关性是一件坏事，表明得到的后验近似可能不可靠，从这里可以看出，MCMC 估计的自相关是比较弱的，仅限于小滞后或仅相隔几步的值。

总体来说，不仅需要模拟中的每个单独的马尔可夫链都是稳定的，还需要平行链之间具有一致性，可以使用 Rhat 量化组合链可变性和链内可变性之间的关系。简单来说在"好的"马尔可夫链模拟中，所有平行链组合的可变性将与任何单个链内的可变性大致相当，因此，Rhat 的值越接近 1，表示效果越好。

6.6 rstanarm 包

有一些后验模型没有办法直接计算，可以通过 MCMC 算法进行估计。使用 rstan 包分两步展开：首先定义模型，然后使用 rstan 语法模拟模型。随着贝叶斯模型变得越来越复杂，这两步过程不仅会变得越来越复杂，而且并不总是不必要的。

rstanarm 包是 rstan 的一个拓展，它包含用于模拟大量预定义的一站式功能贝叶斯回归模型，因此不需要定义模型，因此可以更加方便地构建贝叶斯模型。例如，可以使用 stan_glm() 函数构建广义线性模型，需要注意的是，这里使用了 bikes 数据集，这个数据集记录了不同天内华盛顿自行车服务的使用人数。

```
library(rstanarm)
## Loading required package: Rcpp
## This is rstanarm version 2.21.1
## - See https://mc-stan.org/rstanarm/articles/priors for changes to default priors!
## - Default priors may change, so it's safest to specify priors, even if equivalent to the defaults.
## - For execution on a local, multicore CPU with excess RAM we recommend calling
## options(mc.cores = parallel::detectCores())
##
## Attaching package: 'rstanarm'
## The following object is masked from 'package:rstan':
##
## loo
# 使用 stan_glm 构建广义线性回归模型
bike_model<-stan_glm(rides~temp_feel,data=bikes,              # 温度与人数的关系
family=gaussian,
prior_intercept=normal(5000,1000),
prior=normal(100,40),
prior_aux=exponential(0.0008),
chains=4,iter=5000*2,seed=84735)
## SAMPLING FOR MODEL 'continuous' NOW (CHAIN 4).
## Chain 4:
## Chain 4: Gradient evaluation took 1.4e-05 seconds
## Chain 4: 1000 transitions using 10 leapfrog steps per transition would take 0.14 seconds.
## Chain 4: Adjust your expectations accordingly!
## Chain 4:
## Chain 4:
```

```
##Chain4:Iteration:1/10000[0%](Warmup)
##Chain4:Iteration:1000/10000[10%](Warmup)
##Chain4:Iteration:2000/10000[20%](Warmup)
##Chain4:Iteration:3000/10000[30%](Warmup)
##Chain4:Iteration:4000/10000[40%](Warmup)
##Chain4:Iteration:5000/10000[50%](Warmup)
##Chain4:Iteration:5001/10000[50%](Sampling)
##Chain4:Iteration:6000/10000[60%](Sampling)
##Chain4:Iteration:7000/10000[70%](Sampling)
##Chain4:Iteration:8000/10000[80%](Sampling)
##Chain4:Iteration:9000/10000[90%](Sampling)
##Chain4:Iteration:10000/10000[100%](Sampling)
##Chain4:
##Chain4:ElapsedTime:0.205894seconds(Warm-up)
##Chain4:0.327525seconds(Sampling)
##Chain4:0.533419seconds(Total)
##Chain4:
bike_model                                              #查看模型结果
##stan_glm
##family:gaussian[identity]
##formula:rides~temp_feel
##observations:500
##predictors:2
##------
##MedianMAD_SD
##(Intercept)-2194.2361.6
##temp_feel82.25.2
##
##Auxiliaryparameter(s):
##MedianMAD_SD
##sigma1281.340.6
##
##------
##*Forhelpinterpretingtheprintedoutputsee?print.stanreg
##*Forinfoonthepriorsusedsee?prior_summary.stanreg
```

上面的代码以 bayesrules 包中的 bikes 数据集作为例子,需要注意的是,这个例子是关于 rstanarm 包的一个很好的模板。前三个 stan_glm() 的参数首先指定了数据的结构:模型的公式、数据集和数据模型。其次是设置先验信息,最后是马尔可夫链的信息,chains 表示要运行的马尔可夫数,iter 表示每条链的长度或数量,seed 表示的是随机数。

接下来查看训练好的模型的系数。

```
bike_model$coefficients                                 #查看模型系数
##(Intercept)temp_feel
##-2194.240582.1555
```

根据输出结果,可以得出 rides 与 temp_feel 的关系:rides=-2194.2405+temp_feel*82.1555。

当然,有了模型之后,就可以进行预测了,这里使用 posterior_predict() 函数进行预测,代码如下所示。

```
set.seed(1)
shortcut_prediction<-                                   #进行预测
posterior_predict(bike_model,newdata=data.frame(temp_feel=75))
```

```
shortcut_prediction%>%head()
##1
##[1,]3126.125
##[2,]4280.802
##[3,]2992.411
##[4,]5962.815
##[5,]4387.341
##[6,]3001.345
```

shortcut_prediction 对象包含 75 度日的 20000 次乘客量预测。可以使用我们常用的技巧来可视化和总结相应的（近似的）后验预测模型，如图 6-18 所示。结果等同于上面从头开始构建的结果。

```
posterior_interval(shortcut_prediction,prob=0.95)    #计算置信区间
##2.5%97.5%
##11452.6766520.284
mcmc_dens(shortcut_prediction)+
xlab("predicted rider ship on a 75 degree day")      #绘制密度图
```

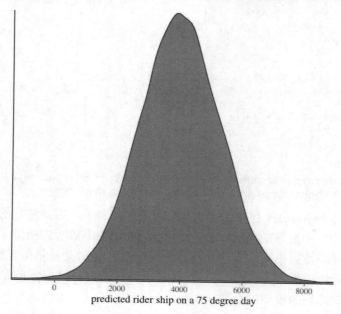

图 6-18　模拟结果

也可以使用 rstanarm 包来构建逻辑回归模型，使用 weather_perth 数据集作为例子，该数据集描述了澳大利亚每天的天气信息。

```
#加载数据
data(weather_perth)
weather<-weather_perth%>%
select(day_of_year,raintomorrow,humidity9am,humidity3pm,raintoday)
```

第6章 贝叶斯统计

```
#构建模型
rain_model_prior<-stan_glm(raintomorrow~humidity9am,
data=weather,family=binomial,
prior_intercept=normal(-1.4,0.7),
prior=normal(0.07,0.035),
chains=4,iter=5000*2,seed=84735,
prior_PD=TRUE)
##SAMPLINGFORMODEL'bernoulli'NOW(CHAIN4).
##Chain4:
##Chain4:Gradientevaluationtook1e-05seconds
##Chain4:1000transitionsusing10leapfrogstepspertransitionwouldtake 0.1seconds.
##Chain4:Adjustyourexpectationsaccordingly!
##Chain4:
##Chain4:
##Chain4:Iteration:1/10000[0%](Warmup)
##Chain4:Iteration:1000/10000[10%](Warmup)
##Chain4:Iteration:2000/10000[20%](Warmup)
##Chain4:Iteration:3000/10000[30%](Warmup)
##Chain4:Iteration:4000/10000[40%](Warmup)
##Chain4:Iteration:5000/10000[50%](Warmup)
##Chain4:Iteration:5001/10000[50%](Sampling)
##Chain4:Iteration:6000/10000[60%](Sampling)
##Chain4:Iteration:7000/10000[70%](Sampling)
##Chain4:Iteration:8000/10000[80%](Sampling)
##Chain4:Iteration:9000/10000[90%](Sampling)
##Chain4:Iteration:10000/10000[100%](Sampling)
##Chain4:
##Chain4:ElapsedTime:0.065823seconds(Warm-up)
##Chain4:0.084262seconds(Sampling)
##Chain4:0.150085seconds(Total)
##Chain4:
rain_model_prior                                              #输出模型结果
##stan_glm
##family:binomial[logit]
##formula:raintomorrow~humidity9am
##observations:1000
##predictors:2
##------
##MedianMAD_SD
##(Intercept)-5.62.2
##humidity9am0.10.0
##
##------
##*Forhelpinterpretingtheprintedoutputsee?print.stanreg
##*Forinfoonthepriorsusedsee?prior_summary.stanreg
```

需要注意,这里依然是使用 stan_glm()函数,与上面例子的区别在于数据不一样,即数据分布不一样和先验模型信息不一样。

构建好模型,使用模型来做预测,代码如下所示。

```
set.seed(1)
binary_prediction<-posterior_predict(                         #进行预测
rain_model_prior,newdata=data.frame(humidity9am=99))
```

```
binary_prediction%>%table()
##.
##0      1
##5965  14035
```

posterior_predict()函数模拟了 20000 个降雨结果,从结果中可以看出,下雨的概率是 0.70805(14035/(14035+5965)),需要注意的是,最后的结果是一个 0 到 1 值,可以将划分的边界定为 0.5,大于 0.5,将结果划分为 1,否则为 0。这是一个很自然的划分选择,但是并不一定要以 0.5 为阈值,可以使用 0~100%之间的任何值作为划分阈值。

以上就是关于贝叶斯统计的相关内容,还有很多内容(如分层贝叶斯模型的内容)限于篇幅这里就不进行更多的介绍了。

第 3 篇
R 语言统计分析应用

- 第 7 章　商业统计分析
- 第 8 章　营销统计分析
- 第 9 章　信用评分模型开发

第 7 章 商业统计分析

近年来,商业统计实验正迅速成为企业的关键工具,如 A/B 测试,在很多领域都有广泛的应用。几十年来,实验一直是工程领域的一种流行工具,主要受 20 世纪 80 年代质量管理运动(Quality Management)的推动。实验正迅速走出工程实验室,在业务运营中也得到更广泛的应用。

如今,互联网科技公司、制药公司等都在利用统计实验来解决一系列的问题。例如:通过实验分析改进后的培训是否能提高员工生产力和留住员工;店面翻新是否能带来更大的盈利;促销电子邮件中的哪些主题能吸引客户的注意力;哪些措施最有可能让人们将能源(如电能)消耗转移到非高峰时间;网站上的结账按钮使用哪种颜色。

实验是"数据驱动"业务的关键组成部分,是企业、政府等进行决策的重要工具。本章将会介绍一些常用的统计分析方法。

7.1 基本概念

人类是如何认识世界的,这似乎是一个哲学问题。电脑是关于人脑的一个很好的隐喻,人类可以从数据中获取信息,但能学到什么,这取决于数据的产生方式和数据中蕴含的信息。

很多时候,我们得到的数据都是观测数据,观测数据是自然产生的,我们所做的工作只是对这些数据进行收集和分析。例如,企业在经营过程中会自然产生很多数据,这些数据就是观测数据。对于观测数据,可以分析数据之间的关系。但是相关性不等于因果关系,例如,一个城市的溺水人数和雪糕的销量有相关关系,为了减少溺水人数,采取的措施是限制雪糕的销售,这么做的话似乎就是刻舟求剑了。

在商业领域,往往关心的是因果关系而不是相关关系,例如,想知道调整了某项措施是否能够提高销售;想要知道怎样设计 App 能够带来更多流量。对于这些问题,观测数据往往是不能带来答案的。为了了解因果关系,需要限制一些变量的作用方式,而这只能通过实验来完成。

7.1.1 观测数据与实验数据

下面来看一份数据,数据集是 gapminder,其数据提供了 100 多个地区人的平均寿命、人均 GDP 和人口规模,该数据集可通过 gapminder 包获得。

假设需要确定一些国家预期寿命长而另一些国家预期寿命不长的原因。可以从研究不同国家的预期寿命和其他变量之间的关系开始。例如,分析预期寿命和 GDP 之间的关系,下面的代码绘制了预期寿命和 GDP 之间的散点图,并且添加了线性回归的拟合曲线,如图 7-1 所示。

```
library(tidyverse)
library(gapminder)

tmp<-gapminder%>%group_by(country)%>%summarise(life=mean(lifeExp,na.rm=
TRUE),gdp=mean(gdpPercap,na.rm=TRUE))

ggplot(data=tmp,aes(x=life,y=gdp))+geom_point()+geom_smooth(method="lm")
+ggthemes::theme_clean()
##`geom_smooth()`usingformula'y~x'
```

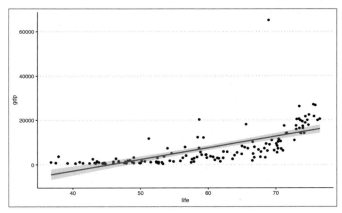

图 7-1　预期寿命与 GDP 之间的散点图

从图 7-1 中可以看出,似乎预期寿命和 GDP 之间的关系并不明显,线性回归不合适。在通常情况下,线性的关系是通过对自变量应用自然对数变换而产生的。然后尝试对 GDP 数据取对数,然后重新绘制,如图 7-2 所示。

```
ggplot(data=tmp,aes(x=life,y=log(gdp)))+geom_point()+geom_smooth(method=
"lm")+ggthemes::theme_clean()
##`geom_smooth()`usingformula'y~x'
```

从图 7-2 中可以看出,预期寿命和 GDP 之间存在比较明显的线性关系。可以构建一个回归模型,用回归模型来展现预期寿命和 GDP 对数之间的关系。

```
library(equatiomatic)
lmode<-lm(life~log(gdp),data=tmp)
summary(lmode)
##
##Call:
##lm(formula=life~log(gdp),data=tmp)
##
```

```
##Residuals:
##Min 1Q Median 3Q Max
##-21.141 -2.591 1.2033.292 12.852
##
##Coefficients:
##Estimate Std.Error t value Pr(>|t|)
##(Intercept)-6.8589 3.3149 -2.069 0.0404*
##log(gdp) 8.0437 0.3978 20.219 <2e-16***
##---
##Signif.codes:0'***'0.001'**'0.01'*'0.05'.'0.1''1
##
##Residual standard error:5.649 on 140 degrees of freedom
##Multiple R-squared:0.7449,Adjusted R-squared:0.7431
##F-statistic:408.8 on 1 and 140 DF,p-value:<2.2e-16
```

从模型的输出结果可以看出，模型的 p-value 非常小，模型的参数统计检验都非常显著。这意味着平均寿命与 GDP 的对数之间存在线性关系。这个模型似乎表明，GDP 的对数每增加 8.0437，预期寿命就增加 1。

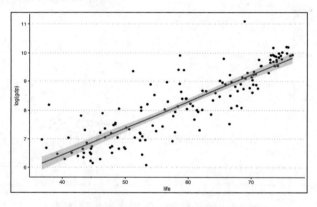

图 7-2　预期寿命与 GDP 对数之间的关系

但是，事实上是这样吗？是否能够说明如果国家的 GDP 越高，预期寿命越高？换句话说，是否提高 GDP，预期寿命就会提高？其实是不一定的，GDP 的对数可能代表提高预期寿命的其他变量，例如，GDP 高可能意味着修建了更多的医院，能够创造更好的卫生条件、提供更好的医疗服务等。

以上所观察到的很可能只是一种相关性，不幸的是，这种观察分析不应该被解释为因果关系。事实上，预期寿命受到一系列复杂变量的影响。如果对哪些变量更有可能是预期寿命增加的真正原因有一些信念，也许能够建立一个代表因果关系的模型。

如果真的想要找 GDP 和预期寿命的因果关系，那么需要找到一批除了 GDP，其他方面都相似的国家。一般来说，观测数据根本无法回答因果问题。因此，集中在另一种方法来回答商业问题，即进行实验。

当然，并不认为观察性研究没有有效的用途。相反，在许多情况下，实验是不可能的，除了使用观测数据外，别无选择，例如：

（1）随机将人们分为吸烟组和不吸烟组是不道德的，因此对吸烟和癌症之间因果关系的理解是建立在观察数据的基础上的。

（2）如果想建立一个新的商店，在随机的地点建立几个商店来测试商店建在哪里是不现实的。

（3）建立因果关系并不总是必要的，分析相关性有时就足以达到分析的目的。

事实上，"预测分析"的整个领域都集中在预测问题上，其中因果关系并不重要。例如，预测抵押贷款违约，通常只需要知道一个人违约的概率，而不需要知道决定违约概率的因果因素；很多情况下相关性是足够的，因果关系是不必要的。

观测数据可以用来阐明因果问题，但这样做所需的统计机制非常复杂，仍然不如实际运行的实验好。这些复杂的分析通常是在实验不可能时进行的，而不是代替实验。

尽管如此，人们利用观测数据（错误地）在狭窄的范围之外做出因果判断是很常见的。因此，观测数据的"因果"结果后来被实验所反驳是很常见的。关于建立因果关系，除非是一个非常熟练的统计学家，否则，分析观测数据只能提供关于假说的证据。换句话说，分析观测数据可以为实验提供好的思路，但它不能提供任何因果关系。

对于这点要有清晰的认识，即是不是需要因果关系。有一个很好的隐喻，就是下雨。如果想要知道是否应该带伞，那么这个问题纯粹是一个预测问题，因果关系是次要的，只需要知道下雨的概率高低。如果是长期干旱，那么预测是没有价值的，因果关系才是最重要的。你要诱发下雨，那么你就需要知道什么会导致下雨，然后进一步去操纵那些会导致下雨的因素。

7.1.2 隐藏变量

假设在一家信用卡公司工作，需要知道哪些客户可能会违约。这里使用 scorecard 包中的 germancredit 数据集作为演示。该数据集中有 21 个变量和 1000 条数据。首先查看数据集。

```
library(scorecard)
head(germancredit)
##status.of.existing.checking.accountduration.in.month
##1...<0DM6
##20<=...<200DM48
##3nocheckingaccount12
##4...<0DM42
##5...<0DM24
##6nocheckingaccount36
##credit.history
##1criticalaccount/othercreditsexisting(notatthisbank)
##2existingcreditspaidbackdulytillnow
##3criticalaccount/othercreditsexisting(notatthisbank)
##4existingcreditspaidbackdulytillnow
##5delayinpayingoffinthepast
##6existingcreditspaidbackdulytillnow
```

```
##   purpose credit.amount savings.account.and.bonds
## 1 radio/television    1169    unknown/no savings account
## 2 radio/television    5951    ...<100 DM
## 3 education           2096    ...<100 DM
## 4 furniture/equipment 7882    ...<100 DM
## 5 car(new)            4870    ...<100 DM
## 6 education           9055    unknown/no savings account
# ...
```

在 germancredit 数据集中,最后一个变量 creditability 表示客户是否违约,其他变量表示客户的相关信息,如年龄、是否有房产等。所有的信贷发放者都面临着一个非常重要的问题,那就是要不要给每个潜在客户发放信贷。如果发放,发放的额度是多少。另外,无法给那些可能会违约的人发放贷款,也无法给那些经济状况不好的人发放超出他们还款能力的贷款。

为了了解哪些人容易逾期以及哪些人不容易逾期,可以对现有的数据进行基本的分析,例如分析客户是否有房产与逾期之间的关系,可以计算列联表,并进一步进行卡方检验。

```
table(germancredit$creditability,germancredit$housing)
##
##      rent own for free
## bad   70  186  44
## good 109  527  64
```

从列联表中可以看出,如果客户是租房,那么逾期的比例是 70/(70+109)=0.3910615,如果自己有房子,那么逾期的比例为 186/(186+527)=0.2608696,如果客户居住的是免费的房产(可能是政府提供的),那么逾期的比例是 44/(44+64)=0.4074074。从结果中可以看出,如果客户有房产,那么逾期的比例要比没有房产低很多。下面进一步进行卡方检验。

```
chisq.test(germancredit$creditability,germancredit$housing)
##
##  Pearson's Chi-squared test
##
## data:  germancredit$creditability and germancredit$housing
## X-squared = 18.2, df = 2, p-value = 0.0001117
```

从输出结果中可以看出,p-value 为 0.0001117,非常小,因此拒绝原假设,认为 housing 变量和 creditability 变量之间是存在关联的。数据中,除了分类变量还有连续变量,例如年龄。下面分别绘制逾期客户和非逾期客户年龄的分布,如图 7-3 所示。

```
library(tidyverse)
## ── Attaching packages ─────────────────────────── tidyverse 1.3.0 ──
## ✓ ggplot2 3.3.3     ✓ purrr   0.3.4
## ✓ tibble  3.1.0     ✓ dplyr   1.0.5
## ✓ tidyr   1.1.3     ✓ stringr 1.4.0
## ✓ readr   1.4.0     ✓ forcats 0.5.1
## ── Conflicts ────────────────────────────── tidyverse_conflicts() ──
## x dplyr::filter() masks stats::filter()
```

```
##xdplyr::lag()masksstats::lag()
##xtidyr::replace_na()masksscorecard::replace_na()
p<-germancredit%>%ggplot(aes(x=age.in.years,fill=creditability))+geom_
density(aes(alpha=I(0.3)))
p+theme_classic()
```

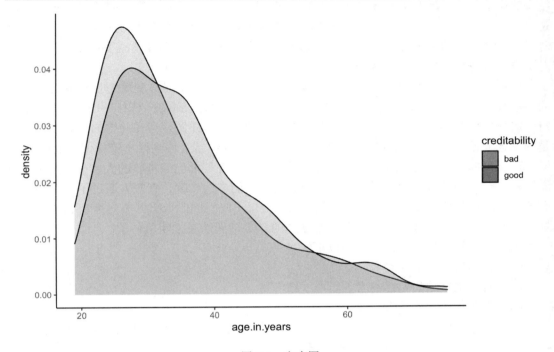

图 7-3 密度图

从图 7-3 中可以观察到，逾期客户的年龄更加地偏左一些（年轻），原因的话可能是年轻人收入不高，并且消费观念不成熟，因此更有可能逾期。通过类似这样的分析，可以得出其他的变量与是否会逾期之间的关系。

另外，需要注意一个概念，就是潜在变量与混淆变量。潜在变量（Lurking Variable）是针对观测数据而言的，下面来看一些潜在变量的例子。

（1）散点图显示火灾中消防员的人数和火灾造成的损失之间有很强的关系。虽然这种关系可能是预测性的，但它不是因果关系：如果派更少的消防员去救火，火灾并不会因为消防员少而变小。消防员数量和火灾损失之间存在相关性，那是因为有一个潜在的变量：火灾大小，火灾大，消防员则去得多，损失也大；反之损失小。

（2）在沿海城市，每天的雪糕销量与溺水人数之间都存在正相关关系。但是为了降低溺水人数而减少雪糕的销售不会起到任何作用。对于这个问题，潜在变量可能是温度，夏天到了，吃冰激凌的人和游泳的人都变多了。

从上面结论中可以看出，年龄偏小的人更有可能逾期，在年龄和逾期之间也存在一个潜在变量，那就是收入或者消费能力。在实验中，不管真正的机制是什么，如果实验组和对照组是随机分配的，那么潜伏变量的影响就会在两组之间分散。因此，随机化可以防止潜伏变量的影响，即使不知道需要防止哪些变量。

混淆变量（Confounding Variable）是对于实验数据而言的。当无法区分不同变量对于结果的影响时，混淆变量就会出现，例如有多个线下商店，想要分析不同的活动对于销售是否有提高，而在实验当天，有一些商店所在地下雨了，有一些商店所在地没下雨。这个时候无法区分销售额的变化是由于活动影响还是天气影响，活动变量就变成了混淆变量。对于这两种变量，需要注意区分。

分析完数据，通过构建一个模型，例如逻辑回归模型，将这些变量与是否会逾期之间的关系综合考虑。当一个潜在客户过来之后，将客户的数据放入模型中，用模型来判断客户的逾期概率。这是一个很常见的思路，但不幸的是，这样做是存在问题的。这个问题就是样本选择偏差（Sample Selection Bias），非实验数据经常会遇到样本选择偏差的问题。

可以思考一下，需要的数据是来自哪里？数据是有一批已经贷款的人，有一些人已经逾期了，有一些没有逾期。下面回顾整个过程，人们申请贷款，有些人通过了，有些人没有通过。而数据是来自那些通过了贷款的人，发现了吗？因此数据并不是来自总体的随机样本，而是某种有选择的样本，通过有选择的样本是无法去推断总体的。

更明确地说，信贷申请人包括以下 4 种：

（1）得到贷款的非违约者。

（2）被拒绝贷款的非违约者。

（3）得到贷款的违约者。

（4）被拒绝贷款的违约者。与此同时，由于样本只由获得信贷的人组成，即只由上述（1）和（3）类组成，因此与总体不一样。

因此，从样本中推断出的结论并不适用于总体，使用这种模型可能是错误的。这是困扰信贷行业一个非常重要的问题，这个问题甚至有一个名字——拒绝推理，意思是在没有信用申请被拒绝的人的数据时，如何进行推理。在这个问题上，已经推出了非常复杂的统计机制。事实上，一些信用卡银行故意进行设计好的实验，并向那些本来会被拒绝的人发放信用卡，以便从第（2）和（4）类人中收集数据，以便他们可以将其结果推断到整个人群中。然而，这是一个非常昂贵的解决方案，所以这类实验很少被执行。信用卡行业在很大程度上依靠复杂的统计分析来回答因果问题。

7.1.3 商业实验

由以上分析可知，当使用观察数据来回答一个业务问题时，得到的答案可能取决于分析中包含哪些变量、如何建立关系，以及许多其他决策。这些类型的分析很难有可靠的结论，容易产生争论，也很难解决。因此，它们告知业务决策的价值是有限的。

而商业实验则可以给出明确的因果关系。有些人认为，实验只是"尝试一些东西"，看看"它是否有效"，这是不正确的，这样做的后果常常导致无法使用的结果。商业实验仅仅是一个旨在为商业决策提供信息的实验。相比之下，一些学科，如医学、心理学或生物学的发展理论，是使用实验来检验理论。

进行商业实验有四个步骤：

（1）将受试者随机分组。

（2）对不同组的受试者采取不同的措施。

（3）衡量不同组的相关指标，这个指标是实验者感兴趣的。

（4）比较不同组之间的表现，这通常是根据假设检验来完成的，假设检验表明差异是随机产生的还是由于某些因素导致的。

实验非常有用，知道观测数据只能给出相关性，而不能给出因果关系。当有一个精心设计的实验时，可以回答一些因果问题：变化会导致变化吗？实验是一种避免潜伏变量的系统方法，也是因果推理的标准。

想要得出 x 与 y 的因果关系，以下几点一定要牢记：

（1）当 x 变化的时候 y 也变化。

（2）x 在 y 之前变化。

（3）除了 x 以外，没有其他任何因素变化。

当满足这三个条件的时候，则可以说，x 和 y 是存在因果关系的。

重要的是要记住，实验的目的是测试一些想法，而不是证明一些东西，而且大多数实验都失败了！这听起来可能有些令人沮丧，但如果能够创造出一个允许糟糕想法以最小的成本迅速失败的过程，这也意味着可以快速地找到成功的方案。

大家不会从做的大多数实验中得到有用的结果。但是，正如托马斯·爱迪生在谈到发明灯泡时说的："我没有失败，我只是找到了 1 万种行不通的方法。"失败的实验并非毫无价值，它们可以包含很多有用的信息：为什么这个实验没有成功？假设是不是错了？是实验设计有问题吗？从失败的实验中学到的所有东西都可以帮助大家更好地进行下一次实验。

实验的完成并不意味着实验的结束，在做实验的时候，特别是样本量比较小的时候，容易出现假阳性的错误，因此记录实验后续的结果非常重要。例如，测试出措施 A 对于改善销售有显著作用，可以继续随机选出一小部分人继续实验，直到确保效应（Effect）的确存在。对于大样本的实验，最好也是这样做。

7.2 基础 A/B 测试

在本节首先介绍什么是 A/B 测试以及如何进行 A/B 测试。当然，实验设计是任何实验项目的关键，然而，如果不知道什么是 A/B 测试，那么也就难以设计好的实验。本节将介绍响应变量（Response Variable）和处理变量（Treatment Variable）的相关内容，了解如何总结和可视化 A/B 测试的结果，并向决策者提供清晰、简洁的 A/B 测试结论。此外，本节还会介绍如何使用置信区间来比较不同组的平均值和比例，置信区间和假设检验的关系，以及假设检验的第一类错误和第二类错误的功效等内容。

假设需要研究两种催眠药物对于患者的影响，为此设置一个 A/B 测试，将受试人群随机分为两组，然后将两组人安排在相同的环境中，并提供不同的催眠药物。需要注意的是实验要尽可能地保证除了药物这个变量是不一样的其他的变量都是一样的。实验一段时间并且在实验的过程中记录受试人群的睡眠时间。

这里使用的是来自 datasets 包中的 sleep 数据集，下面看一下该数据集。

```
head(sleep)
##  extra group ID
##1   0.7     1  1
##2  -1.6    1  2
##3  -0.2    1  3
##4  -1.2    1  4
##5  -0.1    1  5
##6   3.4    1  6
```

数据集中的第一列 extra 表示的是睡眠时间增加了多少小时，group 表示的是不同用户的分组，ID 表示的是用户的 ID。对于任何问题，拿到数据的第一步都是对数据进行分析，最直观的分析就是对数据进行可视化，下面绘制出不同组睡眠时间的箱线图，如图 7-4 所示。

```
library(tidyverse)
library(showtext)
showtext_auto(TRUE)
p<-ggplot(data=sleep,aes(x=extra,fill=group))+geom_boxplot()+coord_flip()+scale_fill_hue()
p+theme_bw()+labs(title="不同组睡眠时长的变化")
```

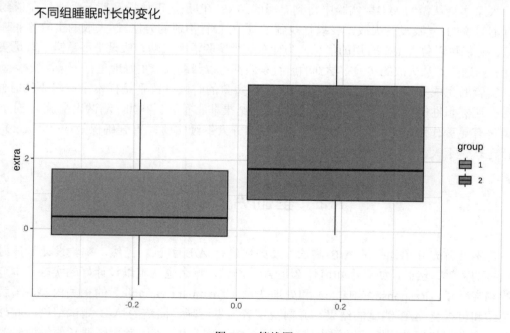

图 7-4　箱线图

上面的代码绘制出了不同组的箱线图,箱线图能够很好地体现出数据的整体情况,是研究分布的一个很好的工具。箱线图可以显示多个组的数据的分布、中值、数据范围和异常值(如果有的话)。框内中间的线表示中值。箱体顶部为75%分位数,箱体底部为25%分位数。极端线端点(又称须)之间的距离为1.5×IQR,其中IQR为四分位间距(IQR即表示75%分位数至25%分位数)。极端线外的点,通常被认为是极端点。

从图7-4中可以看出,第二组的结果高于第一组的结果,下面计算一下相关统计量,代码如下所示。

```
library(purrr)
sleep%>%select(-ID)%>%split(.$group)%>%map(summary)
##$`1`
##extragroup
##Min.:-1.6001:10
##1stQu.:-0.1752:0
##Median:0.350
##Mean:0.750
##3rdQu.:1.700
##Max.:3.700
##
##$`2`
##extragroup
##Min.:-0.1001:0
##1stQu.:0.8752:10
##Median:1.750
##Mean:2.330
##3rdQu.:4.150
##Max.:5.500
```

从输出结果中可以看出,第一组中,增加的睡眠时间的时长最小值是-1.6,中位数是0.35,平均值是0.75,最大值是3.7。而第二组中,最小值是-0.1,中位数是1.75,平均值是2.33,最大值是5.5。接下来再计算一下不同组数据的方差。

```
sleep%>%select(-ID)%>%split(.$group)%>%map(var)
##$`1`
##extragroup
##extra3.2005560
##group0.0000000
##
##$`2`
##extragroup
##extra4.0090
##group0.0000
```

似乎第二组睡眠的增加小时大于第一组,并且第二组的数据方差大于第一组的方差。但问题是:这样的差异是否由于误差导致?

可以使用统计检验来回答这个问题,首先检验两组数据的方差是否相等,使用var.test()函数,代码如下所示。

```
var.test(extra~group,data=sleep)
##
##F test to compare two variances
##
##data:extra by group
##F=0.79834,num df=9,denom df=9,p-value=0.7427
##alternative hypothesis:true ratio of variances is not equal to 1
##95 percent confidence interval:
##0.1982973.214123
##sample estimates:
##ratio of variances
##0.7983426
```

这里使用的是 F 检验来比较两组数据的方差是否相等,检验的原假设是两组数据的方差比值是 1。从输出结果中可以看出,p-value 为 0.7427,大于 0.05,不能拒绝原假设,姑且认为这两组数据的方差是相等的。接下来进一步分析,在数据结果中,不同组之间的差异是随机误差的原因还是由于两种药物的确存在差异。使用双边 t 检验,双边 t 检验的原假设是两组之间的均值差等于 0,也就是这两组数据的平均值相等。使用 t.test()函数,代码如下所示。

```
t.test(extra~group,data=sleep,var.equal=TRUE)
##
##Two Sample t-test
##
##data:extra by group
##t=-1.8608,df=18,p-value=0.07919
##alternative hypothesis:true difference in means is not equal to 0
##95 percent confidence interval:
##-3.363874  0.203874
##sample estimates:
##mean group1 mean group2
##0.752.33
```

从输出结果中可以看出,p-value 为 0.07919,大于 0.05,因此不能拒绝原假设,也就是没有证据表明,这两组数据的平均值有差异。在输出结果中可以看出,这两组均值的差的置信区间为[-3.363874,0.203874],置信区间包含 0,从置信区间的角度来看,这两组数据的均值没有统计意义上的差异。另外,如果想要进行单边假设,则可以设置 alternative 参数,默认情况下 alternative 为 two.sided,也就是进行双边假设,可以简单地认为双边假设就是通过假设检验比较两组均值是否相等。设置 alternative="less"或者 alternative="greater",则表示进行单边假设,可以认为单边假设是比较一组数据的均值是否大于或小于另一组数据的均值。另外,var.equal 指定了数据集的方差是否相等,这个参数的指定很重要,因为相等与否会采用不同的方法进行统计检验。

到这里可以得出结论,目前实验的数据并不能支持得出两种药物中哪一种更能提高受试者的睡眠时长的结论。这就是 A/B 测试的一个过程,设置实验以及对实验结果进行统计检验,结果是直接的和因果的,没有潜伏变量和复杂的模型来解释,这是一个容易理解和难以争辩的结果。

下面回顾一下 A/B 测试的过程，首先进行了实验，得到两组数据，然后通过假设检验比较两组数据的均值是否存在差异，从假设检验的结果中可以看到，p-value 为 0.07919，大于 0.05，数据之间没有显著差异，不能拒绝原假设（原假设是两组均值相等）。另外，需要注意，这两组数据，每一组只有 10 个样本，统计检验表明这两组数据之间没有差异，但是并不知道不同组之间长期的真实平均值是多少。如果真实的结果是两组数据的平均值是有差异的，但是统计检验并没有拒绝原假设，这样就做出了错误的判断。

实际上，在进行假设检验的时候，有可能犯两种错误：第一种错误是当原假设为真的时候拒绝原假设；第二种错误是被择假设为真的时候接受原假设。需要注意的是，设置的显著性水平就是对于第一类错误的控制，不会犯第一类错误的概率成为置信度（Confidence）。当接受原假设，但是被择假设是对的时候，就会出现第二类错误。通常而言，不会犯第二类错误的概率被称为功效（Power）。

表 7-1 显示了第一类错误和第二类错误。

表 7-1 假设检验错误

	原假设为真	被择假设为真
接受原假设	正确	第二类错误
拒绝原假设	第一类错误	正确

第一类错误相当于发现了一些根本不存在的东西，而第二类错误相当于没有看到一些真正重要的东西。需要记住的事情是，第一类错误只有在原假设为真的时候发生，第二类错误只有在被择假设为真的时候发生。

另外，应该意识到，很多时候针对现有的数据做出错误的结论，不是因为做错了什么，仅仅是因为不走运。同样需要注意的是，在很多的问题中，第一类错误和第二类错误所造成的后果可能是非常不一样的。

例如在分析一个有关癌症的问题，假设检验的原假设是病人没有癌症。那么第一类错误表示告诉一个没有患癌症的人他患了癌症，这个时候可能会将患者送去做更加复杂的检验，例如活检（Biopsy），最后的结果可能会显示患者的确没有罹患癌症。但是第二类错误则意味着告诉一个的确患有癌症的患者他没有患癌症，然后患者回家，并且癌症继续恶化。第一类错误带来的后果是患者活检之前的焦虑和恐惧；而第二类错误的后果是患者错过治疗时间，最终死亡。对于这个问题，第二类错误的代价非常高，因此希望使得出现第二类错误的概率尽可能低，不过当第二类错误降低时，第一类错误的概率就会增高，很难同时降低两种错误类型的概率，在给定一些数据的情况下，缩小某一类错误的概率会增大另外一种类型的概率。

必须在第一类错误和第二类错误之间进行取舍，在默认情况下，会选择比较高的置信度，这往往会导致比较低的功效，这是因为，在医疗统计领域，新药物或者其他新治疗方法必须被证明有效才能够广泛使用，第一类错误，也就是声明药物或者新处理方法有效但实际却没有效,在这类问题上是难以接受的,第二类错误,也就是药物有效果但是没有发现有效果,在这类问题上则是可接受的,因此,在这类问题的统计检验中,往往会选择较高的置信度和较低的功效。

在实际的商业实验中,这样一种默认并不总是可取的(也就是高置信度和低功效),如何去平衡置信度和功效需要取决于具体的商业问题,例如想要检验两个不同版本的广告哪一个更好。如果犯了第一类错误,认为两个广告的效果是不同的,而实际上它们之间没有什么不同。这个时候选择认为效果更好的广告去投放,这个结果并不会造成任何损失,因为两个广告的效果是一样的。如果犯了第二类错误,两个广告之间存在区别,但是认为它们没有区别。因为认为两个广告之间没有区别,那么随机拿了一个广告去投放,恰好这个广告实际上是较差的广告,这意味着失去了好广告带来的潜在收益。对于这样的商业问题,置信度可以小一点,但是功效应该大一些。

另一种情况是,想要判断两种方案哪一种更好,一种方案是当前使用的方案,另一种是新方案。方案的调整存在成本。对于这种问题,如果犯了第一类错误,也就是认为两种方案有差异,但是实际上没有差异。那么将花费成本去调整方案,这样支出了不必要成本。如果犯了第二类错误,也就是认为两种方案没有差异,但是实际上两种方案是有差异的,这一类错误会失去潜在的提升的机会。那么成本和收益应该如何取舍,这也是在进行 A/B 测试的时候需要考虑的事情。

如果在初始测试之后会进行更多的测试,那么则可以接受更低的置信度而选择更高的功效。例如有一款新食品要进行一系列的筛选,为了找到最吸引人的口味,会进行一系列的检验,在最初的筛选测试中,筛选出来的口味会在后续的测试中进行更加详细的研究。在这种情况下,如果不想错过任何可能的差异,可以选择高功效低置信度。不用担心第一类错误,因为后续还会有一系列的测试。

7.2.1 功效分析

假设检验和置信区间都是在原假设为真的时候构建的,显著性水平表示犯第一类错误的概率,当原假设为假(被择假设为真)的时候,功效表示1-犯第二类错误发生的概率。

功效分析可以在给定置信度情况下,计算样本量内能检测到给定效应值的概率,也可以在给定置信度的情况下,判断检测到对应效应值所需的样本量。对于功效分析而言,有以下几个关键的概念:

(1)样本大小,指的是实验中每组观测的数目。

(2)显著性水平(Alpha),也就是犯第一类错误的概率,通常认为是 0.05。

(3)功效(Power),1-第二类错误发生的概率。

(4)效应量(Effect Size,ES),量化强度的数值,效应量的计算方式依赖于假设检验中使用的统计方法。

在上面的四个概念中,前三个概念很好理解,关于效应量就有些不容易理解了。效应量是量化强度的数值,这到底是什么意思?例如进行双样本的 t 检验,p-value 非常小,那么拒绝原假设,认为有差异,但是差异有多大呢?这个差异就是用效应量来描述的。效应量的种类繁多,包括差值、相关系数等。通常而言,效应量可以分为以下三类:

(1)差异类(Differeence Type):例如 Cohen 的 d 值,Hedge 的 g 值。
(2)相关类(Correlation Type):例如相关系数。
(3)组重叠(Group Overlap):例如 I 效应量(Improvement-over-chanceindex)

简单理解,效应量就是把差异和相关性量化出来。样本大小、显著性水平、功效和效应量,这 4 个值中知道任意 3 个,则可以推算第 4 个。因此,固定效应量,如果希望置信度和功效都大,那么则需要更多的样本量。如果样本量和效应量固定了,那么置信度增大则意味着功效减小。

在 R 语言中,通常使用 pwr 包进行功效分析,对于不同的统计检验,对应有不同的功效分析的方法,具体如下:

(1)n 不相等的 t 检验:pwr.t2n.test()。
(2)t 检验:pwr.t.test()。
(3)相关系数检验:pwr.r.test()。
(4)单样本比例检验:pwr.p.test()。
(5)广义线性模型:pwr.f2.test()。
(6)卡方检验:pwr.chisq.test()。
(7)方差分析:pwr.anova.test()。
(8)n 不相等的双样本的比例检验:pwr.2p2n.test()。
(9)n 相等的双样本比例检验:pwr.2p.test()。

对于每一个函数,可以指定样本大小、显著性水平、功效和效应量这 4 个值中的 3 个,然后计算第 4 个。不同功效分析函数的参数不一样,下面做一个简单的小结。

1. t 检验

对于 t 检验,使用 pwr.t.test()函数和 pwr.t2n.test()函数进行功效分析,主要参数包括:

(1)n:样本大小。
(2)d:效应量。
(3)sig.level:表示显著性水平(默认为 0.05)。
(4)power:功效水平 type 指检验类型,包括双样本 t 检验(two.sample)、单样本 t 检验(one.sample)或相依样本 t 检验(paired)。默认为双样本 t 检验。alternative 表示统计检验是双边检验(two.sided)还是单边检验(less 或 greater)。默认为双边检验。

d 为效应值,即标准化的均值之差,其数学公式为:

$$d = \frac{\mu_1 - \mu_2}{\sigma}$$

其中:μ_1 为第一组数据的均值;μ_2 为第二组数据的均值;σ 为方差。

2. 方差分析

可以使用 pwr.anova.test() 函数对方差分析进行功效分析,该函数的主要参数包括:
(1) k:组的个数。
(2) n:各组中的样本大小。
(3) f:效应量。
f 效应量的数学公式为:

$$f = \sqrt{\frac{\sum_{i=1}^{k} p_i \times (\mu_i - \mu)^2}{\sigma^2}}$$

其中:$p_i = n_i/N$,n_i 为组 i 的观测数目,N 为总观测数目;μ_i 为组 i 均值;μ 为总体均值;σ^2 为组内误差方差。

3. 相关性

相关性检验可以使用 pwr.r.test() 函数进行功效分析,其主要参数包括:
(1) n:数据量。
(2) r:效应值。
(3) sig.level:显著性水平。
(4) power:功效。
(5) alternative:指定显著性检验是双边检验还是单边检验。
r 就是相关系数,其数学公式为:

$$r = \frac{\sum (x_i - \bar{x})(y_i - \bar{y})}{\sqrt{\sum (x_i - \bar{x})^2 (y_i - \bar{y})_2}}$$

4. 线性模型

线性模型可以使用 pwr.f2.test() 函数进行功效分析,其主要参数包括:
(1) u:F 分布中分子的自由度,对应预测变量个数减去 1。
(2) v:分母自由度,对应样本量减去预测变量个数。
(3) f_2:效应量。
f_2 的数学公式是:

$$f^2 = \frac{R^2}{1 - R^2}$$

其中:R^2 为多重相关性的总体平方值。

5. 比例检验

当要比较两个比例的时候，可以使用 pwr.2p.test() 函数和 pwr.2p2n.test() 函数进行功效分析，主要参数包括：

（1）h：效应量。
（2）n：各组相同的样本量。

其中：效应值的数学公式如下：

$$h = 2\arcsin\left(\sqrt{p_1}\right) - 2\arcsin\left(\sqrt{p_2}\right)$$

6. 卡方检验

可以使用 pwr.chisq.test() 函数对卡方检验进行功效分析，其主要参数包括：

（1）w：效应量。
（2）N：总样本大小。
（3）df：自由度，等于（行数-1）×（列数-1）。

效应值 w 的数学计算公式为：

$$w = \sqrt{\sum_{i=1}^{m} \frac{(p0_i - p1_i)^2}{p0_i}}$$

其中：$p0_i = H_0$ 为第 i 单元格中的概率；$p1_i = H_1$ 为第 i 单元格中的概率。

功效分析中效应量是比较难以指定的，效应量的确定需要一定的相关经验。如果实在不知道如何指定效应量，则可以参考表 7-2。

表 7-2 效应量

统计方法	效应量	小效应	中效应	大效应
t检验	d	0.2	0.5	0.8
方差分析	f	0.1	0.25	0.4
线性模型	f_2	0.02	0.15	0.35
比例检验	h	0.2	0.5	0.8
卡方检验	w	0.1	0.3	0.5

表 7-2 并不是一个绝对标准，而是在不知道如何设置的时候可以参考一下。

我们来看一个例子，在这个例子中对 t 检验进行功效分析，假设效应值 d=0.5，如果效果存在，希望有 80%的功效来识别差异。使用 pwr.t.test() 函数计算足够功效所需的样本量，代码如下所示。

```
library(pwr)
pwr.t.test(d=0.5,power=.8)                          #功效分析
```

```
##
##Two-samplettestpowercalculation
##
##n=63.76561
##d=0.5
##sig.level=0.05
##power=0.8
##alternative=two.sided
##
##NOTE:nisnumberin*each*group
```

从输出结果中可以看出，大约需要的样本量是 64，以便以足够的功效进行检验假设。还可以创建可视化结果，来观察功效是如何跟随效应和样本量进行变化的，代码如下所示。

```
effect_sizes<-c(0.2,0.5,0.8)              #创建了三个效应值
sample_sizes=seq(10,500,10)               #创建一个样本量序列

#将向量进行合并成为数据集
input_df<-crossing(effect_sizes,sample_sizes)
glimpse(input_df)
##Rows:150
##Columns:2
##$effect_sizes<dbl>0.2,0.2,0.2,0.2,0.2,0.2,0.2,0.2,0.2,0.2,0.2,0....
##$sample_sizes<dbl>10,20,30,40,50,60,70,80,90,100,110,120,130,1...
```

创建好数据之后，可以对效应大小和样本大小的每个组合执行功效分析，以创建功效曲线。在这种情况下，假设进行的是双样本的 t 检验，代码如下所示。

```
#创建一个函数来获取功效值
get_power<-function(df){
power_result<-pwr.t.test(n=df$sample_sizes,
d=df$effect_sizes,
type='two.sample')
df$power=power_result$power
return(df)
}#这个函数返回功效值

#调用 get_power()函数
power_curves<-input_df%>%
get_power()%>%
mutate(effect_sizes=as.factor(effect_sizes))#并将结果合并到数据集中
```

下面绘制功效曲线，代码如下所示，结果如图 7-5 所示。

```
#对结果进行数据可视化
ggplot(power_curves,
aes(x=sample_sizes,
y=power,
linetype=effect_sizes))+
geom_line()+                              #根据不同的 effect_size 绘制线图
geom_hline(yintercept=0.8,
linetype='dotdash')+theme_classic()       #添加一条水平线
```

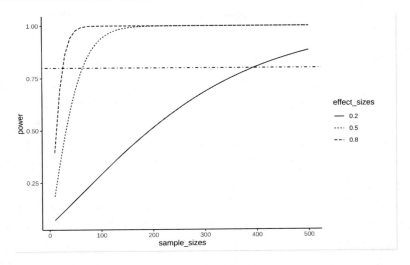

图 7-5 功效曲线

下面进行一个统计模拟，来看看大的功效是否真的有较大概率拒绝原假设。对两个正态分布的数据进行采样，它们之间的均值相差 0.5。进行均值检验，由于二者的均值是不相等的，因此应该拒绝原假设。查看拒绝原假设的频率，是一个非常接近 0.8 的数字。

```
nRuns<-5000
effectSize<-0.5
#进行功效分析
pwr.result<-pwr.t.test(d=effectSize,power=.8)
#对结果进行取整数
sampleSize<-ceiling(pwr.result$n)

#创建一个函数，该函数将生成样本，并使用两样本 t 检验测试组之间的差异

get_t_result<-function(sampleSize,effectSize){
#从 N(0,1)中抽取第一组样本

group1<-rnorm(sampleSize)
group2<-rnorm(sampleSize,mean=effectSize)
ttest.result<-t.test(group1,group2)              #进行 t 检验
return(tibble(pvalue=ttest.result$p.value))
}

index_df<-tibble(id=seq(nRuns))%>%                #创建一个数据集
group_by(id)

power_sim_results<-index_df%>%
summarise(get_t_result(sampleSize,effectSize))

p_reject<-
power_sim_results%>%
ungroup()%>%
summarize(pvalue=mean(pvalue<.05))%>%
```

```
pull()

p_reject
##[1]0.7978
```

从输出结果中可以看出,频率约等于 0.8,也就是说,功效就表示正确拒绝原假设的概率。下面再看一个例子,通过这个例子来了解功效分析的重要性和必要性。

假设一家网上商店正在打算给客户进行邮件营销,在邮件中给客户提供优惠从而吸引客户下单。这家网上商店设计了两种版本的电子邮件,然后希望先进行实验,来确定哪一个电子邮件比较好。为了确定两种邮件哪一种最好,抽取了 400 个客户的电子邮件随机分为两部分,分别发送版本 A 的邮件和版本 B 的邮件。

最后的结果中,这两个版本的样本量都是 200,其中 A 版本中,响应的客户是 23 人,B 版本中响应的客户是 28 人。在这个问题中,要看的是两组的百分比是否不一样,首先需要计算每一组中,响应营销的人的比例。数学计算公式就是 $p=x/n$,其中,p 是比例,x 是响应人数,n 是总人数。因此,从结果中可以了解到,A 组的相应比例是 23/200=0.115,B 组的响应比例是 28/200=0.14。从结果来看,B 组的比例是大于 A 组的。在这个问题中,电子邮件的回复有两种结果,是一个二分类变量(目标变量或者因变量是二元的)。而实验的处理也只有两种(自变量的值只有两种)。对于这种类型的数据,可以使用马赛克(mosaic)图进行可视化,代码如下所示,结果如图 7-6 所示。

```
library(showtext)
showtext.auto()

table1<-data.frame(response=c(sample(c(rep(1,23),rep(0,177)),200,replace=
F),sample(c(rep(1,28),rep(0,177)),200,replace=F)),email_type=c(rep("A",
200),rep("B",200)))
table1<-table(table1$email_type,table1$response)

mosaicplot(table1)                                          #绘制马赛克图
```

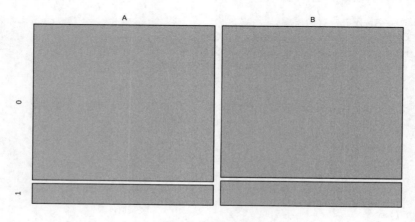

图 7-6 马赛克图

上面的代码使用了 mosaicplot()函数绘制马赛克图，马赛克图可以很容易地来可视化二元变量之间的关系，从马赛克图中可以容易地看到每一个组的大小。从图 7-6 中可以很容易看到，每一组的样本量是相同的（通过观察 A 组和 B 组的宽度），1 表示响应营销，0 表示没有响应营销，从输出结果中可以看到，B 组的 1 更多，但是相差似乎并没有那么大。需要注意的是，马赛克图不仅仅对于二分类变量的可视化有用，对于多分类变量的数据可视化同样是有用的。

接下来进行分析，问题是，结果中的差异是真实的还是由于随机误差造成的，可以构建置信区间并进行假设检验。对于这类比例问题，最常见的是计算沃尔德（wald）置信区间，计算方式如下：

$$p_1 - p_2 \pm z_{a/2}\sqrt{\frac{p_1(1-p_1)}{n_1} + \frac{p_2(1-p_2)}{n_2}}$$

这种方法在很多教科书中都会提到，但是在大多数情形之下，效果并不好。假设有一个产品的广告，这个广告投放在互联网上面，假设广告曝光 100 次，有 1 次点击。这意味着广告展示给 100 个人看了，只有一个人点击了广告（成功），99 个人没有点击（失败），所以点击率是 1/100=0.01。

需要注意的是成功的次数太少了，如果成功的次数再增加一次，那么比例将从 1%变成 2%，增加了一倍。显然，如果成功的次数太少，那么比例将是非常不稳定的，因此这个比例是无法代表稳定、长期的真实点击概率。想要获得稳定的结果，必须依靠更多的样本。Wald 置信区间并不能很好地反映对真实点击率的不确定性，前面已讲解如何求两个比例之间差异的置信区间，其实还可以求单个比例的置信区间以了解比例的范围，单个比例的置信区间的计算方式如下：

$$p \pm z_{a/2}\sqrt{\frac{p(1-p)}{n}}$$

需要注意的是，当 p 很小时，Wald 置信区间会变得非常不可靠。有很多学者提出了替代 Wald 置信区间的方法，例如，Clopper-Pearson、Wilsonscore、Jeffreys 和 Agresti-Coull 等。需要注意的是，具体选择哪种方法并不重要，重要的是尽量不要选择使用 Wald 置信区间。

回到之前的例子，有两个版本的电子邮件，这两个版本的样本量都是 200，其中 A 版本中，响应的客户是 23 人，B 版本中响应的客户是 28 人。通过 prop.test 实现皮尔逊卡方测试，代码如下所示。

```
prop.test(x=c(23,28),n=c(200,200))
##
##2-sampletestforequalityofproportionswithcontinuitycorrection
##
##data:c(23,28)outofc(200,200)
##X-squared=0.35957,df=1,p-value=0.5487
##alternativehypothesis:two.sided
```

```
##95percentconfidenceinterval:
##-0.095325190.04532519
##sampleestimates:
##prop1prop2
##0.1150.140
```

从输出结果中可以看出，95%的置信度的置信区间为[-0.09532519, 0.04532519]，置信区间的范围包含 0，从 p-value 也可以看出，p-value 是 0.5487，大于 0.05，因此不能拒绝原假设。现在的问题是，这两组之间没有差异，还是有差异，只是差异没有被发现。会陷入这样困境的原因是没有进行功效分析。在这里使用 power.prop.test()函数对比例数据进行功效分析，代码如下所示。

```
power.prop.test(n=200,p1=0.115,p2=0.14,sig.level=0.05)
##
##Two-samplecomparisonofproportionspowercalculation
##
##n=200
##p1=0.115
##p2=0.14
##sig.level=0.05
##power=0.1128975
##alternative=two.sided
##
##NOTE:nisnumberin*each*group
```

从输出结果中可以看出，当将样本量设置为 200 的时候，功效只有 0.11，非常低，这意味着比例差异只有 11%的可能性被检测出来。将样本量设置为 1200，代码如下所示。

```
power.prop.test(n=1200,p1=0.115,p2=0.14,sig.level=0.05)
##
##Two-samplecomparisonofproportionspowercalculation
##
##n=1200
##p1=0.115
##p2=0.14
##sig.level=0.05
##power=0.450646
##alternative=two.sided
##
##NOTE:nisnumberin*each*group
```

从输出结果中可以看出，当将样本量增大到 1200，功效依然是低于 0.5 的，功效还是太低了。将样本再次增大一倍，代码如下所示。

```
power.prop.test(n=2400,p1=0.115,p2=0.14,sig.level=0.05)
##
##Two-samplecomparisonofproportionspowercalculation
##
##n=2400
##p1=0.115
##p2=0.14
##sig.level=0.05
##power=0.737941
##alternative=two.sided
```

```
##
##NOTE:nisnumberin*each*group
```

从输出结果来看，功效增大到了 0.737941，这个大小的功效稍微可以接受。也就是说，对于这个问题，需要将样本提高到 2400 以上，才有较大的可能检测出真正的差异。

通过这个例子，可以了解到，如果检验没有拒绝原假设，原因可能是功效太低了。没有检查功效有时候是很危险的，例如想要比较新药和旧药安全性的差异，研究者没有去分析样本量是否足够大，就进行假设检验，结果是两组之间没有统计意义上的差异，因此认为新药和旧药是一样安全的，这样造成的后果可能是非常危险的。要注意，在进行假设检验之前，一定要进行功效分析。

细心的读者会注意到，在上面所有的例子中，实验每一组样本的样本量是相同的。这是因为大多数软件包只计算相同样本量的功率。但是，很多时候希望有不相等的样本大小。例如在电子商务中，如果想测试新的商品详情页面是否能够带来更高的转化率，可能不想做一个对半分的实验，因为新的页面可能对转化率有提升，也有可能降低转化率。需要做一个 5-95 的测试，只有 5%的访问者看到新版本商品详情页面。这样，即使新页面的表现很糟糕，对于店铺的影响也是有限的。这个时候就要使用样本不相等的均值检验和功效分析。

接下来讨论另外一个例子，有一家网上商店，想要确定他们网站的两个登录页面哪个能够带来更多的销售额度。然后这家店的工作人员使用网站测试工具（例如 Google Analysis）随机分配用户，或查看网站版本 A 的登录页面，或查看版本 B 的登录页面，测试工具会记录每一个访问者看到的是哪一个版本以及该访问者的销售额。代码如下所示。

```
library(tidyverse)
landingpage<-read_csv("/Users/milin/R语言统计分析/landingpage.csv")
##Warning:Missingcolumnnamesfilledin:'X1'[1]
##
##──Columnspecification────────────────────────────
##cols(
##X1=col_double(),
##user_id=col_double(),
##timestamp=col_datetime(format=""),
##group=col_character(),
##landing_page=col_character(),
##converted=col_double(),
##sale=col_double()
##)
landingpage<-landingpage%>%select(-1)

landingpage
###Atibble:12,568x6
##user_idtimestampgrouplanding_pageconvertedsale
##<dbl><dttm><chr><chr><dbl><dbl>
##18742252017-01-1205:57:03controlold_page00
##27210662017-01-1711:06:46treatmentnew_page00
##36958072017-01-1010:38:52controlold_page00
```

```
##4760992 2017-01-07 08:30:50 control old_page 0 0
##5830727 2017-01-22 06:21:46 treatment new_page 1 73.9
##6916549 2017-01-15 16:16:50 control old_page 0 0
##7846695 2017-01-22 04:42:47 control old_page 0 0
##8693447 2017-01-13 17:49:09 control old_page 0 0
##9935390 2017-01-21 13:37:25 treatment new_page 0 0
##10850211 2017-01-21 17:45:24 control old_page 0 0
###...with 12,558 more rows
```

在这个数据集中，第一列表示的是用户的 id，第二列表示的是时间戳，第三列表示的是实验的分组，第四列表示的是不同的页面，第五列表示的是用户是否转化了，第六列表示的是用户的消费情况。整个数据集包含 12568 行，其中每一行代表一个站点访问，并显示访问者看到的版本和购买的金额。在数据科学中或者统计分析中，不管有任何问题，拿到数据的第一步是了解数据，了解数据最直观的方法是对数据进行可视化，绘制不同分组关于销售额的箱线图，代码如下所示，结果如图 7-7 所示。

```
p<-landingpage%>%ggplot(aes(x=group,y=sale))+geom_boxplot()+theme_bw()
p
```

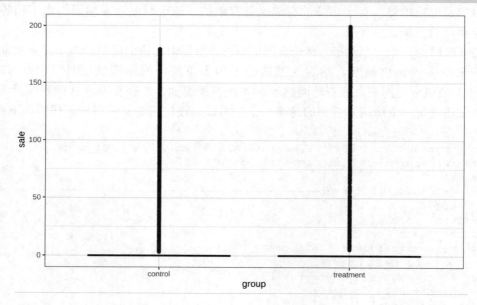

图 7-7　箱线图

从输出结果中可以看出，这个箱线图的箱体很窄，造成这个问题的原因是大多数用户并没有购买，只有小部分的用户有购买行为。去除销售为 0 的结果，然后重新绘制图形，代码如下所示，结果如图 7-8 所示。

```
p<-landingpage%>%filter(sale!=0)%>%ggplot(aes(x=group,y=sale))+geom_boxplot()+theme_bw()
p
```

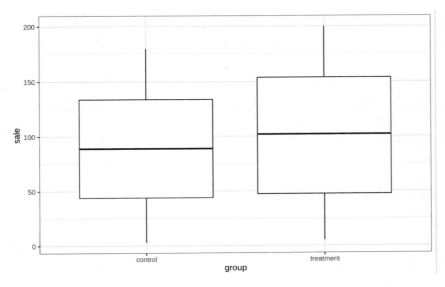

图 7-8 箱线图

从箱线图中可以看到，似乎实验组（Treatment）的结果更好一些。在对数据的结果有了初步的了解之后，下面来分析数据的一些统计指标，下面分别计算所有用户和购买的销售额的平均值和标准差。

首先计算的是所有销售额的平均值及标准差，代码如下所示。

```
landingpage%>%group_by(group)%>%summarise(样本量=n(),标准差=sd(sale),平均值=mean(sale))
###Atibble:2x4
##group              样本量      标准差      平均值
##<chr>              <int>      <dbl>      <dbl>
##1contro            16330      34.0       10.9
##2treatment         6238       38.3       11.9
```

从输出结果中可以看出，对照组（Control）的平均值是 10.9，标准差是 34.0；实验组（Treatment）的平均值是 11.9，标准差是 38.3。从这个结果来看，这两组的差异似乎并不大。然后再计算，除去那些没有购买的用户，不同组的平均值与标准差是多少，代码如下所示。

```
landingpage%>%filter(sale!=0)%>%group_by(group)%>%summarise(样本量=n(),标准差=sd(sale),平均值=mean(sale))
###Atibble:2x4
##group              样本量      标准差      平均值
##<chr>              <int>      <dbl>      <dbl>
##1control           773        50.5       88.9
##2treatment         736        58.4       101.0
```

从输出结果中可以看出，如果除去那些没有产生购买行为的人，对照组（Control）的平均值是 88.9，标准差是 50.5；实验组（Treatment）的平均值是 101，标准差是 58.4。当除去了那些没有购买行为的客户，这个时候两组数据结果的差异变得比较大了。因此，在分析之前，必须决定以哪个响应变量为目标，是删除没有购买行为用户的收入还是全部用户的收入数据。

要确定哪一个方案，这取决于具体的目标，具体目标是为了让更多的人购买还是让那些购买的人购买得更多。大多数情况下，需要仔细分析这两个目标（更多的人购买还是人们消费更多）之间的关系。是不是购买的人更多，对应人们的消费也越多？关于这个问题，这个实验无法给出这个因果关系的答案。

在这里，关注的是所有用户的平均销售额，下面对数据进行 t 检验，代码如下所示。

```
t.test(landingpage$sale[landingpage$group=="treatment"],landingpage$sale[landingpage$group=="control"])
##
##WelchTwoSamplet-test
##
##data:landingpage$sale[landingpage$group=="treatment"]andlandingpage$sale[landingpage$group=="control"]
##t=1.6815,df=12350,p-value=0.09269
##alternativehypothesis:truedifferenceinmeansisnotequalto0
##95percentconfidenceinterval:
##-0.18019322.3547471
##sampleestimates:
##meanofxmeanofy
##11.9394910.85221
```

从假设检验的输出结果中可以看出，p-value 为 0.09269，不能拒绝原假设，两个版本之间的差异并不显著，也就是说这两个登录页面对销售额的影响差异不大，可以任意选择一个。之后，为了提高销售，团队成员可能需要去寻找其他的潜在的网站改进方案，或者进行头脑风暴产生新的想法。

但是这里还是犯了一个错误，不能拒绝原假设，不知道是真的没有差异还是有差异，但是没有被检测出来。因此必须在进行检验之前进行功效分析。需要注意的是，很多实验的分析人员不会直接分析原始数据，而是依靠一些工具，例如，用 Google Analysis 来确定哪些测试结果是重要的，虽然这样做可以使得实验变得更有效率，但是这些工具不会自动进行功效分析。功效分析是非常重要的，在任何的实验中，都不应该忽略这个步骤。

7.2.2　广告点击率

在上网的过程中，大家肯定都在各种地方看到过广告，例如在浏览网页的时候，其实大多数网站都会有广告栏，就很容易看到广告。当用户访问显示广告的页面时，就会产生曝光（Impression），当用户点击广告进入所对应的网站的时候，就会产生点击行为（Click）。很多时候，广告商想知道，不同广告，在不同网站不同时间的点击率是多少。通常而言，广告的点击率都会比较低，有时候点击率可能远低于 1%，当需要处理的比例非常小的时候，一般的检验手段就不是很适用了（例如 Wald 置信区间），需要使用一些特殊的方法，例如 Beta 二项模型。Beta 二项模型在很多分析工具中都可以使用，如 Google Analysis。之前所讨论的方法都是建立在数据服从正态分布的情况下，这个时候，95%的置信区间意味着区间有 95%的可能性包含真实的参数。当然，大多数情况下数据不是服从正态分布的，但是，当样本容量比较大的时候，由于大数定理和中心极限定理的存在，数据可以认为是接近于正态分布的。当样本量比较小的时候，常规方法就不合适了。

当数据是二分类变量的，Beta 二项模型提供了另外一种去衡量比例的范围方法，这种方法的基本思想就是可以使用 Beta 分布来表示对真实比例的信念（在第 6 章贝叶斯也介绍过使用 Beta 分布当作先验分布）。Beta 的分布是定义在[0,1]区间内的，并且分布的形状非常灵活，Beta 分布能够比较好地代表对于真实比例的信念。Beta 分布有两个参数，a 和 b，Beta 分布的数学公式如下所示：

$$\text{Prob}(\pi) = \frac{\pi^{a-1}(1-\pi)^{b-1}}{B(a,b)}, \ 0 < \pi < 1$$

并且：

$$B(a,b) = \frac{\Gamma(a)\Gamma(b)}{\Gamma(a+b)} \ \text{and} \ \Gamma(z) = \int_0^\infty x^{z-1} e^{-x} dx,$$

当 Beta 分布有不同的参数的时候，分布的外貌有非常大的不同，如图 7-9 所示。

一旦有了这种反映对比例（点击率）信念的分布，可以做很多有用的事情。例如，真实的比例是由参数 a=2，b=2 的 Beta 分布所代表。然后计算点击率小于某个数字的概率，例如，2.5%分位数就是 0.09429932，计算代码如下所示。

```
qbeta(0.025,2,2)
##[1]0.09429932
```

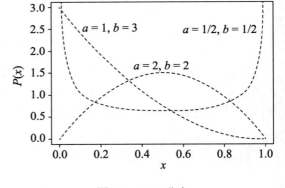

图 7-9 Beta 分布

这可以意味着比例低于 0.09429932 的概率是 0.025，类似的，分布的 97.5%分位数是 0.9057007，代码如下所示。

```
qbeta(0.975,2,2)
##[1]0.9057007
```

这意味着，比例小于 0.9057 的概率是 97.5%。因此，真实比例的可信区间是[0.09429932, 0.9057007]。

回到广告点击率的问题，假设有 200 次曝光，只有 3 次点击。那么对真实成功率的信念的一个合理的表示如下（数学模式）：

a=成功的数量+1=3+1=4

b=失败的数量+1=197+1=198

a=4，*b*=198 的 Beta 分布如图 7-10 所示，代码如下所示。

```
x<-seq(0,1,0.002)
y<-dbeta(x,4,198)

da<-data.frame(x,y)

p<-ggplot(da,aes(x=x,y=y))+geom_line()+theme_bw()
p
```

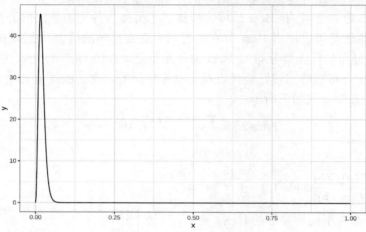

图 7-10　Beta 分布

从图 7-10 中可以看到，分布的峰值非常靠左，这意味着从这个分布中不太可能产生太大的概率，这一点与真实数据非常吻合（真实的点击率就是很低的，不太可能很高）。下面可以调整坐标轴，让图形变得更加美观一些，代码如下所示，结果如图 7-11 所示。

```
p<-p+xlim(c(0,0.15))
p
##Warning:Removed425row(s)containingmissingvalues(geom_path).
```

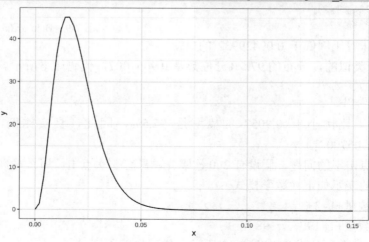

图 7-11　Beta 分布

在上面的代码中，通过 xlim()函数调整 x 轴为[0,0.15]，从图 7-11 中可以观察到，分布的大致范围在 0 到 0.05。这个分布可以很好地代表对于点击率的信念。当知道了这个分布之后，可以计算比例（点击率）的 2.5%分位数和 97.5%分位数。计算结果如下所示。

```
qbeta(0.025,4,198)
##[1]0.005448193
qbeta(0.975,4,198)
##[1]0.04299641
```

从输出结果中可以看出，比例（点击率）置信区间（Credibleinterval）是[0.005448193, 0.04299641]。如果样本量比较大，那么 Beta 二项模型的结果和其他方法的结果是类似的。假设有 37551 次曝光和 66 次点击，则点击率如下所示。

```
66/37551
##[1]0.00175761
```

Beta 二项模型的置信区间如下所示。

```
qbeta(0.025,67,37552)
##[1]0.001380557
qbeta(0.975,67,37552)
##[1]0.002231595
```

从输出结果中可以看出，Beta 二项模型的可信区间是[0.001380557,0.002231595]，下面进行比例检验，代码如下所示。

```
prop.test(x=66,n=37552)
##
##1-sampleproportionstestwithcontinuitycorrection
##
##data:66outof37552,nullprobability0.5
##X-squared=37286,df=1,p-value<2.2e-16
##alternativehypothesis:truepisnotequalto0.5
##95percentconfidenceinterval:
##0.0013701250.002250108
##sampleestimates:
##p
##0.001757563
```

从输出结果中可以看出，95%的置信区间是[0.001370125,0.002250108]，在样本量比较大的时候，这两种方法的结果是非常相似的。但是 Beta 二项模型除了可以对小样本有比较精确的结果，还允许对随着时间推移而产生的数据进行重复的分析。需要注意的是，在使用 Beta 二项模型的时候，对于成功的数量和失败的数量都加了 1，其实这是一个技巧，对于大样本，加上 1 之后结果不会有任何改变，而对于小样本，这样平衡了正样本太少而带来的误差。

到这里，已经计算了小概率的置信区间，但是在 A/B 测试当中，需要比较不同的广告的点击率的差异。回到之前的电子邮件营销的问题，有两个版本的邮件：A 版本和 B 版本，想要知道哪一个版本的邮件有更好的效果。在得到的结果中，版本 A 的邮件，200 个人中有 23 个人响应邮件的营销，版本 B 的邮件，200 个人有 28 个响应邮件的营销。可以计算每一个版本的 Beta 分布,但是最终目标是分析哪一种邮件的效果更好。

实现这个目标的思路是,首先生成这两个版本的 Beta 分布,然后分别从 A 版本的 Beta 分布和 B 版本的 Beta 分布中产生随机变量,然后比较这两个随机变量的大小。将这个过程重复上万次,然后分别计算 A 版本点击量大于 B 版本点击量的次数和 B 版本点击量大于 A 版本点击量的次数,然后除以重复次数。实现的代码如下所示。

```
table(ifelse((rbeta(n=100000,shape1=24,shape2=201)-rbeta(n=100000,
shape1=29,shape2=201))>0,1,0))/100000
##
##0       1
##0.74036 0.25964
```

从输出结果中可以看出,0 表示的是从版本 B 的 Beta 分布产生的随机数大于从版本 A 的 Beta 分布产生的随机数的频率,1 则是反之。虽然大概率是版本 B 的效果更好,但是结果也意味着有 26% 的可能性,A 版本的广告比 B 版本的广告好。因此,对于这个问题,还需要发送更多的邮件,以获得更大的功效,来确保能够真正地发现版本 A 和版本 B 的差异。

7.2.3 如何展示实验结果

当针对一个问题进行实验,并有了一些见解,希望让实验结果得到商业应用时,应该将实验结果有效地传达给决策者,如果决策者不清楚实验结果,则无法做出合理的决策。

以下是一些关于实验结果分享的建议:

(1) 了解你的听众:你的听众会关注实验中的哪一点?他们是谁,每一个人都有不同层次的领域知识,对数据的熟悉程度不同,对统计数据的理解以及对技术细节的耐心都有所差异。你的陈述应该根据听众的技能和兴趣的不同进行调整。

(2) 先总结:你应该提供一个简短的总结,描述实验是如何进行的、有什么样的结果,这样你的听众就能初步地了解实验的整体情况了。

(3) 介绍背景信息:背景信息有利于大家了解实验背后的业务现状以及为什么实验是重要的。

(4) 分析结果:虽然你不需要将每一个分析细节都展现到决策者前面,但需要留下足够的线索让另一个分析师能重复你的发现。也就是说,在提供相关细节的同时,简明扼要地总结分析结果。

(5) 使用图表:数据可视化通常在传达结果方面非常有效,一图胜过千言。

(6) 以建议开头:分析的目的是为决策服务,因此最好能根据分析结果给出一些具体的建议。

(7) 专业术语:对于专业术语尽可能地进行解释。

另外,在沟通表述过程中,也可以参考金字塔原理,笔者总结金字塔原理为:中心思想明确、结论先行、以上统下、归类分组、逻辑递进。先重要后次要,先整体后局部,先结论后原因，先结果后过程。

需要注意的是，良好的结果分享非常重要，人们越是能够了解并且认可得出的结果，产生的想法就越能够得到实施。

7.3 用大样本设计 A/B 测试

在上文中，知道了如何分析 A/B 测试，但是真正困难的是设置 A/B 测试实验，在设置实验的过程中，存在很多的陷阱。在设置实验的时候必须非常的小心，注意细节。本节中将讲解在设置实验的时候需要注意的各种问题。

7.3.1 平均处理效应

不同学科在表述同一个问题的时候，可能会使用完全不同的专业术语。例如在经济领域中的实验，是用 T（Treatment）表示实验组，使用 C（Control）表示对照组，XT 表示通过实验组计算出来的平均值，XC 表示通过对照组的数据计算出来的平均值，UT 表示实验组的真实平均值，UC 表示对照组真实的平均值。XT-XC 是关于 UT-UC 的估计，被称为平均处理效应（Average Treatment Effect，ATE），有很多的领域例如卫生保健、医学等，会使用该术语，当看到该术语的时候，要知道，其指的就是对照组和实验组的平均值的差异。通常而言，希望可以得到一个实验的 ATE 的无偏估计，而这样做需要三个假设：

（1）随机分配（Random Assignment）：所有个体都有相同的概率被分配到任何一组，就是完全随机分配的。如果无法做到，那么结果就可能存在偏差。

（2）排他性（Excludability）：实验组（Treatment Group）的结果只取决于该个体是否接受了措施，与其他因素无关。以 A/B 测试为例，想要确定折扣对购买特定商品的影响，如果接受了折扣的人也收到了提醒他们有折扣的电子邮件，那么实验组和对照组之间的差异就不能归结为折扣，也有可能是电子邮件。在实验设计过程中，实验组和对照组之间的差异只能有一个。

（3）不干扰：这意味着措施只影响实验组的个体，而不影响其他个体。

在设计实验的时候，首先要注意的就是以上三点。接下来了解实验的有效性，实验的有效性是指实验结果的有效程度。有效程度的评估有两个方面的含义。首先，实验是正确设置的，并且能够正确地分析实验的结果；其次，实验的结果能够推广到现实世界。前者称为内部效度（Internal Validity），后者称为外部效度（External Validity）。

（1）内部效度：能否将因变量的变化归因于处理的变化（我们有因果关系吗）？实验室实验非常有利于内部有效性，因为它更容易控制环境。

（2）外部效度：能将实验结果推广到其他人或环境中吗?实验室实验不太有利于外部有效性，因为实验室通常一点也不像现实世界，需要结果。

7.3.2 内部效度和外部效度

实验的有效性是指实验结果有用的程度。首先，为了使实验有用，必须正确地进行。第二，如果研究是正确进行的，研究的结果必须适用于现实世界。内部效度关注前者，外部效度关注后者。

对于内部效度，能否将因变量的变化归因于处理的变化（它们有因果关系吗）？实验室的实验非常有利于内部有效性，因为它更容易人为地控制实验环境。

对于外部效度，能否将实验结果推广给其他人或其他环境？实验室的实验不利于外部有效性，因为实验室不同于现实世界，涉及因果推送。

在 A/B 测试中，需要尽可能地避免那些会影响内部效度和外部效度的事件。以下因素都有可能对营销实验的内部效度产生影响。

（1）实验过程中发生的任何事件都可能对实验结果产生不利影响。例如：当同一天在两个不同的商店进行产品促销时，如果一个商店的所在地下雨了而另一个商店没有下雨，那么下雨的这家商店的顾客数量会受到影响，从而影响结果。

（2）受试者在实验过程中会发生变化。当分析一个刺激对记忆的影响时，记忆的改善可能是由于实验过程中的练习，而不是刺激。

（3）受试者的反应除了受到处理外，还可能受到测试程序的影响。一种新的数学教学方法每周通过一次考试进行评估。有可能学生的进步只是因为他在考试中得到了更好的练习，因为参加考试。在这种情况下，研究人员不能确定是新的教学方法提高了学生成绩，还是因为重复考试而提高了成绩。

（4）如果在测量时使用的测量设备不同，或者使用测试设备的人员没有受过专业的培训，那么测量结果可能会受到影响。

（5）随机性，如果实验单位不是从实验对象总体中随机选择的，那么就会发生偏差。特别是，实验单位的选择也会影响结果。如果选择是真正随机的，使用随机数生成器完成的，那么无须担心这个问题。

（6）一些实验单位可能退出实验。一家连锁店正在为其门店经理测试一种新的激励方案。实验组 18 名管理人员，对照组 18 名管理人员。在为期 6 个月的实验研究期间，有 4 名经理离开实验组，5 名经理离开对照组。此时的问题不是样本数量减少了，也不是样本数量不平衡了，而是经理们并不是随机退出的。如果是能力较弱的经理退出了研究，那么样本就失去了意义，实验结果也不能推广到总体。对每位退出者进行一次离职面谈可能会避免这种情况的发生。

（7）有时控制组可以获得处理。那么处理对两组都有影响，处理的效果无法准确估计。例如，一家快餐连锁店想要测试一个帮助收银员更快地处理顾客的培训项目。假设控制组中的一些收银员学习了这些方法并复制了这些方法，这样他们就能更有效地完成工作。实验结果很可能表明没有影响，但实际上有很大的影响。

（8）如果处理分配不是真正随机的，那么可能会发生意外或未知的混淆情况。如果使用随机数生成器，就很难犯这种错误。其他看似随机的机制实际上可以引起严重的偏差。例如，对一组人，根据他们姓氏的首字母在英文字母表中处于前半部分还是后半部分，将他们分配到控制组或处理组。由于姓氏的排序差异，这两个群体的组成看起来不像总体（Population）。

外部效度的概念主要集中在以下问题上：这个实验的结果适用于谁？例如，一个大型连锁便利店有充分的理由相信其门店的改造（标准化）将增加销售和利润。一项由控制和处理商店组成的实验表明，重新设计的销售额和利润比重新设计的成本要高得多。是否应该将重新设计的产品推广到该连锁店的所有门店？这是外部有效性的问题。它在样本中起作用，它会在人群中起作用吗？一家国际公司在一个国家发起了一场新的广告宣传活动，取得了巨大成功。它在其他国家会奏效吗？这也是一个外部有效性的问题。这项研究的结果是否适用于其他时间、地点和人群？很多因素会影响实验的外部效度，例如：

（1）总体：单位的随机选择可以确保总体的泛化。有时无法从目标人群中取样，或选择了不能代表目标人群的样本，因此小样本很有可能无法反映目标总体。

（2）霍桑效应（Hawthorne Effect）：当人们意识到他们开始被研究时，他们经常改变自己的行为，这样他们在实验中的反应就不能被推广到现实世界中。这种效应是以芝加哥郊外的西部电力厂"霍桑工厂"命名的。研究人员对工人进行了一项研究，以确定他们的工作效率是否会受到较高或较低的照明水平的影响。生产率在实验期间有所提高，但实验结束后，生产率下降到之前的水平。后来通过对数据的重新分析得出结论，工人们对处理没有反应，而是对实验本身有反应。特别是，在实验过程中，工人们对额外的关注做出了反应。

（3）时间：这些结果是否适用于其他时间，而不仅仅是实验进行期间的时间/季节？在夏季进行的关于冰激凌消费的实验可能适用于冬季。与生态威胁相关的是一种特殊情况，称为情境效应。当测试环境的某些特性产生了效果，但该特性在目标环境中不存在时，当测试推出时，预期的效果不会出现。例如，在实验室环境中向测试对象展示广告可能表明广告 a 比广告 b 好得多。然而，当广告 a 作为网络广告在不同的网站上推出时，它就不起作用了。原因可能是在实验室工作的人比在网上冲浪的人更关注广告。

实验的目的不是实验本身，而是将实验的结果应用到现实世界的某个场景，因此，关注实验的外部效度也是非常重要的。

针对不同的领域、不同的业务，每一个实验都可能是不一样的，没有办法事先对所有的问题提出警告。出现问题很正常，重要的是以设计的心态来进行实验，你需要问问自己，什么地方可能会出错。但是，通常而言，要注意以下几个方面。

1. 直接定义措施（Defining Treatments）

如果能够恰当且直接地表述商业问题，那么对于实验的设计将会大有帮助。恰当的表示不是指提出一个一般的问题，如怎样增加销售额、怎样提高网站的点击率等，而是提出更加具体的因果问题，如购买页面增加一个倒计时图标是否能够促进客户购买？对于这种是或否的因果问题，可以用 A/B 测试来分析。这些问题不会自然出现，需要不断地提出问题，不断地思考，然后找到它们之间的因果关系。

2．选择实验的设置

通常而言，有两个原型实验设置：实验室和真实环境。在实验室中，能够对大多数因素进行控制，这意味着内部效度会更好，但是不利于外部效度，因为实验室的环境和真实环境可能不一样的。例如，考虑向网站浏览者展示广告。在实验室里，受试者可能会更专注，记忆力可能会更高。在现实，受试者甚至可能看不到广告，更不用说能够回忆起它。

3．选择合适的衡量指标

在进行实验的时候，可能有一系列的关键指标可供选择，需要选择一个适当的指标，这个指标需要与我们的实验目的密切相关，并且尽可能易于测量。

4．选择分析的个体

实验的个体有时候是个人，有时候也可以是一个商店甚至是一个城市，这取决于实验的目的。例如一位校园推广人员想知道哪种风格的海报会在即将到来的活动中引起更多人的兴趣。四种不同类型的海报被制作并放置在校园的不同地点。每张海报都有一个链接到不同网站的二维码，所以分析团队知道哪张海报被扫描了多少次。对于这个问题，实验所分析的个体是海报，而不是扫码海报的个人。

5．随机抽样

统计分析的一个基本原则是从目标人群中抽取样本。如果样本不是随机的，那么概率法则就不能用来从样本推断到总体。因此，了解目标人群至关重要。如果不知道目标人群，就不知道去哪里取样。样本必须从总体中随机抽取。如果有一个客户列表，那么生成一个随机样本就很容易，只需给每个客户分配一个数字，然后使用随机数生成器生成样本。在另一个极端，考虑一个网络实验。如果目标是网站的实际访问量（而不是访问者），那么抽样时间要足够长。应该记住，与轻度用户相比，大部分网站或应用的重度用户更有可能被放入样本中。由于大多数在线测试都包含样本中固定时间段内的所有访问者，因此这一组自然会包含更多的频繁用户和更少的不频繁用户。为了克服这个问题，应该考虑将要进行的措施（例如给客户看不同的网页）分配给用户（而不是访问）的测试设计，在访问期间跟踪用户，并限制每个用户接触措施的次数。从目标人群中随机抽样是最好的，是为了获得较强的外部效度，并谨慎选择目标人群。

实验中有两种必要的随机化形式。第一个，刚刚讨论过，是从目标总体中选择样本。第二个是对实验个体进行处理。随机化确保一些外部影响（不可控的因素）在实验组和对照组之间是随机分布，特定的外部影响不会在实验组或对照组大多数个体中出现。关于这一点需要注意：如果样本量很小，那么就可能存在实验组和对照组之间的外部影响不平衡。

当样本量足够大时,随机化才能够平衡实验组和对照组之间的差异,从而实现较强的内部效度。

6. 确保有足够的数据

花时间和费用去做一个功效不足的实验是徒劳无益的。因此在实验开始之前必须计算好所需要的样本量,以确保有足够的功效。

在实验过程中,可能存在很多的陷阱,必须非常小心,注意细节。在统计学领域有一个著名的故事——《女士品茶》。20 世纪 20 年代末,在英国剑桥的一场下午茶聚会上,一位妇女声称茶的味道取决于是先往茶里加牛奶还是先倒牛奶再加茶。罗纳德·费希尔是一位著名的统计学家,当时他也参加了那个茶会。他让小组成员讨论如何验证这个假设。如果只给那位女士一杯茶,让他判断茶和牛奶的顺序,那么她就有 50%的机会答对。如果给她 10 杯茶,那么有一杯判断错误似乎也不能说明她没有判断能力,毕竟人都会犯错。

如果只判断错一次,并不能说明她没有识别茶的能力,那么可以接受的错误次数是多少呢?这个问题在罗纳德·费希尔的著作 *The Design of Experiments* 中有详细的描述。事实上,他考虑了很多关于这个实验的问题:

(1)应该用多少个杯子(确保统计有效性)?
(2)一旦确定了杯数,每种类型的杯数是多少?每种类型的数量相等吗?
(3)在味蕾失效之前,她能试多少杯?
(4)杯子应该成对吗?(一次两杯,一杯是牛奶加茶,另一杯是茶加牛奶)
(5)如何处理茶叶和温度的变化关系?
(6)女士应该被告知多少关于展示的顺序?如果是成对的,应该告诉她是成对的吗?
(7)茶的种类应该按什么顺序摆放?
(8)应该喝哪种茶呢?每杯茶都要用同一种茶吗?也许应该测试不同的茶。

以上每个问题都有可能影响实验的结果。

7.4 A/B 测试高级工具

前面介绍了双边假设检验和区间估计,本节将讲解单边假设检验和区间估计,以及一些更加高级的 A/B 测试方法。

7.4.1 单边假设检验

通常而言,选择单边假设检验还是双边假设检验取决于实验目的。下面来看一个例子。

假设有一家公司开发出了一种药品添加剂，这种添加剂能够延长药品的保质期。公司针对添加剂是否能延长药品的保质期进行检验，如果添加剂延长了药品的保质期，则说明研发是成功的；如果添加剂没有效果或缩短了药品的保质期，则需要调整配方或者重新研发。而客户购买这种添加剂只关心它是否有效果，只有有效果才会购买。如果没有效果或者效果是反作用的，那么客户就不会购买了。如果只关心药品添加剂能否延长保质期，那么可以用单边假设检测。

单边假设检验和双边假设检验的区别在于，双边假设检验比较是否相等，单边假设检难则比较大小。单边假设检验的实现非常简单，例如对于 t 检验的 t.test() 函数而言，设置 alternative 参数=greater 或者 less，即可实现单边假设检验。

```
t.test(df1$video,df1$audio,alternative="greater")
```

单边假设检验的功效分析，可以通过设置参数 alternative="one.sided" 来完成。

```
power.t.test(n=100,delta=4,sd=27.5,sig.level=0.05,
type="two.sample",alternative="one.sided")
```

7.4.2 配对检验

假设有一家公司开发了与打字相关的课程，公司认为这个课程将提高打字速度。为了证明该程序的有效性，20 名工作中经常打字的员工参加了这项培训计划，帮助他们打字更快。为了确定程序是否真的有效，员工们首先要进行一个标准的打字测试来衡量他们的打字速度，然后他们会参加培训课程，接着是另一个打字速度测试。在这一类 A/B 测试中，比较的是个体在经过某种措施前后的差异。首先计算数据集的统计信息，下面对数据进行可视化，代码如下所示，结果如图 7-12 所示。

```
library(showtext)
showtext.auto()

typeing<-read.csv("打字速度.csv")

p<-ggplot(data=typeing,aes(x=之前,y=1))+geom_violin()+theme_bw()+coord_flip()
p<-p+labs(title="打字培训之前")+xlim(40,80)

p1<-ggplot(data=typeing,aes(x=之后,y=1))+geom_violin()+theme_bw()+coord_flip()
p1<-p1+labs(title="打字培训之后")+xlim(40,80)

library(gridExtra)
##
##Attachingpackage:'gridExtra'
##Thefollowingobjectismaskedfrom'package:dplyr':
##
##combine
grid.arrange(p,p1,nrow=1)
```

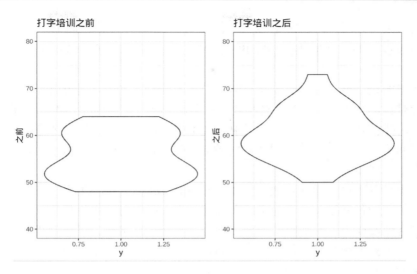

图 7-12　小提琴图

通过上面的代码绘制出了员工在打字培训之前和打字培训之后每分钟的打字速度的小提琴图，从图 7-12 中可以看出，培训之后，员工的打字速度提高了很多。下一步需要通过假设检验来判断数据之间的差异是真的存在还是因为一些随机的干扰造成图 7-12 所示的结果。在这里需要注意，之前所做的双样本的假设检验，有一个重要的假设就是，样本中的每一个观测都独立于其他的观测，也就是数据之间是没有相互影响的。在打字训练这个问题上，数据显然不是独立的，每个人打字训练之前的结果和打字训练之后的结果是有相关性的，这也很容易理解，在培训之前就打字很快的人（高于平均水平），培训之后，打字速度也会很快。用更加专业一点的说法，前后变量之间存在相关性。

针对这种情况，统计学家开发了配对方法（Matched Pair），也称作成对样本的均值检验，这种方法本质上是将响应变量重新定义为前后之差（针对这个问题就是员工培训前后打字速度之差），记为 d=训练之后的速度-训练之前的速度，然后对 d 进行 0 均值的假设检验或者区间估计。一旦计算出了 d，就不再关注前后两组中具体的值了。在 R 中，使用 t.test() 函数实现，只需要设置参数 paired=TRUE，即可实现成对样本的均值检验，代码如下所示。

```
t.test(typeing$之前,typeing$之后,paired=TRUE)
##
##Pairedt-test
##
##data:typeing$之前 andtypeing$之后
##t=-2.843,df=19,p-value=0.0104
##alternativehypothesis:truedifferenceinmeansisnotequalto0
##95percentconfidenceinterval:
##-7.986494-1.213506
##sampleestimates:
##meanofthedifferences
##-4.6
```

从输出结果可以看到，p-value 为 0.0104，小于 0.05，拒绝原假设，从 95%置信度的置信区间也可以判断，区间为[-7.986494,-1.213506]，不包含 0，这意味着这两组是有差异的。

需要注意的是，类似这样的实验有两个潜在的问题。首先，因为员工在培训前和培训后都要进行测试，所以他们可能会猜测测试的目的，而不是盲目的。如果他们不喜欢训练，并提前考虑，可能会故意在第二次测试中表现不佳来破坏实验，第二个潜在问题可能是测试进行的时间而不是训练造成了观察到的效果。例如，在"前"测试期间，房间可能太热了，所以员工表现得很差。

当然，也可以不这样设计实验，可以随机选择 20 个人为对照组，20 个人为实验组。不对对照组的人做任何措施，实验组的人接受培训。同时对两组进行测试，从而消除时间的影响。在这种设计中，不是控制了打字能力，而是对打字能力进行随机化，同时避免了时间或者其他因素的影响。这样做是可行的，唯一的缺点是收集的数据噪声会更大，需要更多的受试者才能进行有效的检验。

下面进行功效分析，来判断这两种方法中，80%功效的情况下，都需要多少样本，代码如下所示。

```
typeing%>%summarise(mean(之前),mean(之后),sd(之前),sd(之后))
##mean(之前)mean(之后)sd(之前)sd(之后)
##155.5560.155.236265.508606
```

都知道每个样本的标准差大约是 6，所以不用计算合并标准差，而是用数字 11。假设要检测 5 的差值。对于未配对的检验，运行如下代码。

```
power.t.test(delta=5,sd=5,sig.level=0.05,power=0.8)
##
##Two-samplettestpowercalculation
##
##n=16.71477
##delta=5
##sd=5
##sig.level=0.05
##power=0.8
##alternative=two.sided
##
##NOTE:nisnumberin*each*group
```

对于配对的检验，运行如下代码。

```
power.t.test(delta=5,sd=6,power=0.8,sig.level=0.05,
type="paired")
##
##Pairedttestpowercalculation
##
##n=13.34957
##delta=5
##sd=6
##sig.level=0.05
##power=0.8
##alternative=two.sided
```

```
##
##NOTE:nisnumberof*pairs*,sdisstd.dev.of*differences*withinpairs
```

从结果中可以看出，如果是配对的检验，所需要的样本量会更少。

7.4.3　A/B/N 试验

在之前介绍的实验都只有两组：实验组和对照组。如果实验有更多的组编，例如想要同时测试多个版本的商品详情页对于商品销售额的影响，这个时候就需要使用方差分析了。通常而言，方差分析的原价设施，n 组样本的均值是相等的，方差分析中，如果 p-value 小于 0.05，那么可以拒绝原假设，认为多组之间的均值是不相等的，但是不知道哪一组更大或者哪一组更小。关于这一点，是需要注意的。在这里使用 iris 数据集，iris 数据集表示的是以厘米为单位的 3 种花的各 50 朵的萼片长度和宽度，以及花瓣长度和宽度。下面查看一下数据集，代码如下所示。

```
iris%>%head()
##Sepal.LengthSepal.WidthPetal.LengthPetal.WidthSpecies
##15.13.51.40.2setosa
##24.93.01.40.2setosa
##34.73.21.30.2setosa
##44.63.11.50.2setosa
##55.03.61.40.2setosa
##65.43.91.70.4setosa
```

想要检验这 3 种花的花瓣长度是不是一样的，则可以使用方差分析，代码如下所示。

```
summary(aov(Petal.Length~Species,data=iris))
##DfSumSqMeanSqFvaluePr(>F)
##Species2437.1218.551180<2e-16***
##Residuals14727.20.19
##---
##Signif.codes:0'***'0.001'**'0.01'*'0.05'.'0.1''1
```

从输出结果中可以看出，F 值是 1180，p-value 非常小，说明拒绝原假设，认为这三种花的花瓣长度是不一样的。但是这个结果不能说明哪一种花更长或者更短。需要注意的是，方差分析有三个主要假设，按照它们应该被验证的顺序提出。验证这些假设的行为称为模型检查。

（1）误差的独立性。可以通过检查残差图进行判断，绘制残差与时间、水平、拟合值或任何其他相关变量的关系图。然而，方差分析是稳健的偏离独立，所以这三个假设不是最重要的。

（2）常数方差，也称为同方差。可以为每组样本绘制一个残差的箱线图进行图形化分析，看看箱线图是否大致相同。从图表中获得的任何见解都应该通过正式的统计测试来验证。还有许多同方差误差的测试，将在稍后讨论。

（3）误差的正态性不是最重要的，因为方差分析对偏离正态是稳健的，只要偏离不是太严重。这可以通过一个正态概率图来验证（也称为分位数图或 q-q 图）或正式的统计检验。

有许多同方差的检验，如列文检验（Levene's Test）、巴特利特检验（Bartlett's Test）、福赛斯检验（Forsythe's Test）等。例如，可以使用巴特利特检验，代码如下所示。

```
bartlett.test(Petal.Length~Species,data=iris)
##
##Bartletttestofhomogeneityofvariances
##
##data:Petal.LengthbySpecies
##Bartlett'sK-squared=55.423,df=2,p-value=9.229e-13
```

对于目前的问题，假设所有的方差都相等可能是合适的，特别是还没有检验正态性假设。在正常情况下，使用巴特利特检验，因为该检验更加鲁棒。对于非正态数据，使用 Brown-Forsythe 检验（也称为"修正 Levene 检验"）。如果一个方差较大且误差是非正态分布且样本是不同的，那么科克伦检验（Cochran's Test）是个不错的选择。

7.5 小样本的 A/B 测试

到目前为止，已经有了大量的样本，这使得实验相对容易。然而，有很多原因导致无法获得大量的样本。例如，一些实验可能非常复杂，只能重复几次，观察可能非常昂贵，而且预算有限；一些实验很耗时，收集大量的样本将花费更多的时间，无法节省。小样本给统计人员带来了严重的问题，在小样本中检测小差异是特别困难的。这个时候，就需要了解一些有关实验设计的技巧了。

在介绍一些实验设计的技巧之前，先了解阻塞变量（Blocking），阻塞变量只是一个分类变量，它解释了响应变量中的一些变化。阻塞变量不是实验的一部分，而且实验者可能对阻塞变量有控制，也可能没有。阻塞变量将样本分割成块。一个区块是一组与整个样本相比相对均匀的观察数据。由于一个区块中的观察值是次要的，它们的方差低于整个样本。

下面来看一个关于阻塞变量的例子，一家制药公司希望比较三种测定药物纯度，有12 支药剂可供使用，一名技术人员一天只能分析三次，那么完成实验可以有两种方案：

（1）四名技术人员一天之内测试完。

（2）一名技术人员四天测试完。

在第一种方案中，不同的技术人员就是阻塞变量，第二种方案中的时间是阻塞变量。阻塞变量是一种控制干扰因素的方法。

这种设计叫作"完全随机区组设计"（Randomized Complete Block Design，RCBD），与完全随机设计（Completely Randomized Design，CRD）的区别在于多了一个阻塞变量。完全随机区组设计有两个主要缺点：第一，当处理的数量很大时，区块变得太大；第二，如果阻塞变量和因变量之间存在相互作用，误差可能会增加而不是减少。

小样本相关的实验设计领域，拉丁方阵设计（Latin Square Design）是一个常用的方法。拉丁方阵是一种数学方法，它是一个包含不同符号的矩阵，每个符号在每行和每列中都恰好出现一次。当符号代表一个实验中的因素时，拉丁方阵是一个非常有用的实验设计，用于处理恰好有两个因素的实验，每个因素都有层次，还有一个处理也有层次。假设这四种处理方法分别是 A、B、C、D，因素是天数（周三、周四、周五、周六）和时间（上午、下午、晚上、晚上）。一种可能的拉丁方阵排列如图 7-13 所示。

注意，这并没有测试所有可能的组合，因此它是不完整设计的另一个例子。例如，它不会在周三下午测试处理 A，也不会在周四上午测试处理 D。事实上，它并没有测试大多数的组合，只测试了 64 个组合中的 16 个组合。如果仔细选择 16 个组合，仍然可以达到很好的测试效果，因为设计是正交的。正交性要求在每一列和每一行中，每种处理只使用一次。当这种情况发生时，可以得到良好的（即无偏见的）效果估计。一个正交设计如图 7-14 所示。

	Wednesday	Thursday	Friday	Saturday
Morning	A	B	C	D
Afternoon	B	C	D	A
Evening	C	D	A	B
Night	D	A	B	C

图 7-13　拉丁方阵

	Wednesday	Thursday	Friday	Saturday
Morning	C	D	A	B
Afternoon	D	A	B	C
Evening	A	B	C	D
Night	B	C	D	A

图 7-14　正交设计

当这种情况发生时，可以得到良好的（即无偏见的）效果估计。可以通过以上介绍的两种方法设计小样本的实验。

需要注意的是实验设计是统计学中的一门学科，或者说是一个研究领域，其中有非常多的理论和实验设计的相关技巧，由于这些内容太专业，这里就不过多介绍了。

第 8 章　营销统计分析

在广告领域有一个非常著名的笑话：我知道我花的广告费有一半被浪费掉了，但是我不知道是哪一半。这个笑话揭示出在营销领域投入与产出之间那深不见底的鸿沟。不过随着计算机、统计和数据挖掘等相关技术的发展，如今人们已经可以使用统计技术来轻松地分析这样的问题。通过统计分析技术，可以架起一座桥梁，让我们知道投入是如何通向最终产出的。

8.1　营销统计分析简介

在营销领域，统计分析可以说是无处不在。在市场营销的各个环节，都有统计的方法参与其中。例如，识别潜在客户，通过统计模型改进市场营销活动，通过统计分析优化客户关系管理以及客户流失的分析。在市场营销领域，统计分析与模型有着重要的作用，并且能够创造出巨大的价值。接下来简单地对这几个应用场景进行介绍。

8.1.1　识别潜在客户

在市场营销领域，潜在客户指的是那些通过正确方式接近有可能成为客户的某个人。对于大多数交易，地球上的 60 亿人只有相对极少的一部分人会是实际的潜在客户，大部分人会因为地理位置、支付能力、对产品或者服务的需求等因素而被排除在外。当需要进行营销活动的时候，期望的并不是对所有人进行营销，而是希望对潜在客户进行营销。

当然，识别潜在客户是第一步，第二步是选择合适的渠道以及合适的信息去触及潜在客户，当然，这些也都是需要进行分析的。潜在客户的定义并不容易，一个简单的定义可以是：对产品或者服务可能感兴趣的人。更加复杂和准确的定义就需要进一步进行商榷，例如，客户不仅需要对产品或者服务感兴趣，还应该有一定的支付能力，能够买得起服务或者产品，并且他们的地理位置也应该是公司业务经营的覆盖范围等。

要识别潜在客户，首先要做的就是定义有什么样特征的人是潜在客户，然后通过一些方法去找到这些人，例如建立响应模型。

发现潜在客户的另一个好的办法是观察目前的好客户是什么样的，然后去寻找相似的客户。但是这样做的话有一个问题，因为当前的客户只是反映了过去的营销决策，只研究当前的客户,那么将遗失之前营销活动没有囊括的那些潜在客户。

下面来看一个通过相似度来分析潜在客户的例子,通过分析,某件产品的用户有以下特点:60%的客户受过高等教育,70%的客户年收入超过10W元。这个时候有两个人,A和B,A没有受过高等教育,年收入超过10W元。B受过高等教育,年收入不足10W元。那么评价哪位更有可能是潜在客户的评价表如表8-1所示。

表8-1 评价表

	比例	是—得分	否—得分	A	B
受过高等教育	60%	0.6	0.4	0.4	0.6
年收入超过10W	70%	0.7	0.3	0.7	0.3
总计				1.1	0.9

当然,定义距离的方式有很多,通过表8-1的计算方式,A用户比B用户更有可能是潜在客户。这是一个简单的识别潜在客户的方法,如果考虑更加全面一点,可以再加上总体人群的特征,如表8-2所示。

表8-2 评价表

	比例	是—总人口比例	是—得分	否—总人口比例	否—得分	A	B
受过高等教育	60%	20%	0.6/0.2=3	80%	0.4/0.8=0.5	0.5	3
年收入超过10W	70%	60%	0.7/0.6=1.16	40%	0.3/0.4=0.75	1.16	0.75
总计						1.66	3.75

如果考虑总体人群的特征分布,可以发现,B更有可能是潜在客户。这其实也很好理解,受过高等教育的人占总人口的比例很少,但是受过高等教育的人使用这个产品的比例却很高,那受过高等教育的人的得分就应该大些。反过来,如果一个特征在人群中占比很高,但是只有很小的比例使用了产品,那么这个特征的得分就应该很低。

识别出了潜在客户之后,就需要选择合适的渠道和信息去触达客户,选择什么样的渠道是一个值得分析的点,通常会考虑、成本、时效等。选择合适的信息同样重要,一个经典的例子就是价格和便利之间的权衡。一些人对价格敏感,偏好折扣与优惠;一些人对价格不敏感,对于这些人可能他们更加需要节省时间或者高质量的服务。

8.1.2 改进市场营销活动

营销广告能够将信息传达到对产品和服务一无所知的潜在客户个体,而定向的营销活动则需要额外的信息,例如年龄、地址等。数据越充分,定向营销的效果可能就越好。

改进营销活动比较常用的一个方法是构建响应模型。响应模型并不是某个具体的模型,任何可以把潜在客户按响应可能性分级的模型都可以作为响应模型。给出一个关于潜在客户的响应性分级的列表之后,营销人员可以直接选列表顶部的人进行营销,以优化固定预算的响应率。在预算有限的时候，这种方法尤其有用，因为可以将预算有针对性地花在那些更有可能响应营销活动的人群。

当然，提高固定预算的响应率无疑是令人兴奋的，进一步还可以优化营销活动的收益情况，当然衡量收益情况还需要一些额外额度信息。假如一个潜在客户响应，公司赚 100 元，如果一个潜在客户不响应，则损失 20 元，不对潜在客户进行营销，没有收益也没有成本。这是一个相对简单的考虑，实际情况是，不联系一个可能响应的潜在客户也是有机会成本的，而那些没有响应的客户，营销活动也可能将公司的产品内容、公司的形象注入他们脑海中，从而让这些没有响应的客户有成为潜在客户的趋势。

如果不考虑得那么复杂，忽略间接成本和收益，只有一个潜在客户响应而 5 个潜在客户不响应，公司依然不会有损失，这就意味着，如果响应率超过这个比例，营销活动就是有利可图的。需要注意的是，不论是模型，还是基于该模型所推出的活动，要验证其实际的有效性，都需要进行 A/B 测试，分析不同组的响应率。

例如分为三组：
（1）对照组是随机选择的进行营销的群组。
（2）测试群组是按照模型响应得分选出的进行营销的群组。
（3）放弃群组是按照模型得分选出的不宜进行营销的群组。

因为，一个被识别为可能是响应者的组也许同样是不太可能被市场营销影响的组，因为这些人被识别为目标群组，可能意味着他们已经接受过很多的类似的营销信息（这些人被识别为目标客户，同类型的公司也可能将这一部分人识别成为目标客户），他们也可能拥有相似的产品，因此会坚定地拒绝。有时候会出现荒谬的结果，响应模型得分最高的几段也许响应率并不高。但是此时并不能说响应模型是失效的。

8.1.3 优化客户关系管理

现有的客户的分析是客户关系管理的重点，现有的客户数据反映了客户的个性化的行为：购买过什么产品，花费过多少钱，是否准时付款，是否经常给客服打电话，给客户打过多少电话，客户是否老客户，客户购买过几次等。这些行为数据可以用来评估客户的潜在价值，估计客户的风险，以及预测客户未来的需求。

在获得客户之后，市场营销活动并不会停止，还会有交叉销售（Cross Sell）、提升活动（Up Sell）、忠诚度稳固（Loyalty Program）等，这些活动都是为了留住客户而设计的。划分客户群体是客户关系管理中常见的应用，划分客户群体的目的是对每一特征的客户群体调整或者设计服务、产品和营销方案。客户群体的划分通常是基于市场调查和用户的人口统计信息。但是更有价值的是根据行为数据来发现行为群体，因为这样可以将客户归类到一个容易描述的群体，例如高消费群体。划分客户群体的方法有很多，最常用的就是聚类，另外决策树也是常用的方法之一。

决定客户价值也是客户关系管理经常遇到的问题，客户价值的计算是很复杂的，但是可以简单地表述为客户的总收入减去维持该客户的成本。当能够评估现有客户的价值的时候，就可以进一步去分析现在客户的预期价值。另外，这对于客户分群、营销方案设计等都是有帮助的。价值和风险是同时存在的，学会拒绝坏客户与留住好客户是同样重要的。大多数交易容易受到客户信用影响的公司，风险的识别是必须做的。对于现有的客户，着力点主要还是交叉销售、提升销售，因为这样做可以提高收益。分析应该给出关于给客户提供什么、给哪些客户提供以及什么时候给客户提供的信息。分析客户的行为数据、客户的购买时间、客户的购买频率等。交叉销售可以使用关联规则来发现通常会一起销售和经常被一个人购买的产品组。

8.1.4 流失分析

用户流失对所有的公司来说都是一个重要的问题，对于那些发展成熟的公司或行业尤其重要，因为市场已经饱和，客户的流失意味着竞争对手客户的增加。建立流失模型的目的就是计算出谁的流失风险最大，以便对没有刺激就会流失的高价值客户提供优惠，以使得他们留下来。

流失分析的第一步就是确定什么是流失，需要一个清晰明确的流失定义。但在此之前，还应该了解到，流失有几种类型。通常分为三种：自发流失、强制流失和预期流失。自发流失是用户不想继续使用现有的产品和服务而形成的；强制流失可能是由公司引起的，如客户没有支付账单，公司强制中断了服务；预期流失的现象是客户不再是目标客户了，如婴儿长大了，那他就不需要婴儿产品了。

识别不同的流失类型是重要的，例如，对于预期流失的客户是不需要挽留的。对于流失进行分析，通常有两种方法：第一种是预测客户大概多久会流失。第二种是将流失问题看作一个二分类问题，预测哪些客户可能会流失。如果是当作二分类问题，首先需要选取一个时间范围，通常是一个比较短的时间，例如 60 天或者 120 天等（太长或者太短都没有意义。例如从长远来看，所有人都会死，所有人会流失）。通过建立二分类模型可以得出客户流失的概率，因此可以对那些概率超过阈值的自发流失客户进行挽留或相关处理。对于流失的预测需要关注客户获取时候的已知的信息，也要关注客户的行为数据，例如客户联系过几次客服、客户的消费情况等。

自然流失的分析可以显示如何减少获取倾向于流失的客户。强制流失的分析可以显示减少已存在客户的流失风险。另外一种方法是计算客户还会停留多久，常用的统计方法是生存分析。这种方法比简单地预测客户 90 天内会流失要提供更多的信息，但是这种方法使用得并不多。

通常而言，这些问题大多归类为分类问题，例如流失分析，就是将用户分类为流失客户与非流失客户。解决这类问题的关键，模型与数据分析是一方面，另一方面就是关于问题的定义。例如怎样才叫流失。总而言之，大多数营销方面的问题都会被归结为分类问题，解决这类问题的关键点是如何适当地定义这类问题。

在本章的后面将会介绍一些无法被归类为分类的营销方面的问题。

8.2 行 为 序 列

在商业活动中，有时候会对客户的行为顺序感兴趣。如果客户访问了一个页面，是否可能访问另外一个页面？客户购买了一种产品，他们以后会购买另外一种产品吗？如果客户先获取了一定的信息，会改变客户之后的购买行为吗？分析这类问题常用的方法有马尔可夫模型（Markov Models）、因果建模（Causal Modeling）、动态聚类（Dynamic Clustering）等。本节将以 Web 数据为例，分析 Web 日志中的模式。Web 服务器日志记录了来自用户浏览器的所有请求。日志中通常会使用时间戳来标识每一个请求的 ip 地址，以及对页面的请求。这样可以识别每个 ip 的事件，通过时间顺序进行排列，从而产生序列。类似的序列数据还有很多的来源，例如电商网站的用户行为数据。

通过这类行为序列数据可以深入地了解公司业务以及客户信息，因此能够找到的公开数据也比较少。本节使用的是公开的政府 Web 服务器日志数据。数据链接是：https://goo.gl/s5vjWz。可以先将数据下载到本地，然后通过 readRDS()函数来读取数据，代码如下所示。

```
web_df<-readRDS("/Users/milin/Downloads/rintro-chapter14-epa.rds")
head(web_df)
##hosttimestamprequeststatusbytes
##1host195[29:23:53:25]GET/Software.htmlhttp2001497
##2host1888[29:23:53:36]GET/Consumer.htmlhttp2001325
##3host2120[29:23:53:53]GET/News.htmlhttp2001014
##4host2273[29:23:54:15]GET/http2004889
##5host2273[29:23:54:16]GET/icons/circle_logo_small.gifhttp2002624
##6host2273[29:23:54:18]GET/logos/small_gopher.gifhttp200935
##rawhostdatetimereqtypepagetype
##1141.243.1.1721995-08-2923:53:25GEThtml
##2query2.lycos.cs.cmu.edu1995-08-2923:53:36GEThtml
##3tanuki.twics.com1995-08-2923:53:53GEThtml
##4wpbfl2-45.gate.net1995-08-2923:54:15GETother
##5wpbfl2-45.gate.net1995-08-2923:54:16GETgif
##6wpbfl2-45.gate.net1995-08-2923:54:18GETgif
##page
##1/Software.html
##2/Consumer.html
##3/News.html
##4/
##5/icons/circle_logo_small.gif
##6/logos/small_gopher.gif
```

也可以直接使用 R 语言从 https://goo.gl/s5vjWz 链接中读取数据，代码如下所示。

```
web_df<-readRDS(gzcon(url("https://goo.gl/s5vjWz")))
```

需要注意的是，这里提供的数据集是经过数据清洗和数据整理的，原始的数据要更加的杂乱。

```
summary(web_df)
##hosttimestamprequeststatus
##host1986:294Length:47748Length:47748http200:36712
##host1032:292Class:characterClass:characterhttp304:5300
##host2247:266Mode:characterMode:characterhttp302:4506
##host1439:263http404:611
##host1028:248http403:272
##host1656:176http501:272
##(Other):46209(Other):75
##bytesrawhostdatetime
##Min.:0Length:47748Min.:1995-08-2923:53:25
##1stQu.:231Class:character1stQu.:1995-08-3010:58:37
##Median:1260Mode:characterMedian:1995-08-3013:57:46
##Mean:7352Mean:1995-08-3013:48:49
##3rdQu.:32233rdQu.:1995-08-3016:37:32
##Max.:4816896Max.:1995-08-3023:53:07
##NA's:5331
##reqtypepagetypepage
##GET:46014gif:22418Length:47748
##HEAD:106html:8687Class:character
##POST:1622other:16536Mode:character
##NA's:6pdf:107
##
##
##
```

summary()函数输出了数据集的统计描述,从 pagetype 来看,gif 的类型是最多的,并且数据集中的字段大多数是分类变量。

另外,本节还需要使用两个包:clickstream 和 superheat。clickstream 包是基于马尔可夫链的点击流分析,而 superheat 是使用热图探索复杂数据集的图形工具。另外,需要注意的是,目前 superheat 包在 cran 上下载不了,因此无法直接使用 install.packages()函数进行下载。可以使用如下代码进行下载。

```
devtools::install_github("rlbarter/superheat")
```

准备工作完成之后,可以进行一些简单的数据分析。以下行为问题涉及事件的频率:哪些行为最常见?它们如何随时间变化?发生了什么错误?哪些客户最活跃?哪些行为是最常见的?这里可以使用 tidyverse 中的 group_by()函数来进行实现,代码如下所示。

```
library(tidyverse)
web_df%>%group_by(page)%>%summarise(freq=n())%>%arrange(desc(freq))%>%head(10)
###Atibble:10x2
##pagefreq
##<chr><int>
##1/icons/circle_logo_small.gif3203
##2/2381
##3/logos/small_gopher.gif1851
##4/logos/us-flag.gif1817
##5/logos/small_ftp.gif1815
##6/icons/book.gif1800
##7/icons/ok2-0.gif1790
```

```
##8/cgi-bin/waisgate/134.67.99.11=earth1=210=/usr1/comwais/indexes/
HTDOCS…717
##9/waisicons/unknown.gif667
##10/waisicons/text.xbm663
```

最常见的请求是.gif 文件，原因可能是有一些图标在很多的网页上面都有，因此出现的频率比较高。想了解用户感兴趣的内容，应该关注与 html 相关的访问。

```
web_df%>%filter(pagetype=="html")%>%group_by(page)%>%summarise(freq=n())
%>%arrange(desc(freq))%>%head(10)
###Atibble:10x2
##pagefreq
##<chr><int>
##1/Rules.html312
##2/Software.html169
##3/docs/WhatsNew.html159
##4/Info.html151
##5/Offices.html139
##6/docs/Internet.html137
##7/docs/CSO.html132
##8/docs/WhatsHot.html130
##9/PIC.html121
##10/enviro/html/ef_home.html113
```

上面的代码中，首先通过 filter()函数筛选出 pagetype 为 html 的数据，然后再对不同的 page 进行记数。从输出结果中可以看出，最常见的请求页面有 Rules.html、Software.html、WhatsNew.html、Info.html 和 Offices.html。

接着还可以分析用户在哪个时间段最活跃，代码如下所示，结果如图 8-1 所示。

```
library(scales)
##
##Attachingpackage:'scales'
##Thefollowingobjectismaskedfrom'package:purrr':
##
##discard
##Thefollowingobjectismaskedfrom'package:readr':
##
##col_factor
library(showtext)
##Loadingrequiredpackage:sysfonts
##Loadingrequiredpackage:showtextdb
showtext_auto()

ggplot(web_df,aes(x=datetime,fill="red"))+
geom_density(alpha=0.5,bw="SJ-dpi",adjust=2.0)+scale_x_datetime(breaks=
date_breaks("2hours"),
date_labels="%b%d%H:%M")+theme(axis.text.x=
element_text(angle=45,vjust=1,hjust=1))+ylab("HTTP 请求比例")+
xlab("时间")+guides(fill=FALSE)
```

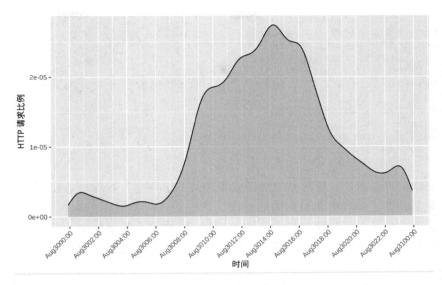

图 8-1 时间分布

上面的代码使用了 showtext 包来解决绘图过程中出现中文乱码的问题,然后使用 scale_x_datetime()函数调整了坐标轴的间隔以及时间格式,通过 theme()函数调整了 x 坐标轴的刻度文本。接着调整了 x 轴和 y 轴的坐标轴名称。最后,代码"guides(fill=FALSE)"表示的是将图例去掉。从图 8-1 中可以看出,服务器白天的访问量最高,其实这也不足为奇,需要注意的是,在晚上的时候,有一个小的波峰。通过这些数据,可以得出很多结论,例如什么时候更新服务器(选人少的时候)。

很多时候,会遇到找不到网页的情况,网页开发人员的一项重要的任务是跟踪错误,尽可能快速地解决这些错误。在这个数据中,首先标记导致错误的请求,HTTP 状态为 400 或更高很容易识别错误。

下面查看有哪些 HTTP 状态。

```
unique(web_df$status)
##[1]http200http302http304http404http403http501http500http400
##8Levels:http200<http302<http304<http400<http403<...<http501
```

从输出结果中可以看出,HTTP 状态一共有 8 种,status 特征的类型是 factor 类型,factor 类型与 character 类型的不同是,factor 类型的数据是可以有顺序的。从输出结果中也可以看出,http200<http302<…<http501。有了顺序就可以比较大小。需要注意,这种顺序不会自然而然产生,这里的结果是已经进行过数据处理的结果。

然后筛选出 http 状态大于 http400 的结果,然后对 page 特征进行计数,代码如下所示。

```
web_df%>%filter(status>="http400")%>%group_by(page)%>%summarise(num=n())
%>%arrange(desc(num))
###Atibble:320x2
##pagenum
##<chr><int>
```

```
##1/waisicons/unknown.gif206
##2/Region5/images/left.gif83
##3/Region5/images/up.gif83
##4/Region5/images/epalogo.gif82
##5/waisicons/text.xbm54
##6/cgi-bin/waisgate/134.67.99.11=earth1=210=/usr1/comwais/indexes/
HTDOCS…23
##7/docs/ozone/mbhp5.gif17
##8/docs/s_epalog.gif17
##9/docs/colorhr2.gif15
##10/Region5/EPA.GIF15
###…with310morerows
```

从输出结果可以看出,最常见的错误似乎涉及 GIF 图像。管理员可能需要将这些图像上传到相关文件夹,或者更新页面中的链接。

用户活动数量是分析网络问题的一个关键指标。在这个数据集中,可以通过 host 来标识用户,但是这样做并不是完全准确的。因为一些用户可能使用多个网络或者设备,并且某些登录用户名可能是家庭共享的。了解这一点很重要,但是在有更加精确的识别手段之前,通过某一个标识来映射用户的准确度是可以接受的。接下来,计算不同用户的活动情况,代码如下所示。

```
web_df%>%group_by(host)%>%summarise(num=n())%>%arrange(desc(num))%>%
head(10)
###Atibble:10x2
##hostnum
##<fct><int>
##1host1986294
##2host1032292
##3host2247266
##4host1439263
##5host1028248
##6host1656176
##7host1511174
##8host924172
##9host2286167
##10host1774158
```

从输出结果中可以看出,活动最频繁的用户包括 host1986、host1032、host2247 等。在对数据有了简单的了解之后,在进一步分析之前,要明确一个概念——什么是序列(Sequence),或者简单地说行为之间的时间间隔最长是多少才算序列,1 分钟、1 小时还是更长时间。对于这一份数据,同一个人的一系列行为之间的间隔小于 15 分钟的话,那么认为这些行为是一个序列。

原始的数据是没有经过排序的,在进行分析之前,首先要对数据进行排序,这里需要通过 host 和 datetime 这两个变量进行排序,代码如下所示。

```
web_df_order<-web_df%>%arrange(host,timestamp)

head(web_df_order)
##hosttimestamprequeststatusbytes
##1host1[30:16:03:45]GET/transportation/http200738
```

```
##2host10[30:11:07:35]GET/docs/ozone/index.htmlhttp2003717
##3host10[30:11:07:50]GET/docs/ozone/header.gifhttp20010598
##4host10[30:11:07:50]GET/docs/ozone/colorhr2.gifhttp2002314
##5host10[30:11:07:50]GET/docs/ozone/grndot.gifhttp200910
##6host10[30:11:07:52]GET/docs/ozone/bluedot.gifhttp200309
##rawhostdatetimereqtypepagetype
##1108.145.internal.radian.com1995-08-3016:03:45GETother
##2128.144.102.561995-08-3011:07:35GEThtml
##3128.144.102.561995-08-3011:07:50GETgif
##4128.144.102.561995-08-3011:07:50GETgif
##5128.144.102.561995-08-3011:07:50GETgif
##6128.144.102.561995-08-3011:07:52GETgif
##page
##1/transportation/
##2/docs/ozone/index.html
##3/docs/ozone/header.gif
##4/docs/ozone/colorhr2.gif
##5/docs/ozone/grndot.gif
##6/docs/ozone/bluedot.gif
```

从输出结果中可以清楚地看出，host10 的数据全部根据 timestamp 进行了排序。然后还需要生成几个新的变量，代码如下所示。

```
web_df_order<-web_df_order%>%mutate(timediff=as.numeric(datetime-lag
(datetime),units="mins"))


web_df_order%>%head(10)
##hosttimestamprequeststatusbytes
##1host1[30:16:03:45]GET/transportation/http200738
##2host10[30:11:07:35]GET/docs/ozone/index.htmlhttp2003717
##3host10[30:11:07:50]GET/docs/ozone/header.gifhttp20010598
##4host10[30:11:07:50]GET/docs/ozone/colorhr2.gifhttp2002314
##5host10[30:11:07:50]GET/docs/ozone/grndot.gifhttp200910
##6host10[30:11:07:52]GET/docs/ozone/bluedot.gifhttp200309
##7host10[30:11:07:57]GET/docs/ozone/epa_flow.gifhttp2001236
##8host10[30:11:08:46]GET/http2004889
##9host10[30:11:08:49]GET/icons/circle_logo_small.gifhttp2002624
##10host10[30:11:08:50]GET/logos/small_gopher.gifhttp200935
##rawhostdatetimereqtypepagetype
##1108.145.internal.radian.com1995-08-3016:03:45GETother
##2128.144.102.561995-08-3011:07:35GEThtml
##3128.144.102.561995-08-3011:07:50GETgif
##4128.144.102.561995-08-3011:07:50GETgif
##5128.144.102.561995-08-3011:07:50GETgif
##6128.144.102.561995-08-3011:07:52GETgif
##7128.144.102.561995-08-3011:07:57GETgif
##8128.144.102.561995-08-3011:08:46GETother
##9128.144.102.561995-08-3011:08:49GETgif
##10128.144.102.561995-08-3011:08:50GETgif
##pagetimediff
##1/transportation/NA
##2/docs/ozone/index.html-296.16666667
##3/docs/ozone/header.gif0.25000000
##4/docs/ozone/colorhr2.gif0.00000000
```

```
##5/docs/ozone/grndot.gif0.00000000
##6/docs/ozone/bluedot.gif0.03333333
##7/docs/ozone/epa_flow.gif0.08333333
##8/0.81666667
##9/icons/circle_logo_small.gif0.05000000
##10/logos/small_gopher.gif0.01666667
```

上面的代码中计算了不同行之间的时间间隔,时间间隔单位是分钟。但是这里有一个问题,host1 只有一条数据,因此不应该计算时间间隔,另外,host10 的第一条数据也不应该计算时间间隔。因此,还需要对数据进行处理,来判断一个 host 是不是新的,代码如下所示。

```
web_df_order<-web_df_order%>%mutate(newhost=
host!=lag(host))

web_df_order%>%head(10)
##hosttimestamprequeststatusbytes
##1host1[30:16:03:45]GET/transportation/http200738
##2host10[30:11:07:35]GET/docs/ozone/index.htmlhttp2003717
##3host10[30:11:07:50]GET/docs/ozone/header.gifhttp20010598
##4host10[30:11:07:50]GET/docs/ozone/colorhr2.gifhttp2002314
##5host10[30:11:07:50]GET/docs/ozone/grndot.gifhttp200910
##6host10[30:11:07:52]GET/docs/ozone/bluedot.gifhttp200309
##7host10[30:11:07:57]GET/docs/ozone/epa_flow.gifhttp2001236
##8host10[30:11:08:46]GET/http2004889
##9host10[30:11:08:49]GET/icons/circle_logo_small.gifhttp2002624
##10host10[30:11:08:50]GET/logos/small_gopher.gifhttp200935
##rawhostdatetimereqtypepagetype
##1108.145.internal.radian.com1995-08-3016:03:45GETother
##2128.144.102.561995-08-3011:07:35GEThtml
##3128.144.102.561995-08-3011:07:50GETgif
##4128.144.102.561995-08-3011:07:50GETgif
##5128.144.102.561995-08-3011:07:50GETgif
##6128.144.102.561995-08-3011:07:52GETgif
##7128.144.102.561995-08-3011:07:57GETgif
##8128.144.102.561995-08-3011:08:46GETother
##9128.144.102.561995-08-3011:08:49GETgif
##10128.144.102.561995-08-3011:08:50GETgif
##pagetimediffnewhost
##1/transportation/NANA
##2/docs/ozone/index.html-296.16666667TRUE
##3/docs/ozone/header.gif0.25000000FALSE
##4/docs/ozone/colorhr2.gif0.00000000FALSE
##5/docs/ozone/grndot.gif0.00000000FALSE
##6/docs/ozone/bluedot.gif0.03333333FALSE
##7/docs/ozone/epa_flow.gif0.08333333FALSE
##8/0.81666667FALSE
##9/icons/circle_logo_small.gif0.05000000FALSE
##10/logos/small_gopher.gif0.01666667FALSE
```

在上面的代码中,lag()函数可以将数据后移一位,代码"host!=lag(host)"则表示的是比较第二个 host 与第一个 host 是否一样,比较第三个 host 与第二个 host 是否一样,以此类推。

从输出结果中可以看出,当 host10 第一次出现的时候 newhost 的值为 true,以后再出现时 newhost 的结果就变成了 false，由此就可以判断 host 是否第一次出现。但是到了这里还有一个问题：如果时间间隔超过了一定的时间，那么这个序列就中断了，因此还要判断序列的时间间隔是否太大了，如果序列的时间间隔超过了 15 分钟，那么序列就中断了，下一条数据就是一个新的序列，代码如下所示。

```
web_df_order$newsession<-ifelse((web_df_order$timediff>15)|(is.na(web_df_order$timediff)),TRUE,FALSE)

web_df_order%>%head(20)
##hosttimestamprequeststatusbytes
##1host1[30:16:03:45]GET/transportation/http200738
##2host10[30:11:07:35]GET/docs/ozone/index.htmlhttp2003717
##3host10[30:11:07:50]GET/docs/ozone/header.gifhttp20010598
##4host10[30:11:07:50]GET/docs/ozone/colorhr2.gifhttp2002314
##5host10[30:11:07:50]GET/docs/ozone/grndot.gifhttp200910
##6host10[30:11:07:52]GET/docs/ozone/bluedot.gifhttp200309
##7host10[30:11:07:57]GET/docs/ozone/epa_flow.gifhttp2001236
##8host10[30:11:08:46]GET/http2004889
##9host10[30:11:08:49]GET/icons/circle_logo_small.gifhttp2002624
##10host10[30:11:08:50]GET/logos/small_gopher.gifhttp200935
##11host10[30:11:08:50]GET/logos/small_ftp.gifhttp200124
##12host10[30:11:08:56]GET/icons/book.gifhttp200156
##13host10[30:11:08:59]GET/logos/us-flag.gifhttp2002788
##14host10[30:11:09:01]GET/icons/ok2-0.gifhttp200231
##15host10[30:11:32:21]GET/Research.htmlhttp2002500
##16host10[30:11:32:27]GET/logos/es_small.gifhttp2001573
##17host10[30:11:33:08]GET/docs/campus/campus.htmlhttp2004964
##18host10[30:11:33:15]GET/docs/campus/page1_2.gifhttp20012765
##19host10[30:11:33:49]GET/docs/campus/tile1.gifhttp20033092
##20host10[30:11:34:03]GET/docs/campus/page1_1.gifhttp20054406
##rawhostdatetimereqtypepagetype
##1108.145.internal.radian.com1995-08-3016:03:45GETother
##2128.144.102.561995-08-3011:07:35GEThtml
##3128.144.102.561995-08-3011:07:50GETgif
##4128.144.102.561995-08-3011:07:50GETgif
##5128.144.102.561995-08-3011:07:50GETgif
##6128.144.102.561995-08-3011:07:52GETgif
##7128.144.102.561995-08-3011:07:57GETgif
##8128.144.102.561995-08-3011:08:46GETother
##9128.144.102.561995-08-3011:08:49GETgif
##10128.144.102.561995-08-3011:08:50GETgif
##11128.144.102.561995-08-3011:08:50GETgif
##12128.144.102.561995-08-3011:08:56GETgif
##13128.144.102.561995-08-3011:08:59GETgif
##14128.144.102.561995-08-3011:09:01GETgif
##15128.144.102.561995-08-3011:32:21GEThtml
##16128.144.102.561995-08-3011:32:27GETgif
##17128.144.102.561995-08-3011:33:08GEThtml
##18128.144.102.561995-08-3011:33:15GETgif
##19128.144.102.561995-08-3011:33:49GETgif
```

```
##20128.144.102.561995-08-3011:34:03GETgif
##pagetimediffnewhostnewsession
##1/transportation/NANATRUE
##2/docs/ozone/index.html-296.16666667TRUEFALSE
##3/docs/ozone/header.gif0.25000000FALSEFALSE
##4/docs/ozone/colorhr2.gif0.00000000FALSEFALSE
##5/docs/ozone/grndot.gif0.00000000FALSEFALSE
##6/docs/ozone/bluedot.gif0.03333333FALSEFALSE
##7/docs/ozone/epa_flow.gif0.08333333FALSEFALSE
##8/0.81666667FALSEFALSE
##9/icons/circle_logo_small.gif0.05000000FALSEFALSE
##10/logos/small_gopher.gif0.01666667FALSEFALSE
##11/logos/small_ftp.gif0.00000000FALSEFALSE
##12/icons/book.gif0.10000000FALSEFALSE
##13/logos/us-flag.gif0.05000000FALSEFALSE
##14/icons/ok2-0.gif0.03333333FALSEFALSE
##15/Research.html23.33333333FALSETRUE
##16/logos/es_small.gif0.10000000FALSEFALSE
##17/docs/campus/campus.html0.68333333FALSEFALSE
##18/docs/campus/page1_2.gif0.11666667FALSEFALSE
##19/docs/campus/tile1.gif0.56666667FALSEFALSE
##20/docs/campus/page1_1.gif0.23333333FALSEFALSE
```

从输出结果中可以看出，如果时间间隔超过了 15 分钟，那么 newsession 变量的值就是 true，表示接下来是一个新的序列。总而言之，如果 newhost 的值是 true 或者 newsession 的值为 true，都表示接下来是一个新的序列。

接下来再生成一个新的变量，用这个变量来表示目前是第几个序列，代码如下所示。

```
web_df_order<-web_df_order%>%mutate(session=cumsum(newsession))
```

到这里，基本上已经将序列数据处理好了，然后可以开始进行分析。下面再次查看一下数据集的统计描述，代码如下所示。

```
summary(web_df_order)
##hosttimestamprequeststatus
##host1986:294Length:47748Length:47748http200:36712
##host1032:292Class:characterClass:characterhttp304:5300
##host2247:266Mode:characterMode:characterhttp302:4506
##host1439:263http404:611
##host1028:248http403:272
##host1656:176http501:272
##(Other):46209(Other):75
##bytesrawhostdatetime
##Min.:0Length:47748Min.:1995-08-2923:53:25
##1stQu.:231Class:character1stQu.:1995-08-3010:58:37
##Median:1260Mode:characterMedian:1995-08-3013:57:46
##Mean:7352Mean:1995-08-3013:48:49
##3rdQu.:32233rdQu.:1995-08-3016:37:32
##Max.:4816896Max.:1995-08-3023:53:07
##NA's:5331
##reqtypepagetypepagetimediff
```

```
##GET:46014gif:22418Length:47748Min.:-1414.3000
##HEAD:106html:8687Class:character1stQu.:0.0167
##POST:1622other:16536Mode:characterMedian:0.0667
##NA's:6pdf:107Mean:-0.0003
##3rdQu.:0.4167
##Max.:1415.3000
##NA's:1
##newhostnewsessionsession
##Mode:logicalMode:logicalMin.:1.0
##FALSE:45415FALSE:457981stQu.:445.0
##TRUE:2332TRUE:1950Median:984.0
##NA's:1Mean:964.1
##3rdQu.:1475.2
##Max.:1950.0
##
```

从输出结果中可以看出，一共有 2332 个 new session、1950 个 newhost。也就是说，一共有 2332 个行为序列，有 1950 个用户。

永远要记住，如果想要了解数据，第一步要做的就是观察数据的分布，因此，还可以看一下，每一个行为序列里面可能包含多少个行为，也就是查看行为序列、行为数量的分布。

```
seesion_num<-web_df_order%>%group_by(session)%>%summarise(num=n())%>%
arrange(desc(num))

seesion_num
###Atibble:1,950x2
##sessionnum
##<int><int>
##1922228
##2192170
##31769164
##41762163
##5730159
##61438159
##732155
##8446149
##9331147
##101036143
###…with1,940morerows
#重新复制代码如下
##  seesion_num
# A tibble: 1,950 × 2
   session   num
     <int> <int>
1     922   228
2     192   170
3    1769   164
4    1762   163
5     730   159
```

```
 6    1438   159
 7      32   155
 8     446   149
 9     331   147
10    1036   143
```

从输出结果中可以看出，第 922 个行为序列中有 228 个行为。还可以计算关于行为数量的统计量并且绘制图形来可视化，代码如下所示。

```
summary(seesion_num$num)
##Min.1stQu.MedianMean3rdQu.Max.
##1.007.0016.0024.4933.00228.00
#
# 重新复制代码如下
summary(seesion_num$num)
   Min. 1st Qu.  Median    Mean 3rd Qu.    Max.
   1.00    7.00   16.00   24.49   33.00  228.00
```

从输出结果中可以看出，75%行为数为 33，说明有 75%的行为序列的行为数量小于或等于 33，并且中位数是 16。绘制分布图，代码如下所示，效果如图 8-2 所示。

```
library(ggthemes)
p<-ggplot(seesion_num,aes(x=num))+geom_histogram(aes(y=..density..,
fill=..count..),binwidth=0.5)+geom_density()          #绘制密度直方图
p<-p+theme_solarized()
p+geom_rug()
```

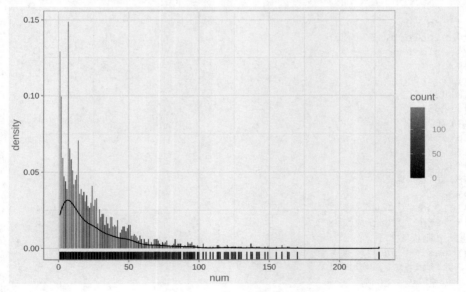

图 8-2　分布图

从输出结果看，行为数量的分布非常偏左，说明大部分的行为序列的行为数量都比较少。尝试对数据取对数，然后继续绘制直方图，代码如下所示，效果如图 8-3 所示。

```
p<-ggplot(seesion_num,aes(x=log(num)))+geom_histogram(aes(y=..density..,
fill=..count..),binwidth=0.5)+geom_density()        #绘制密度直方图
p<-p+theme_solarized()
p
```

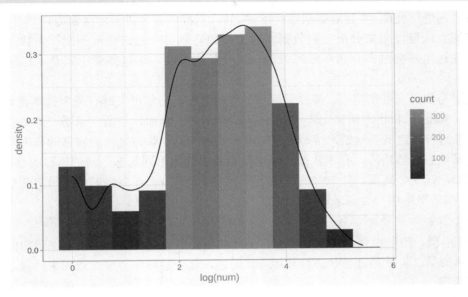

图 8-3　直方图

从图 8-3 中可以看出，行为数量主要集中在 2 这个位置，因为取了以自然数为底数的对数，表示数据集中在 7 左右的位置。这个时候大家可能很好奇，为什么有那么多行为序列的行为次数为 7 次呢？下面可以进一步筛选出行为次数为 7 次的序列，代码如下所示。

```
web_df_order%>%filter(session%in%seesion_num$session[seesion_num$num==7])
##hosttimestamp
##1host1018[30:09:57:51]
##2host1018[30:09:57:52]
##3host1018[30:09:57:52]
##4host1018[30:09:57:52]
##5host1018[30:09:57:53]
##6host1018[30:09:57:54]
##7host1018[30:09:57:56]
##8host1019[30:16:54:22]
##9host1019[30:16:54:24]
##10host1019[30:16:54:25]
##11host1019[30:16:54:25]
...
```

从输出结果可以看出一些有意思的现象，这些行为大多是从一个"/"开始，然后接下来的页面都是 GIF。对于这个问题，需要留意下。

8.2.1 马尔可夫链

对数据进行处理，并且对数据进行了解之后，就准备好去进一步探索用户的行为序列。有很多的方法可以用来分析序列数据，这里使用马尔可夫链来分析不同行为状态之间的转移。在这里不会过多介绍马尔可夫链，关于随机过程，这里侧重于其基本思想及如何应用。

使用马尔可夫链来建模，需要了解其基本的思想。马尔可夫链有两个基本元素，分别是状态（States）和状态转移矩阵（States of Matrix）。例如，结婚、未婚、离婚就是三个状态，未婚有一定概率结婚，结婚有一定概率离婚，不同状态之间的转移的概率所构成的矩阵就是状态转移矩阵。有了数据，就可以直接去计算不同状态之间的转移的概率。

例如，有 3 个网页，有 70% 的概率用户会登录网页 1，有 20% 的概率用户会登录网页 2，有 10% 的概率用户会登录网页 3。

```
page_start_rate<-c(0.7,0.2,0.1)
```

MC 模型，第一步就是要定义状态。上面的代码通过一个变量来表示不同初始状态的概率。然后第二步就是计算状态转移矩阵，通常，这个矩阵需要通过数据来计算，在这里先直接给定。

```
page_trans<-matrix(c(0.1,0.5,0.2,
0.6,0.4,0.8,
0.3,0.1,0.0),nrow=3,byrow=TRUE)

page_trans
##     [,1] [,2] [,3]
## [1,] 0.1  0.5  0.2
## [2,] 0.6  0.4  0.8
## [3,] 0.3  0.1  0.0
```

这个矩阵的含义稍微解释一下，如果用户首先进入的网页是网页 2（转移矩阵的第二列），那么他有 40% 的概率会停留在这个页面，有 50% 的可能性会通过点击转移到页面 1，有 10% 的可能性转移到页面 3。

有了初始状态和状态转移矩阵之后，就可以计算经过一次转移之后，用户抵达不同页面的概率。

```
page_trans%*%page_start_rate
##      [,1]
## [1,] 0.19
## [2,] 0.58
## [3,] 0.23
```

在上面的代码中，"%*%"表示矩阵乘法。结果表明，所有的用户经过一次点击之后，转移到不同页面的概率，这里所说的所有用户，指的是初始登录网页 1、网页 2 和网页 3 的用户。也就是说，在初始情况中，有 70% 的用户在网页 1，有 20% 的用户在网页 2，有

10%的用户在网页 3，然后经过了一次点击也就是一次转移之后，有 19%的用户在网站 1，有 58%的客户在网站 2，有 23%的客户在网站 3。同理，可以计算经过两次转移之后的结果，代码如下所示。

```
page_trans%*%page_trans%*%page_start_rate
##     [,1]
## [1,] 0.355
## [2,] 0.530
## [3,] 0.115
```

从输出结果中可以看出，两次转移之后，有 35.5%的客户登录网页 1，53%的客户登录网页 2，11.5%的客户会登录网页 3。同样，可以计算转移 n 次之后的情况。如果计算的次数足够多，就会发现一个关于马尔可夫链的有趣的特性，就是随着转移次数增多，转移的概率会趋于平稳，这一特性与初始状态的概率无关。下面验证一下，代码如下所示。

```
library(expm)
## Loading required package: Matrix
##
## Attaching package: 'Matrix'
## The following objects are masked from 'package:tidyr':
##
##     expand, pack, unpack
##
## Attaching package: 'expm'
## The following object is masked from 'package:Matrix':
##
##     expm
page_trans%^%100
##      [,1]  [,2]  [,3]
## [1,] 0.325 0.325 0.325
## [2,] 0.525 0.525 0.525
## [3,] 0.150 0.150 0.150
page_trans%^%50
##      [,1]  [,2]  [,3]
## [1,] 0.325 0.325 0.325
## [2,] 0.525 0.525 0.525
## [3,] 0.150 0.150 0.150
```

在上面的代码中，expm 包提供了矩阵幂运算的工具，然后计算了转移 100 次和转移 50 次的转移矩阵的结果。可以看出，转移到 50 次之后，转移矩阵就不会再变化了，并且，最后用户停留在不同页面的比例也不会发生改变了。在了解了马尔可夫链的基础概念之后，开始使用 clickstream 包来构建模型，首先是加载包，代码如下所示。

```
library(clickstream)
## Loading required package: igraph
##
## Attaching package: 'igraph'
## The following objects are masked from 'package:dplyr':
##
##     as_data_frame, groups, union
## The following objects are masked from 'package:purrr':
##
```

```
##compose,simplify
##The following object is masked from 'package:tidyr':
##
##crossing
##The following object is masked from 'package:tibble':
##
##as_data_frame
##The following objects are masked from 'package:stats':
##
##decompose,spectrum
##The following object is masked from 'package:base':
##
##union
##Loading required package: reshape2
##
##Attaching package: 'reshape2'
##The following object is masked from 'package:tidyr':
##
##smiths
##Loading required package: MASS
##
##Attaching package: 'MASS'
##The following object is masked from 'package:dplyr':
##
##select
```

从输出结果中可以看出，一共有 6000 多个页面，这就意味着有 6000 多个状态，为了简化问题，这里只分析最常见的 20 个页面。因此，需要对数据进行处理，首先筛选出最常出现的 20 个页面，代码如下所示。

```
freq_page<-web_df_order%>%filter(pagetype=="html")%>%group_by(page)%>%summarise(num=n())%>%arrange(desc(num))


freq_page%>%head(10)
###A tibble:10x2
##page          num
##<chr>        <int>
##1 /Rules.html    312
##2 /Software.html 169
##3 /docs/WhatsNew.html 159
##4 /Info.html    151
##5 /Offices.html 139
##6 /docs/Internet.html 137
##7 /docs/CSO.html 132
##8 /docs/WhatsHot.html 130
##9 /PIC.html     121
##10 /enviro/html/ef_home.html 113
```

上面的代码计算出了不同页面出现的次数，并且将数据根据出现的次数进行排序。接下来选出出现次数为前 20 次的页面数据，代码如下所示。

```
web_df_order_20html<-web_df_order%>%filter(page%in%freq_page$page[1:20])

web_df_order_20html%>%head()
```

```
##   host     timestamp          request              status bytes
## 1 host10   [30:11:32:21] GET /Research.html       http 200 2500
## 2 host100  [30:11:07:08] GET /Rules.html          http 200 3273
## 3 host100  [30:11:27:57] GET /docs/Environment.html http 200 2760
## 4 host1006 [30:15:55:42] GET /docs/WhatsNew.html  http 200 3495
## 5 host1006 [30:16:10:08] GET /Offices.html        http 200 2038
## 6 host1006 [30:16:10:16] GET /Offices.html        http 200 2038
##   raw host         date       time    req type  page                    type page
## 1 128.144.102.56   1995-08-30 11:32:21 GET html  /Research.html
## 2 131.92.168.211   1995-08-30 11:07:08 GET html  /Rules.html
## 3 131.92.168.211   1995-08-30 11:27:57 GET html  /docs/Environment.html
## 4 dlpy01.itu.ch    1995-08-30 15:55:42 GET html  /docs/WhatsNew.html
## 5 dlpy01.itu.ch    1995-08-30 16:10:08 GET html  /Offices.html
## 6 dlpy01.itu.ch    1995-08-30 16:10:16 GET html  /Offices.html
##   timediff      newhost   newsession session
## 1 23.33333333   FALSE     TRUE       2
## 2 0.16666667    FALSE     FALSE      2
## 3 0.41666667    FALSE     FALSE      3
## 4 0.98333333    FALSE     FALSE      6
## 5 0.01666667    FALSE     FALSE      6
## 6 0.03333333    FALSE     FALSE      6
```

这里选出了包含最常出现的 20 个页面的数据，然后还需要做进一步处理，就是删除那些只包含一个行为的行为序列，代码如下所示。

```
web_df_order_20html<-web_df_order_20html%>%filter(session%in%data.frame
(table(web_df_order_20html$session))[data.frame(table(web_df_order_
20html$session))[,2]>1,][,1][])
```

这样，就筛选出了行为超过一个的行为序列的数据。接下来，需要将数据进行转换，代码如下所示，最终的数据类似于下面的这份数据。

```
clickstreams<-c("User1,h,c,c,p,c,h,c,p,p,c,p,p,o",
"User2,i,c,i,c,c,c,d",
"User3,h,i,c,i,c,p,c,c,p,c,c,i,d",
"User4,c,c,p,c,d",
"User5,h,c,c,p,p,c,p,p,p,i,p,o",
"User6,i,h,c,c,p,p,c,p,c,d")

clickstreams
## [1] "User1,h,c,c,p,c,h,c,p,p,c,p,p,o" "User2,i,c,i,c,c,c,d"
## [3] "User3,h,i,c,i,c,p,c,c,p,c,c,i,d" "User4,c,c,p,c,d"
## [5] "User5,h,c,c,p,p,c,p,p,p,i,p,o"   "User6,i,h,c,c,p,p,c,p,c,d"
```

每个序列用向量中的一个元素表示，每个元素表示一个行为序列的所有过程，行为之间通过逗号","进行分割。同样，需要将数据转换为下面的格式。

```
#将数据集根据 session 划分子集
epa_session<-split(web_df_order_20html,web_df_order_20html$session)


#将 dataframe 数据转换成为向量数据
web_df_order_20html_stream<-unlist(lapply(epa_session,function(x)paste
(unique(x$host),",",paste0(unlist(x$page),collapse=","),",","end",sep="")))
```

```
web_df_order_20html_stream[1:3]
##21
##"host10,/Research.html,/Rules.html,end"
##22
##"host100,/Research.html,/Rules.html,end"
##61
##"host1006,/docs/WhatsNew.html,/Offices.html,/Offices.html,/PIC.html,end"
```

上面这一部分代码需要格外注意一下，数据是如何转换的。首先使用 split()函数将数据集根据 session 变量划分成很多的子集，子集通过列表的形式存储。然后使用了 lapply()函数遍历列表，将 host 和 page 合并成一个字符串，并且通过逗号","进行分隔，最后使用 unlist 将列表转变为向量。另外，还在每一个序列后面添加了一个字符串——END，用来表示行为序列已经结束了。使用 clickstream 包来进行建模的时候，会删除除了字母和数字以外的所有字符，这样会使得网址变得难以辨别，因此还需要对数据进行简单的处理，代码如下所示。

```
web_df_order_20html_stream<-gsub("/","ii",web_df_order_20html_stream)
web_df_order_20html_stream<-gsub(".html","",web_df_order_20html_stream,
fixed=TRUE)

web_df_order_20html_stream[1:3]
##21
##"host10,iiResearch,iiRules,end"
##22
##"host100,iiResearch,iiRules,end"
##61
##"host1006,iidocsiiWhatsNew,iiOffices,iiOffices,iiPIC,end"
```

在这里，将"/"全部替换成为字符"ii"，将".html"替换为空值。接着可以开始准备建模了，建模的第一步，是创建一个 clickstreams 对象，代码如下所示。

```
click_tempfile<-tempfile()
writeLines(web_df_order_20html_stream,click_tempfile)
epa_trans<-readClickstreams(click_tempfile,header=TRUE)

epa_trans%>%head()
##$host10
##[1]"iiResearch""iiRules""end"
##
##$host100
##[1]"iiResearch""iiRules""end"
##
##$host1006
##[1]"iidocsiiWhatsNew""iiOffices""iiOffices""iiPIC"
##[5]"end"
##
##$host1007
##[1]"iidocsiiWhatsNew""iiOffices""iiOffices""iiPIC"
##[5]"end"
##
##$host1008
##[1]"iiPIC""iidocsiiWhatsNew""end"
##
```

```
##$host1009
##[1]"iiPIC""iidocsiiWhatsNew""end"
```

到这里，数据已经基本上处理好了。现在可以来构建模型，代码如下所示。

```
epa_mc<-fitMarkovChain(epa_trans,order=1)
```

在这里，使用fitMarkovChain()函数来构建模型。order=1表示构建的是1阶的马尔可夫链，修改这个参数可以构建0阶或者高阶的马尔可夫链。然后可以查看状态转移矩阵，代码如下所示。

```
epa_mc@transitions
##$`1`
##endiiInfoiiInitiativesiiNewsiiOffices
##end00.1990740740.1260504200.3253968250.324840764
##iiInfo00.0879629630.0672268910.0952380950.057324841
##iiInitiatives00.0138888890.0756302520.0396825400.019108280
##iiNews00.0879629630.0168067230.0317460320.044585987
##iiOffices00.0740740740.0252100840.0317460320.063694268
##iiPIC00.0138888890.0168067230.0396825400.050955414
##iiPress00.0185185190.0420168070.0476190480.031847134
##iiResearch00.0879629630.0924369750.0396825400.012738854
##iiRules00.0648148150.2773109240.0793650790.095541401
##iiSoftware00.0879629630.0672268910.0714285710.063694268
##iiStandards00.0601851850.0504201680.0317460320.019108280
##iidocsiiCSO00.0509259260.0000000000.0158730160.070063694
##iidocsiiEnvironment00.0092592590.0252100840.0317460320.006369427
##iidocsiiGovernment00.0092592590.0000000000.0396825400.019108280
##iidocsiiInternet00.0416666670.0336134450.0079365080.012738854
##iidocsiiWelcomeiiEPA00.0185185190.0000000000.0158730160.025477707
##iidocsiiWhatsHot00.0092592590.0336134450.0079365080.006369427
##iidocsiiWhatsNew00.0046296300.0252100840.0238095240.070063694
##iidocsiimajor00.0462962960.0084033610.0238095240.000000000
##iienviroiihtmliiefhome00.0046296300.0168067230.0000000000.006369427
##iiinformation00.0092592590.0000000000.0000000000.000000000
```

从输出结果中可以看出，如果初始页面是iiInfo，那么一次点击之后，有0.06的概率转移到iiStandards，有0.05的概率转移到iidocsiiCSO，以此类推。转移矩阵很容易可视化为热图，下面尝试对数据进行可视化，代码如下所示。

```
epa_mc_mat<-t(epa_mc@transitions[[1]])

dimnames(epa_mc_mat)[[1]]<-gsub("ii","/",dimnames(epa_mc_mat)[[1]])

dimnames(epa_mc_mat)[[2]]<-gsub("ii","/",dimnames(epa_mc_mat)[[2]])

epa_mc_mat%>%head()
##end/Info/Initiatives/News/Offices/PIC
##end0.00000000.000000000.000000000.000000000.000000000.00000000
##/Info0.19907410.087962960.013888890.087962960.074074070.01388889
##/Initiatives0.12605040.067226890.075630250.016806720.025210080.01680672
##/News0.32539680.095238100.039682540.031746030.031746030.03968254
##/Offices0.32484080.057324840.019108280.044585990.063694270.05095541
```

```
##/PIC0.35416670.034722220.000000000.000000000.048611110.05555556
##/Press/Research/Rules/Software/Standards/docs/CSO
##end0.000000000.000000000.000000000.000000000.000000000.00000000
##/Info0.018518520.087962960.064814810.087962960.060185190.05092593
##/Initiatives0.042016810.092436970.277310920.067226890.050420170.00000000
##/News0.047619050.039682540.079365080.071428570.031746030.01587302
##/Offices0.031847130.012738850.095541400.063694270.019108280.07006369
##/PIC0.013888890.034722220.055555560.013888890.034722220.06944444
##/docs/Environment/docs/Government/docs/Internet
##end0.0000000000.0000000000.000000000
##/Info0.0092592590.0092592590.041666667
##/Initiatives0.0252100840.0000000000.033613445
##/News0.0317460320.0396825400.007936508
##/Offices0.0063694270.0191082800.012738854
##/PIC0.0138888890.0069444440.006944444
##/docs/Welcome/EPA/docs/WhatsHot/docs/WhatsNew/docs/major
##end0.0000000000.000000000.000000000.000000000
##/Info0.0185185190.0092592590.004629630.046296296
##/Initiatives0.0000000000.0336134450.025210080.008403361
##/News0.0158730160.0079365080.023809520.023809524
##/Offices0.0254777070.0063694270.070063690.000000000
##/PIC0.0069444440.0486111110.083333330.048611111
##/enviro/html/efhome/information
##end0.0000000000.000000000
##/Info0.0046296300.009259259
##/Initiatives0.0168067230.000000000
##/News0.0000000000.000000000
##/Offices0.0063694270.000000000
##/PIC0.0000000000.069444444
```

在上面的代码中将数据集的行名和列名进行了重新设置，让网址变得更具可读性，接下来可以绘制热力图，代码如下所示。

```
library(superheat)
set.seed(70510)
superheat(epa_mc_mat[-1,],
bottom.label.size=0.4,
bottom.label.text.size=3.5,
bottom.label.text.angle=270,
left.label.size=0.3,
left.label.text.size=4,
heat.col.scheme="blue",
n.clusters.rows=5,n.clusters.cols=5,
left.label="variable",bottom.label="variable",title="状态转移矩阵")
```

这里使用了 superheat 包中的 superheat() 函数来绘制热力图，如图 8-4 所示，图中颜色越深表示概率越大。另外，这里删除了第一列，这是因为，没有任何页面起始于 end 页面。另外，clickstream 其实提供了对结果进行数据可视化的函数，例如 hmPlot，代码如下所示。

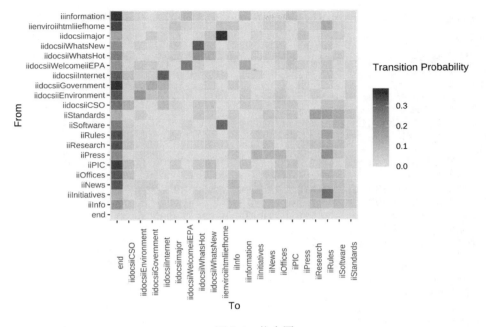

图 8-4 热力图

```
hmPlot(epa_mc)
##Warning:Use of `df$value` is discouraged.Use `value` instead.
##Warning:Use of `df$to` is discouraged.Use `to` instead.
##Warning:Use of `df$from` is discouraged.Use `from` instead.
```

通过 hmPlot()函数可以更加方便地绘制关于转移矩阵的热力图。另外，还可以使用 plot()函数对结果进行可视化，代码如下所示，结果如图 8-5 所示。

```
plot(epa_mc,minProbability=0.25)
```

通过 plot()函数可以将转移矩阵通过网络图的形式体现。需要注意的是，minProbability 参数表示的是最小的转移概率是多少，这里指定最小的概率是 0.25，那么图形中就只会显现出转移概率大于 0.25 的结果。

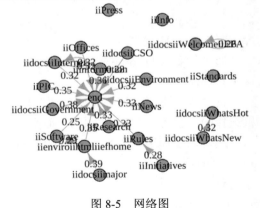

图 8-5 网络图

8.2.2 高阶链和预测

如果想对多个页面的转换进行建模，可以用高阶参数拟合马尔可夫链。这需要将数据筛选到具有足够数量事件的相关会话。例如，希望对两次转移后的结果进行建模，那么序列的长度就必须大于 3。因此,在这里筛选序列长度大于或等于 4 的数据,然后再进行建模,代码如下所示。

```
epa_trans_ge3<-epa_trans[lapply(epa_trans,length)>=4]
epa_mc2<-fitMarkovChain(epa_trans_ge3,order=2)
epa_mc2
##Higher-OrderMarkovChain(order=2)
##
##TransitionProbabilities:
##
##Lag:1
##lambda:0.8640204
##endiiInfoiiInitiativesiiNewsiiOffices
##end00.1588235290.1165048540.3018867920.253968254
##iiInfo00.1000000000.0582524270.1132075470.071428571
##iiInitiatives00.0176470590.0776699030.0471698110.023809524
##iiNews00.1058823530.0194174760.0377358490.055555556
##iiOffices00.0764705880.0291262140.0377358490.071428571
##iiPIC00.0176470590.0194174760.0471698110.063492063
##iiPress00.0000000000.0485436890.0566037740.039682540
##iiResearch00.0941176470.1067961170.0377358490.000000000
##iiRules00.0529411760.2912621360.0754716980.111111111
##iiSoftware00.1000000000.0776699030.0754716980.039682540
##iiStandards00.0588235290.0582524270.0377358490.023809524
##iidocsiiCSO00.0411764710.0000000000.0000000000.087301587
##iidocsiiEnvironment00.0117647060.0097087380.0377358490.000000000
##iidocsiiGovernment00.0117647060.0000000000.0471698110.023809524
##iidocsiiInternet00.0411764710.0194174760.0000000000.015873016
##iidocsiiWelcomeiiEPA00.0176470590.0000000000.0000000000.031746032
##iidocsiiWhatsHot00.0117647060.0388349510.0094339620.007936508
##iidocsiiWhatsNew00.0058823530.0291262140.0283018870.071428571
##iidocsiimajor00.0588235290.0000000000.0094339620.000000000
##iienviroiihtmliiefhome00.0058823530.0000000000.0000000000.007936508
##iiinformation00.0117647060.0000000000.0000000000.000000000
```

通过设置参数 order=2,模型的输出结果会给出两个转移矩阵,输出结果有一点长,这里只展示了部分。

进一步,还可以使用模型预测用户的行为。这里先查看第 538 个行为序列(这里是随机选择的,也可以尝试其他的序列),然后预测这一个行为序列的下一个行为。

还可以是使用模型来预测可能遵循特定序列的状态。考虑数据中的序列 375 恰好有 33 个页面视图的长度。首先,检查序列,为方便起见,将其复制到一个新的 clickstream 序列对象,代码如下所示。

```
epa_trans[538]
##$host2292
##[1]"iiStandards""iiInfo""iiRules""iiInitiatives"
##[5]"iidocsiiWhatsHot""iidocsiiWhatsNew""end"
epa_ex<-new("Pattern",sequence=head(unlist(epa_trans[538]),-1))
```

需要注意的是,这里使用 new()函数创建了一个新的行为序列,使用 head(…,-1)来获取除最终观察之外的所有序列。

接着使用 redict() 函数来预测这个行为序列的下一个行为，代码如下所示。

```
redict(epa_mc2,epa_ex,dist=1)
##Sequence:iidocsiiWhatsHot
##Probability:0.3101709
##AbsorbingProbabilities:
##None
##1NaN
```

从输出结果中可以看出，下一个页面是 iidocsiiWhatsHot，概率为 0.3。接下来预测 4 次之后的行为，修改 dist 参数为 4。

```
predict(epa_mc2,epa_ex,dist=4)
##Sequence:iidocsiiWhatsHotend
##Probability:0.06533222
##AbsorbingProbabilities:
##None
##1NaN
```

从输出的结果中可以看出，下一个页面依然是 iidocsiiWhatsHotend，概率为 0.06 左右。这可能表明 iidocsiiInternet 就是这个行为序列的最终状态。

8.3 选择模型

在市场营销中观察到的许多数据都描述了客户购买产品的情况，不管是线上的电子商务，还是线下的零售商店，都会记录有关客户的交易信息。关联规则就是处理这些数据的一个应用，通过关联规则可以去发现经常被一起购买的产品组。本节主要讨论另外一个话题，即分析客户的产品选择，了解产品的特点和价格是如何影响客户选择的。例如，客户进入了商店，以 10 元的价格选择了一款奶油草莓蛋糕，更加概念化的表述是，客户在这家商店的所有蛋糕中选择了这款价格为 10 元的奶油草莓蛋糕。

对客户的选择数据进行分析，可以确定产品的哪些特点，例如包装、尺寸、品牌、风味等对客户最具有吸引力，以及客户是如何权衡价格与这些产品特点之间的关系。

假设一家汽车公司正在设计一款新型的汽车，在设计过程中试图确定汽车应该使用什么类型的发动机。这个时候，了解客户对不同发动机的偏好对于设计方案的确定是很有帮助的。客户们是否喜欢混动的发动机？有多大比例的客户喜欢混动发动机？如果客户喜欢，他们愿意花费多少钱来购买？

营销人员通常会使用调查问卷来获取这些信息，问卷会给客户提供各种问题，每种问题都有不同的方案，然后看客户的选择更偏好哪种方案。本节将会使用类似的问卷数据，数据链接为：http://goo.gl/5xQObB。

```
library(tidyverse)
df<-read.csv("/Users/milin/Downloads/rintro-chapter13conjoint.csv",
colClasses=c(seat="factor",price="factor",choice="integer"))
```

```
df%>%head()
##resp.idquesaltcarpoolseatcargoengpricechoice
##1111yes62ftgas350
##2112yes83fthyb300
##3113yes63ftgas301
##4121yes62ftgas300
##5122yes73ftgas351
##6123yes62ftelec350
```

关于这份数据,前三行表示的是一个问题,每一行表示一个方案,choice 表示的是用户的选择。从输出结果中可以看出,用户选择的是第三个方案。数据中,resp.id 表示这个问卷的问答者,ques 表示的是第几个问题,alt 表示的是第几个方案,其他的特征表示的是具体的方案。

然后设置一下变量中因子变量的顺序,代码如下所示。

```
df$eng<-factor(df$eng,levels=c("gas","hyb","elec"))

df$carpool<-factor(df$carpool,levels=c("yes","no"))

summary(df)
##resp.idquesaltcarpoolseat
##Min.:1.00Min.:1Min.:1yes:26556:3024
##1stQu.:50.751stQu.:41stQu.:1no:63457:2993
##Median:100.50Median:8Median:28:2983
##Mean:100.50Mean:8Mean:2
##3rdQu.:150.253rdQu.:123rdQu.:3
##Max.:200.00Max.:15Max.:3
##cargoengpricechoice
##Length:9000gas:300530:2998Min.:0.0000
##Class:characterhyb:298535:29971stQu.:0.0000
##Mode:characterelec:301040:3005Median:0.0000
##Mean:0.3333
##3rdQu.:1.0000
##Max.:1.0000
```

上面的代码设置了因子变量 eng 和 carpool 的顺序,然后通过 summary() 函数查看关于数据的整体情况。可以进一步通过列联表来分析选择与选项之间的关系,代码如下所示。

```
table(df$choice,df$price)
##
##303540
##0151220412447
##11486956558
```

在输出结果中,1 表示用户的选择。对于这个结果,只需要关注用户的选择结果。从结果可以看出,客户更加倾向于选择价格为 30 的方案。下面还可以看一下其他的选项,代码如下所示。

```
table(df$choice,df$cargo)
##
##2ft3ft
##031892811
##113121688
```

从输出结果中可以看出，客户的选择中，荷重（Cargo）的选择相比价格（Price）的选择更加平衡。这就说明价格更加能够影响客户的选择。下面再看一个变量 seat，代码如下所示。

```
table(df$choice,df$seat)
##
##      6  7  8
##  0 186 02 1392 001
##  1 1164 854 982
```

关于 seat，客户的选择还是比较平衡的，也说明 seat 并不能太大影响客户的选择。这里再次重申一个观点：在建模之前，对于数据的了解是非常重要的。通常而言，只要数据整理好了，就可以建立模型，但是要知道，真正重要的一点是要挖掘出数据中表达的含义，分析数据之间的关系。因此，在建模之间，要尽可能地做一些数据分析、统计检验或数据可视化来帮助理解数据，当充分了解数据之后，再开始建模。对于这一份数据，还可以进一步分析与可视化，但是由于篇幅原因，这些工作需要读者自行完成，这里就不再展示。

建立选择模型，需要使用 mlogit 包中的 mlogit() 函数，如果需要要更快的计算速度与更复杂的数据，还可以使用 mnlogit 包来构建模型。使用 mlogit() 函数构建模型，需要将数据设置成为特定的数据格式。这里使用 dfidx() 函数来将数据转变为合适的格式，代码如下所示。

```
library(mlogit)
##Loadingrequiredpackage:dfidx
##
##Attachingpackage:'dfidx'
##Thefollowingobjectismaskedfrom'package:MASS':
##
##select
##Thefollowingobjectismaskedfrom'package:stats':
##
##filter
library(dfidx)#installifneeded
#addacolumnwithuniquequestionnumbers,asneededinmlogit1.1+
df$chid<-rep(1:(nrow(df)/3),each=3)
#shapethedataformlogit
df_mlogit<-dfidx(df,choice="choice",idx=list(c("chid","resp.id"),"alt"))

df_mlogit
##~~~~~~~
##first10observationsoutof9000
##~~~~~~~
##   ques carpool seat cargo eng  price choice idx
## 1  1   yes     6    2ft  gas  35    FALSE  1:1
## 2  1   yes     8    3ft  hyb  30    FALSE  1:2
## 3  1   yes     6    3ft  gas  30    TRUE   1:3
## 4  2   yes     6    2ft  gas  30    FALSE  2:1
## 5  2   yes     7    3ft  gas  35    TRUE   2:2
## 6  2   yes     6    2ft  elec 35    FALSE  2:3
```

```
##73yes83ftgas35TRUE3:1
##83yes73ftelec30FALSE3:2
##93yes82ftelec40FALSE3:3
##104yes73ftelec40TRUE4:1
##
##~~~indexes~~~~
##chidresp.idalt
##1111
##2112
##3113
##4211
##5212
##6213
##7311
##8312
##9313
##10411
##indexes:1,1,2
```

这里使用了 dfidx 包中的 dfidx()函数来构造数据集,数据集构造完成之后就可以建模了。使用 mlogit()函数构建选择模型,代码如下所示。

```
cm<-mlogit(choice~0+seat+cargo+eng+price,data=df_mlogit)
cm
##
##Call:
##mlogit(formula=choice~0+seat+cargo+eng+price,data=df_mlogit,method="nr")
##
##Coefficients:
##seat7seat8cargo3ftenghybengelecprice35price40
##-0.53528-0.305840.47745-0.81128-1.53076-0.91366-1.72585
summary(cm)
##
##Call:
##mlogit(formula=choice~0+seat+cargo+eng+price,data=df_mlogit,
##method="nr")
##
##Frequenciesofalternatives:choice
##123
##0.327000.334670.33833
##
##nrmethod
##5iterations,0h:0m:0s
##g'(-H)^-1g=7.84E-05
##successivefunctionvalueswithintolerancelimits
##
##Coefficients:
##EstimateStd.Errorz-valuePr(>|z|)
##seat7-0.5352800.062360-8.5837<2.2e-16***
##seat8-0.3058400.061129-5.00325.638e-07***
##cargo3ft0.4774490.0508889.3824<2.2e-16***
```

```
##enghyb-0.8112820.060130-13.4921<2.2e-16***
##engelec-1.5307620.067456-22.6926<2.2e-16***
##price35-0.9136560.060601-15.0765<2.2e-16***
##price40-1.7258510.069631-24.7856<2.2e-16***
##---
##Signif.codes:0'***'0.001'**'0.01'*'0.05'.'0.1''1
##
##Log-Likelihood:-2581.6
```

上面的代码通过 mlogit() 函数构建模型，构建模型的形式和使用 lm 构建回归模型的形式是一样的。构建好模型之后，通过 summary() 函数查看模型的细节。从模型的结果可以看出，模型给出了不同变量不同级别的估计，要理解这些不同级别的估计值，需要参考这个变量的基础级别。

例如，对于 seat 变量，一共有三个级别 seat6、seat7 和 seat8。模型中并没有 seat6 的估计值，而 seat7 的估计值为-0.53，seat7 的估计值衡量了 seat7 相对于 seat6 对于客户的吸引力，seat7 的估计值为负数，则说明客户更加偏好 seat6，估计值数量级越大，表示偏好越强。

从输出结果中可以看出，标准误差给出了给定数据时估计值的精确程度。最后统计检验给出了系数是否等于 0 的判断，从输出结果中可以看出，所有的系数都是显著的。需要注意的是，代码"mlogit(choice~0+seat+cargo+eng+price,data=df_mlogit)"中的 0 表示不希望模型出现截距。如果希望出现截距，则可以去除掉 0。

```
cm2<-mlogit(choice~seat+cargo+eng+price,data=df_mlogit)
cm2
##
##Call:
##mlogit(formula=choice~seat+cargo+eng+price,data=df_mlogit,method="nr")
##
##Coefficients:
##(Intercept):2(Intercept):3seat7seat8cargo3ft
##0.0289800.041271-0.535369-0.3043690.477705
##enghybengelecprice35price40
##-0.811494-1.529423-0.913777-1.726878
summary(cm2)
##
##Call:
##mlogit(formula=choice~seat+cargo+eng+price,data=df_mlogit,
##method="nr")
##
##Frequenciesofalternatives:choice
##123
##0.327000.334670.33833
##
##nrmethod
##5iterations,0h:0m:0s
##g'(-H)^-1g=7.86E-05
##successivefunctionvalueswithintolerancelimits
```

```
##
##Coefficients:
##EstimateStd.Errorz-valuePr(>|z|)
## (Intercept):20.0289800.0512770.56520.5720
## (Intercept):30.0412710.0513840.80320.4219
##seat7-0.5353690.062369-8.5840<2.2e-16***
##seat8-0.3043690.061164-4.97636.481e-07***
##cargo3ft0.4777050.0508999.3854<2.2e-16***
##enghyb-0.8114940.060130-13.4956<2.2e-16***
##engelec-1.5294230.067471-22.6677<2.2e-16***
##price35-0.9137770.060608-15.0769<2.2e-16***
##price40-1.7268780.069654-24.7922<2.2e-16***
##---
##Signif.codes:0'***'0.001'**'0.01'*'0.05'.'0.1''1
##
##Log-Likelihood:-2581.3
##McFaddenR^2:0.21674
##Likelihoodratiotest:chisq=1428.5(p.value=<2.22e-16)
```

除去 0 之后，模型中多出了两个系数，这两个系数的含义可以理解为客户对不同位置问题的偏好（如一排有三个选项：左，中，右），(Intercept):2 表示相比于第一个问题，客户选择第二个问题的偏好；(Intercept):3 表示相比第一个问题，客户选择第三个问题的偏好。从输出结果中可以看出，这两个系数是不显著的，当然这也是我们希望客户看到的结果。在这里构建了两个模型：一个模型带有截距项；一个模型不带有截距项，下面比较两个模型的好坏，代码如下所示。

```
lrtest(cm,cm2)
##Likelihoodratiotest
##
##Model1:choice~0+seat+cargo+eng+price
##Model2:choice~seat+cargo+eng+price
###DfLogLikDfChisqPr(>Chisq)
##17-2581.6
##29-2581.320.67890.7122
```

通过 lrtest() 函数可以实现似然比检验，常常用于比较两个模型，其中一个模型具有另外一个模型的参数子集。比较 cm 和 cm2 这两个模型，p-value 为 0.7122，大于 0.05，因此可以说明这两个模型对于数据的拟合程度是相似的。在之前的模型中，全部都是因子变量，尝试将 price 变量转变为数值变量，然后再构建模型，代码如下所示。

```
cm3<-mlogit(choice~0+seat+cargo+eng+as.numeric(as.character(price)),
data=df_mlogit)
cm3
##
##Call:
##mlogit(formula=choice~0+seat+cargo+eng+as.numeric(as.character(price)),
data=df_mlogit,method="nr")
##
##Coefficients:
##seat7seat8
```

```
##-0.53454-0.30611
##cargo3ftenghyb
##0.47669-0.81073
##engelecas.numeric(as.character(price))
##-1.52912-0.17331
summary(cm3)
##
##Call:
##mlogit(formula=choice~0+seat+cargo+eng+as.numeric(as.character(price)),
##data=df_mlogit,method="nr")
##
##Frequenciesofalternatives:choice
##123
##0.327000.334670.33833
##
##nrmethod
##5iterations,0h:0m:0s
##g'(-H)^-1g=8E-05
##successivefunctionvalueswithintolerancelimits
##
##Coefficients:
##EstimateStd.Errorz-valuePr(>|z|)
##seat7-0.53453920.0623518-8.5730<2.2e-16***
##seat8-0.30610740.0611184-5.00845.488e-07***
##cargo3ft0.47669360.05086329.3721<2.2e-16***
##enghyb-0.81073390.0601149-13.4864<2.2e-16***
##engelec-1.52912470.0673982-22.6879<2.2e-16***
##as.numeric(as.character(price))-0.17330530.0069398-24.9726<2.2e-16***
##---
##Signif.codes:0'***'0.001'**'0.01'*'0.05'.'0.1''1
##
##Log-Likelihood:-2582.1
```

从输出结果中可以看出，price 的系数是-0.17，系数是负号说明人们更加偏好低的价格，系数的值越大表示这种偏好越强烈。然后对第一个模型和第三个模型进行似然比检验，代码如下所示。

```
lrtest(cm,cm3)
##Likelihoodratiotest
##
##Model1:choice~0+seat+cargo+eng+price
##Model2:choice~0+seat+cargo+eng+as.numeric(as.character(price))
###DfLogLikDfChisqPr(>Chisq)
##17-2581.6
##26-2582.1-10.90540.3413
```

从输出结果中可以看出，p-value 为 0.3413，说明这两个模型也并没有明显的差异。既然这几个模型没有差异，那么使用第三个模型，因为第三个模型变量最少。

选择模型虽然形式上和回归模型与广义线性回归模型类似，但是含义与它们还是非常不一样，因为选择模型衡量的是对于不同选择的偏好程度，这让那些不熟悉选择模型的人对于模型结果难以理解。很多时候,建模者不会直接给出模型的系数,而是给出选择份额的预测(Choice Share Predictions)或者计算每一个属性的支付意愿(Willingness-to-pay)。

下面通过将某一属性的某一特定级别的系数除以价格系数来计算该级别的平均支付意愿,代码如下所示。

```
coef(cm3)["cargo3ft"]/(-coef(cm3)["as.numeric(as.character(price))"]/1000)
##cargo3ft
##2750.601
```

这里计算了 cargo 变量的平均支付意愿,算法就是两个系数之间相除,需要注意的是,这里除以 1000,这是因为价格的单位是以 1000 计数的。可以理解为如果价格是 2750,那么客户对汽车 cargo 的选择可以是不关心的。可以计算每一个属性平均支付意愿,以帮助决策者了解客户对产品不同属性的重视程度。除了支付意愿的分析,还可以对选择份额进行预测,mlogit 包并没有提供相应的预测函数,需要手动编写,代码如下所示。

```
predict_mlm<-function(model,data){
data.model<-model.matrix(update(model$formula,0~.),data=data)[,-1]
utility<-data.model%*%model$coef
share<-exp(utility)/sum(exp(utility))
cbind(share,data)
}
```

在上面的代码中创建了一个函数 predict_mlm(),该函数有两个参数,第一个参数 model 是构建好的选择模型,第二个参数 data 是需要预测的数据。

在 predict_mlm()函数中,data.model<-model.matrix(update(model$formula,0~.), data=data) [,-1]中的 model.matrix 表示将数据从因子(Factor)转化为编码效应(Codeeffect),第一个参数是 update()函数所更新的公式,第二个参数就是建模要使用到的数据。

使用模型进行选择份额预测。首先可以定义许多不同的备选方案,然后可以使用模型预测客户将在这些备选方案里面如何进行选择。预测函数已经写好了,接下来生成数据,这里使用 expand.grid()函数生成数据集,代码如下所示。

```
attrib<-list(seat=c("6","7","8"),
cargo=c("2ft","3ft"),
eng=c("gas","hyb","elec"),
price=c("30","35","40"))

(new_data<-expand.grid(attrib)[c(1,16,31,46,51),])
##seatcargoengprice
##162ftgas30
##1663ftelec30
##3162ftelec35
##4663fthyb40
##5182ftelec40
```

expand.grid 可以生成网格数据,这里没有选择所有行,而是选择了第 1、16、31、46 和 51 行。数据准备好之后,就可以进行预测了。

```
predict_mlm(model=cm3,data=new_data)
##shareseatcargoengprice
##10.6269754562ftgas30
##160.2188696563ftelec30
##310.0571258362ftelec35
##460.0793457363fthyb40
##510.0176833482ftelec40
```

预测结果在第一列，列名是 share，从输出结果中可以看出，有 60%左右的客户会选择 seat 为 6，cargo 为 2ft，eng 为 gas，price 为 30 的方案。需要注意的是，这些份额的预测总是相对于一组特定的竞争对手或者方案做出的；如果竞争对手或者方案不一样，预测的份额就会改变。另外还需要注意，这并不是对于现实中市场份额的预测。选择份额预测用来评估用户在被调查的时候的行为，调查的结果可能无法直接转化为销量，因为这些方案可能并没有现成的对应的产品，或者客户看到实际的产品的时候会有不同的反应。这一点在传达模型结果的时候尤为重要。

想要知道如果改变了设计属性，份额会发生什么的变化，那么可以参考如下代码。

```
sensitivity_mnl<-function(model,attrib,base_data,competitor_data){
data<-rbind(base_data,competitor_data)
base_share<-predict_mlm(model,data)[1,1]
share<-NULL
for(ainseq_along(attrib)){
for(iinattrib[[a]]){
data[1,]<-base_data
data[1,a]<-i
share<-c(share,predict_mlm(model,data)[1,1])
}

}

data.frame(level=unlist(attrib),share=share,increase=share-base_share)
}

base_data<-expand.grid(attrib)[c(8),]

competitor_data<-expand.grid(attrib)[c(1,3,41,49,26),]

(tradeoff<-sensitivity_mnl(cm3,attrib,base_data,competitor_data))
##levelshareincrease
##seat160.178136340.06544742
##seat270.112688920.00000000
##seat380.137627950.02493904
##cargo12ft0.112688920.00000000
##cargo23ft0.169824590.05713567
##eng1gas0.222210510.10952160
##eng2hyb0.112688920.00000000
##eng3elec0.05830710-0.05438182
##price1300.112688920.00000000
##price2350.05068595-0.06200296
##price3400.02195379-0.09073513
```

下面对结果进行可视化，代码如下所示，结果如图 8-6 所示。
```
barplot(tradeoff$increase,horiz=FALSE,names.arg=tradeoff$level,ylab=
"基准产品份额变化")
```

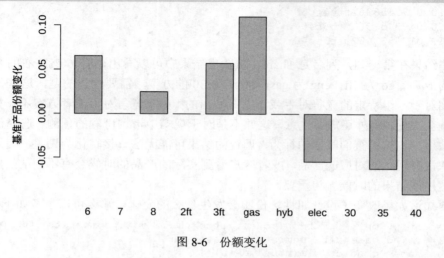

图 8-6　份额变化

图 8-6 为每次改变一个设计属性，份额的变化情况。如果将 seat6 改为 seat7，那么份额将增加 6.57%左右。如果将价格从 30 提高到 35，份额将减少 6%左右。通过图 8-6，可以让设计团队对设计属性的变化如何影响选择份额一目了然。

第 9 章　信用评分模型开发

信用评分模型是一种风险管理工具，通过历史数据估计贷款申请人的违约概率来评估其信用价值（例如贷款违约、破产或较低的拖欠水平）。信用评分模型本质上是一种分类模型，用来识别好坏客户，而信用评分模型的构建思想也可以应用于其他很多领域。

9.1　评分卡开发流程

信用评分模型最终的产出是一个评分卡，也就是一个根据用户数据来给用户打分的规则。通常而言，信用评分卡主要分为两类：
（1）申请评分卡。
（2）行为评分卡。
两种评分卡开发过程都是基于同样的方案，但是两者所应用的场景是有所不同的。
（1）申请评分卡被用于对新贷款申请进行一次性的信用评分，来决定是否贷款，贷款额度，贷款定价。
（2）行为评分卡是对通过审批进入执行阶段的用户，即交易的用户进行信用评分，其结果用于制定清收策略。

9.1.1　正常与违约

在构建信用评分模型之前，需要定义什么是坏客户。在信用评分领域，正常和违约通常不存在唯一的标准，其判定的标准往往取决于企业。但是，大多数评分卡开发都是基于 60 天、90 天或者 180 天逾期为标准。举个例子，标准可以定为，如果一个用户贷款逾期 60 天以上，此时，定义这个用户为坏客户。

明确了正常和违约的含义之后，需要对数据进行打标签，通常使用 1 表示违约，0 表示正常。完成定义之后，可以做进一步的分析与建模。

9.1.2　标准评分卡的格式

假设评分卡使用了三个变量：

（1）Age：年龄。
（2）TmAtAddress：当前地址的居住年限。
（3）EmpStatus：就业状况。

信用评分卡的效果如表9-1所示。

表9-1 评分卡效果

变量	条件	分值
基础分值		485
Age	如果Age＜25	19
	如果Age≥25且Age＜33	28
	如果Age≥33且Age＜48	39
	如果Age≥48且Age＜56	24
	如果Age≥56	20
	如果Age="缺失值"	19
TAR	如果TmAtAddress＜1	12
	如果TmAtAddress≥1且TAR＜3	24
	如果TmAtAddress≥3且TAR＜5	36
	如果TmAtAddress≥5	41
	如果TmAtAddress="缺失值"	17
ES	如果EmpStatus="全职"	38
	如果EmpStatus="兼职"	19
	如果EmpStatus="自由职业"	25
	如果EmpStatus="失业"	7
	如果EmpStatus="缺失值"	3

这就是基于信用评分模型开发出来的信用评分卡，假设这个时候有一个人，他的基本属性如下：

（1）Age=37。
（2）TmAtAddress=3.5。
（3）EmpStatus="全职"。

这个时候，他的分值则为：485+39+36+38=598，这就是此用户的信用评分结果。

信用评分模型有很多优点，在金融领域有着非常广泛的应用，其优点包括：

（1）易于理解。
（2）总的分值由于每一个变量的分值组合而成，非常易于解释。
（3）简单易实现。
（4）用户可以非常清楚地知道如何提高自己的分数。

9.1.3 评分卡开发流程

评分卡的开发流程大致如何,其实任何一个数据挖掘项目的开发流程都有类似的开发过程,只不过信用评分模型的开发会有一些额外的步骤,开发流程如图 9-1 所示。

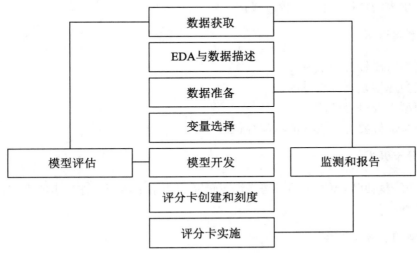

图 9-1　评分卡开发流程

1. 数据准备

在实际工作中,数据可能分散在各个地方,这个时候就需要将所有数据整合、汇总在一起。这一步其实并不容易,有什么数据可以用、什么数据合适用、什么数据有用,需要很多次尝试才能知道结果。

2. 探索性分析

探索性分析是检查数据以及理解数据的一个过程,一般情况下,需要进行如下的一些分析:
(1) 特征的统计描述,取值范围。
(2) 特征的违约率的分布(这一步需要对连续变量进行分箱)。
(3) 通过卡方检验、相关性等统计方法确定不同变量之间的关系。

3. 特征选择与WOE变换

如果有成百上千的建模特征,这个时候需要筛选出哪些有非常好的预测能力并且有比较好解释性的变量。特征选择的方法有很多,评分卡最常用的特征选择方法就是使用 IV

值进行筛选，建立逻辑回归模型之后使用逐步回归进一步筛选特征。当然，还有很多机器学习的特征选择方法，比如随机森林、boruta 等。本书上文介绍的很多方法也可以使用。

在建模之前，还需要将数据转换为 WOE 值，也就是进行 WOE 变换。

4．模型开发

将筛选出来的特征，构建逻辑回归模型。

5．模型验证

（1）模型有比较好的准确度。
（2）模型应该是比较稳健的。
（3）模型需要尽可能的简单。
（4）模型最好要有比较好的可解释性。

6．评分卡开发

当建立好逻辑回归模型之后，需要将逻辑回归的结果转变为评分卡的形式，具体方法会在后面讲解。

7．模型的上线与监控

评分卡建立好了之后，需要转化为可以实施的代码，并且确定得分的临界值，以对应所需要的业务行动。

上线好之后需要监控，因为评分卡的应用环境是在不断变化的，因此必须监控评分卡的实际表现、评分卡的客户群的特征变化等。接下来进行详细介绍。

9.2　数据获取与整合

首先要介绍的是数据准备，数据是任何数据挖掘问题的基础，这一个环节的好坏直接决定了最后结果能够达到的上限。

一般而言，信用评分卡的数据主要分为如下几组：
（1）人口统计特征，这个是用户的基本信息，如家庭收入、性别、年龄等。
（2）征信机构的数据，比如人行征信。
（3）交易数据，这一部分就很多了，如购物信息、金融交易信息等。
（4）其他产品所有权和使用记录，客户可能会在其他的金融机构同样有使用产品。

除了以上基础数据之外，还可以对基础数据进行简单的汇总，计算出一些新的指标。这个步骤有时是必要的，因为在建模的时候，每一个用户只能用一条数据来表示，但是用户的很多信息可能是多条的，如交易信息、购物信息等。这个时候需要对这些信息进行汇总。例如，用户的购买次数和需要和用户的购买信息进行汇总。

汇总值有几类，这里可以做一个总结：

（1）计数，有过多少次贷款，有过多少消费记录。

（2）求和，总的消费金额。

（3）占比，贷款额度与年收入的占比。

（4）时间差，第一次开户距今时长。

（5）波动率，过去三年每一份工作的时长标准差。

（6）成长率：近 1 个月的值/近 n 个月的平均值。

（7）离散系数：近 n 个月标准差/近 n 个月均值。

（8）波动性：(最大值-最小值)/近 3 个月均值。

（9）强度相对指标：总值除以次数。

这些对数据进行汇总的方法也称为特征衍生。了解了哪些数据可以使用之后，需要将分散在不同地方的数据整合在一起，通过某一个主键合并成一张宽大的表。

数据获取并且整合之后，需要进行一些完整性检验，包括：

（1）行的唯一性，一个 ID 只能有一条记录。

（2）范围与取值，每一个特征都需要有一个清晰的取值范围。

（3）缺失值。

（4）样本是否能够代替整体。

数据准备好之后，就可以进行下一个步骤了。

9.3 探索性分析

对数据进行探索性分析，本质上是了解数据蕴含的信息。对数据进行探索性分析之前，需要了解以下问题：

（1）特征的统计描述及分布。

（2）特征与预测变量之间的关系，特征是否有预测效果。

（3）缺失值与极端值的处理。

（4）特征中好坏样本的分布。

这个过程其实会消耗非常多的时间，也非常考验数据处理、数据分析的能力。本书之前的章节介绍过对应的内容，包括数据可视化的方法、一些数据处理的包（Dplyr）的使用。做好这一个步骤的工作并没有太多的诀窍，也没有什么完备的方法论来指导，唯有熟能生巧，做得多了，自然知道什么时候该怎么处理。

这里使用 scorecard 包中的一份信用评分数据作为例子，首先查看数据集，代码如下所示。

```
library(scorecard)
##Warning:package'scorecard'wasbuiltunderRversion3.4.4
data("germancredit")
names(germancredit)
##[1]"status.of.existing.checking.account"
##[2]"duration.in.month"
##[3]"credit.history"
##[4]"purpose"
##[5]"credit.amount"
##[6]"savings.account.and.bonds"
##[7]"present.employment.since"
##[8]"installment.rate.in.percentage.of.disposable.income"
##[9]"personal.status.and.sex"
##[10]"other.debtors.or.guarantors"
##[11]"present.residence.since"
##[12]"property"
##[13]"age.in.years"
##[14]"other.installment.plans"
##[15]"housing"
##[16]"number.of.existing.credits.at.this.bank"
##[17]"job"
##[18]"number.of.people.being.liable.to.provide.maintenance.for"
##[19]"telephone"
##[20]"foreign.worker"
##[21]"creditability"
```

本节使用的是 scorecard 包，通过上面的代码查看了数据集的特征，其中，creditability 表示目标变量，即用户是否会逾期。由于数据集是比较干净的，不需要做其他过多的处理，可以直接进行分析。

9.3.1 单变量统计量

首先，可以分析关于数据的一些统计量，通过统计量对数据的情况进行了解。统计量一般分为如下几部分：

（1）矩，包括均值、众数、标准差。
（2）分位数。
（3）极端值。

一般而言，使用 R 语言进行分析的时候，使用 summary()就可以得出数据的单变量统计量，代码如下所示。

```
summary(germancredit)
##status.of.existing.checking.account
##…<0DM:274
##0<=…<200DM:269
##…>=200DM/salaryassignmentsforatleast1year:63
##nocheckingaccount:394
##
##
##duration.in.month
```

```
##Min.:4.0
##1stQu.:12.0
##Median:18.0
##Mean:20.9
##3rdQu.:24.0
##Max.:72.0
##credit.history
##nocreditstaken/allcreditspaidbackduly:40
##allcreditsatthisbankpaidbackduly:49
##existingcreditspaidbackdulytillnow:530
##delayinpayingoffinthepast:88
##criticalaccount/othercreditsexisting(notatthisbank):293
##
##purposecredit.amount
##Length:1000Min.:250
##Class:character1stQu.:1366
##Mode:characterMedian:2320
##Mean:3271
##3rdQu.:3972
##Max.:18424
##savings.account.and.bondspresent.employment.since
##…<100DM:603unemployed:62
##100<=...<500DM:103...<1year:172
##500<=...<1000DM:631<=...<4years:339
##…>=1000DM:484<=...<7years:174
##unknown/nosavingsaccount:183...>=7years:253
##
##installment.rate.in.percentage.of.disposable.income
##Min.:1.000
##1stQu.:2.000
##Median:3.000
##Mean:2.973
##3rdQu.:4.000
##Max.:4.000
…
```

Summary()可以计算整个数据集的统计信息，如分位数、平均值等。在 9.3.2 和 9.3.3 小节也会用到这个函数。

9.3.2 变量的分布情况

获得数据之后，最重要的一个步骤是观察数据的分布状态，了解数据的整体情况。通常，可以通过绘制连续变量的直方图来查看数据的分布状态，观察数据是否有偏，是否具有某种趋势，代码如下所示，结果如图 9-2 所示。

```
require(ggplot2)
##Loadingrequiredpackage:ggplot2
qplot(germancredit$credit.amount,binwidth=300)+
xlab("creditamount")+ggthemes::theme_clean()
```

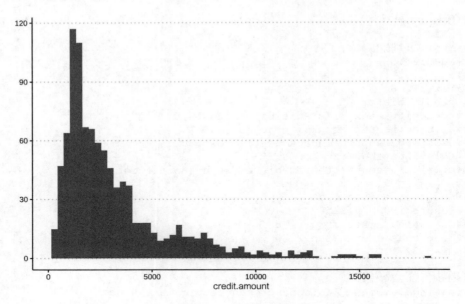

图 9-2 直方图

从图 9-2 中可以看出，信用额度的分布是左偏的，因为数据已经打好标签了，这个时候可以看好坏客户的 credit.amount 和 fill 特征的分布是否有区别，代码如下所示，结果如图 9-3 所示。

```
require(ggplot2)
qplot(germancredit$credit.amount,fill=germancredit$creditability,binwidth=300)+xlab("creditamount")+ggthemes::theme_clean()
```

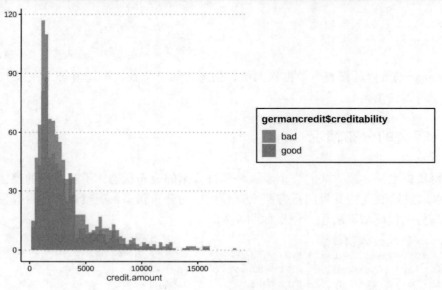

图 9-3 直方图

从图 9-3 中可以看出，好坏客户的 credit.amount 和 fill 特征的分布其实差别不大，这也意味着 credit.amount 和 fill 特征对于目标变量的预测没有太大的影响。商家期望的是好坏客户的特征分布差异较大，因为差异越大，表示越容易区分好客户和坏客户。

9.3.3 列联表分析

对于连续变量，可以查看其分布，先要获取离散变量的整体信息，就需要查看离散变量的列联表。

比如，下面看一下房子的信息与好坏客户的信息，代码如下所示。

```
table(germancredit$housing,germancredit$creditability)
##
##badgood
##rent70109
##own186527
##forfree4464
```

从输出结果中可以看出，在租房的人群中，坏客户占 0.39，在自有房的人群中，坏客户占比 0.26，在第三类人群中，坏客户占比 0.4。因此，如果一个人有房产，则这个人是好客户的概率更大。下面进行卡方检验，判断这个差异是否显著，代码如下所示。

```
chisq.test(germancredit$housing,germancredit$creditability)

Pearson'sChi-squaredtest

data:germancredit$housingandgermancredit$creditability
X-squared=18.2,df=2,p-value=0.0001117
```

从输出结果中可以看出，p-value 非常小，拒绝原假设，认为数据之间是有关系的。

9.3.4 极端值的识别

需要注意的是，信用评分模型的开发有两个隐含的条件，其实也不仅仅对于信用评分模型而言，模型都有类似的隐含条件：

（1）违约状态是预测变量的函数。

（2）特征数据由同一个分布产生。

实际上这两个条件不一定满足，因此很难说哪些数据是极端值，通常而言，识别极端值的方法是根据数据的差异来进行判断。

识别极端值一般有 4 种方法：

（1）设定一个取值范围，例如使用三杯标准差原则。

（2）建立模型，如果数据验证偏离模型，则认为是极端值，例如建立线性模型，严重偏离线性模型的数据为极端值。

（3）聚类，将数据聚类为较小的子集，如果某个子集包含的观测值非常少，则可以认为是异常值。

（4）决策树，用决策树发现包含非常少数据的节点，这些节点的数据可能就是异常值。

最后介绍极端值的处理。如果极端值的占比超过 10%，那么数据可能存在多个分布，这样可能需要针对不同的群体开发评分卡；如果极端值比较少的话，就可以直接删除极端值。

9.4 特征选择

特征选择需要注意的是，特征之间最好不要有相关性，如果变量之间存在相关性，则意味着存在冗余信息。前面已提到过，特征选择的目的是在不影响预测性能的情况下，尽可能地减少特征数量。

前面也提到了很多特征选择方法，一般地，连续变量的相关性使用相关性检验，离散变量的相关性使用卡方检验。在信用评分领域，使用 IV 值来判断特征的重要性也是常用的方法。

下面对之前的数据进行检验。

1. 对连续特征进行相关性检测

对连续特征的相关性进行检验并可视化，代码如下所示，结果如图 9-4 所示。

```
#提取出连续变量
require(tidyverse)
library(corrplot)                                    #先加载包
##corrplot0.84loaded
tmp1<-germancredit
%>%select(duration.in.month,credit.amount,installment.rate.in.percentage.
of.disposable.income,present.residence.since,age.in.years,number.of.
existing.credits.at.this.bank,number.of.people.being.liable.to.provide.
maintenance.for)

#需要多数据重新命名一下
names(tmp1)<-
c('duration','creditamount','installmentrate','presentresidence','age',
'numberofcredit','numberofliabel')
corrplot(cor(tmp1))
```

这里使用了 corrplot 包中的 corrplot() 函数对数据集特征之间的相关性进行可视化，如图 9-5 所示，颜色越深表示相关性的绝对值越大。从输出结果可以看到，creditamount 和 duration 两个特征之间的相关性是比较大的。下面进行相关性检验，代码如下所示。

```
library(PerformanceAnalytics)
chart.Correlation(tmp1,histogram=TRUE,pch=19)
```

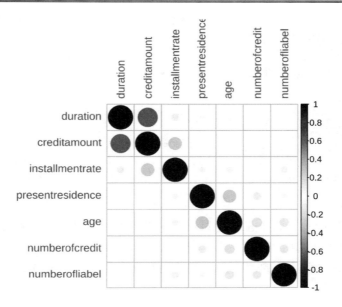

图 9-4　相关系数

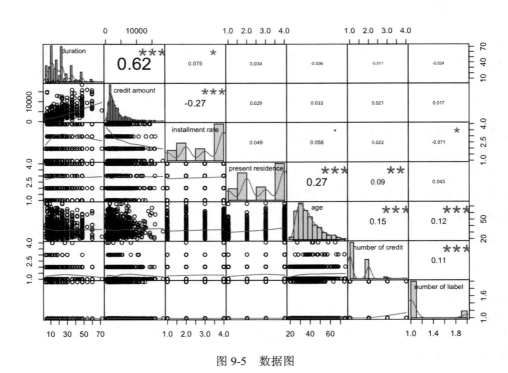

图 9-5　数据图

上面的代码使用了 chart.Correlation()函数数据集的特征进行相关性检验，图 9-5 右上角的数字表示相关性，星星越多，表示统计检验中的 p-value 越小。

2. 对离散特征进行卡方检验

想要分析两个离散变量之间的关系，可以使用卡方检验，例如分析账户状态与逾期之间的关系。

```
chisq.test(germancredit$status.of.existing.checking.account,germancredit
$creditability)
##
##Pearson'sChi-squaredtest
##
##data:germancredit$status.of.existing.checking.accountandgermancredit$
creditability
##X-squared=123.72,df=3,p-value<2.2e-16
```

由输出结果可知，p-value 值比较小，小于 0.05，因此拒绝原假设，认为是否会逾期与账户状态是有关系的。

变量之间的关系检验的主要方法就是上面介绍的两种。表 9-2 列举了一些其他检验方法。

表 9-2 统计指标

指标	描述	指标	描述
X^2	皮尔森卡方统计量	θ	概率比
ρ	皮尔森相关系数	G	似然比检验统计量
ρ_s	斯皮尔曼相关系数	E	熵方差
G_r	基尼方差	IV	信息值

9.4.1 使用 IV 值进行特征选择

传统的信用评分模型建模过程中，会使用信息值（IV）进行特征选择。IV 的本质上是衡量两个离散变量之间的关系，其中一个是二元变量，对于二分类问题，则可以使用此方法进行特征选择，其定义如下：

$$IV = \sum_{i=1}^{r}(p_i - q_i)\log\left(\frac{p_i}{q_i}\right)$$

其中：p_i 表示第 i 组中正样本的比例；q_i 表示第 i 组中负样本的比例。

假设有一个变量——性别，有两个值：男和女。那么 p 就表示男性或者女性中正样本的比例（男性这一组数据中正样本的数量/整个数据中正样本的数量）。使用 Scorecard 包中的 iv()函数计算信息值，代码如下所示。

```
info_value=iv(germancredit,y="creditability")

info_value
##variableinfo_value
```

```
##1:status.of.existing.checking.account6.660115e-01
##2:duration.in.month3.345035e-01
##3:credit.history2.932335e-01
##4:age.in.years2.596514e-01
##5:savings.account.and.bonds1.960096e-01
##6:purpose1.691951e-01
##7:property1.126383e-01
##8:present.employment.since8.643363e-02
##9:housing8.329343e-02
##10:other.installment.plans5.761454e-02
##11:foreign.worker4.387741e-02
##12:personal.status.and.sex4.268938e-02
##13:credit.amount3.895727e-02
##14:other.debtors.or.guarantors3.201932e-02
##15:installment.rate.in.percentage.of.disposable.income2.632209e-02
##16:number.of.existing.credits.at.this.bank1.326652e-02
##17:job8.762766e-03
##18:telephone6.377605e-03
##19:present.residence.since3.588773e-03
##20:number.of.people.being.liable.to.provide.maintenance.for4.339223e-05
```

IV 值越大，表示变量的预测能力越强，具体如表 9-3 所示。

表 9-3 IV 值

IV 值的范围	预 测 力	IV 值的范围	预 测 力
小于 0.02	无预测力	0.10~0.30	中等
0.02~0.10	弱	大于 0.30	强

筛选一批 IV 值比较大的变量，代码如下所示。

```
dt_f=var_filter(germancredit,y="creditability",iv_limit=0.1)
##[INFO]filteringvariables...
names(dt_f)
##[1]"status.of.existing.checking.account"
##[2]"duration.in.month"
##[3]"credit.history"
##[4]"purpose"
##[5]"savings.account.and.bonds"
##[6]"property"
##[7]"age.in.years"
##[8]"creditability"
```

从输出结果中可以看出，筛选出了 8 个 IV 值大于 0.1 的变量。

9.4.2 随机森林特征选择

有很多的机器学习模型可以用于特征选择，其中就包括随机森林特征选择，原理其实很简单，说白了就是看看每个特征在随机森林中的每棵树上做了多大的贡献，然后取平均值，最后比一比特征之间的贡献大小。这个贡献一般是指基尼系数或者外包估计的错误率。这里使用随机森林模型判断特征的重要性，并绘制变量重要性的可视化图，代码如下所示，结果如图 9-6 所示。

```r
require(randomForest)
tmp<-germancredit
tmp<-apply(tmp,MARGIN=2,function(x){as.numeric(as.factor(x))})%>%data.frame()
tmp$creditability<-as.factor(tmp$creditability)            #数据转换

ran<-randomForest(creditability~.,data=tmp)                #建立模型
ran
##
##Call:
##randomForest(formula=creditability~.,data=tmp)
##Typeofrandomforest:classification
##Numberoftrees:500
##No.ofvariablestriedateachsplit:4
##
##OOBestimateoferrorrate:24.6%
##Confusionmatrix:
##12class.error
##11181820.60666667
##2646360.09142857
importance(ran)                                            #得到变量的重要性
##MeanDecreaseGini
##status.of.existing.checking.account45.170465
##duration.in.month43.095049
##credit.history23.160291
##purpose24.732708
##credit.amount57.584559
##savings.account.and.bonds19.098886
##present.employment.since21.546569
##installment.rate.in.percentage.of.disposable.income17.753737
##personal.status.and.sex12.532627
##other.debtors.or.guarantors7.540228
##present.residence.since17.225932
##property18.519705
##age.in.years44.539842
##other.installment.plans12.415455
##housing10.686786
##number.of.existing.credits.at.this.bank9.462637
##job13.516909
##number.of.people.being.liable.to.provide.maintenance.for5.596389
##telephone8.058962
##foreign.worker1.717192
varImpPlot(ran)                                            #将变量的重要性进行绘图
```

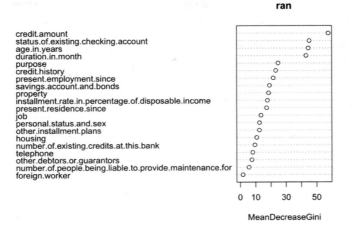

图 9-6 变量重要性

这样可以通过随机森林得到每一个变量的重要性，从而筛选出重要的变量，进行下一步操作。

9.4.3 用 Boruta 进行特征选择

Boruta 是基于随机森林模型的一个特征选择的方法，前面也有介绍，Boruta 特征选择原理是：

（1）先对数据中所有的特征（Features）随机排列（Shuffle），将每个特征的数值顺序打乱，随机排列，构建随机组合的因子特征。

（2）然后训练一个随机森林，对每个特征的重要性（Importance）进行打分，看特征在原数据中的评分是否比在随机排列中的评分更高。有则记录下来。

（3）根据一个设定好的迭代次数 n（Iteration），将特征随机排列 n 次，并对每个特征打分 n 次。对每个特征计算一个 p-value，比较 n 次打分是否存在差异，一般使用邦费罗尼校正（Bonferroni Correction）来为多次统计检验进行矫正。p-value<0.01 则认为该特征为重要特征。

（4）当所有特征得到确认或拒绝，或算法达到随机森林运行的一个规定的限制时，算法停止。

下面使用 Boruta 方法进行特征选择，代码如下所示。

```
require(Boruta)
Bo<-Boruta(creditability~.,data=tmp,pValue=0.01,doTrace=2,maxRuns=20)
Bo
##Borutaperformed19iterationsin16.67126secs.
##9attributesconfirmedimportant:age.in.years,credit.amount,
##credit.history,duration.in.month,other.installment.plansand4
##more;
```

```
##2attributesconfirmedunimportant:
##number.of.people.being.liable.to.provide.maintenance.for,
##present.residence.since;
##9tentativeattributesleft:foreign.worker,housing,
##installment.rate.in.percentage.of.disposable.income,job,
##number.of.existing.credits.at.this.bankand4more;
```

接下来对特征选择的结果进行可视化，如图 9-7 所示。

```
plot(Bo)
```

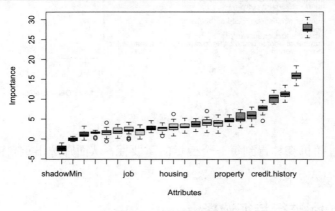

图 9-7　变量重要性

下面使用 getSelectedAttributes() 函数直接获取被判断为重要的特征，代码如下所示。

```
getSelectedAttributes(Bo)
##[1]"status.of.existing.checking.account"
##[2]"duration.in.month"
##[3]"credit.history"
##[4]"credit.amount"
##[5]"savings.account.and.bonds"
##[6]"present.employment.since"
##[7]"property"
##[8]"age.in.years"
##[9]"other.installment.plans"
```

从输出结果中可以看出，重要的特征有 9 个。

9.5　粗分类与 WOE 变换

对数据进行 WOE 变换是构建信用评分模型中比较重要的一个步骤。证据权重（Weight of Evidence，WOE）可以将逻辑回归模型转变为标准评分卡格式。

WOE 的定义如下：

$$\mathrm{WOE} = \ln\left[\frac{\text{Bad Distribution}}{\text{Good Distribution}}\right]$$

分子是某一个类别里面坏样本的占比,分母是此类别下好样本的占比,如果括号内的比值小于 1,则此类别下坏样本的占比低于好样本的占比,WOE 是负数,反之是正数。

需要注意的是,对于连续变量,要计算 WOE 值,需要先分箱,分箱的方法有很多,如等距分箱、等比分箱,另外一种是使用决策树进行分箱。下面进行 WOE 变换,代码如下所示。

```
bins=woebin(germancredit,y="creditability",method='tree')
##[INFO]creatingwoebinning...
bins$age.in.years
##variablebincountcount_distrgoodbadbadprobwoe
##1:age.in.years[-Inf,26)1900.190110800.42105260.5288441
##2:age.in.years[26,28)1010.10174270.2673267-0.1609304
##3:age.in.years[28,35)2570.257172850.33073930.1424546
##4:age.in.years[35,37)790.07967120.1518987-0.8724881
##5:age.in.years[37,Inf)3730.373277960.2573727-0.2123715
##bin_ivtotal_ivbreaksis_special_values
##1:0.0579210240.130498526FALSE
##2:0.0025289060.130498528FALSE
##3:0.0053590080.130498535FALSE
##4:0.0486100520.130498537FALSE
##5:0.0160795530.1304985InfFALSE
```

对于 age.in.years 的第一个类别,其 WOE 值为 0.5288441,下面来回顾一下是如何计算的:

(1)此类别下,坏样本占总的坏样本的比例:80/(80+27+85+12+96)=0.2666667。

(2)此类别下,好样本占总的好样本的比例:110/(110+74+172+67+277)=0.1571429。

(3)套用公式:log(0.2666667/0.1571429)=0.528844。

WOE 变换的优点是:

(1)它可以处理异常值。

(2)它可以处理缺失值,因为缺失值可以单独装箱。

(3)由于 WOE 转换处理分类变量,因此不需要虚拟变量。

9.6 模型评估

前面进行了特征选择,以及进行了 WOE 变换,然后可以建立模型了。关于逻辑回归模型的建立,其实非常简单,使用 R 中的 glm() 函数即可构建,这里不做过多的介绍,下文中有代码示例,假设构建好了模型,需要对模型进行评估,一个逻辑回归模型一般要达到三个标准:

(1)精确性。

(2)稳健性。

(3)有意义。

其中,精确性就是模型的预测是否准确,通常可以使用混淆矩阵、AUC、KS 等指标来描述。稳健性通常可以用 PSI 指标来描述。有意义是指能够帮助理解现实中的业务。

首先介绍混淆矩阵。

1. 混淆矩阵

混淆矩阵本质上是一个列联表,通过这个列联表可以知道模型的预测能力。混淆矩阵的结构如表 9-4 所示。

表 9-4 混淆矩阵

		实际结果	
		正常	违约
预期结果	正常	TN	FN
	违约	FP	TP

其中,TN:TrueNegative,分类准确的负样本;TP:TruePositive,分类准确的正样本;FN:FalseNegative,分类错误的正样本;FP:FalsePositive,分类错误的负样本。

从混淆矩阵可以非常清楚地知道样本的分类情况。

2. KS 曲线

KS 曲线是将总体分为 10 等份,并按照违约概率进行降序排序,计算每一等份中违约与正常的累计百分比,KS 曲线如图 9-8 所示。

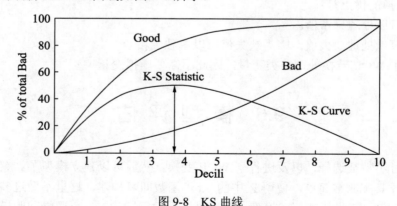

图 9-8 KS 曲线

一般而言,KS 能够达到 0.2,模型能用,KS 达到 0.3 以上,说明模型是比较好的。

3. ROC 曲线

ROC 曲线图的绘制方法和 KS 类似,但是坐标轴的含义不一样,如图 9-9 所示。

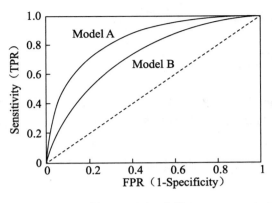

图 9-9 ROC 曲线

其中，Sensitivity 是真实的正值与总的正值的比例。

$$\text{Sensitivity} = \frac{\text{TP}}{P} = \frac{\text{TP}}{\text{TP+FN}}$$

Specificity 定义为真实的负值占总负值的比例。

$$\text{Specificity} = \frac{\text{TN}}{N} = \frac{\text{TN}}{\text{TN+FP}}$$

ROC 曲线下面的面积被称为 AUC 统计量，这个统计量越大，代表模型效果越好，一般而言，AUC 大于 0.75 表示模型很可靠。

9.6.1 PSI 稳定性检验

PSI 通常用作模型效果监测。一般认为，PSI 小于 0.1 时模型稳定性很高；PSI 为 0.1～0.2 时则需要进一步研究；如果 PSI 大于 0.2，则认为模型稳定性差，建议修复。

群体稳定性指标（Population Stability Index）公式：

$$\text{PSI} = \sum_{i=1}^{n}(A_i - E_i) * \ln(A_i / E_i)$$

其中：A 表示预期占比；E 表示实际占比。

举个例子解释，比如训练一个 logistic 回归模型，预测时会有个类概率输出，即 p。

将测试数据集上的输出设定为 $p1$，并从小到大排序后将数据集分为 10 等份（每组样本数相等，此为等宽分组），计算每等宽分组的最大最小预测的类概率值。

现在用这个模型对新的样本进行预测，预测结果为 $p2$，利用刚才在测试数据集上得到的 10 等份的每等份的上下界线，按 $p2$ 将新样本划分为 10 份，这个时候不一定是等分了。实际占比是每份所包含样本的占比，预期占比就是测试数据集上各等份样本的占比。

意义就是如果让模型更稳定，那么在新的数据上进行预测所得到的类概率应该与建模分布一致，这样在建模数据集时得到的类概率所划分的等份区间上的样本占比应该和建模时一样，否则说明模型有变化，一般是来自预测变量结构的变化。

9.6.2 模型评估实现

scorecard 包中的 perf_eva()函数可以非常方便地进行模型评价，其可以进行更多指标的评估。下面来看一个代码示例，首先准备数据。

```
data("germancredit")
```

使用 var_filter()函数可以指定制定的标准筛选特征，默认的是筛选 IV 值大于 0.02，缺失率小于 0.95。

```
dt_f=var_filter(germancredit,y="creditability")
##[INFO]filteringvariables...
```

将数据集划分成为训练集和测试集。

```
dt_list=split_df(dt_f,y="creditability",ratio=0.6,seed=30)
#获取样本的标签
label_list=lapply(dt_list,function(x)x$creditability)
```

接下来进行 WOE 分箱，默认的使用方法是树方法。

```
bins=woebin(dt_f,y="creditability")   #这里可以得出分箱，以及 WOE 变换的详细信息
##[INFO]creatingwoebinning...
#还可以制定划分的方式
```

如果有需要，还可以通过指定 breaks_list 参数手动指定分箱规则。

```
breaks_adj=list(
age.in.years=c(26,35,40),
other.debtors.or.guarantors=c("none","co-applicant%,%guarantor"))

bins_adj=woebin(dt_f,y="creditability",breaks_list=breaks_adj)
##[INFO]creatingwoebinning...
##Warningincheck_breaks_list(breaks_list,xs):Thereare12xvariables
##thatdonotspecifiedinbreaks_listareusingoptimalbinning.
```

将数据转换成为 WOE 的值。

```
dt_woe_list=lapply(dt_list,function(x)woebin_ply(x,bins_adj))
##[INFO]convertingintowoevalues...
##[INFO]convertingintowoevalues...
```

建立逻辑回归模型。

```
m1=glm(creditability~.,family=binomial(),data=dt_woe_list$train)
```

进行逐步回归。

```
m_step=step(m1,direction="both",trace=FALSE)
m2=eval(m_step$call)
```

构建好模型之后，使用模型进行预测。

```
pred_list=lapply(dt_woe_list,function(x)predict(m2,x,type='response'))
```

对模型的结果进行评价，如图 9-10 所示。

```
perf=perf_eva(pred=pred_list$train,label=label_list$train,show_plot=
c('ks','lift','gain','roc','lz','pr','f1','density'))
##[INFO]Thethresholdofconfusionmatrixis0.3262.
```

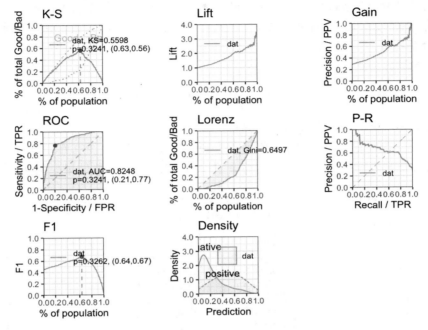

图 9-10 评价指标

查看模型评价结果，在结果中给出了很多评价指标，如 KS、AUC 等。

```
perf
##$binomial_metric
##$binomial_metric$dat
##MSERMSELogLossR2KSAUCGini
##1:0.14828520.38507810.45363910.28029270.55984850.82483590.6496717
##
##
##$confusion_matrix
##$confusion_matrix$dat
##labelpred_0pred_1error
##1:0350900.2045455
##2:1431370.2388889
##3:total3932270.2145161
...
```

进行 PSI 分析。

```
card=scorecard(bins_adj,m2)                                    #构建评分卡
score_list=lapply(dt_list,function(x)scorecard_ply(x,card))    #生成分数
perf_psi(score=score_list,label=label_list)                    #计算PSI
##
##
```

```
##$psi
##variabledatasetpsi
##1:scoretrain_test0.0109612
```

稳定度指标（Population Stability Index，PSI）反映了验证样本在各分数段的分布与建模样本分布的稳定性。可衡量测试样本及模型开发样本评分的分布差异，为最常见的模型稳定度评估指针。

PSI 的计算公式是：

$$PSI = \sum_{i=1}^{n}(A_i - E_i) * \ln(A_i / E_i)$$

其中：A 表示实际分布；E 表示预期分布。

从输出结果可以看出，PSI 的值为 0.0109612，通常而言，PSI 小于 0.1 表示稳定性不错，大于 0.2 则表示模型不稳定，需要调整模型。PSI 的可视化结果如图 9-11 所示。

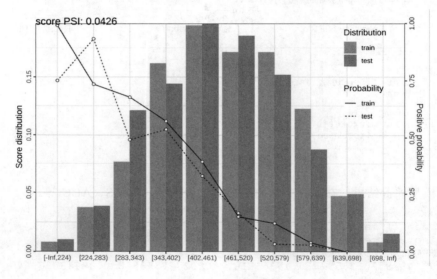

图 9-11　PSI 可视化

图 9-11 对训练集和测试集的分数的分布进行了可视化，从输出结果中可以看出，数据分布还是比较稳定的。由于时间的变换，模型上线一段时间之后，数据的分布会发生变化，这个时候可以通过 PSI 指标来判断什么时候需要调整模型。

9.7　评分卡开发

评分卡的结果是分数，而逻辑回归的结果是一个概率。接下来，将讲解在模型建立好之后，如何将逻辑回归的预测概率转变为评分。

首先,将估计的违约概率表示为 p,则估计的正常概率为 $1-p$,代码如下所示。

```
odds=p/(1-p)
```

或者:

```
p=odds/(1+odds)
```

评分卡的刻度则表示为:

```
Score=A-B*log(odds)
```

其中,A 和 B 是常数,负号使得违约概率越低,得分越高。

逻辑回归模型的比率计算公式为:

$$\log(\text{Odds}) = \beta_0 + \beta_1 x_1 + \cdots + \beta_p x_p$$

也就是说通过逻辑回归模型可以得到 p 或者 odds,其实任何模型都可以得到 p,那么只要知道 A、B 就可以得到具体的评分了,接下来介绍如何求得 A、B。

9.7.1 计算常数 A、B

计算 A、B 需要假设两个已知的参数代入公式进行计算,通常,需要两个假设:
(1)某个特定比率的预期分值。
(2)指定比率翻番的分数(pdo)。

当比率为 odds 的时候,分值为 $p1$。然后比率为 2×odds 的时候,其分值为 $p1+\text{pdo}$。代入公式:

```
p1=A-B*log(odds)
p1+pdo=A-B*log(2*odds)
```

解方程得到:

```
B=pdo/log(2)
A=p1+B*log(odds)
```

这样就可以从每一个人的违约概率,得到每一个人的分值。

9.7.2 分值分配

还需要知道每一个变量的分数是如何影响总分数的,每一个变量的每一个值的分数计算公式下面会给出。

假设变量 x 有 k 个取值,那么变量 x 的每一个取值的计算方式为:

```
-B*(x 对应的模型系数)*(x 第 k 个取值的 WOE 值)
```

这样就完成了从概率到分数的转换。

9.8 模型监控

模型上线之后，需要对上线的模型进行监控，监控模型是否良好地运行、是否需要更新。本节将会介绍一些模型监控的报告。

该报告的目的是生成一个能够代表总体分值的分布随时间发生变化的指数，上文提到的 PSI 稳定性指数可以在这里使用。

稳定性报告是对总体分值的分布是否发生变化进行的监控，评分卡要素监控的是自变量分布的变化。以 Age 的评分卡要素为例进行分析，如表 9-5 所示。

表 9-5　评分卡

Age	分数	A/%	E/%	(A−E)*Points
<26	5	24	10	0.7
26~30	10	25	14	1.1
31~38	14	11	15	−0.56
39~49	25	16	23	−1.75
50~65	27	13	21	−2.16
>65	22	11	17	−1.32
指数		100	100	−3.99

如表 9-5 所示，评分卡计算了实际（$A\%$）和预期（$E\%$）的分值分布差异，计算该指数的公式如下：

$$PSI = \sum_{i=1}^{n}(A_i - E_i) \times \ln(A_i / E_i)$$

PSI 稳定性指数可以衡量总体的分值分布是否发生变化。

9.9 scorecard

scorecard 包是 R 语言提供的一个完整的信用评分模型开发解决方案。本节对这一部分内容做一个详细的讲解。

首先是安装相关的 R 语言包：

```
install.packages(scorecard)
require(scorecard)
```

9.9.1 split_df 划分数据集

split_df()函数用于划分数据集，代码如下所示。

```
split_df(dt,y=NULL,ratio=0.7,seed=618)
```

其中，y 表示样本的标签，或者说是因变量；ratio 表示训练集合与测试集合的比例。

下面的代码用于划分数据集。

```
data(germancredit)

#划分数据集
dt_list=split_df(germancredit,y="creditability")
train=dt_list[[1]]
test=dt_list[[2]]

dim(germancredit)
##[1]1000 21
dim(train)
##[1]681 21
dim(test)
##[1]319 21
```

默认情况下，数据集的划分比例是 7：3，从输出结果中可以看出，数据集被按照比例划分成为两个部分。

9.9.2 IV 计算信息值

使用 iv()函数来计算特征的 IV 值，用于特征选择作为参考，代码如下所示。

```
iv(dt,y,x=NULL,positive="bad|1",order=TRUE)
```

其中，x 表示因变量，默认表示计算所有的自变量的 IV；order 表示根据 IV 值进行排序。

```
data(germancredit)

#计算 IV 值
info_value=iv(germancredit,y="creditability")
info_value
##   variable          info_value
##1: status.of.existing.checking.account 6.660115e-01
##2: duration.in.month                   3.345035e-01
##3: credit.history                      2.932335e-01
##4: age.in.years                        2.596514e-01
##5: savings.account.and.bonds           1.960096e-01
##6: purpose                             1.691951e-01
##7: property                            1.126383e-01
##8: present.employment.since            8.643363e-02
##9: housing                             8.329343e-02
##10: other.installment.plans            5.761454e-02
```

```
##11:foreign.worker4.387741e-02
##12:personal.status.and.sex4.268938e-02
##13:credit.amount3.895727e-02
##14:other.debtors.or.guarantors3.201932e-02
##15:installment.rate.in.percentage.of.disposable.income2.632209e-02
##16:number.of.existing.credits.at.this.bank1.326652e-02
##17:job8.762766e-03
##18:telephone6.377605e-03
##19:present.residence.since3.588773e-03
##20:number.of.people.being.liable.to.provide.maintenance.for4.339223e-05
```

从输出结果中可以看出，计算出了每一个变量的 IV 值，然后可以通过 IV 值的大小来判断变量的重要性。

9.9.3 使用 var_filter() 筛选变量

使用 var_filter() 函数可以通过特定的标准如信息值、缺失率筛选特征，代码如下所示。

```
var_filter(dt,y,x=NULL,iv_limit=0.02,missing_limit=0.95,
identical_limit=0.95,var_rm=NULL,var_kp=NULL,
return_rm_reason=FALSE,positive="bad|1")
```

其中，iv_limit 表示信息值大于多少才保留此特征，默认是大于 0.02；missing_limit 表示保留某个缺失率以下的特征，默认是 0.95；identical_limit 表示，如果某个特征的值相等的比例小于某个阈值则保留，默认是 0.95。例如，有一个特征 age，age 的所有值都是 10，那么这个特征中值相等的比例是 100%。

```
data(germancredit)

#变量筛选
dt_sel=var_filter(germancredit,y="creditability")
##[INFO]filteringvariables...
names(dt_sel)
##[1]"status.of.existing.checking.account"
##[2]"duration.in.month"
##[3]"credit.history"
##[4]"purpose"
##[5]"credit.amount"
##[6]"savings.account.and.bonds"
##[7]"present.employment.since"
##[8]"installment.rate.in.percentage.of.disposable.income"
##[9]"personal.status.and.sex"
##[10]"other.debtors.or.guarantors"
##[11]"property"
##[12]"age.in.years"
##[13]"other.installment.plans"
##[14]"housing"
##[15]"creditability"
```

这里根据函数的默认参数进行筛选，默认情况下会筛选 IV 值小于 0.02，缺失值占比小于 0.95 的特征。

9.9.4 使用 woebin()进行 WOE 分箱

使用 woebin()函数进行连续变量 WOE 分箱，代码如下所示。

```
woebin(dt,y,x=NULL,var_skip=NULL,breaks_list=NULL,
special_values=NULL,stop_limit=0.1,count_distr_limit=0.05,
bin_num_limit=8,positive="bad|1",no_cores=NULL,
print_step=0L,method="tree",save_breaks_list=NULL,
ignore_const_cols=TRUE,ignore_datetime_cols=TRUE,
check_cate_num=TRUE,replace_blank_na=TRUE,...)
```

其中，method 是使用分箱的方法，默认使用决策树方法。breaks_list 表示可以制定自己的分箱规则。stop_limit 表示如果使用决策树方法，当信息值增益比小于 stop_limit 时则停止分箱分段。如果使用 chimerge 方法，当最小卡方大于"qchisq（1-stoplimit，1）"时则停止合并。可接受的范围为 0~0.5，默认值为 0.1。

下面来看一个代码示例。

```
bins2_tree=woebin(germancredit,y="creditability",method="tree")
##[INFO]creatingwoebinning...
bins2_tree$status.of.existing.checking.account
##variable
##1:status.of.existing.checking.account
##2:status.of.existing.checking.account
##3:status.of.existing.checking.account
##bincount
##1:...<0DM%,%0<=...<200DM543
##2:...>=200DM/salaryassignmentsforatleast1year63
##3:nocheckingaccount394
##count_distrgoodbadbadprobwoebin_ivtotal_iv
##1:0.5433032400.44198900.61420400.2255006030.639372
##2:0.06349140.2222222-0.40546510.0094608530.639372
##3:0.394348460.1167513-1.17626320.4044104990.639372
##breaks
##1:...<0DM%,%0<=...<200DM
##2:...>=200DM/salaryassignmentsforatleast1year
##3:nocheckingaccount
##is_special_values
##1:FALSE
##2:FALSE
##3:FALSE
```

这个结果也可以帮助理解数据。

9.9.5 数据转换

设定好 WOE 分箱的具体划分规则后，使用 woebin_ply()将原始数据转化成为 WOE 数据，代码如下所示。

```
woebin_ply(dt,bins,no_cores=NULL,print_step=0L,
replace_blank_na=TRUE,...)
```

其中，dt 是原始数据，bins 是 woebin 的返回结果。

```
dt_woe=woebin_ply(germancredit,bins=bins2_tree)
##[INFO]convertingintowoevalues...
head(dt_woe)
##creditabilitystatus.of.existing.checking.account_woe
##1:good0.614204
##2:bad0.614204
##3:good-1.176263
##4:good0.614204
##5:bad0.614204
##6:good-1.176263
##duration.in.month_woecredit.history_woepurpose_woecredit.amount_woe
##1:-1.3121864-0.73374058-0.41006280.03366128
##2:1.13497990.08831862-0.41006280.39053946
##3:-0.3466246-0.733740580.2799201-0.25830746
##4:0.52452450.088318620.27992010.39053946
##5:0.10868830.085157810.27992010.39053946
##6:0.52452450.088318620.27992010.39053946
...
```

9.9.6 使用 scorecard()构建评分卡

使用 scorecard()函数并将模型结果和 woebin()函数的结果作为参数来构建评分卡规则，使用方法如下。

```
scorecard(bins,model,points0=600,odds0=1/19,pdo=50,
basepoints_eq0=FALSE)
```

其中，bins 是 woebin()的返回结果，model 是构建好的逻辑回归模型，odds 是基准比率，pdo 是比率翻番的分数。

```
dt_woe$creditability<-as.character(dt_woe$creditability)
dt_woe$creditability[as.character(dt_woe$creditability)=='good']=0
dt_woe$creditability[as.character(dt_woe$creditability)=='bad']=1
dt_woe$creditability<-as.factor(dt_woe$creditability)
l<-glm(creditability~.,data=dt_woe,family=binomial())
l<-step(l)
score<-scorecard(bins=bins2_tree,model=l)

score$status.of.existing.checking.account
##variable
##1:status.of.existing.checking.account
##2:status.of.existing.checking.account
##3:status.of.existing.checking.account
##bincount
##1:...<0DM%,%0<=...<200DM543
##2:...>=200DM/salaryassignmentsforatleast1year63
##3:nocheckingaccount394
##count_distrgoodbadbadprobwoebin_ivtotal_iv
##1:0.5433032400.44198900.61420400.2255006030.639372
```

```
##2:0.06349140.2222222-0.40546510.0094608530.639372
##3:0.394348460.1167513-1.17626320.4044104990.639372
##breaks
##1:...<0DM%,%0<=...<200DM
##2:...>=200DM/salaryassignmentsforatleast1year
##3:nocheckingaccount
##is_special_valuespoints
##1:FALSE-36
##2:FALSE24
##3:FALSE68
```

这里就是具体的打分规则，有了这个规则之后，就可以直接将数据转变成为分数。

9.9.7 使用 scorecard_ply() 获取用户的分数

使用 scorecard_ply() 函数根据一个新用户的原始数据获取这个用户的分数，代码如下所示。

```
scorecard_ply(dt,card,only_total_score=TRUE,print_step=0L,
replace_blank_na=TRUE,var_kp=NULL)
```

其中，dt 是训练模型的原始数据集。

使用 scorecard_ply() 函数建立评分卡规则，代码如下所示。

```
resutl<-scorecard_ply(dt=germancredit,card=score)
resutl
##score
##1:648
##2:314
##3:638
##4:439
##5:310
##---
##996:535
##997:462
##998:559
##999:342
##1000:402
```

这样就得到了每一个用户的分数。

第 4 篇
可重复性探索和实践

▶▶ 第 10 章　可重复性研究

▶▶ 第 11 章　Shiny 数据可视化

第 10 章 可重复性研究

R 语言有一个非常大的优点,就是包括数据科学工作流程的完整工具集,如图 10-1 所示,这个流程包括数据读取,数据清洗,数据转换,数据可视化,数据建模和结果分享。这个流程在 R 语言中是无缝链接的,极大提高了解决数据科学相关问题的效率。

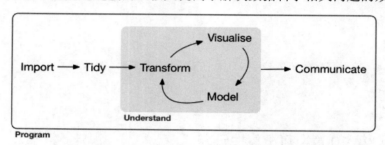

图 10-1　数据科学的工作流程

本章主要介绍结果分享这个环节的相关内容,结果分享是非常重要的,当统计分析的结果出来后,自然需要将结果告知相关人员。对于大多数人而言,可能就是做一个 PPT,将结果用 PPT 展示出来,但是这样效率很慢。本章将介绍 R 语言中用于结果分享的一些工具。

10.1　R Markdown 文档创建

首先要介绍的是 R Markdown,这个词其实有两部分,即 R 和 Markdown。R 就是 R 语言,那么 Markdown 是什么?Markdown 是一种轻量级标记语言,常用于文章的排版。简单理解,Markdown 就是一种排版规则。至于是什么规则,后面会介绍。R Markdown 还可以插入 Shiny。

10.1.1　创建 R Markdown

创建 R Markdown 的第一步是打开 RStudio,然后单击加号⊕按钮,选择 R Markdown,如图 10-2 所示。

第 10 章 可重复性研究

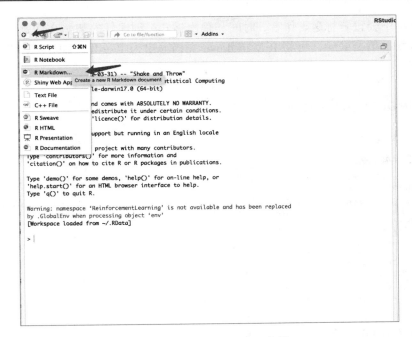

图 10-2　创建 R Markdown 文档 1

在弹出的对话框中输入文件名即可创建 R Markdown，如图 10-3 所示。

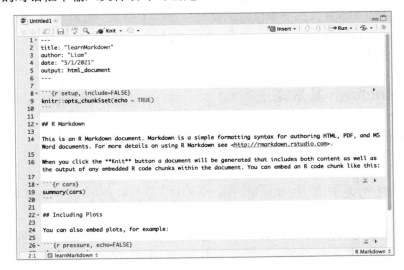

图 10-3　R Markdown 文档 2

这样就创建好了 R Markdown，在文件开头部分用一对"---"符号包裹的内容是元数据，可以用来设定文章标题、作者、日期、输出格式、输出设置等属性。这部分内容遵循 YAML 语法。

默认情况下会设置标题、作者、时间和输出格式。创建好的初始文件就是可运行的模板，这个时候，单击 Knit，可将 R Markdown 文档输出为 Word、PDF 或者 HTML 格式，如图 10-4 所示。

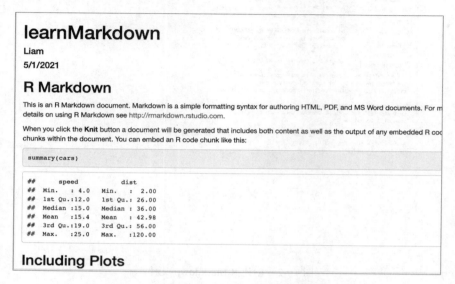

图 10-4　设置 R Markdown 文档的输出格式

这里将 R Markdown 文档的输出格式设置为 HTML 格式。可以看到，输出内容包含标题、正文、链接、代码及代码的输出结果。这一切是怎么做到的呢？这个时候需要了解关于 Markdown 的基本语法了。

10.1.2　Markdown 基本语法

Markdown 的语法其实非常简单，下面一一介绍。

1. 标题

标题用 "#" 号表示，1 级标题用一个 "#" 号，n 级标题用 n 个 "#" 号，如图 10-5 所示。

需要注意的是#号与文字之间需要一个空格，另外，如果是普通的文字则不需要任何处理。

2. 列表

显示列表有 3 种方式，在文字前面加上 "*" 或者 "-" 则可以创建无序列表。使用 "1." 和 "2." 等（数字加上点）就可以创建有序列表（需要间隔一个空格），如图 10-6 所示。

通过这 3 种方式就可以创建出列表。

图 10-5　标题

图 10-6　列表

3．引用

如果需要引用一小段别处的句子，那么就要用引用的格式。实现引用的方式很简单，只需要在文字前面加上大于号">"即可，如图 10-7 所示。

4．图片与链接

插入图片的格式是"![图片名]"（图片的路径），插入链接的格式是"[链接名称]"（链接地址），如图 10-8 所示。

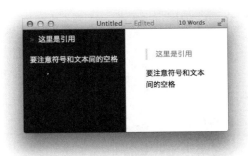

图 10-7　引用

图 10-8　图片

5．粗体和斜体

如果需要将字体调整为粗体字，那么需要使用两个"*"号将文字包裹起来，例如"**

粗体**"。

如果需要将字体调整成为斜体字，那么需要使用一个"*"号将文字包裹起来，例如"*斜体*"。

粗体和斜体的字体效果如图 10-9 所示。

图 10-9 粗体和斜体

另外，三个*表示分割线。

6．其他

下标：H~3~PO~4~渲染为 H_3PO_4。

上标：Cu^2+^渲染为 Cu^{2+}。

脚注：^[Thisisafootnote.]。

内联代码：`code`。

以上就是关于 Markdown 的基础内容，通过了解这些内容，可以很轻松地通过 Markdown 进行排版。当然还有很多内容没有介绍，例如公式，这里就不做介绍。

10.1.3 代码块

代码块是 R Markdown 的关键组成部分，创建好 R Markdown 之后，默认模板中就有代码块，如图 10-10 所示。

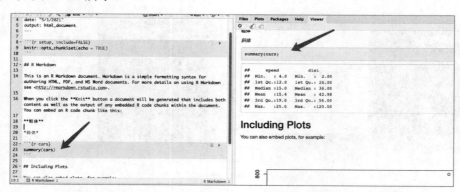

图 10-10 代码块

在图 10-10 中，左边箭头所指的内容就是代码块，代码块中的代码运行之后，就会出现右边箭头所指的结果。通过代码块，就实现了将文字、代码和代码的输出结果无缝地整合到一起，这是非常方便的。

创建代码块需要单击 Insert 按钮，如图 10-11 所示。

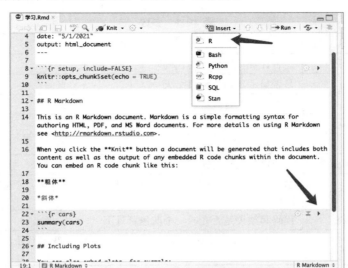

图 10-11　代码块

单击 R 选项，就可以创建一个代码块。并且单击箭头所指向的三角符号还可以运行代码块中的代码。另外，需要注意的是，代码块还可以设置很多的参数，以控制代码的行为，如图 10-12 所示。

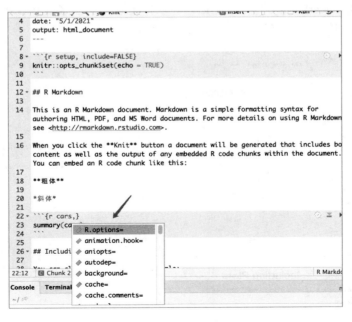

图 10-12　代码块

常用的设置包括不显示警告、不显示运行结果等。这里做一个小结，如表 10-1 所示。

表 10-1 参数

选项	默认值	作用
eval	True	是否计算代码块中的代码
echo	True	是否显示代码和输出结果
warning	True	是否显示警告
error	False	是否显示错误
message	True	是否显示消息
tidy	False	是否调整代码格式
result	markup	结果怎么显示。可以不显示，可以显示原始格式等。可选结果有asis、hold、hide
collapse	False	代码和结果是否在同一个灰色背景下
include	True	如果是False，那么仅执行代码，不显示代码，不显示结果，不显示警告等。

表 10-1 所示是关于代码块的常用设置。了解了 Markdown 的语法以及代码块的参数，就可以非常顺畅地使用 R Markdown 了。

10.1.4 分享

当报告通过 R Markdown 写好了之后，可以将文档分享出来。单击 Publish，弹出一个对话框，可以看到发布文档有两种方式，如图 10-13 所示。

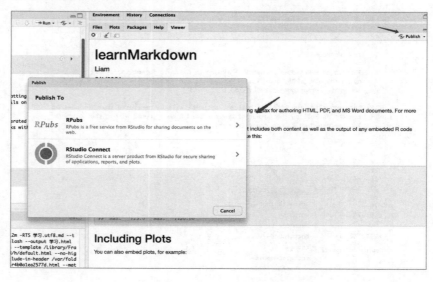

图 10-13 发布文档 1

笔者比较常用的是第一种方式，也就是 RPubs。通过 RPubs 发布文档是免费的，并且非常方便。单击 RPubs，会弹出如图 10-14 所示的对话框。

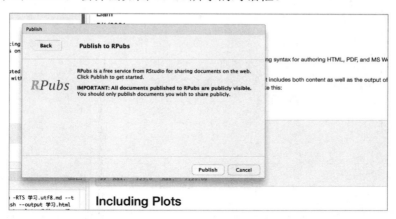

图 10-14　发布文档 2

然后单击 Publish 按钮，发布文档。此时需要稍等一会，之后会弹出一个对话框，如图 10-15 所示。

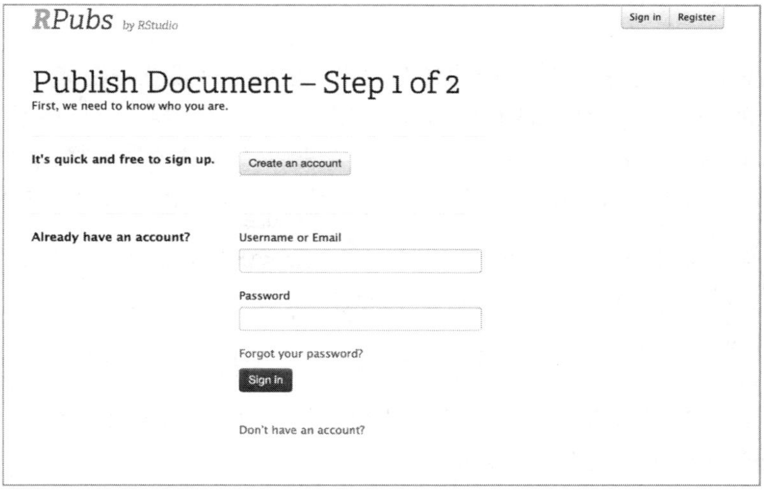

图 10-15　发布文档 3

这个时候，如果没有账号，那么需要先注册一个账号，注册好账号之后登录账号，然后需要为文档添加一个链接的标识，如图 10-16 所示。

在这个对话框中可以设置想要分享的文档标题、文档描述和文档的链接地址。例如，在图 10-16 所示的箭头位置添加 rmarkdown1，那么所发布的文档链接就是 http://rpubs.com/liam/rmarkdown1。

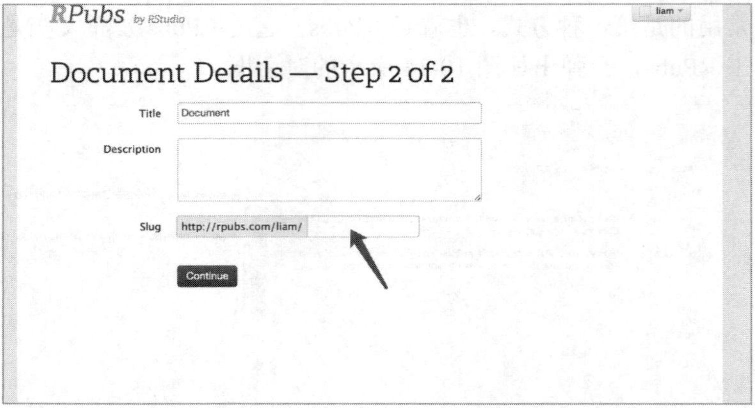

图 10-16　发布文档 4

设置好了之后，单击 Continue 按钮，就可以发布文档了，任何人通过对应的链接都可以访问到你发布的文档。可以发现，通过 R Markdown 构建分析文档并且将文档发布出来是非常简单的，这也是 R 语言作为数据科学工具非常方便的一点。

10.1.5　YAML 元数据

R Markdown 文件支持一些特殊的文件设置，这些文件设置写在 .Rmd 文件的开头位置。这些设置通过三个减号组成的行作为开始的标记和结束的标记。这些设置被称 YAML 元数据（YAML datablock）。在元数据中，通过"属性名:属性值"的格式来进行设置。常见的属性有 tilte（标题）、author（作者）、date（日期）、output_format（输出格式）。

```
---
title:"Rmarkdown"
author:"Liam"
date:"8/22/2021"
output:html_document
---
```

在创建好一个 R Markdown 文件之后，模板文件中有一些基础的 YAML 元数据。当然也可以进行更多的设置，代码如下所示。

```
---
title:"Rmarkdown"
author:
-name:A
 affiliation:XX 大学
-name:B
 affiliation:XX 大学
tags:[a,b]
abstract:|
 前言
```

前言

在这个例子中，使用了 title、author、tags、abstract 四个属性。其中 author 属性中有两个作者，每一个作者又有 name 和 affiliation 两个属性。tags 属性是一个列表。abstract 属性表示摘要，以"|"符号表示开头，不需要结束标志，但是摘要内容需要缩进。

利用主题包还可以设置 R Markdown 的主题，让文档更加美观，rticles、prettydoc、rmdformats、tufte 这些包提供了各种主题，使用这些主题的方法很简单，首先下载这些主题，然后可以在创建 R Markdown 的时候指定主题，单击 RStudio 中的 file，可以在创建 R Markdown 的时候指定主题，如图 10-17 所示。

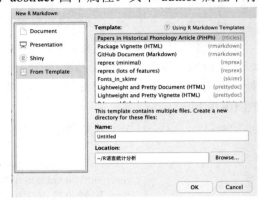

图 10-17　主题

使用第一个模板创建 R Markdown 文档，最终的输出结果如图 10-18 所示。

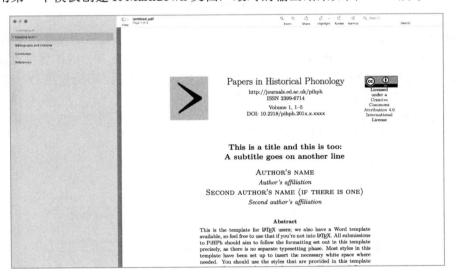

图 10-18　文档

可以看出，图 10-18 基本上可以说是非常专业的文稿了。

10.1.6　输出表格

knitr 包中有一个 kable() 函数可以将数据框或者矩阵转化为有格式的表格。下面来看一个代码示例，假设构建一个回归模型。

```
lmodel<-lm(Sepal.Length~Sepal.Width,data=iris)

summary(lmodel)$coefficients
##EstimateStd.ErrortvaluePr(>|t|)
##(Intercept)6.52622260.478896313.6276316.469702e-28
##Sepal.Width-0.22336110.1550809-1.4402871.518983e-01
```

这里使用的是 iris 数据集，通过 lm()函数构建了一个线性回归模型。summary()函数可以返回函数的详细执行结果，返回的结果是一个对象，coefficients 是这个对象中的一个属性，表示模型的系数。如果使用 kable()来展示结果，则效果更好，代码如下所示，结果如图 10-19 所示。

```
knitr::kable(summary(lmodel)$coefficients)
```

	Estimate	Std. Error	t value	Pr(>|t|)
(Intercept)	6.5262226	0.4788963	13.627631	0.0000000
Sepal.Width	-0.2233611	0.1550809	-1.440287	0.1518983

图 10-19　表格

kable 有几个常用的参数，其中可以使用 digits 参数指定小数点的位数；使用 caption 参数指定标题内容。除了 kable()函数可以实现表格之外，R 中还有一些扩展包可以展示表格，例如 DT 包和 pander 包。下面分别利用这两个包来展示数据，首先使用 DT 包来展示，代码如下所示，结果如图 10-20 所示。

```
library(DT)
datatable(summary(lmodel)$coefficients)
```

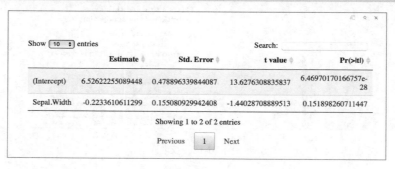

图 10-20　表格

使用 DT 包中的 datatable()函数可以输出表格数据，该函数也常常用在 Shiny 中用于显示表格数据。pander 包也有很好的表格展示效果，其 pander()函数可以将多种 R 语言输出格式转换成 knitr 需要的表格形式，代码如下所示，结果如图 10-21 所示。

```
pander::pander(summary(lmodel)$coefficient
```

第 10 章 可重复性研究

```
------------------------------------------------------
             Estimate   Std. Error   t value   Pr(>|t|)
------------------------------------------------------
 **(Intercept)**    6.526      0.4789     13.63    6.47e-28

 **Sepal.Width**   -0.2234     0.1551     -1.44     0.1519
------------------------------------------------------
```

图 10-21　表格

以上就是关于 R Markdown 内容的介绍，至此，大家应该对 R Markdown 的使用有了一个整体的了解。如果希望进一步了解，推荐去看 R Markdown 的官方文档或相关书籍。

10.2　bookdown 文档编写

既然可以使用 R Markdown 编写文档，那为什么不能直接使用 R 来写书呢？这是一个很好的想法，并且这个想法也已经实现了。bookdown 就是这样一个包，通过 bookdown 可以来写书。事实上现在有非常多的书是 bookdown 来编写的，例如打开链接 https://bookdown.org/，就可以看到许多使用 bookdown 编写的书籍，如图 10-22 所示。

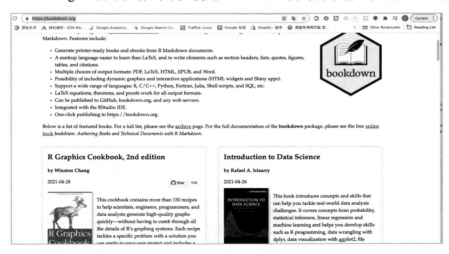

图 10-22　bookdown 文档

目前也有一本专门介绍 bookdown 的书，这本书详细全面地介绍了如何使用 bookdown 以及 bookdown 的细节与原理。这本书在如图 10-23 所示的网站可以找到。

本节将会介绍关于 bookdown 的基础内容，更加详细的内容可以参考相关文档及书籍。

想要通过 bookdown 写书，首先需要安装 bookdown 包，然后在 RStudio 中单击 file，创建一个 bookdown 的项目，如图 10-24 所示。

第 4 篇 可重复性探索和实践

图 10-23　创建 bookdown 项目 1

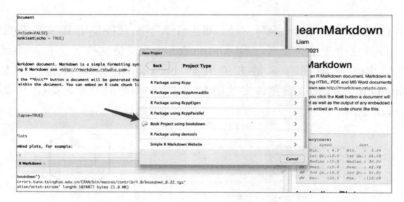

图 10-24　创建 bookdown 项目 2

输入项目名称，接着单击 Cancel 按钮，如图 10-25 所示。

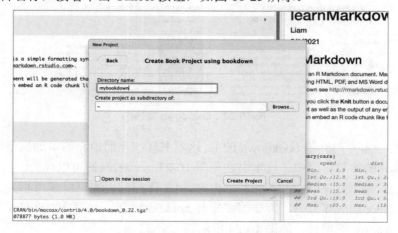

图 10-25　创建 bookdown 项目 3

创建好项目之后，会有一个默认的模板，通过这个模板可以快速地了解 bookdown 的结构。打开 index.Rmd 文件，然后单击 Knit，即可将默认的模板内容构建成一本书，如图 10-26 所示。

图 10-26　bookdown 模板

单击 Knit 之后，输出结果如图 10-27 所示。

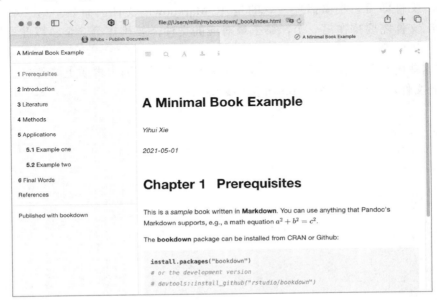

图 10-27　通过 bookdown 模板构建一本书

从图 10-27 中可以看出，此时已经简单地通过 bookdown 模板构建成了一本书。需要注意的是 index.Rmd 对应的是第一章，第二章对应的是另外一个 Rmd 文件，如图 10-28 所示。

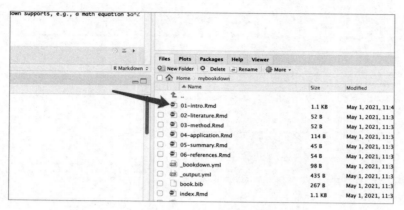

图 10-28　bookdown 文件

在默认情况下，bookdown 按照文件名的顺序合并所有的 Rmd 文件。例如，01-intro.Rmd 将出现在 02-literature.Rmd 之前，以下画线开头的文件名将被跳过。如果存在名为 index.Rmd 的文件，则在合并所有 Rmd 文件时，index.Rmd 始终被视为第一个文件。

也就是说，bookdown 构建的所有书就是由于一个个的 R Markdown 构建而成的，书中的不同章节分别对应不同顺序的 R Markdown 文件。如果想要写书，那么我们只要写 R Markdown 文件即可，稍微需要注意的是 R Markdown 文件的命名，第二章对应的 R Markdown 文件需要排在第一个，第三章对应的文件需要排在第二个。以此类推，非常简单。

了解这些内容后，就可以使用 bookdown 来写书了。因为本质上就是写一个个的 R Markdown 文件，而这些 R Markdown 文件最终会构成一本书。

第 11 章　Shiny 数据可视化

R 语言有一些构建 GUI 的包，如 tcltk、RGtk2、Qt 和 gWidgets2 等，通过这些包可以开发一个数据产品，用户通过界面可以操作这些数据产品。例如，用户想要画图，通过鼠标的单击、拖曳就可以绘制图片，而不需要编写 R 代码。Shiny 也可以起到类似的作用。

Shiny 是一个开源的 R 包，它为使用 R 语言构建 Web 应用提供了一个方便的 Web 框架。使用 Shiny 能够帮助 R 用户高效地开发 Web 程序，用户不需要了解前端、后端知识，只需要了解网页开发语言，如 JavaScript。本章将会介绍 Shiny 的使用及基本原理，包括输入输出、页面布局、部件等内容。

Shiny 是一种非常高级的数据可视化方法，同时它也是一个数据探索和成果沟通的工具。

11.1　Shiny 基础

本节主要介绍 Shiny 的基础内容，如什么是 Shiny，Shiny 程序的基本结构，Shiny 程序的运行原理等。

11.1.1　Shiny 简介

Shiny 是一个高级的数据可视化、数据展示的工具，它不仅能够展示数据，还有更多的功能。Shiny 可以用于数据交互、数据分析，以及成果沟通。使用 Shiny 可以构建一个类似于小程序的东西，实现各种各样的功能。

这里使用 Shiny 构建了一个商品推荐系统，如图 11-1 所示。需要注意的是，图 11-1 中显示的数据经过了脱敏处理，并不是真实的数据。

从图 11-1 中可以看到，这个 Shiny 包含四项内容，第一项是推荐系统，第二项是分析客户，第三项是店铺信息，第四项是数据集。

在推荐系统中可以选择不同的商店，然后还有一个调整推荐算法的参数。下面的两个表是输出结果。左边表输出的内容是可能对所选商品感兴趣的人，排在前面的人表示对商品的兴趣大，这个结果是根据推荐算法计算出来的。右边的表输出的是与所选商品比较相似的商品，商品顺序是通过相似度大小进行排序的。

第 4 篇　可重复性探索和实践

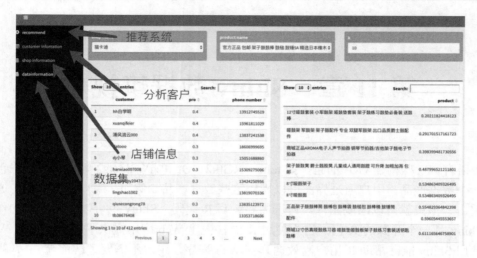

图 11-1　Shiny 推荐系统

这样就可以找到可能对推荐的商品感兴趣的人，然后把商品推荐给他们，并且可以尝试将相似的商品一并推荐。

第二项是分析客户，从客户的角度进行分析，如图 11-2 所示。

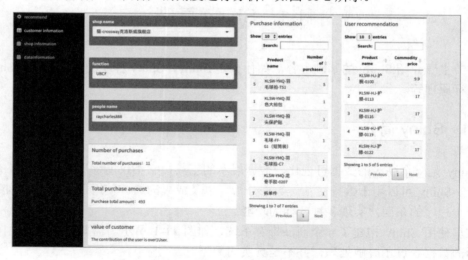

图 11-2　Shiny 推荐系统

从图 11-2 中可以看出，在 Shiny 界面中，可以选择不同的商店、不同的推荐算法，以及选择不同的人。这个 Shiny 的目的是希望帮助商家分析自己的客户。从输出结果中可以看出，客户购买过多少次、花费了多少钱，并给出了这个客户价值。左边的第一张表显示了客户所买的东西，第二张表显示出可以推荐给这个客户的商品，推荐的结果同样是根据推荐算法给出来的。

第三项是店铺信息，如图 11-3 所示。

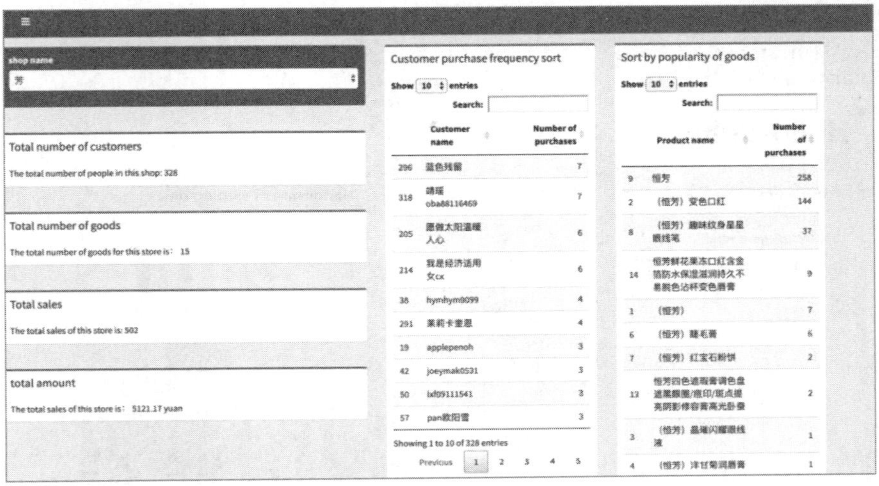

图 11-3　推荐系统

在这个界面中只有一个选项，可以选择不同的商店。选择商店之后，会显示出这个商店有过多少客户、多少商品及销售额等信息，左边的第一张表给出了店铺中比较有价值的客户（买得多，消费多），第二张表给出了店铺中比较受欢迎的商品。

这个 Shiny 例子比较复杂，涉及很多内容，但是展示效果很好。使用 Shiny 可以快速地构建一个算法演示或者一个数据产品的 demo（试用）。例如，上面的 Shiny 所构建的一套推荐算法可以再完善一下，可以使用其他编程工具做成一个产品。但是在构建产品之前，使用 Shiny 可以快速地实现产品原型，反馈问题，更改产品功能。因为 Shiny 非常简单，不需要用户了解前端和后端知识，只需要了解 R 语言即可。

在下面的内容中，会介绍有关 Shiny 的基本原理及如何构建 Shiny 程序。

11.1.2　Shinyapp 的基本部分

什么是 Shiny？Shiny 是一个开源的 R 语言包，它为使用 R 语言构建 Web 应用提供了一个优雅有力的 Web 框架。Shiny 的特点是不需要 R 语言用户了解前端、后端知识。不需要 R 语言用户了解网页开发语言的知识，比如 JavaScript。为 R 语言用户量身打造，帮助 R 语言用户高效地开发 Web 程序。

对于 R 语言用户而言，构建一个 Shiny 程序非常简单，通常而言，Shiny 程序包含三个部分：

（1）Shiny 原程序的组成部分，分为 UI 和 server。
（2）Shiny 程序内的元素：小部件、render()函数、Input()、Output()。
（3）Input 和 Output 之间的关系。

下面先来查看一个例子，然后分析其工作原理。首先通过下面的代码打开案例。结果如图 11-4 所示。

```
library(shiny)
runExample("01_hello")
```

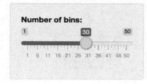
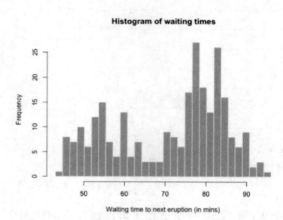

图 11-4　Shiny 例子

这个例子使用的是自带的 faithful 数据集，通过改变 slider 滑块的值调整直方图的平滑程度（bin）。Shiny 程序包含两个部分：UI 部分和 server 部分。

（1）UI 部分就是设定界面需要怎么展示。

（2）server 部分就是介绍后台的计算是如何进行的。

然后来看一下上面这个程序的源代码，首先查看的是 UI 部分，UI 部分包括页面的布局以及页面存在哪些部件。

```
ui<-fluidPage(

#Apptitle----
titlePanel("HelloShiny!"),

#这里指定的是布局方式
sidebarLayout(

#Sidebarpanel
sidebarPanel(

#这里定义一个 slider 作为输入
sliderInput(inputId="bins",
label="Numberofbins:",
min=1,
max=50,
value=30)
```

```
),

#主页面,这里主页面是一个绘图
mainPanel(

#Output:Histogram----
plotOutput(outputId="distPlot")

)
)
)
```

在上面的代码中,主要有三个部分:

(1) sidebarLayout 表示边栏布局,用于指定页面是如何布局的。这种布局是默认的页面布局方式,因为在 R 语言中创建一个 Shiny 默认就是这样的情况。此布局为输入提供了侧栏,sidebarPanel 为输出提供了大的主区域,即 mainPanel。当然还有很多其他的布局方式,包括 tabsetPanel()和 navlistPanel()函数分割布局,还有一个专门用于 Shiny 布局的包,即 dashboard。在这里只介绍基础的布局方式。

(2) sliderInput 是一个部件,用于提供输入,也就是图 11-4 中的滑块。

(3) plotOutput(outputId="distPlot")是输出,输出一个图,对应的是图 11-4 中的图形。

上面的代码比较简单,主要内容就是这三个部分,首先,定义了布局方式,布局包括一个侧边栏和主区域,在侧变栏定义了一个滑块,用于在交互中表示输出。在主区域有一个图形输出。然后是 Server 部分,Server 部分表示滑块的调整是如何影响图形的。也就是说,server 部分用于定义 UI 部分展示的结果是如何计算的。下面来看一下上面的例子的 server 代码部分。

```
server<-function(input,output){


output$distPlot<-renderPlot({

x<-faithful$waiting
bins<-seq(min(x),max(x),length.out=input$bins+1)

hist(x,breaks=bins,col="#75AADB",border="white",
xlab="Waitingtimetonexteruption(inmins)",
main="Histogramofwaitingtimes")

})

}
```

server 部分是一个函数,这个函数有两个参数:input 和 output,可以认为它们代表输入和输出。上面的代码中"output$distPlot"表示有一个输出,标签为 distPlot,这个标签对应的是 UI 部分的输出图形的部分,UI 部分的代码为:"plotOutput(outputId="distPlot")"。renderPlot 表示要输出的内容为一幅图形,如果是要输出文本,则需要使用 renderText()函数,不同的输出内容,需要使用不同的 rend_函数。

renderPlot()函数里面是一串用于绘图的函数，这里绘图的方式和在 R 语言中绘图是一样的，不同点是这里 input$bins 表示的是交互中的输入，对应 UI 部分的滑块，代码为："sliderInput(inputId="bins",label="Numberofbins:",min=1,max=50,value=30)"。也就是说，滑块的 inputId 是 bins，当滑块滑动的时候，imput$bins 会记录滑块的结果，然后在 server 部分绘图的时候，imput$bins 是作为绘图的参数，绘制的图形通过 output$distPlot 表示，进一步通过 plotOutput()函数进行展示。这样的话则构建了输入和输出的关系。

使用下面的代码生成 App。

```
shinyApp(ui,server)
```

这样就构建了一个基础的 Shiny 程序。总而言之，Shiny 程序分为两个部分，UI 和 server：

（1）UI 定义了页面的布局。包含的元素包括页面布局、部件、输出。

（2）server 定义了页面背后的计算。

server 中来自页面的输入通过 input 进行表示，输出页面通过 output 表示。

上面总结了关于 Shiny 的核心内容。下面来看第二个例子。

11.1.3 Shiny 简单示例

这个例子展示了通过 verbatimTextOutput()函数直接打印 R 语言对象，以及使用 tableOutput()函数实现通过 HTML 表格显示数据。运行下面的代码，结果如图 11-5 所示。

```
library(shiny)
runExample("02_text")
```

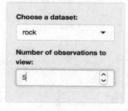

图 11-5　示例的结果

从图 11-5 中可以看出，Shiny 程序有两个输入，用于选择数据集，以及选择显示数据集的行数。有两个输出，包括一个关于数据的统计信息，和数据集的原始数据。选择不同的数据集，则会显示出不同数据集的统计信息和数据集的原始数据；填写不同的行数则会显示不同行数的数据集。

下面来查看一下代码，首先查看 UI 部分。

```
#DefineUIfordatasetviewerapp----
ui<-fluidPage(

#Apptitle----
titlePanel("ShinyText"),                              #标题

#Sidebarlayoutwithainputandoutputdefinitions----
sidebarLayout(

#Sidebarpanelforinputs----
sidebarPanel(

#Input:Selectorforchoosingdataset----
selectInput(inputId="dataset",
label="Chooseadataset:",
choices=c("rock","pressure","cars")),          #这是一个选择输入

#Input:Numericentryfornumberofobstoview----
numericInput(inputId="obs",
label="Numberofobservationstoview:",
value=10)                                      #这是一个数字输入
),

#Mainpanelfordisplayingoutputs----
mainPanel(

#Output:Verbatimtextfordatasummary----
verbatimTextOutput("summary"),                    #这是一个输入

#Output:HTMLtablewithrequestednumberofobservations----
tableOutput("view")                               #这是一个表格输入
)
)
)
```

从代码中可以看出：

（1）页面布局是默认的边栏布局（sidebarLayout）。

（2）UI 中有两个部件 selectInput 和 numericInput，分别表示一个选择框和数字输入的输入框。这两个部件的 ID 分别是"dataset"和"obs"。

（3）有两个输出：verbatimTextOutput("summary")，tableOutput("view")，这两个输出对应的 ID 分别是"summary"和"view"，分别表示输出文本和输出一个数据表。

server 部分描述了 Shiny 程序背后的计算，可以看下面的代码。

```
#Define server logic to summarize and view selected dataset----
server<-function(input,output){

    #Return the requested dataset----
    datasetInput<-reactive({                    #输入
        switch(input$dataset,
               "rock"=rock,                     #对应不同的数据集合
               "pressure"=pressure,
               "cars"=cars)
    })

    #Generate a summary of the dataset----
    output$summary<-renderPrint({               #输出一个 summary，这是一个 R 对象
        dataset<-datasetInput()
        summary(dataset)
    })

    #Show the first "n" observations----
    output$view<-renderTable({                  #另外一个输出
        head(datasetInput(),n=input$obs)
    })

}
```

上面的代码中的输入有两个：

（1）UI 中 selectInput 部件对应的数据为 input$dataset。

（2）UI 中 numericInput 部件对应的数据为 input$obs。

关于输出，同样有两个：

（1）verbatimTextOutput("summary")，server 中对应的是 output$summary。

（2）tableOutput("view")，server 中对应的是 output$view。

输出通过 render()函数进行传递，举例而言，renderPrint 将 summary(dataset)的结果赋值给了 output$summary。renderTable 将 head(datasetInput(),n=input$obs)的结果赋值给 output$view。

总而言之，UI 中的元素都存在一个 ID，server 通过$ID 进行提取，例如，input$obs 或者 output$summary。而输出则通过 render()函数进行传递。把握住这几个关键点，则很容易构建 Shiny 程序。

11.1.4　Shiny 小结

上面的内容介绍了如何实现一个 Shiny 的 Web 程序：

（1）程序分为两个部分，UI 和 server。

（2）UI 定义了网页是如何展示的，server 定义了后台是如何运算的。

下面总结了 Shiny 中输出内容与 render_函数之间的关系。如表 11-1 所示。

表 11-1　输入与输出

UI部分	server部分
dataTableOutput	renderDataTable
imageOutput	renderImage
plotOutput	renderPlot
verbatimTextOutput	renderPrint
tableOutput	renderTable
textOutput	renderText
uiOutput	renderUI
htmloutput	renderUI

从表 11-1 中可以看出，如果需要输出一个数据表，则需要在 UI 中使用 dataTableOutput() 函数，在 server 中需要使用 renderDataTable() 函数将结果传递到输出对应的 Id。

下面总结了 UI 中有哪些输入函数。

（1）actionButton：按钮。
（2）actionLink：链接。
（3）checkboxGroupInput：复选框。
（4）checkboxInput：复选框。
（5）dateInput：时间框。
（6）dateRangeInput：时间范围。
（7）fileInput：文件输入。
（8）numericInput：数字输入。
（9）passwordInput：密码输入。
（10）selectInput：选择框输入。
（11）selectizeInput：创建选择列表。
（12）sliderInput：滑动条输入。
（13）submitButton：提交按钮。
（14）textInput：文本输入。

上面总结了常用的一些输入部件，在需要使用的时候选择合适的部件进行程序构建。在了解了这些内容之后，可以开始自己构建一个 Shiny 程序。

11.1.5　构建 Shiny 程序

要制作一个 Shiny 程序，首先需要打开 RStudio，单击 file，创建一个 shinyapp。然后就可以开始编写 Shiny，在创建好之后，文件中会有一个框架，已经定义好了 UI 部分和 server 部分，设定好了默认布局，因此，只需要构建子集需要的输入输出的部件，然后编写 server 部分就可以了。

下面的代码构建了一个 Shiny 程序，使用的数据是 ggplot 里面自带的数据 diamonds，绘制不同变量的图形，结果如图 11-6 所示。

```r
#
# This is a Shiny web application. You can run the application by clicking
# the 'Run App' button above.
#
# Find out more about building applications with Shiny here:
#
#    http://shiny.Rstudio.com/
#

library(shiny)
library(ggplot2)
# Define UI for application that draws a histogram
ui <- fluidPage(

    # Application title
    titlePanel("Diamond data"),

    # Sidebar with a slider input for number of bins
    sidebarLayout(
        sidebarPanel(
            selectInput(inputId="x", label='x', choices=names(diamonds)[c(1,5,6,7,8,9,10)],
            selected=T),
            selectInput(inputId="y", label='y', choices=names(diamonds)[c(1,5,6,7,8,9,10)],
            selected=T)
        ),

        # Show a plot of the generated distribution
        mainPanel(
            plotOutput("diamondplot")
        )
    )
)

# Define server logic required to draw a histogram
server <- function(input, output) {

    output$diamondplot <- renderPlot({
        # generate bins based on input$bins from ui.R
        plot(x=diamonds[[input$x]], y=diamonds[[input$y]], xlab='x', ylab='y')

    })
}

# Run the application
shinyApp(ui=ui, server=server)
```

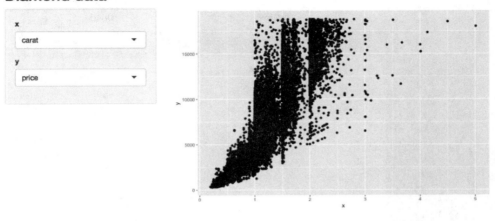

图 11-6 shiny

上面的代码有两个选择输入，分别表示选择 x 轴和 y 轴的变量来构建散点图。这种方法可以很好地对数据进行探索性可视化，只需要调整不同的变量，不需要另外编写代码，就可以绘制不同变量的散点图。下面的代码介绍 Shiny 部署，分享构建好的 Shiny 程序。

11.1.6　Shiny 部署

部署 Shiny 程序是指将构建好的 Shiny 程序部署到服务器上，这样用户可以在浏览器中输入相应的地址访问构建好的 Shiny 程序。如果希望部署 Shiny，则有以下几种方式：

（1）Shinyapps.io。
（2）Shinyserver。
（3）ShinyServerPro。
（4）RStudioConnect。

这里介绍使用 Shinyapps.io 进行 Shiny 部署，为什么选择 Shinyapps.io 呢？因为使用 Shinyapps.io 进行部署是免费的。当然，Shinyapps.io 也有付费的服务，这里不过多介绍。选择 Shinyapps.io 将应用程序部署到 Web，不需要自己的服务器，只需要简单的代码，就可以轻松地部署。想要部署，首先要注册 Shinyapps.io。有 GitHub 账号的用户也可以使用 GitHub 账号进行注册。注册好之后，在 R 语言中下载 rsconnect 包并加载，代码如下：

```
install.packages('rsconnect')
library(rsconnect)
```

然后登录 http://www.shinyapps.io/，账号密码就是申请账号时填写的账号密码。之后进行 Shiny 配置，Shinyapps.io 会自动生成令牌和密钥，rsconnect 程序包可以使用令牌和密钥来访问账户。令牌和密钥的获取方式如图 11-7 和图 11-8 所示。

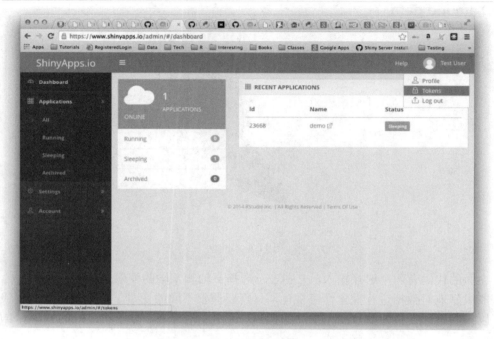

图 11-7　Shiny 配置 1

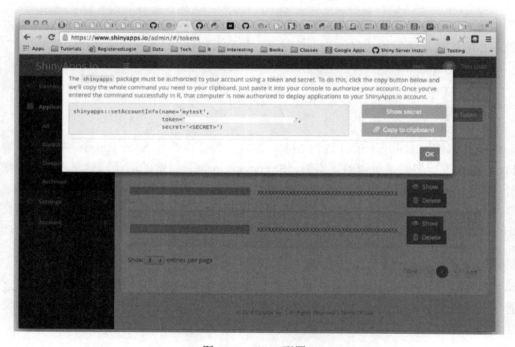

图 11-8　Shiny 配置 2

在图 11-7 中，单击 Tokens，就会出现对应的密匙，如图 11-8 所示。然后复制图 11-8 中的代码并在 RStudio 中运行，即完成配置。完成配置之后，编写 Shiny 程序。一旦完成了 Shiny 程序的构建，就可以进行部署了，代码如下所示。

```
library(rsconnect)
deployApp()
```

运行代码之后，如果没有报错，即完成 Shiny 的部署，任何人可以通过对应的链接来访问构建好的 Shiny 程序。

本节介绍了关于 Shiny 的核心的一些内容，阅读完本节内容之后，就可以快速地构建一个 Shiny 程序。需要注意的是，还有很多内容本节没有提到，如更多的布局方式、各种部件的实际应用。Shiny 可以快速地构建一个项目的实例，可以很好地展示数据结果。另外，使用 Shiny 也可以开发一个成熟的数据产品，然后通过部署的方式进行应用，这对于需要从事数据科学相关工作的人来说是非常有价值的。

11.2　reactive()与 isolate()函数

在上节，大家已经了解到了关于构建 Shiny 程序的核心内容，大家应该可以自己构建一个 Shiny 程序。大家已经了解到了 Shiny 程序的结果，Shiny 程序包含 UI 部分和 server 部分，其中 UI 部分定义了 Shiny 程序的页面布局，Server 部分定义了 Shiny 程序的计算逻辑。在 UI 部分中，包含页面的布局、Shiny 程序的部件、Shiny 程序的输出。关于页面布局等内容，会在下文介绍。Shiny 程序的输入输出，通过 server 部分中的两个函数参数表示，这两个参数分别是 input 和 output。

这些内容都是关于 Shiny 程序的核心内容，了解了这些内容可以非常容易地构建基础的 Shiny 程序。本节将会介绍一些更加高级的内容，以构建更加高级的 Shiny 程序。

11.2.1　reactive()函数

之前介绍的例子中，Shiny 程序的计算部分都是比较简单的，如果大量的慢速计算（例如读取网络中的股票数据），就需要使用到 Shiny 中的 reactive()函数。通过该函数，可以控制应用程序的哪些部分在何时更新，以防止不必要的计算而降低应用程序的速度。

下面来看一个新的 Shiny 程序，通过股票代码查找股票价格，并将结果显示为折线图。这个 Shiny 程序可以通过股票代码获取股票数据，并且可以筛选股票的时间。程序的界面如图 11-9 所示。

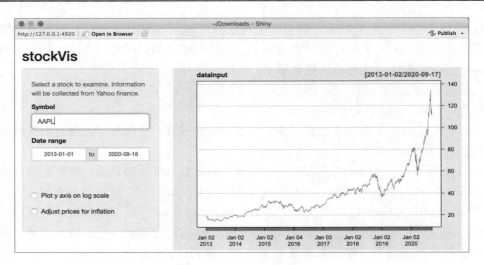

图 11-9　Shiny 程序的界面

图 11-9 就是 Shiny 程序的界面，图 11-9 中显示出了苹果公司的股票数据。程序的代码如下所示。

```
#Loadpackages----
library(shiny)
library(quantmod)

#Sourcehelpers----
source("helpers.R")

#Userinterface----
ui<-fluidPage(
titlePanel("stockVis"),

sidebarLayout(
sidebarPanel(
helpText("Selectastocktoexamine.

InformationwillbecollectedfromYahoofinance."),
textInput("symb","Symbol","SPY"),

dateRangeInput("dates",
"Daterange",
start="2013-01-01",
end=as.character(Sys.Date())),

br(),
br(),

checkboxInput("log","Plotyaxisonlogscale",
value=FALSE),

checkboxInput("adjust",
"Adjustpricesforinflation",value=FALSE)
```

```
),
mainPanel(plotOutput("plot"))
)
)

#Serverlogic
server<-function(input,output){

dataInput<-reactive({
getSymbols(input$symb,src="yahoo",
from=input$dates[1],
to=input$dates[2],
auto.assign=FALSE)
})

output$plot<-renderPlot({

chartSeries(dataInput(),theme=chartTheme("white"),
type="line",log.scale=input$log,TA=NULL)
})

}

#Runtheapp
shinyApp(ui,server)
```

来看上面关于 Shiny 程序的代码，需要注意的是，该 Shiny 程序还是用了一个金融方面的包——quantmod。这个包可以非常方便地获取金融数据，对金融数据计算相关指标以及对金融数据进行可视化。

这个程序还使用到了另外一个程序，代码 source("helpers.R")表示加载 helpers.R 文件的代码，该代码用于根据通货膨胀调整股票价格。

在 Shiny 程序中的 UI 部分，使用的小部件有 dateRangeInput，该部件是一个时间范围的选择器。另外一个部件是 checkboxInput，表示复选框。

使用的布局依然是默认布局，程序中 br()表示换行。

在 Shiny 程序的 server 部分使用了 reactive()函数。大家可能会疑惑该函数有什么作用，以及为什么需要使用这个函数。假设不使用 reactive()函数，那么代码会变成如下所示。

```
output$plot<-renderPlot({
data<-getSymbols(input$symb,src="yahoo",
from=input$dates[1],
to=input$dates[2],
auto.assign=FALSE)

chartSeries(data,theme=chartTheme("white"),
type="line",log.scale=input$log,TA=NULL)
})
```

单击复选框，对坐标轴进行取对数。这个时候，代码中的"input$log"会发生改变，这会导致表达式 renderPlot 重新计算。然而，每次 renderPlot 重新计算，都会引发

getSymbols()函数的运行（这个函数用于获取股票数据），这会导致程序运行速度变慢且会过于频繁地获取数据，或者导致服务器拒绝访问。

因此需要使用 reactive()函数，reactive()函数可以获取结果并且进行缓存，并且判断这个结果是否需要更新。例如上面这个例子中，如果使用了 reactive()函数，那么单击复选框，程序不需要重新获取股票数据，即可完成更新。

关于 reactive()函数，做一个简单的总结。

（1）reactive()会计算第一次运行时的结果并且将结果保存下来。

（2）下次再调用这个结果的时候，会根据其依赖的部件来判断结果是否需要更新。

（3）如果需要更新就重新计算。

例如，上面的 Shiny 程序中，修改股票代码，那么 reactive()函数的结果就会更新。最后需要注意的一点是，使用 reactive()函数的结果需要加上括号，对应上文的代码是 dataInput()。

11.2.2　isolate()函数

需要注意的是，还有另外一种情况，就是程序有些参数不需要随着输入的变化而变化，例如有一个 Shiny 程序，Shiny 程序有一个按钮，只有单击按钮的时候可以获取当前数据集的图形，当时调整其他参数图形并不会发生改变。当遇到这种情况的时候，就需要使用 isolate()函数。如果不使用 isolate()函数，调整任意的参数，只要和图形有关，都会刷新图形。

下面来看一个代码示例。

```r
library(shiny)

ui<-pageWithSidebar(
headerPanel("Clickthebutton"),
sidebarPanel(
sliderInput("obs","Numberofobservations:",
min=0,max=1000,value=500),
actionButton("goButton","Go!")
),
mainPanel(
plotOutput("distPlot")
)
)

server<-function(input,output){
output$distPlot<-renderPlot({

#Takeadependencyoninput$goButton
input$goButton

#Useisolate()toavoiddependencyoninput$obs
dist<-isolate(rnorm(input$obs))
```

```
    hist(dist)
  })
}

#Runtheapp
shinyApp(ui,server)
```

运行以上代码，输出结果如图 11-10 所示。

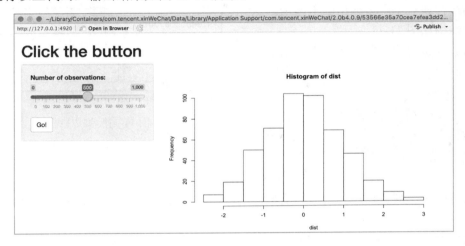

图 11-10　Shiny 程序

如果只是移动滑块，图形是不会产生任何改变的，只有单击按钮 Go 之后，图形才会发生改变。接下来观察一下代码。

UI 部分比较简单，采用的是默认布局，有两个部件，分别是 sliderInput 和 actionButton。UI 中还有一个图形输出。

在 server 部分，isolate(rnorm(input$obs))代码是关键，这行代码表示隔离 obs 参数，也就表示，如果仅仅 input$obs 发生改变，renderPlot()函数是不会运行的，这也意味着在这个例子中，移动滑块，Shiny 程序不会发生变化。

11.3　Shiny 布局

上面已经了解到，Shiny 程序的 UI 中，主要有以下几个部分，页面布局、小部件、输出。

之前的例子中，所使用的布局全部都是默认布局，其中，fluidPage()函数用于设置 Shiny 所需要的所有的 HTML、CSS 和 JavaScript。除了 fluidPage()函数，相似的函数还有 fixedPage()和 fillPage()。这两个函数与 fluidPage()类似，不同点在于 fixedPage()具有固定的最大宽度，而 fillPage()则会填充浏览器的整个高度。

本节将会介绍 Shiny 的布局方式。

11.3.1 侧边栏布局

构建 Shiny 程序默认的布局方式就是侧边栏布局，这种布局方式提供了一个用于输入的侧边栏和一个用于输出的主区域。这种布局的结构如图 11-11 所示。

侧边栏布局的代码结构如下所示。

```
sidebarLayout(
sidebarPanel(
#Inputsexcludedforbrevity
),
mainPanel(
#Outputsexcludedforbrevity
)
)
```

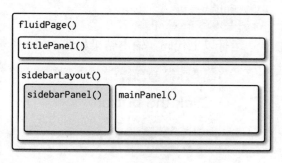

图 11-11 侧边栏布局

通常而言，侧边栏在左边，如果希望侧边栏在右边，可以添加 position 参数，参考如下代码。

```
sidebarLayout(position="right",
sidebarPanel(
#Inputsexcludedforbrevity
),
mainPanel(
#Outputsexcludedforbrevity
)
)
```

大多数情况下，这种侧边栏布局已经能够满足构建 Shiny 程序的需要了。

11.3.2 网格布局

网格布局与侧边栏布局不同，将页面划分成为两个部分。网格布局是将页面划分为很多的网格。column()函数用于指定 Shiny 程序的某部分占据多少列，创建行则需要使用 fluidRow()函数。网格布局的结构如图 11-12 所示。

下面看一个简单的例子，代码如下所示。

```
library(shiny)
ui<-fluidPage(
```

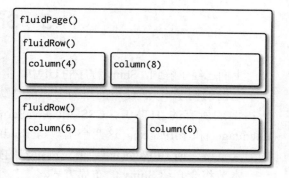

图 11-12 网格布局

```
titlePanel("网格布局"),
fluidRow(
column(4,
sliderInput("obs","Numberofobservations:",
min=0,max=1000,value=500),
actionButton("goButton","Go!")
),
column(8,
plotOutput("distPlot")
)
)
)
server<-function(input,output){
output$distPlot<-renderPlot({

#Takeadependencyoninput$goButton
input$goButton

#Useisolate()toavoiddependencyoninput$obs
dist<-isolate(rnorm(input$obs))
hist(dist)
})
}

#Runtheapp
shinyApp(ui,server)
```

Shiny 程序的界面如图 11-13 所示。

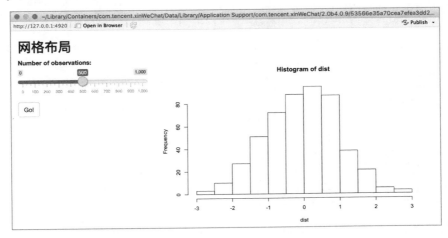

图 11-13　网格布局

在这个例子中通过网格布局模拟了侧边栏布局，来看上面的代码，网格布局需要使用两个函数：fluidRow()函数和 column()函数。fluidRow()函数用于创建一行，column()函数用于划分列。上面的代码中创建了两列，第一列宽为 4，第二例宽为 8。需要注意的是，整个页面的宽度为12。

也可以偏移列的位置，以实现对 UI 元素位置的更精确控制。可以通过向 column()函数添加 offset 参数来将列向右移动。

另外，fluidRow()和 column()之间是可以嵌套的，也可以创建多个行，下面来看另外一个例子，代码如下所示。

```r
library(shiny)

ui<-fluidPage(

titlePanel("网格布局"),
fluidRow(
column(4,
sliderInput("obs","Numberofobservations:",
min=0,max=1000,value=500),
actionButton("goButton","Go!")
),
column(8,
plotOutput("distPlot")
)

),

fluidRow(
column(4,
sliderInput("obs","Numberofobservations:",
min=0,max=1000,value=500),
actionButton("goButton","Go!")
),
column(4,offset=2,
sliderInput("obs","Numberofobservations:",
min=0,max=1000,value=500),
actionButton("goButton","Go!")
)

)
)
server<-function(input,output){
output$distPlot<-renderPlot({

#Takeadependencyoninput$goButton
input$goButton

#Useisolate()toavoiddependencyoninput$obs
dist<-(rnorm(input$obs))
hist(dist)
})
}

#Runtheapp
shinyApp(ui,server)
```

Shiny 程序的输出结果如图 11-14 所示。

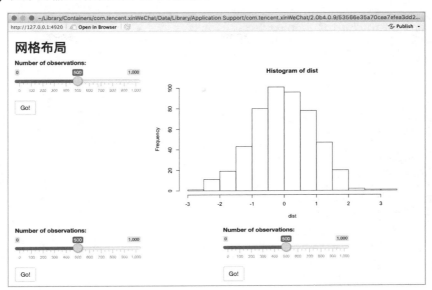

图 11-14 网格布局

在这个例子中使用了两个 fluidRow()函数，第二行有两列，每一列都是 4 行。代码 column(4,offset=2,...)表示将这一行向右偏移两个单位。从图 11-14 中可以看到，第二行的两个小部件之间产生了一定的间隔。

网格布局就是将整个页面划分成为不同大小的网格，并且划分的方式完全可以自定义，因此，这种布局方式更加的灵活。

11.3.3 界面细分

有的时候，需要将页面划分为不同的部分，以展示不同的结果。最常用的工具之一就是选项卡。对应的函数是 tabsetPanel()和 tabPanel()。下面通过一个简单的例子来了解其使用方法，代码如下所示。

```
library(shiny)
ui<-fluidPage(

titlePanel("Tabsets"),

sidebarLayout(

sidebarPanel(
sliderInput(inputId="obs",label="样本数量",min=1,max=100,value=50),
actionButton(inputId="goButton",label="运行")
),
```

```r
mainPanel(
tabsetPanel(
tabPanel("Plot",plotOutput("distPlot")),
tabPanel("Summary",verbatimTextOutput("summary")),
tabPanel("Table",tableOutput("table"))
)
)
)
)
server<-function(input,output){
output$distPlot<-renderPlot({

#Takeadependencyoninput$goButton
input$goButton

#Useisolate()toavoiddependencyoninput$obs
dist<-(rnorm(input$obs))
hist(dist)
})

output$summary<-renderPrint({
summary((rnorm(input$obs)))
})

output$table<-renderTable({
table((rnorm(input$obs)))
})
}

#Runtheapp
shinyApp(ui,server)
```

Shiny 程序的输出结果如图 11-15 所示。

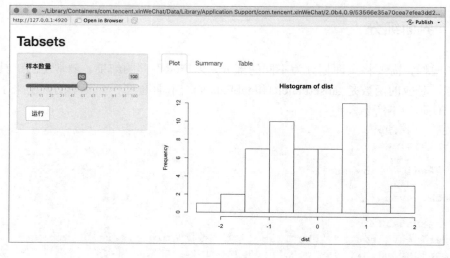

图 11-15　选项卡

从图 11-15 中可以看到,在主页面中,有三个选项,分别是 Plot、Summary 和 Table,选择不同的选项,就会出现不同的界面。

下面来看下实现的代码,如下所示。

```
mainPanel(
tabsetPanel(
tabPanel("Plot",plotOutput("distPlot")),
tabPanel("Summary",verbatimTextOutput("summary")),
tabPanel("Table",tableOutput("table"))
)
)
```

从以上代码可以看出,在这一部分代码中,首先使用 tabsetPanel()函数创建一个选项卡,然后使用 tabPanel()函数创建一个选项。

另外,选项卡可以位于选项卡内容的上方(默认)、下方、左侧或右侧,设置 position 参数即可。例如想要将选项卡放在左边,则需要通过以下代码设置。

```
tabsetPanel(position="left"…..,
```

使用这个功能,就可以创建更加细致的 Shiny 程序。另外,还有一种实现与选项卡类似的功能,也就是导航列表,其对应的函数是 navlistPanel()。同样,通过一个简单的例子来了解导航列表的实现,代码如下所示。

```
library(shiny)
ui<-fluidPage(

titlePanel("列表导航"),

navlistPanel(
"HeaderA",
tabPanel(sliderInput(inputId="obs",label="样本数量",min=1,max=100,value=50),
plotOutput("distPlot")),
tabPanel("Component2"),
"HeaderB",
tabPanel(sliderInput(inputId="obs",label="样本数量",min=1,max=100,value=50),
verbatimTextOutput("summary")),
tabPanel("Component4"),
"-----",
tabPanel(sliderInput(inputId="obs",label="样本数量",min=1,max=100,value=50),
tableOutput("table"))
)
)
server<-function(input,output){
output$distPlot<-renderPlot({

#Takeadependencyoninput$goButton
input$goButton

#Useisolate()toavoiddependencyoninput$obs
dist<-(rnorm(input$obs))
hist(dist)
})
```

```
output$summary<-renderPrint({
summary((rnorm(input$obs)))
})

output$table<-renderTable({
table((rnorm(input$obs)))
})
}

#Runtheapp
shinyApp(ui,server)
```

Shiny 程序的运行结果如图 11-16 所示。

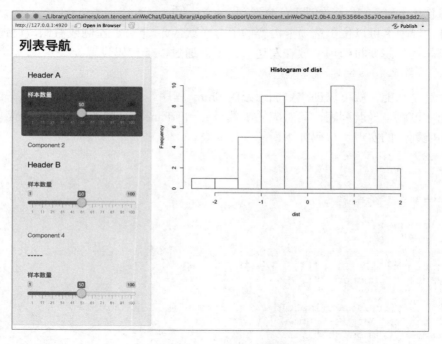

图 11-16　列表导航

从图 11-16 中可以观察到，Shiny 程序的左边出现了很多的选项，通过单击不同的选项，Shiny 程序的右边就会出现不同的结果。

下面再来看下代码，如下所示。

```
navlistPanel(
"HeaderA",
tabPanel(sliderInput(inputId="obs",label="样本数量",min=1,max=100,value=50),
plotOutput("distPlot")),
tabPanel("Component2"),
"HeaderB",
tabPanel(sliderInput(inputId="obs",label="样本数量",min=1,max=100,value=50),
```

```
    verbatimTextOutput("summary")),
    tabPanel("Component4"),
    "-----",
    tabPanel(sliderInput(inputId="obs",label="样本数量",min=1,max=100,value=50),
    tableOutput("table"))
)
```

关键的函数是 navlistPanel()，使用该函数表示创建一个列表导航。代码中"HeaderA"、"HeaderB"和"-----"，是选项的标题。通过标题可以将选项进行划分。不同选项的创建依然是使用 tabPanel()函数。

第三种要介绍的是导航栏页面，使用的是 navbarPage()函数。下面来看一个简单的代码示例。

```
library(shiny)

ui<-navbarPage("导航栏页面",
tabPanel("Component1",
sliderInput(inputId="obs",label="样本数量",min=1,max=100,value=50),
plotOutput("distPlot")),
tabPanel("Component2",
sliderInput(inputId="obs",label="样本数量",min=1,max=100,value=50),
verbatimTextOutput("summary")),
tabPanel("Component3",
sliderInput(inputId="obs",label="样本数量",min=1,max=100,value=50),
tableOutput("table"))
)
server<-function(input,output){
output$distPlot<-renderPlot({

#Takeadependencyoninput$goButton
input$goButton

#Useisolate()toavoiddependencyoninput$obs
dist<-(rnorm(input$obs))
hist(dist)
})

output$summary<-renderPrint({
summary((rnorm(input$obs)))
})

output$table<-renderTable({
table((rnorm(input$obs)))
})
}
#运行APP
shinyApp(ui,server)
```

Shiny 程序的界面如图 11-17 所示。

第 4 篇 可重复性探索和实践

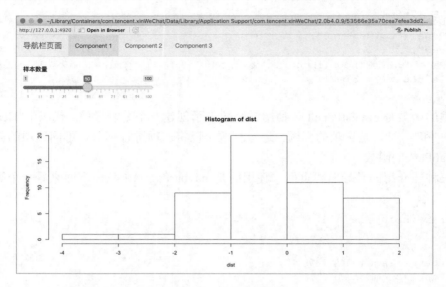

图 11-17 导航栏页面

从图 11-17 中可以看到，Shiny 界面的上面出现了三个选项，单击不同的选项则会出现不同的界面。

下面来看一下代码示例。

```
ui<-navbarPage("导航栏页面",
tabPanel("Component1",
sliderInput(inputId="obs",label="样本数量",min=1,max=100,value=50),
plotOutput("distPlot")),
tabPanel("Component2",
sliderInput(inputId="obs",label="样本数量",min=1,max=100,value=50),
verbatimTextOutput("summary")),
tabPanel("Component3",
sliderInput(inputId="obs",label="样本数量",min=1,max=100,value=50),
tableOutput("table"))
)
```

关键函数是 navbarPage()，表示创建导航栏，不同的导航栏同样通过 tabPanel()函数来创建。

另外还可以通过 navbarMenu()函数添加二级导航，将上面例子的代码稍微修改一下，代码如下所示。

```
library(shiny)
ui<-navbarPage("导航栏页面",
tabPanel("Component1",
sliderInput(inputId="obs",label="样本数量",min=1,max=100,value=50),
plotOutput("distPlot")),
tabPanel("Component2",
sliderInput(inputId="obs",label="样本数量",min=1,max=100,value=50),
verbatimTextOutput("summary")),
```

```
tabPanel("Component3",
sliderInput(inputId="obs",label="样本数量",min=1,max=100,value=50),
tableOutput("table")),
navbarMenu("More",
tabPanel("Sub-ComponentA"),
tabPanel("Sub-ComponentB"))
)
server<-function(input,output){
output$distPlot<-renderPlot({

#Takeadependencyoninput$goButton
input$goButton

#Useisolate()toavoiddependencyoninput$obs
dist<-(rnorm(input$obs))
hist(dist)
})

output$summary<-renderPrint({
summary((rnorm(input$obs)))
})

output$table<-renderTable({
table((rnorm(input$obs)))
})
}

#运行 APP
shinyApp(ui,server)
```

Shiny 程序的界面如图 11-18 所示。

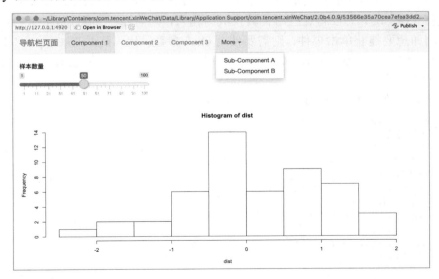

图 11-18　二级导航

从图 11-18 中可以看到，最后一个选项中，出现了二级导航。对应的代码部分如下所示。

```
navbarmenu("more",
tabpanel("sub-componenta"),
tabpanel("sub-componentb"))
```

以上就是关于 Shiny 布局相关的内容，通过这些内容的学习，大家可以很好地掌握 Shiny 工具，能够将 Shiny 应用起来解决遇到的一些问题。

但是依然还有很多与 Shiny 相关的内容这里没有介绍到。例如直接使用 HTML 语言构建 UI，例如 Shiny 的一些扩展包，包括 shinydashboard。关于更多的 Shiny 内容，就需要大家自己去进一步了解与探索了。

11.4　Shiny 拓展

到目前为止，已经讲解了构建 Shiny 的基本结构、布局等内容，在本节会介绍额外的一些内容，包括鼠标事件步骤、上传与下载、用户反馈和动态 UI 等内容。

11.4.1　outplot()函数

在上文中，已经讲解了 Shiny 中的绘图，知道使用 renderPlot()函数来传递一幅图形，使用 plotOutput()函数在 UI 中展示一幅图形。在本小节中，将讨论更多有关绘图的内容，例如响应鼠标事件。

在 Shiny 中，有四种不同类型的鼠标事件，单击（Click）、双击（Dbclick）、悬停（Hover）和矩阵选择（Brush）。想要将这些事件转换成为输入，则需要在 plotOutput()函数中使用新的参数，例如想要捕获单击事件，则需要使用 click 参数，代码是"plotOutput("plot",click="myclick")"。如果想要捕获 Hover 事件，代码则是"plotOutput("plot",hover="my_hover")"。其他类型的事件也是同理。

下面来看一个关于捕获鼠标单击事件的代码示例。

```
library(shiny)
library(shinythemes)

#DefineUIforapplicationthatdrawsahistogram
ui<-fluidPage(
theme=shinytheme("darkly"),
#Applicationtitle
titlePanel("点击事件"),

#Sidebarwithasliderinputfornumberofbins
sidebarLayout(

sidebarPanel(
verbatimTextOutput("info")
```

```
),

#Showaplotofthegenerateddistribution
mainPanel(
plotOutput("distPlot",click="myclick")
)
)
)

#Defineserverlogicrequiredtodrawahistogram
server<-function(input,output){

output$distPlot<-renderPlot({
#generatebinsbasedoninput$binsfromui.R
plot(iris$Sepal.Length,iris$Sepal.Width)

})

output$info<-renderPrint({
req(input$myclick)
x<-round(input$myclick$x,2)
y<-round(input$myclick$y,2)
cat("[",x,",",y,"]",sep="")
})
}

#Runtheapplication
shinyApp(ui=ui,server=server)
```

Shiny 程序的输出结果如图 11-19 所示。

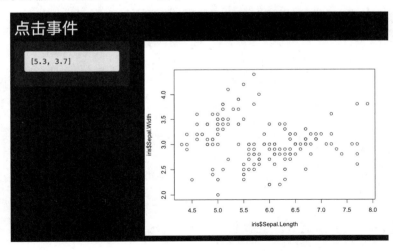

图 11-19　点击

以上这个 Shiny 程序很简单，首先是在主页面绘制一幅散点图，然后捕获单击事件，再将单击事件位置结果输出到侧边栏。需要注意的是这里使用 seq()函数是为了应用程序在第一次单击之前不做任何事情。

除了可以获取单击位置的点之外，还可以获取单击附近的位置，使用的函数是 **nearPoints()**。对上面的例子进行简单的修改，代码如下所示。

```
library(shiny)
library(shinythemes)

#Define UI for application that draws a histogram
ui<-fluidPage(
theme=shinytheme("darkly"),
#Application title
titlePanel("点击事件"),

#Sidebar with a slider input for number of bins
sidebarLayout(

sidebarPanel(
verbatimTextOutput("info")

),

#Show a plot of the generated distribution
mainPanel(
plotOutput("distPlot",click="myclick"),
dataTableOutput("tabl")

)
)
)

#Define server logic required to draw a histogram
server<-function(input,output){

output$distPlot<-renderPlot({
#generate bins based on input$bins from ui.R
plot(iris$Sepal.Length,iris$Sepal.Width)

})

output$info<-renderPrint({
req(input$myclick)
x<-round(input$myclick$x,2)
y<-round(input$myclick$y,2)
cat("[",x,",",y,"]",sep="")
})

output$tabl<-renderDataTable({
req(input$myclick)
nearPoints(iris,input$myclick,xvar="Sepal.Length",yvar="Sepal.Width")
})
}
```

```
#Runtheapplication
shinyApp(ui=ui,server=server)
```

程序的输出结果如图 11-20 所示。

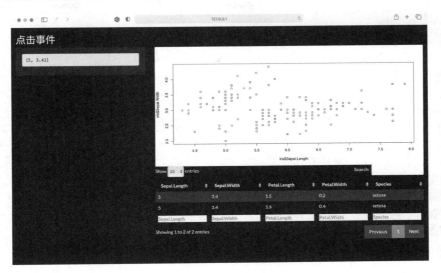

图 11-20　单击事件

在上面的代码中，使用了 nearPoints()函数，该函数的第一个参数是数据集，第二个参数是单击事件，第三个参数和第四个参数分别是图形中 x 轴和 y 轴所对应的变量。在上文提到过有四种鼠标事件，其他的鼠标事件的实现方式是类似的，想要了解更多的内容，可以在 R 的终端输入 "?plotOutput" 查看帮助，帮助文档中给出了更多详细的例子，这里就不再过多赘述了。

11.4.2　上传与下载

与用户之间传输文件是应用程序的一项常见功能。很多时候，希望能够上传数据然后进一步进行数据分析，或者将分析下载下来。这个时候就需要了解 Shiny 中的上传与下载功能了。

支持文件上传所需的 UI 很简单：只需添加 fileInput()到 UI 中即可。

```
ui<-fluidPage(
fileInput("upload","Uploadafile")
)
```

fileInput()函数与其他的 UI 部件使用方法类似，只有两个必须要有的参数——id 和 label。与之对应在 server 中的处理则稍微复杂一些。大多数情况下，UI 部件返回的结果都是一个向量，但是 fileInput()返回的结果是包含四列的数据框，分别是 name、size、type 和 datapath。其中，name 表示文件在计算机上面的原始文件名。size 表示文件大小，以字节为单位，默认情况下最多只能上传 5MB 大小的文件。type 是文件类型的正式规范，通常是从扩展名派生的。datapath 表示服务器上已上传的数据的路径。将此路径视为短暂路径：如果用户上载了更多文件，则该文件可能会被删除。数据总是保存到一个临时目录并指定一个临时名称。

下面来创建一个最简单的代码示例，以帮助理解。

```
library(shiny)
library(shinythemes)


ui<-fluidPage(
shiny::fileInput(inputId="upload",NULL,buttonLabel="Upload...",multiple=TRUE),
tableOutput("files")
)
server<-function(input,output,session){
output$files<-renderTable(input$upload)
}
#Runtheapplication
shinyApp(ui=ui,server=server)
```

程序的输出结果如图 11-21 所示。

图 11-21　上传

通过点击 Upload，上传一个文件，这里选择一张图片进行上传，上传之后的结果如图 11-22 所示。

图 11-22　上传

上面的代码中，使用 fileInput()函数实现上传文件，其中，multiple 参数表示允许上传多个文件。另外，有几个细节需要注意一下，一开始没有上传文件，因此 fileInput()的返回值是 null，需要使用 req(input$file)来确保代码等待直到上载第一个文件。fileInput()函数还有一个参数这里没有使用到，即 accept，这个参数可以限制允许上传的文件类型，例如 accept='.csv'，表示允许上传 scv 文件。另外，在 R 语言中获取文件扩展名的最简单方法是

tools::file_ext()。

下面尝试限制文件类型，只允许上传 csv 类型和 tsv 类型的文件，然后展示上传的数据，代码如下所示。

```r
library(shiny)
library(shinythemes)

ui<-fluidPage(
shiny::fileInput("file",NULL,accept=c(".csv",".tsv")),
numericInput("n","Rows",value=5,min=1,step=1),
tableOutput("head")
)

server<-function(input,output,session){
data<-reactive({
req(input$file)

ext<-tools::file_ext(input$file$name)
switch(ext,
csv=read.csv(input$file$datapath,sep=","),
tsv=vroom::vroom(input$file$datapath,delim="\t"),
validate("Invalidfile;Pleaseuploada.csvor.tsvfile")
)
})

output$head<-renderTable({
head(data(),input$n)
})
}
#Runtheapplication
shinyApp(ui=ui,server=server)
```

程序的输出结果如图 11-23 所示。

图 11-23　上传文件

接着上传一个 csv 文件，如图 11-24 所示。

这里随意上传了一个 csv 格式的数据，可以看到，文件上传成功，并且 Shiny 还输出了所上传数据的结果。

代码实现的方式其实也非常的简单，文件通过 fileInput() 上传成功之后，会生成一个 datapath，也就是文件上传之后在服务器的路径。有了文件路径之后，直接通过读取函数就可以获取到上传的文件内容了。

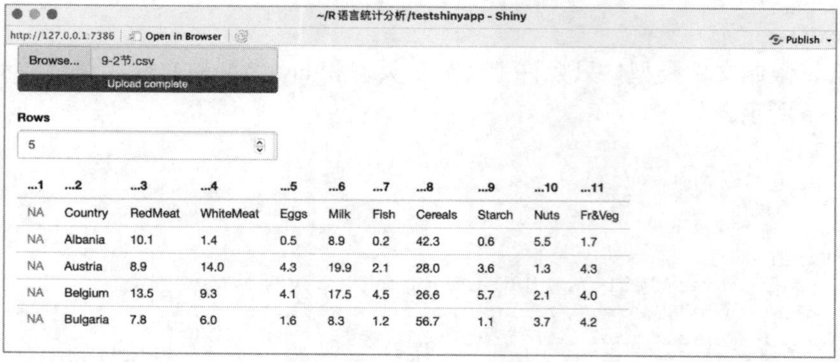

图 11-24 上传文件

接下来看看下载,同样,用户界面也很简单:使用 downloadButton(id) 或 downloadLink(id) 为用户提供单击下载文件的功能。需要注意的是,downloadButton() 函数没有与之对应的 render() 函数,与之匹配的是 downloadHandler() 函数。这个函数有两个关键参数:filename 和 content。filename() 应该是一个不带参数的函数,该函数返回的是文件名。content() 是一个带有 file 参数的函数,file 是保存文件的路径,此函数的功能是将文件保存在 Shiny 知道的地方,然后将其发送给用户。

对上一个例子进行修改,实现下载数据的功能,代码如下所示。

```
library(shiny)
library(shinythemes)

ui<-fluidPage(
shiny::fileInput("file",NULL,accept=c(".csv",".tsv")),
numericInput("n","Rows",value=5,min=1,step=1),
tableOutput("head"),
downloadButton("download","Download.csv")
)

server<-function(input,output,session){
data<-reactive({
req(input$file)

ext<-tools::file_ext(input$file$name)
switch(ext,
csv=read.csv(input$file$datapath,sep=","),
tsv=vroom::vroom(input$file$datapath,delim="\t"),
validate("Invalidfile;Pleaseuploada.csvor.tsvfile")
)
})

output$head<-renderTable({
head(data(),input$n)
})
output$download<-downloadHandler(
filename=function(){
```

```
paste0(input$file$datapath,".tsv")
},
content=function(file){
vroom::vroom_write(data(),file)
}
)

}
#Runtheapplication
shinyApp(ui=ui,server=server)
```

程序的输出结果如图 11-25 所示。

图 11-25　上传文件

上传一个文件，然后单击下载，如图 11-26 所示。

图 11-26　下载文件

这个时候修改文件名，并且选择将要保存文件的路径，最后单击 Save，即可保存文件。

11.4.3 动态 UI

在之前的例子中，已经创建过很多的 UI，之前所创建的 UI 全部都是静态的，也就是说 UI 不会发生改变。如果想要实现 UI 根据某种逻辑发生改变，通常有三种方式。

（1）使用 update()函数族来修改输入控件的参数。
（2）使用 tabsetPanel()有条件地显示和用户界面的隐藏部分。
（3）使用 uiOutput()和 renderUI()代码生成用户界面的选定部分。

接下来分别来讲解这三种方式。首先来看第一种方式，代码如下所示。

```
library(shiny)
library(shinythemes)

ui<-fluidPage(
numericInput("min","Minimum",0),
numericInput("max","Maximum",3),
sliderInput("n","n",min=0,max=3,value=1)
)
server<-function(input,output,session){
observeEvent(input$min,{
updateSliderInput(inputId="n",min=input$min)
})
observeEvent(input$max,{
updateSliderInput(inputId="n",max=input$max)
})
}
#Runtheapplication
shinyApp(ui=ui,server=server)
```

程序的输出结果如图 11-27 所示。

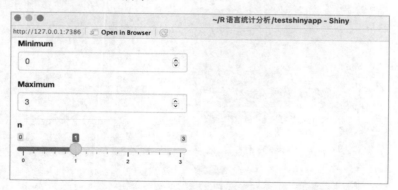

图 11-27 动态 UI

当修改 Minimum 和 Maximum 的时候，这个滑块也会发生改变。调整 Minimum 为 2，

Maximum 为 10。结果如图 11-28 所示。

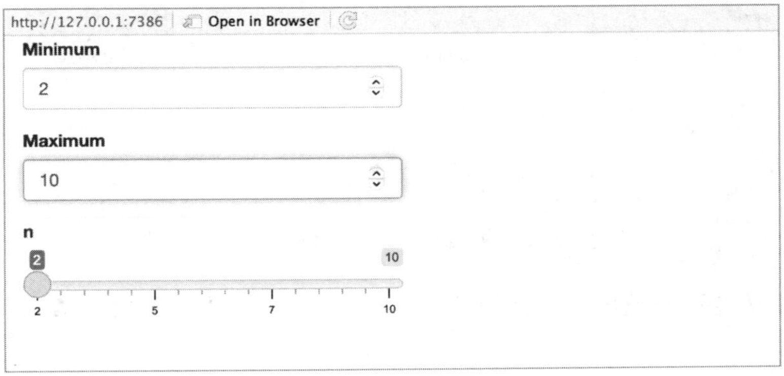

图 11-28 动态 UI

从输出结果中可以看出，滑块的最小值变成了 2，最大值变成了 10。这种方式的修改其实也非常直观，就是通过 UI 的输出去影响其他 UI 的参数，从而起到动态调整 UI 的效果。

需要注意，这里使用了 observeEvent()函数。

第二种实现方式是使用 tabsetPanel()有条件地显示用户界面的隐藏部分，同样先看例子，代码如下所示。

```
library(shiny)
ui<-fluidPage(
sidebarLayout(
sidebarPanel(
selectInput("controller","Show",choices=paste0("panel",1:3))
),
mainPanel(
tabsetPanel(
id="switcher",
type="hidden",
tabPanelBody("panel1","Panel1content"),
tabPanelBody("panel2","Panel2content"),
tabPanelBody("panel3","Panel3content")
)
)
)
)

server<-function(input,output,session){
observeEvent(input$controller,{
updateTabsetPanel(inputId="switcher",selected=input$controller)
})
}
shinyApp(ui,server)
```

代码的输出结果如图 11-29 所示。

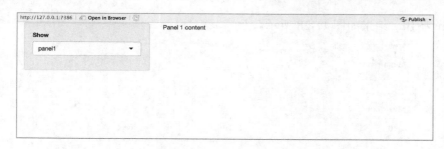

图 11-29　动态 UI

当前 Shiny 显示的是第一个面板，可以调整 Show 的值，从而选择不同的面板，如图 11-30 所示。

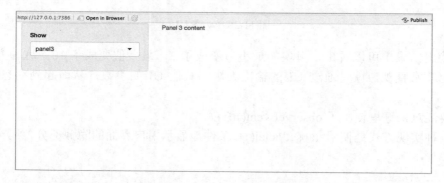

图 11-30　动态 UI

这里修改 Show 的值，从而选择了面板 3。这种实现方式与第一种类似，都使用了 update() 函数族。不同点在于，这里通过显示不同的面板来实现动态的 UI。

第三种方式是使用 uiOutput() 和 renderUI() 函数代码生成用户界面的选定部分。这种实现方式的原理其实非常简单，就是把 UI 看成与表格、图片等一样的对象即可，怎么创建展示图片，就怎么创建展示 UI。下面来看一个代码示例。

```
library(shiny)
ui<-fluidPage(
textInput("label","label"),
selectInput("type","type",c("slider","numeric")),
uiOutput("numeric")
)
server<-function(input,output,session){
output$numeric<-renderUI({
if(input$type=="slider"){
sliderInput("dynamic",input$label,value=0,min=0,max=10)
}else{
numericInput("dynamic",input$label,value=0,min=0,max=10)
}
})
```

```
}
shinyApp(ui,server)
```

Shiny 结果如图 11-31 所示。

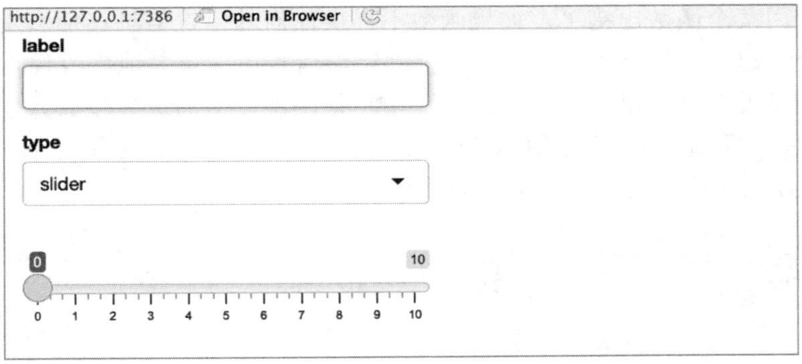

图 11-31　动态 UI

调整 label，并且选择不同 type，结果如图 11-32 所示。

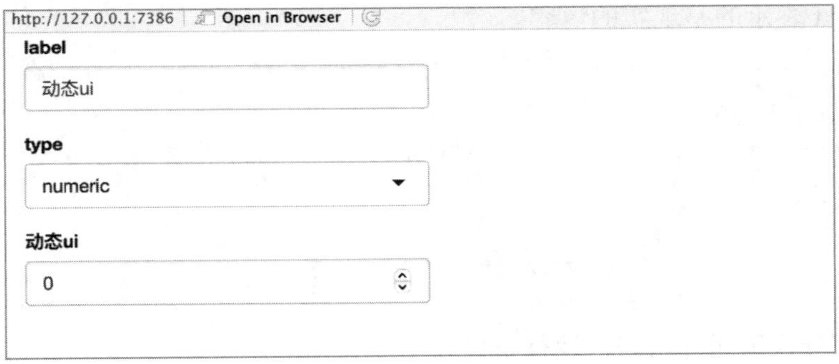

图 11-32　动态 UI

可以看到，UI 从滑块变成了数字输入，并且 UI 的标题也发生了改变。代码的实现逻辑非常简单，通过 UI 中部件 UI 的结果来控制 server 中部件 UI 的创建，然后通过 renderUI() 来传递所创建 UI 的部件，通过 uiOutput() 展示在 server 创建的部件 UI。

通过这三种方式，就可以实现动态的控制 ui。

11.4.4　用户反馈

构建一个用户优化的 Shiny 程序，必不可少的一个要素就是用户反馈。例如，当用户输入错误的时候，通过消息提示用户，或者提供一个进度条让用户知道他们的程序还在运行，需要稍许等待。这些提示能够极大地提高用户的使用体验。

1. 验证

首先，考虑验证，这是非常重要的反馈，当用户操作出错的时候，提示用户。就好像编程的时候使用某个函数出错了，如果函数不提供任何的错误信息，那么是很难修改的，友好的函数会给出清晰的错误信息，可以根据错误信息更加容易地修改代码。同样，当用户操作出错但是没有任何错误提示，这会让用户很困惑，从而进一步放弃使用。

向用户提供反馈，可以使用 shinyFeedback 包，使用该包有两个步骤，首先将 useShinyFeedback() 函数添加到 UI 里面去，代码如下所示。

```
ui<-fluidPage(
shinyFeedback::useShinyFeedback(),
numericInput("n","n",value=10),
textOutput("half")
)
```

然后，在 server() 函数中调用反馈函数，这些函数包括 feedback() 函数、feedbackWarning() 函数、feedbackDanger() 函数和 feedbackSuccess() 函数。这些函数都有 3 个关键参数：inputId、show 和 text。inputId 就是需要验证的 UI 部件的 id；show 参数控制是否显示反馈，其是一个布尔值；text 表示的是现实的内容。

```
server<-function(input,output,session){
half<-reactive({
even<-input$n%%2==0
shinyFeedback::feedbackWarning("n",!even,"请输入偶数")
input$n/2
})

output$half<-renderText(half())
}
```

将这两部分代码运行出来，运行结果如图 11-33 所示。

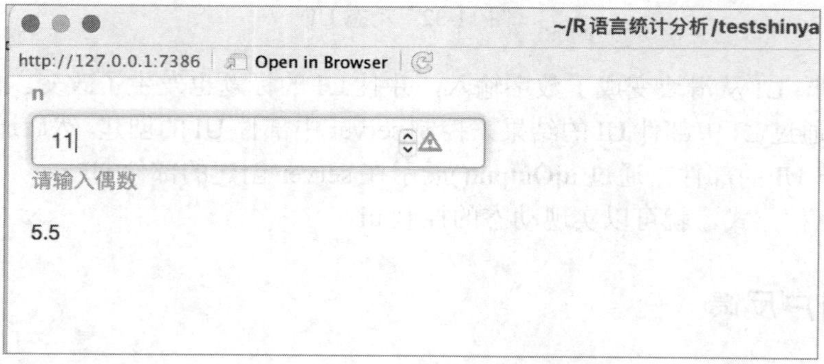

图 11-33 反馈

在这个例子中，首先判断用户的输入是不是偶数，如果是偶数那么就正常输出，如果是奇数，那么就输出警告。需要注意的是，虽然输出了警告，却依然输出了计算结果。通常情况下，不希望对无效的输入进行计算，这个时候需要使用 req()函数（req 是 require 的缩写）。代码如下所示。

```
server<-function(input,output,session){
half<-reactive({
even<-input$n%%2==0
shinyFeedback::feedbackWarning("n",!even,"请输入偶数")
req(even)
input$n/2
})

output$half<-renderText(half())
}
```

当 req()的输入不为 true 时，它会发送一个特殊的信号，告诉 Shiny 的 reactive，这里没有它所需要的输入，因此程序应该"暂停"。

2．通知

如果没有问题，只是单纯地想告诉用户发生了一些事情，则需要使用通知。在 shiny 中，创建通知使用的是 showNotification()。

我们可以参考如下代码来了解 showNotification()的作用。

```
library(shiny)
ui<-fluidPage(
actionButton("goodnight","Goodnight")
)
server<-function(input,output,session){
observeEvent(input$goodnight,{
showNotification("Solong")
Sys.sleep(1)
showNotification("Farewell",type="message")
Sys.sleep(1)
showNotification("AufWiedersehen",type="warning")
Sys.sleep(1)
showNotification("Adieu",type="error")
})
}

shinyApp(ui,server)
```

程序的输出结果如图 11-34 所示。

单击按钮之后，Shiny 程序的右下角就出现提示。默认情况下，提示会在 5 秒钟之后消失。可以通过修改 duration 参数调整提示出现的时间。这里还调整了 type，通过调整 type 可以让消息更加突出。

需要注意的是，如果设置了 closeButton=TRUE，那么消息的右上角就会出现一个叉，单击叉号，消息就会消失。如果设置了 duration=null，则表示消息永远不会消失。

图 11-34 反馈

3. 进度条

对于长时间运行的任务，进度条是必不可少的，进度条可以告诉用户，程序还在运行，并不是程序出问题了，你只需要等待即可，并且进度条还可以告诉用户大概还需要多长时间。

Shiny 的内容函数实现了进度条的功能，但是进度条的实现有一个难点，那就是使用进度条需要将程序划分成已知数量的小块程度，并且每个小块程序的运行速度大致相同。这挺不容易的，除开这一点先不谈，下面来看一下如何实现进度条。

Shiny 内置的进度条函数是 withProgress() 和 incProgress()，下面来看一个代码示例。

```
library(shiny)
ui<-fluidPage(
numericInput("steps","都有多少步数",10),
actionButton("go","开始"),
textOutput("result")
)

server<-function(input,output,session){
```

```
data<-eventReactive(input$go,{
withProgress(message="计算中",{
for(iinseq_len(input$steps)){
Sys.sleep(0.5)
incProgress(1/input$steps)
}
runif(1)
})
})

output$result<-renderText(round(data(),2))
}
shinyApp(ui,server)
```

程序的输出结果如图 11-35 所示。

图 11-35　反馈

需要注意的是，想要使用进度条展示运行时间的代码需要放到 withProgress()函数中。这将在代码启动时显示进度条，并在完成后自动将其删除。然后使用 incProgress()函数控制进度条的速度，其第一个参数就是进度条的数量，默认情况下，进度条从 0 开始，到 1 结束，因此以 1 递增除以 step 将确保进度条在循环结束时完成。

11.4.5　确认

有时，某动作可能具有潜在危险，要么需要确保用户的确想这样做，要么要让他们能够在为时已晚之前退出。保护用户免于意外执行危险动作的最简单方法是要求明确确认。最简单的方法是使用一个对话框，该对话框强制用户从一小组动作中选择一个。在 Shiny 中，创建对话框使用 modalDialog()函数。

例如，想要用户确定是否要删除某个文件，那么需要询问用户是否真的想删除。

```
library(shiny)
modal_confirm<-modalDialog(
"是否真的想这么做？",
```

```
title="删除文件",
footer=tagList(
actionButton("cancel","取消"),
actionButton("ok","删除",class="btnbtn-danger")
)
)


ui<-fluidPage(
actionButton("delete","删除所有文件?")
)

server<-function(input,output,session){
observeEvent(input$delete,{
showModal(modal_confirm)
})

observeEvent(input$ok,{
showNotification("文件删除")
removeModal()
})
observeEvent(input$cancel,{
removeModal()
})
}
shinyApp(ui,server)
```

上面的代码首先通过 modalDialog()函数创建了一个对话框,该对话框有一个标题,有两个按钮。在 server 部分,如果单击了 delete 按钮,就会弹出对话框,然后程序会根据对话框的单击结果进行不同的操作。需要注意的是,使用 showModal()和 removeModal()可以显示和隐藏对话框。

代码的运行结果如图 11-36 所示。

如果单击"删除所有文件?",那么会出现如图 11-37 所示结果。

图 11-36 确认　　　　　　　　　图 11-37 确认

通过这种方式,就可以向用户确认是不是要进行这样的操作。

11.5 如何制作一款成功的 Shiny 应用

制作一款 Shiny 程序其实非常的简单,一旦了解了 Shiny 的基本工作原理,任何 R 语言用户都可以快速地制作 Shiny 程序。所以,面对的问题应该是如何制作一款成功的 Shiny 程序。

11.5.1 成功的 Shiny 应用

定义成功并不是一件容易的事情,但是对于应用程序而言,有一些标准可以用于判断。首先,应用应该交付成功。换句话说,开发人员团队能够从规范设计到应用实现再到测试应用再到交付应用。这是一个以工程为导向的成功定义,但它也是一个务实的定义:

首先,一个从未达到可用性状态的应用程序不是一个成功的应用程序。

其次,应用应该满足特定的目的,并且,其应该在大多数情况下,甚至是某种极端情况,是可以正常运行的。

最后,应用还应该是用户友好的,如果这些用户由于应用太难使用、太难理解、太慢或用户体验的设计没有内在逻辑而无法使用该程序,则称该应用程序为成功是不合适的。

11.5.2 准备工作

以上从应用的交付、应用的功能完成以及应用的用户友好程度来衡量一款 Shiny 应用是否成功。当知道了成功的标准之后,开始制作应用,但在正式开始之前,应该做一些准备工作。

首先,要明确开发原则,KISS 原则就是一个很好的方法论,KISS 原则的全称是 Keep it Simple and Stupid。KISS 原则指出,简单性应该是设计的主要目标,并且应该避免不必要的复杂性。

构建应用程序时,应牢记这一原则。当选择的方式和内容来实现某些功能,尽量做到一个最简单的方案,这样任何人都能够对现有的代码进行理解和维护,未知或难以掌握的技术会减少找到将来可以维护该代码段的人的机会,并降低协作的流畅度。

然后,工具的选择和团队的结构对于成功也是至关重要的。构建项目的时候需要版本控制的工具,因为需要确保代码库的安全,需要识别不同版本之间的区别,并有可能及时地回到之前的版本。

将大任务进行分解也是实现复杂项目的必备方法,只有对项目进行分解,才能使得每个开发人员都可以将精力集中在一个节点上,而不必在实现功能时考虑全局基础结构。

从团队的角度来看,完成项目需要一个负责监督整个项目的负责人和几个负责特定功能的开发人员。开发负责人将对整个项目有一个完整的了解,并管理团队,以便所有开发人员都能实现相互融合的功能。对于复杂的应用程序,可能很难完全了解整个应用程序在做什么。在大多数情况下,并不需要所有开发人员都拥有完整项目认知。通过定义一个负责人,这个负责人将必须了解整个情况:软件的每个部分正在做什么,如何使所有东西协同工作,避免开发冲突,并且在开发完成之后进行检测,以确保应用程序生成的返回结果是正确的。开发人员则专注于小功能。如果负责人正确地将团队的开发人员之间的工作分开,他们将专注于应用程序的一个或多个部分,而不必知道应用程序在做什么的每一点。明确分工之后,项目能够更有效率地进行。

11.5.3 工作流程

通过遵循给定的工作流程,构建健壮的、可用于生产环境的 Shiny 应用程序将变得更加容易。提倡的内容分为以下五个步骤:
(1) 设计。
(2) 原型。
(3) 构建。
(4) 加强。
(5) 部署。

当然,与任何工作流程一样,这一种工作流程也不是所有问题的解决方案:所有项目都是唯一的,具有不同的技术要求、特定的计划和编程团队。但是,遵循此工作流程将帮助开发者养成构建应用程序项目的良好习惯。

1. 设计

工作流程的第一部分是设计部分。在设计过程中,需要定义应用程序的构建方式,从客户端/最终用户的角度来看,他们应对应用程序要实现的功能有一个清晰的了解,并与开发人员对程序的功能进行评估,如可能执行的操作、执行需要的时间、实现的功能等。

从开发人员团队的角度来看,此步骤还涉及对客户的要求有一个清晰的了解,换句话说,这涉及将需求转换为技术规范。例如,客户可能会写类似"将图保存在数据库中,以便我们以后可以搜索它们"之类的东西:从应用程序用户的角度来看,这是一个明确的功能点,从开发人员的角度来看,这一要求在技术实现上,可以有多种方式翻译。

这一步实际上意味着在编程之前需要进行很多思考。此步骤的主要目标是花时间思考应用程序,这个过程不需要任何的实现,避免工作了一段时间后发现某些问题,从而需要返工。

2. 原型

Shiny 应用程序是一个接口(前端或 UI),用于将信息传递给在服务器端(后端或 server)

计算并将结果输出给最终用户。

原型包括两个方面：一方面是应用的外观、输入和输出的位置、总体设计、交互等；另一方面是后端逻辑，这些逻辑将决定实际的输出。

有很多原型设计的工具，这一部分就不做过多的介绍。

3．构建

当知道要构建什么应用，并且有了原型之后，就需要开始分解任务，并进一步实现该 Shiny 程序。

4．测试

当构建好应用之后，还需要进行单元测试。构建可靠的测试套件对于项目的成功至关重要，因为它可以使项目长期稳定，无论是要添加新功能还是重构现有代码。

5．部署

当完全准备就绪，就可以部署应用了。

这就是构建 Shiny 应用的步骤，当然，这个步骤不仅仅可以用来构建 Shiny 应用，构建其他的应用程序同样适合。

11.6　小　　结

本章，介绍了 Shiny 程序的相关内容，涉及的内容也比较多。读者通过对这一部分内容的学习，已经能够比较好地掌握如何使用 Shiny 去构建一款应用。

当然，关于 Shiny 的很多内容本章没有过多涉及，如 Shiny 的主题、Shiny 的仪表盘、plotly 包与 Shiny 的结合、shinyDashboard 包、DT 包及更多的 UI 部件等，其实随着开发者不断地开发新的包，关于 Shiny 的内容会一直更新。这里分享一份关于 Shiny 的资源，这一份资源叫作 AwesomeShinyExtensions，网址为 https://github.com/nanxstats/awesome-shiny-extensions。这个网站中有大量关于 Shiny 的拓展资料，并且进行了归类和分组，读者可以作为参考。

以上就是本章的内容，Shiny 是一个功能非常强大的工具，每一位 R 语言用户都是有必要学习的。